Livro dos prefácios

*Sérgio Buarque de Holanda*

# Livro dos prefácios

•

2ª edição

Copyright do texto © 1996 by Espólio de Sérgio Buarque de Holanda

*Grafia atualizada segundo o Acordo Ortográfico da Língua Portuguesa de 1990, que entrou em vigor no Brasil em 2009.*

Capa:
*Victor Burton sobre* Favela, *óleo sobre tela de Di Cavalcanti, 1957, 73 x 54 cm, Coleção Roberto Marinho.* © *Elisabeth di Cavalcanti*

Preparação:
*Marcos Luiz Fernandes*

Revisão:
*Maria Prado*
*Lilian de Lima*

Dados Internacionais de Catalogação na Publicação (CIP)
(Câmara Brasileira do Livro, SP, Brasil)

Holanda, Sérgio Buarque de, 1902-1982.
Livro dos prefácios / Sérgio Buarque de Holanda. – 2ª ed.
– São Paulo : Companhia das Letras, 1996.

ISBN 978-85-359-3015-3 (2ª ed.)

1. História 2. Prefácio – Coletâneas I. Título.

95-4390                            CDD-808.888

Índices para catálogo sistemático:
1. Coletâneas : Prefácios : Livros de história: Literatura 808.88
2. Prefácios : Coletâneas : Livros de história Literatura 808.88

2017

Todos os direitos desta edição reservados à
EDITORA SCHWARCZ S.A.
Rua Bandeira Paulista, 702, cj. 32
04532-002 – São Paulo – SP
Telefone: (11) 3707-3500
www.companhiadasletras.com.br
www.blogdacompanhia.com.br
facebook.com/companhiadasletras
instagram.com/companhiadasletras
twitter.com/cialetras

# Sumário

•

HISTÓRIA

Memórias de um colono no Brasil
13

Diários de viagem
50

Obras econômicas de J. J. da Cunha de Azeredo Coutinho
(1794-1804)
57

Auto representado na festa de são Lourenço
103

A contribuição teuta à formação da nação brasileira
105

As Minas Gerais e os primórdios do Caraça
111

Informações históricas sobre São Paulo
no século de sua fundação
116

História de Nicolau I: rei do Paraguai
e imperador dos mamelucos
118

Relação dos manuscritos da coleção "J. F. de Almeida Prado"
126

A Amazônia para os negros americanos
129

A baleia no Brasil colonial
138

A lavoura canavieira em São Paulo
141

Cristãos-novos, jesuítas, Inquisição
144

Imigração italiana em São Paulo (1880-1889)
149

O fardo do homem branco
157

O atual e o inatual na obra de Leopold von Ranke
169

A escravidão africana no Brasil
228

O barão de Iguape
238

Vale do Paraíba – Velhas fazendas
251

A cidade de São Paulo
298

Escravidão negra em São Paulo
303

A milícia cidadã
319

Livro do tombo do Mosteiro de São Bento da cidade
de São Paulo
336

Cultura e sociedade no Rio de Janeiro (1808-1821)
358

LITERATURA

Suspiros poéticos e saudade
375

Poesias
395

Fausto
404

Clara dos Anjos
410

Poesia e prosa
422

Tudo em cor-de-rosa
441

O operário em construção e outros poemas
457

Toda poesia (1950-1980)
462

Notas
465

# Nota do editor

.

*Este volume recolhe os escritos de Sérgio Buarque de Holanda que podem ser considerados "introdutórios", seja por desígnio inicial, seja por decisão posterior dele próprio. Este último caso é o dos notáveis estudos sobre Azeredo Coutinho e Leopold von Ranke, preliminarmente artigos de revista. Fica portanto justificada a reunião de todos eles sob o título escolhido, Livro dos prefácios, que dará aos leitores a oportunidade de apreciar a capacidade que tinha o grande historiador de modular a sua reflexão e as suas análises, sempre ricas e originais, ao longo de uma escala que vai das notas breves às longas considerações eruditas.*

*O editor agradece a Vera Cristina Neumann pela indicação de quatro dos textos incluídos neste volume e por suas sugestões fecundas e constante disponibilidade no decorrer do processo de edição.*

# HISTÓRIA

•

# Memórias de um colono no Brasil*

·

I

A IMPORTAÇÃO DE BRAÇOS LIVRES para a lavoura paulista nunca se processou em escala apreciável até meados do século passado. Tentativas isoladas como a instalação em 1815 de imigrantes açoritas na Casa Branca, à margem do velho caminho dos Guaiases, ou o estabelecimento de famílias alemãs – 1200 colonos, pelo menos – em diferentes pontos da província, durante o decênio de 1827-37, atestam que as administrações de São Paulo não tinham descurado de adotar, sempre que houve oportunidade, uma política de colonização dirigida, semelhante à que um século antes já se inaugurara no Rio Grande de São Pedro. E é justo assinalar também que nem sempre essas autoridades agiram com precipitação e pouco zelo no aproveitamento dos colonos. No caso dos ilhéus, por exemplo, houve mesmo o cuidado de instalá-los provisoriamente em Jundiaí e Campinas, a fim de que se afeiçoassem às condições

13

LIVRO
DOS
PREFÁCIOS

·

---

* Davatz, Thomas. *Memórias de um colono no Brasil; 1850*. São Paulo, Martins/ Edusp, 1972, pp. XV-XLV. (1ª edição São Paulo, Martins, 1941, pp. 5-35). [Prefácio do tradutor]

do país antes de serem enviados às terras que lhes tinham sido expressamente reservadas.

A verdade, porém, é que essas tentativas, partidas dos governos, não tiveram o êxito que delas se poderia esperar. Em muitos casos o mal vinha das próprias administrações, que desenganadas pelos primeiros obstáculos não chegavam a satisfazer compromissos assumidos com os trabalhadores. Às vezes decorria também de uma falsa compreensão das necessidades da terra, de uma apresentação defeituosa dos problemas que ela impunha. A ideia de que se deveria oferecer aos colonos, procedentes em sua maioria de regiões superpovoadas, formas de existência semelhantes às que prevaleciam em seus meios de origem estava longe de se ajustar às condições reais do país. Cogitava-se em fazer aproveitar nossa economia rural das vantagens técnicas de que desfrutava a agricultura das nações mais adiantadas. Mas que poderiam eles trazer a zonas ainda mal preparadas para receber tais vantagens? Aos camponeses europeus, acostumados a arar suas terras, fazia-se crer, com fundamento, sem dúvida, que nossa agricultura era uma agricultura de enxada. Mas isso permitia a interpretação fácil de que se tratava quase de uma horticultura em ponto grande. Assim cuidariam os colonos açoritas, que não chegaram a tomar pé em Casa Branca, assustados – diz Saint-Hilaire – à vista das enormes árvores que tinham de derrubar. Dos alemães estabelecidos no sertão de Santo Amaro falam desalentados os relatórios oficiais do tempo, queixando-se de que preferiam fixar-se nas povoações embora à própria custa e apesar das despesas feitas pelo governo para acomodá-los à lavoura. A agricultura de tipo europeu era sobretudo impraticável nos lugares incultos e remotos, para onde, à míngua de outros, se encaminhariam cada vez mais os imigrantes, na ilusão de que a uberdade do solo compensava as contrariedades da distância. Mas a própria riqueza das terras foi frequentemente um obstáculo, mais do que um convite, à aplicação de processos aperfeiçoados. Não há talvez exagero em declarar que os métodos bárbaros da agricultura indígena eram em alguns casos os que convinham. Como substituir as derrubadas e queimadas brutais para o estabelecimento de novas plantações? Todos os expedientes familiares ao lavrador europeu visando conservar a atividade e o vigor dos solos de cultura perdiam o valor. Não há exagero também em dizer que seriam até perniciosos nos casos em que precisamente a extrema fertilidade das terras surgia como barreiras a vencer. Nas lavouras de açúcar não faltava, por exemplo, quem tratasse de "esterilizar" o solo por via de plantas e fogos contínuos, para que as canas não crescessem demasiado selvagens, quer dizer, gordas e viçosas, ricas em caldo, mas de pouco açúcar. O café criado em terra fértil – dizia Burlamaque – produz bela vegetação, porém maus frutos e escassos. Assim pensavam os fazendeiros do tempo, e o senador Vergueiro, autoridade acatada nestes assuntos, costumava mandar derrubar as matas, aproveitava as terras durante alguns anos para outras comodidades, e deixava crescerem capoeiras; só ao cabo disso fazia plantar as primeiras mudas de café.[1] Era uma lavoura não somente extensiva como dissipadora – antes *mineração* do que agricultura; contrariava, portanto, aos olhos do europeu, as leis mais comezinhas da arte de plantar.

A explicação frequente que se dava ao malogro dos esforços sucessivos para a colonização, não apenas nessa época como ainda mais tarde, foi a circunstância de se engajarem geralmente os colonos entre o proletariado urbano da Europa Central mais do que entre camponeses. A alegação parece realmente fundada, e Tschudi, em documento onde relata suas observações sobre os colonos em São Paulo no ano de 1858, refere esta coisa surpreendente: de uma lista de 87 pretensos lavradores, como tais contratados no Velho Mundo para os estabelecimentos de parceria, apenas treze se tinham dedicado a atividades agrícolas em suas terras de origem. Dos restantes, 42 eram operários de fábricas, seis sapateiros, quatro carpinteiros, nove alfaiates, três soldados, dois pedreiros, dois ferreiros, dois vidraceiros, dois tanoeiros, dois músicos ambulantes, um jornaleiro, um confeiteiro, um pintor, um serrador e um mestre-escola. Fatos análogos apresenta em 1852 Carlos Perret-Gentil, antigo cônsul da Suíça no Rio de Janeiro, em folheto onde reúne as observações feitas durante a viagem que realizou à colônia Senador Vergueiro.[2] De resto a procedência principalmente urbana dos colonos parece ter sido um fato mais ou menos geral, não só em São Paulo como nas demais províncias em que foi considerável a imigração germânica. A presença de numerosos termos portugueses relacionados com a técnica agrícola no vocabulário de descendentes de imigrantes que ainda conservam a língua alemã no Rio Grande do Sul, em Santa Catarina e no Espírito Santo poderia ser explicada pela ausência de uma verdadeira tradição rural entre os mesmos. Palavras como "foice" (*fosse*), que também vamos encontrar hoje entre os teutos-brasileiros do Espírito Santo,[3] ou como "roça" (*rosse*), que aparece entre os netos de alemães tanto no Espírito Santo como no Rio Grande,[4] já tinham sido perfilhadas por alemães e suíços nas colônias agrícolas paulistas. À falta de tradição rural atribuiu-se igualmente o fato, que tanto impressionou recentemente um estudioso,[5] de os teutos-brasileiros do Sul ainda se designarem habitualmente com a palavra "colono" (*Kolonist*) e só muito raramente com a palavra "camponês" (*Bauer*).

Cabe perguntar, em todo o caso, se, dada a distância enorme que separava os métodos agrícolas europeus dos nossos, seria efetivamente indispensável que o recrutamento de colonos se fizesse apenas entre agricultores. É lícito mesmo supor que, prisioneiros de tradições e princípios inadequados às nossas condições rurais, fossem eles exatamente dos menos indicados para colonização agrária no Brasil.

A experiência dessa gente teria aplicação talvez nos terrenos já cansados e gastos, cuja produtividade pudesse crescer com o emprego do arado e de fertilizantes, permitindo o estabelecimento de pequenas propriedades. Mas isso não parecia importante aos homens do tempo, preocupados que andavam com o problema realmente angustioso da penúria de braços para a grande lavoura. Dada a própria origem da maioria dos imigrantes europeus, era de esperar que instalados em terras velhas, nas vizinhanças das cidades, eles se vissem, cedo ou tarde, atraídos para os centros mais populosos. Foi o que sucedeu todas as vezes em que se utilizou recurso semelhante. Só muito mais tarde, quando estávamos às vésperas de receber as primeiras levas de imigrantes procedentes de uma terra de latifúndios, da Itália meridional, é que voltou a surgir o alvitre de se dirigirem os colonos para os "terrenos baratos e já trabalhados, nos distritos de Porto Feliz, Santa Bárbara, Sorocaba etc.". Mas ainda assim em caráter provisório, durante dois ou três anos, quando muito, até o colono ficar conhecendo que as terras novas são superiores.[6] A solução proposta vinha a ser, por conseguinte, uma simples sugestão de emergência, semelhante a tantas outras que não cessaram de aparecer com o fito de entrosar os imigrantes europeus, sobretudo os de origem germânica, em nosso pobre mecanismo econômico.

É preciso notar que essa origem germânica e muitas vezes protestante de tais imigrantes, quase os únicos de que podíamos dispor – excluídos os portugueses – antes de se iniciar em larga escala a imigração de italianos, era ainda um empecilho considerável à sua rápida assimilação. Todavia não convém exagerar a importância das tradições étnicas e culturais em prejuízo de certos fatores sociais e mesmo psicológicos, tratando-se dos problemas de imigração. Erro idêntico a esse outro, tão comum, que faz distinguir na influência do escravo africano em nossa vida social muito mais a ação do africano do que a do escravo ou ao que vê em nossos primeiros colonizadores portugueses menos os colonizadores do que os portugueses. A verdade é que a tradição étnica não explica muita coisa se dissociada das circunstâncias em que pôde agir nos movimentos migratórios.

A primeira ideia que um mundo novo oferece ao emigrante é frequentemente a de uma esfera de possibilidades infinitas e onde a capacidade de ação não encontra estorvo. A aptidão para emigrar envolve, sem dúvida, tal capacidade – nisso têm razão os que veem as migrações como um autêntico processo de seleção – mas envolve também uma capacidade de idealizar em excesso a terra procurada, "terra prometida", criando imagens falsas e ilusórias. Certa dose de fantasia e credulidade, por pequena que seja, certo definhamento do senso de crítica, existiu sempre à origem de todas as migrações em grande escala. Durante a grande onda de emigração polonesa para o Sul do Brasil nos anos que precederam a guerra de 1914-18 surgiu em certos distritos da Polônia lenda de que nosso estado do Paraná acabara de ser descoberto, dissipando-se o denso nevoeiro que durante séculos o envolvera. Foi a Virgem Maria quem, compadecida da sorte dos camponeses da Polônia, lhes apontara a nova terra, dizendo que fossem povoá-la. Outra versão da mesma lenda dizia que todos os reis e imperadores da terra fizeram uma assembleia para deliberar a quem caberia a região recém-descoberta. Três vezes apostaram e três vezes saiu vencedor o papa. Instigado então pela Virgem, o pontífice entregou o Paraná aos poloneses.[7]

A quem percorra a obra hoje clássica de Thomas e Znaniecki sobre o campônio polonês na Europa e na América e compare as passagens referentes à emigração para o Brasil com a parte das memórias de Thomas Davatz onde o antigo colono de Vergueiro trata da psicologia dos emigrantes, não escaparão coincidências numerosas e importantes. Algumas cartas de trabalhadores poloneses, traduzindo primeiro uma confiança ilimitada nos recursos do país novo, onde se estabeleceram, na prosperidade que espera os colonos, e depois uma desilusão crescente em face das contrariedades que traz, ao cabo, a emigração transoceânica, são particularmente sugestivas. Nos dois exemplos a emigração aparece estimulada em grande parte, mas não exclusivamente, pela expectativa de melhores condições econômicas. Se o traço que domina o indivíduo é o desejo de vantagens econômicas – vantagens essas que um país estrangeiro poderá talvez oferecer mais facilmente do que sua terra de origem – então ele emigrará, a menos que aquele desejo seja corrigido por influências contrárias. Mas, por outro lado, seu traço dominante é o medo do desconhecido e do remoto, nesse caso jamais deixará seu país, sua comunidade, salvo se influências estranhas – cartas de parentes, de amigos; campanhas de interessados no movimento migratório etc. – se juntarem à influência econômica. Em ambas as situações o emigrante tende a exagerar as possibilidades que oferece o meio novo.

No caso dos imigrantes alemães e suíços que se instalaram em São Paulo durante o século passado, entre 1827 e 1860 aproximadamente, o desajustamento normal com as condições que o ambiente oferecia complicava-se com a atitude religiosa predominante em muitos dos colonos. Estes, em grande parte, talvez na maioria dos casos, provinham de terras luteranas e calvinistas e chegavam-nos quando a liberdade de culto sofria entre nós toda espécie de restrições. Não admira, assim, que os campeões da imigração germânica (alemã e suíça alemã) fossem também partidários ardentes de maior liberdade religiosa. É fato verificado ainda hoje nos núcleos coloniais do Sul do Brasil que o imigrante católico adapta-se muito mais facilmente ao meio luso-brasileiro do que o protestante, sobretudo nas cidades e nas colônias mistas, ao ponto de partidários ardentes da Alemanha Maior chegarem a estigmatizar a influência católica nessas regiões como um fator ponderável de desgermanização.[8]

Outros motivos que dificultaram sem dúvida a adaptação desses homens do Norte e do Centro da Europa às condições da terra eram a repugnância explicável ao sistema de alimentação do país e sobretudo a certas formas de vida, a certos hábitos e costumes, que constituem, afinal, o fruto de um lento mas seguro processo de aclimação. O resultado é que homens robustos e capazes vinham a ser presa fácil de nossas velhas doenças e achaques. A ausência de asseio corporal entre esses adventícios não está, com certeza, entre os menores motivos da sua falta de resistência às mazelas do país. Embora não se refira à colonização em São Paulo, é bem expressivo a esse respeito o depoimento de Teófilo Benedito Ottoni sobre os colonos do Mucuri – alemães, suíços, belgas, holandeses. "As imundícies da habitação" – diz – "tinham produzido tal praga de bichos que ninguém podia passar impunemente em torno das duas casas que serviam de depósito provisório dos colonos. O pouco asseio do corpo atraía os daninhos insetos. Debalde se dizia aos colonos que aquela *doença* se extirpava com a tesourinha ou alfinete, e que o grande preservativo era recorrer diariamente ao rio e trazer o corpo limpo de imundícies. Mas eles queriam curar-se do mal dos bichos com unguento e cataplasmas, e não foi possível convencer a um grande número que o hábito brasileiro de lavar ao menos os pés todas as noites é uma necessidade do homem do povo, e não como pensa o proletário europeu uma fantasia ou regalo de aristocratas e sibaritas. Os Chins como não têm horror à água nunca sofreram de bichos de Mucuri. Um só não vi ainda manquejar por tal motivo. Foram há três anos para o Mucuri 89 de que só têm morrido dois."[9] Não há razão para crer que as condições dos colonos em São Paulo fossem muito mais animadoras. E sabemos que estragos pode causar nos desprevenidos o mal de que morreu o padre Estanislau de Campos.

II

Pesadas as causas de malogro dos diversos esforços de colonização agrária tentados em São Paulo durante a maior parte do século passado, nenhuma parecerá à primeira vista mais grave do que as condições de trabalho a que ficavam sujeitos os adventícios. É interessante acompanharem-se os tateios e hesitações com que durante longos anos se cuidou de resolver aqui o problema da substituição dos negros por trabalhadores livres. Ao passo que em outras províncias a colonização se deveu em primeiro lugar à iniciativa oficial, em Paulo ela partiu sobretudo de particulares.

As tentativas efetuadas nesse sentido coincidiam com a extinção do tráfico de africanos e a expansão do cultivo do café para as terras de oeste, na direção de Campinas. Se os esforços oficiais tendiam desde o início à criação de núcleos de pequenos proprietários, segregando os colonos da comunidade nacional, não faltaram, é certo, governos que cedessem à pressão dos fazendeiros empenhados, antes de mais nada, em obter braços numerosos para a grande lavoura. Os dois pontos de vista divergentes – o que apoiava a criação de núcleos de pequenos proprietários e o que pleiteava tão somente a substituição do braço escravo – eram defendidos e combatidos com veemência, às vezes com azedume, conforme os favores do governo central se inclinassem para um ou para o outro lado. Mais justo evidentemente seria considerar os interesses próprios de cada província, de cada região, em vez de tentar adotar um critério centralizador, uniforme e inflexível, capaz de convir indiferentemente a todo o país. A essa necessidade mostravam-se cegos, porém, nossos homens de Estado, hipnotizados como sempre pela superstição unitarista e refratários a quaisquer critérios mais dóceis às exigências regionais. Em uma sessão da Câmara em que reclamava amparo à imigração de trabalhadores livres para a lavoura, quando o governo acabava de conceder o empréstimo de 300:000$ à companhia Mucuri, sem juros e pelo período de cinco anos, e outro de 150:000$ com iguais vantagens e condições ao dr. França Leite para a colonização das margens do rio Doce, insistindo assim na velha praxe de "povoar desertos", o deputado Gavião Peixoto enfrentou a rancorosa oposição dos que defendiam a criação de núcleos coloniais como sendo a única política imigratória aconselhável para o Império. Houve quem combatesse o sistema ainda então adotado pelos fazendeiros paulistas, o das colônias de parceria, alegando simplesmente que tal sistema "não convinha ao Rio Grande".[10] Pela mesma época levantava-se no Senado a voz prestigiosa do velho Vergueiro a fim de censurar as numerosas doações de terra a imigrantes, pois não é justo – dizia ele – que se conceda a estrangeiros aquilo que se nega a nacionais. A prodigalidade extrema na concessão de sesmarias para a função de colônias, povoando matas incultas, não atendia em sua opinião à necessidade mais premente do Império, a necessidade de braços para o desenvolvimento dos germes de sua riqueza agrícola.

A parceria, conforme sustentavam Vergueiro e Gavião Peixoto – sogro de José Vergueiro –, não estabelecia para os colonos uma situação definitiva e ideal, mas preparava-os para a condição de proprietários ou foreiros. Segundo tal concepção importava antes de tudo atender a solicitações da grande lavoura sem perder de vista a conveniência de se adaptarem os colonos às condições particulares da produção rural no país. Foi esse o problema que se propôs o senador Vergueiro com o plano das colônias de parceria, destinadas a constituir legítimos "viveiros ou escolas normais agrícolas" para os imigrantes. Plano grandioso, sem dúvida, mas contra o qual se erguiam fortes barreiras, nascidas do próprio rumo que ia tomando nossa economia agrícola, particularmente na província de São Paulo. Em seu meritório afã de colonizar a província e atender às necessidades da lavoura, Vergueiro continuava, não obstante, a acatar a criação de uma classe numerosa de pequenos proprietários como ideal altamente apreciável – no que estavam todos de acordo – mas cuja realização poderia e deveria ser adiada. Seu plano queria atender aos interesses dos fazendeiros, não excluindo a consideração das vantagens que porventura trouxesse ao país a formação de núcleos coloniais isolados e independentes dos grandes domínios agrícolas. Visava compor duas teses inimigas, favorecendo uma transição por longo tempo inviável, ao menos em São Paulo.

Foi sobretudo no Oeste dessa província – o Oeste de 1840,

não o de 1940 – que o latifúndio cafeeiro veio a tomar caráter próprio, emancipando-se das formas de exploração agrícola estereotipadas desde a era colonial no modelo clássico do engenho de açúcar. Mesmo na província do Rio e em geral no vale do Paraíba, essa emancipação foi quase sempre deficiente e encontrou vivas resistências, só se impondo quando a lavoura cafeeira já tinha perdido ali sua pujança antiga. A fazenda de café fluminense contentara-se em copiar, nos tempos áureos, o tipo tradicional dos engenhos de cana, que tiveram suas terras de vocação principalmente no Nordeste do Brasil. Formava uma unidade fechada, suficiente, quase autárquica. Houve fazendeiros que se vangloriavam de só ter de comprar ferro, sal, pólvora e chumbo, pois o mais davam de sobra suas terras. A estrutura dessas propriedades fundava-se tão profundamente na existência do braço escravo, que mal se podia conceber nelas o emprego proveitoso de trabalhadores europeus. É em São Paulo e ante os novos horizontes econômicos abertos com a expansão do café que se forma uma nova raça de senhores rurais e se completa rapidamente o processo apenas começado nas regiões açucareiras com o desenvolvimento dos centros urbanos. O domínio agrícola deixa de ser uma baronia e transforma-se quase em um centro de exploração industrial. A figura típica do senhor de engenho perde os traços mais característicos, desapega-se mais da terra e da tradição – da rotina – rural. A terra cultivada deixa de ser seu pequeno mundo para constituir simplesmente seu meio de vida, sua fonte de rendas. A fazenda resiste com menos energia à influência urbana e muitos lavradores passam a residir permanentemente nas cidades. Decai rapidamente a indústria caseira e desaparecem em grande parte as plantações de mantimentos que garantiam outrora certa autonomia à propriedade agrícola. É talvez por esse lado que se poderá falar no cafeeiro como "planta democrática". Handelmann, que inventou a expressão, não atinara entretanto com os motivos reais da transformação já em vias de realizar-se ao seu tempo,

23

LIVRO
DOS
PREFÁCIOS

.

e atribuiu-a à perspectiva de um parcelamento das propriedades, perspectiva que não se verificou, pois a economia do latifúndio continuou a prevalecer para o café pelo menos até a crise de 1929.

E se tudo isso se processou em São Paulo mais acentuadamente do que em outras províncias, não foi por circunstâncias apenas fortuitas e nem apenas porque o café encontrasse aqui terras mais propícias. Foi em primeiro lugar pela carência nessa província de uma tradição agrícola realmente grande e próspera, com quadros definitivos que não deixassem ver no presente o que o presente reclama e repele. Foi também pelo aparecimento providencial de alguns homens de iniciativas e espírito prático, capazes de encontrar novas soluções para problemas novos (e entre esses homens sobressai singularmente a figura admirável de Vergueiro). Foi enfim pela própria natureza absorvente e exclusiva da cultura do café. Este último fato parece ter tido uma importância capital, conquanto deva parecer hoje bem menos evidente do que o foi em meados do século passado, quando se operou a transformação que ia fazer de São Paulo o maior centro produtor do Brasil. Assinala-o em 1858 no Senado do Império um antigo lavrador da zona de Jundiaí, em palavras que convém reproduzir tal a precisão e a clareza com que revelam nessa transformação uma das causas da crise profunda verificada em todas as regiões invadidas pelos cafezais. "A conversão das fazendas de açúcar em fazendas de café" – dizia com efeito José Manuel da Fonseca – "tem concorrido também ali (em São Paulo) para o encarecimento dos gêneros alimentícios. Na casa há alguns nobres senadores que têm engenhos de açúcar; apelo para seu testemunho. Quando o lavrador planta cana, pode também plantar e planta feijão, e alguns até plantam milho em distâncias maiores para não ofender a cana; e tudo vem excelentemente pelo preparo da terra para a cana; e a limpo aproveita a tudo: isso acontecia no município de Campinas, cujas terras são mui férteis, quando seu cultivo era a cana, e em outros municípios que abasteciam a capital, e outros pontos de gêneros alimentícios. Entretanto todo esse município de Campinas e outros estão hoje cobertos de café, o qual não permite ao mesmo tempo a cultura dos gêneros alimentícios, salvo no começo quando novo; mas quando crescido, nele nada mais se pode plantar, e mesmo a terra fica improdutiva para os gêneros alimentícios, talvez para sempre, salvo depois de um pouso de imensos anos."[11]

A carestia dos gêneros de alimentação torna-se um *Leitmotiv* de todos os relatórios dos presidentes da província durante a década de 1850, precisamente quando São Paulo deixava de ser exportador de açúcar para se consagrar sobretudo à produção do café. A transição verificou-se quase bruscamente em 1850. Até essa data o açúcar para o primeiro artigo de exportação da província; alguns anos depois já os canaviais paulistas só podiam atender ao consumo interno e quando o podiam. A alta nos preços dos gêneros de primeira necessidade acompanhou de perto essa transição. O feijão, que na zona de Jundiaí e Campinas nunca fora vendido a muito mais de $800 o alqueire e que mesmo durante a revolução liberal de 42, com a alta provocada nos preços, era oferecido a 1$000, subira em 1857 a 20$000!

Todos os braços disponíveis, todas as terras acessíveis eram aproveitados no cultivo de produtos exportáveis, isto é, de café, em detrimento dos gêneros de primeira necessidade.[12] Tal situação chegava a assumir feições catastróficas em tempos de chuvas excessivas, ou de secas, ou de epidemias, prejudicando sensivelmente o equilíbrio econômico da província. Assim, durante a epidemia de cólera em 1856 reduziram-se espantosamente os braços, as fortunas e a produção, sendo os fazendeiros obrigados a adquirir negros nas imediações dos lugares mais povoados e do litoral – quando não os iam comprar nas províncias do Norte e naturalmente a preços exorbitantes. O resultado foi que a pequena lavoura, entregue em grande parte a esses negros, desguarneceu-se por sua vez de braços, o que contribuiu para agravar ainda mais a situação criada pela carência de gêneros. A crise, embora afetasse em geral todas as províncias cafeeiras, não podia deixar de refletir-se com mais intensidade em São Paulo, onde a população escrava não era especialmente numerosa.

Impunha-se, assim, como única solução inteligente, o recurso à colonização particular, amparada ou não pelos governos. Às primeiras tentativas realizadas nesse sentido está intimamente vinculado o nome de Nicolau Pereira de Campos Vergueiro. Foi ele realmente o iniciador da importação em larga escala de trabalhadores europeus para a lavoura de São Paulo. Desde 1840, quando ainda não chegara à fase aguda a crise de braços, sua fazenda de Ibicaba recebera algumas dezenas de camponeses do Minho, os primeiros imigrantes europeus atraídos por iniciativa particular para o trabalho na grande lavoura. Mas esse esforço prematuro ficou prejudicado pela revolução de 1842, em que Vergueiro se viu envolvido. Só alguns anos mais tarde volta a realizar-se seu programa com a fundação de Vergueiro & Cia. Um plano minuciosamente elaborado preside dessa vez o empreendimento. A casa Vergueiro compromete-se a engajar colonos na Europa mediante contrato que não exclui a transferência dos mesmos a outros proprietários, desde que estes concordem em aceitar certas condições previamente estipuladas. Os adiantamentos feitos para o transporte e sustento dos colonos deverão ser pagos dentro de certo prazo e com juros de 6% ao ano. A cada família cabe o número de cafeeiros que possa cultivar, colher e beneficiar, além de roças para o plantio de mantimentos. O produto da venda do café é partido entre colono e fazendeiro, devendo prevalecer o mesmo princípio para as sobras de mantimentos que o colono venha a vender. Entretanto no que respeita a este último ponto reinou muitas vezes certa tolerância, tendo alguns proprietários desistido espontaneamente da meação do produto da venda de mantimentos. Todas as dúvidas surgidas entre as partes contratantes devem ser resolvidas por árbitros. De acordo com esses critérios é que se funda em julho de 1847 na fazenda de Ibicaba a "Colônia Senador Vergueiro", destinada a ser uma espécie de estabelecimento normal para um amplo sistema espalhado por diversos pontos da província.[13]

## III

O emprego de imigrantes europeus na grande lavoura em lugar de negros envolvia uma verdadeira revolução nos métodos de trabalho vigentes no país e, mais do que isso, nas concepções predominantes em todo o território do Império acerca do trabalho livre. Um exemplo típico de tais concepções é o caso lembrado por Kidder, dos alemães contratados em 1839 para a construção de pontes e calçadas em Pernambuco; tantas e tais eram as zombarias a esses "escravos brancos", que eles não conseguiram levar a bom termo a obra começada.[14] É compreensível, diante de tais condições, que os fazendeiros amoldados à nossa economia agrária tradicional, baseada sobretudo na existência do braço escravo largamente acessível, nem sempre conseguissem adaptar-se a uma nova situação criada com a introdução de trabalhadores livres procedentes do Velho Mundo. A aceitação pronta de tais trabalhadores não significava sempre, de parte dos grandes proprietários rurais, a admissão igualmente pronta, ou sequer a compreensão, de todas as consequências que essa mudança iria acarretar no sistema de relações entre patrões e serviçais. Todo o esforço dos interessados na introdução de trabalhadores europeus que preparasse a lavoura para receber sem graves perturbações e riscos a abolição da escravidão deveria exercer-se no sentido de se suavizarem os inevitáveis desajustamentos, os *cultural lags*, impossíveis de evitar no processo de produção.

O sistema Vergueiro, que em certo momento chegou a ser adotado por quase todos os principais fazendeiros de café em São Paulo, tornando-se por assim dizer a forma peculiar do emprego do braço livre na grande lavoura dessa província, não nasceu como novidade aparatosa, capaz de triunfar de todos os obstáculos que enfrentava a sua vida econômica. Surgiu sob a pressão de duras necessidades e ante a perspectiva de condições alarmantes.

Examinado em seus traços característicos esse engenhoso sistema não oferece, em realidade, nada de essencialmente novo. A aquisição de mão de obra europeia destinada a uma terra para onde não se esperava dos governos um amparo substancial e persistente à colonização só seria possível, de resto, dentro dos métodos universalmente empregados em tais casos. No fundo esses métodos nunca divergiam muito do "endividamento" (*indenture*) a que, segundo certos historiadores, deveram os Estados Unidos, durante a era colonial, quase metade dos imigrantes livres que as treze colônias receberam. Os encarregados de angariar colonos atraíam os candidatos adiantando-lhes as somas destinadas à viagem e ao sustento; tais somas eram amortizáveis mediante prestação de serviços por um determinado prazo. Na América do Norte o prazo mais comum eram quatro ou cinco anos. O patrão obrigava-se a sustentar o trabalhador, enfermo ou não, e terminado o prazo a fornecer-lhe, na ausência de um contrato explícito, os "donativos de alforria", que consistiam em um machado, duas enxadas, milho bastante para o sustento durante um ano e algumas vezes um pedaço de terra cultivável.

A rigor esse processo tornou-se mais digno de censura pelos abusos a que se prestou do que pelos princípios em que descansa. Muito patrão, sobretudo nas lavouras de tabaco, assegurava-se o serviço permanente dos trabalhadores forçando-os por meios indiretos a acumular outras dívidas e reduzindo-os assim, praticamente, à condição de servos. Abandonado nos Estados Unidos, ao menos nas suas formas tradicionais, em proveito dos vários tipos de *contract labor*, o sistema logrou manter-se ainda em muitos países de economia colonial e era, com pouca diferença, o meio pelo qual se importavam aos milhares os *coolies* chineses em Cuba, no Peru, em Havaí, precisamente ao tempo em que Vergueiro ensaiava entre nós seu célebre sistema. Acresce que o pauperismo reinante em certas localidades europeias levava muitas autoridades da Alemanha e da Suíça a estimular a emigração de elementos que se tornavam onerosos às administrações municipais. Várias municipalidades prontificaram-se mesmo a colaborar com os agentes de emigração adiantando ao emigrante as somas necessárias à passagem e sustento. É claro que isso podia prometer tudo aos nossos fazendeiros menos os homens ativos, morigerados e ordeiros de que tanto careciam eles. Entre os colonos enviados a São Paulo por intermédio da casa Vergueiro figuravam, segundo o testemunho insuspeito do dr. Heusser, não só antigos soldados, egressos das penitenciárias, vagabundos de toda espécie, como ainda octogenários, aleijados, cegos e idiotas. Essa gente encontrava, de parte de muitas administrações, todas as facilidades para emigrar. Quanto aos colonos mais jovens e sadios, só lhes eram fornecidos os adiantamentos para a viagem quando aquiescessem em levar consigo os outros. De modo que os indivíduos de boa saúde se viam obrigados a sustentar os velhos e os doentes e mais a se responsabilizar pelas suas dívidas caso viessem esses a falecer. Semelhante orientação, aliás, não foi apanágio das autoridades suíças e alemãs. Onde quer que os movimentos emigratórios tomassem vulto, não faltava entre as administrações quem procurasse utilizá-los em favor de uma política de verdadeira depuração nacional. Favorecendo o embarque dos elementos menos desejáveis é natural que essas administrações criassem obstáculos à saída de homens válidos e úteis. Mesmo em Portugal, onde a emigração para o Brasil teve sempre caráter mais espontâneo, essa tendência manifestou-se muitas vezes, com maior ou menor intensidade. Quando em certa ocasião o desembargador Bernardo Avelino Gavião Peixoto tratou de contratar lavradores alentejanos para suas colônias de Taquaral e Bom Retiro, perto de Capivari, utilizando como intermediário um seu irmão residente em Serpa, as autoridades locais portuguesas puseram toda sorte de embaraços à saída dos referidos colonos exatamente por serem eles bons trabalhadores e afeitos à vida agrícola.

O traço verdadeiramente característico do sistema Vergueiro não estava entretanto nos métodos de recrutamento dos colonos e sim no regime de *parceria* a que ficavam sujeitos, uma vez instalados nas terras a serem cultivadas. A analogia entre as condições dos parceiros nesse sistema e a dos *métayers* do Sul da França foi frequentemente salientada mesmo no Brasil quando o assunto andou em foco, nos meados do século passado. Mas sem ir tão longe, sem precisar recorrer a exemplos europeus, de resto numerosos, pode dizer-se que a situação dos agregados em muitas fazendas e especialmente nos engenhos de açúcar poderia, à falta de outros, servir de modelo para o sistema Vergueiro. Tschudi, cujas observações acerca das colônias de parceria denotam muitas vezes um meticuloso espírito de observação e uma objetividade rigorosa, soube ver claro a esse respeito.[15] A vantagem principal do regime de parceria, comparado ao dos serviços assalariados, está aparentemente no fato de garantir, ao menos em tese, uma liberdade mais ampla ao empregado e em reduzir ao mínimo os possíveis conflitos de tradições, costumes e convenções.

Tal como foi aplicada na lavoura paulista, a parceria representa uma espécie de conciliação entre o regime dos serviços assalariados, como se pratica em geral nas fazendas, e o das pequenas propriedades, peculiar aos núcleos coloniais. Isso explica a aceitação fácil que obteve entre os colonos de estirpe germânica sempre zelosos de suas tradições, ao passo que os portugueses e os imigrantes do Sul da Europa se inclinavam de preferência para o sistema dos salários fixos ou para as empreitadas. Como forma de transição entre os tipos de colonização rural suscetíveis até certo ponto de atender às nossas necessidades econômicas, o regime de parceria pretendia resolver o difícil problema da adaptação dos imigrantes do

Norte da Europa ao trabalho nas nossas grandes propriedades agrícolas. Problema comparável, no fundo, ao que enfrentam ainda hoje certas autoridades coloniais europeias, quando pretendem acomodar os indígenas aos interesses da produção capitalista, sem provocar com isso uma crise violenta nas formas de vida tradicionais.

Os recursos empregados em tais casos não estão longe de lembrar, muitas vezes, os do sistema Vergueiro. Assim sucede, por exemplo, com as experiências para o plantio de algodão no Sudão anglo-egípcio (região de Gezireh), do amendoim no Senegal e do cacau na Costa do Ouro.[16] O benefício em tais circunstâncias é recíproco, permitindo maior rendimento do trabalho e contribuindo para que as populações indígenas aperfeiçoem sua técnica tradicional ao contato dos métodos europeus.

Em São Paulo, infelizmente, não se fizeram sentir benefícios semelhantes na aplicação do plano Vergueiro, e as causas do malogro do sistema já foram aqui sumariadas de passagem. Vimos também como a técnica europeia não influiu e não poderia influir consideravelmente para a melhora dos nossos métodos de exploração agrícola. A esfera de influência dos colonos foi por isso menos rural do que urbana ou, se quiserem, suburbana. À técnica dos transportes pode assinalar-se pelo menos uma contribuição significativa desses antigos colonos: o abandono na construção do carro de boi do modelo tradicional, do eixo de volta e roda maciça, "que fazia uma algazarra agradável, talvez, somente aos bois", como observou um viajante suíço. Calculam-se bem os esforços que teriam sido feitos para vencer nesse caso a rotina, ante a convicção generalizada entre nossos roceiros de que carro para prestar precisa chiar. Mas foi sobretudo no desenvolvimento dado à cultura hortense – e também à pequena indústria – que os colonos deixaram a marca de sua passagem. E é lícito supor que com isso tenham contribuído consideravelmente para modificar entre outras coisas a própria dieta alimentar nas regiões colonizadas. Desde os tempos áureos das colônias de parceria costumavam os trabalhadores, católicos e protestantes, ir todos os domingos pela manhã às cidades de Limeira e Rio Claro, não só para serviços religiosos como para venderem os produtos de suas plantações e de sua indústria: legumes, laticínios, mel de abelha etc. Antes de os fazendeiros empregarem parceiristas – observa Tschudi – as donas de casa não tinham meios de obter manteiga fresca, nem leite, nem legumes, salvo quando podiam dispor de terrenos para criação e pasto. Mais tarde, e graças aos colonos, passaram a consumir diariamente de tais produtos. E o viajante perde-se a propósito em extensas divagações sobre o benefício que a influência germânica trouxe a certas zonas da província de São Paulo. Citando um artigo lido em certo jornal da Áustria, compara o papel do povo alemão ao do sal, que torna tragáveis certos pratos. Como o sal permite saborear alimentos naturalmente insípidos, assim também a mistura bem proporcionada de sangue germânico é salutar a qualquer povo. As regiões da província de São Paulo para onde se encaminhou de preferência a imigração alemã e suíça alemã pareciam-lhe confirmar francamente tal conceito.[17]

Essas considerações fazem pensar em certas formas ainda incipientes de pangermanismo, que devem ter tido grande popularidade na época e foram partilhadas, entre outros, por um dos mais violentos inimigos de nossas colônias de parceria, o conselheiro real prussiano Gustav Kerst. Longe de pugnar por um racismo rigoroso, os adeptos de tais doutrinas acreditavam que as possibilidades de maior expansão da cultura alemã estariam antes na fusão de elementos portadores dessa cultura com populações mais atrasadas. Kerst achava mesmo que graças a semelhante fusão os imigrantes alemães acabariam impondo aos luso-brasileiros seus costumes, seus traços nacionais e até seu idioma, temperando com isso a natural indolência e o atraso da gente do país e emprestando-nos um caráter próprio e independente, comparável ao que a fusão de anglo-saxões, bretões e normandos formou na Inglaterra. Mas para isso seria preciso que os governos de nossa "monarquia feudal" tivessem o desejo e a capacidade indispensáveis para resolver o problema da imigração livre no Brasil levantando com isso os alicerces de uma verdadeira nação. Seria preciso que abolissem as restrições religiosas e políticas de que padeciam os colonos, e fugissem a adotar sistemas tais como o da parceria, que tende antes a destruir do que a resguardar o caráter nacional dos imigrantes. Opinião análoga à de Kerst exprimira poucos anos antes o embaixador austríaco na corte de São Petersburgo, conde de Colloredo-Waldsee, ao nosso representante diplomático na mesma corte, José Maria do Amaral, lembrando a necessidade de se preservar a raça branca no Brasil mediante a mistura em larga escala com imigrantes do Norte da Europa.[18]

Não seria muito diverso o pensamento de alguns dos nossos progressistas do tempo. Em fins do século passado, a conveniência de manter a todo custo a tradição luso-brasileira ainda não se apresentava como um problema para nós. As resistências que se erguiam às correntes de ideias e de sangue estrangeiro vinham antes da rotina do que de um apego consciente às instituições tradicionais. Nunca essas resistências chegaram a tomar corpo, a contaminar os espíritos bem pensantes, nunca elas se organizaram, à maneira dos *know nothing* dos Estados Unidos, em um movimento destinado a combater tumultuosamente toda influência estrangeira suscetível de perturbar o crescimento harmonioso e equilibrado das instituições. Excepcionalmente houve por esse tempo em São Paulo quem pressentisse graves perigos no constante afluxo de imigrantes europeus, que ameaçavam transformar radicalmente nossa paisagem econômica e social. Não era paulista, não era sequer brasileiro quem assim pensava e não o animava um zelo apenas sentimental pelo passado da terra adotiva. Irlandês, católico e fidalgo, havia em Ricardo Gumbleton Daunt, no antimodernismo de que insistentemente se ufanava, tanto de devoção e fervor quanto de inteligência lúcida e compreensiva. Detestando cordialmente o sistema representativo, a centralização excessiva do poder, a "insensata admiração pelas instituições de outros povos e outras raças", achava, um pouco ao modo de Donoso Cortez, que os povos verdadeiramente livres se formam por simples evolução interna e desenvolvimento natural, que suas instituições não devem ser arbitrariamente modificadas e retorcidas pela mão do homem, posto que são de natureza divina. Ainda em 1856 podia opor o seu São Paulo à "semiestrangeira Rio de Janeiro", apresentando-o como reduto de tradições memoráveis que o colocavam em plano muito superior às demais províncias, com a possível exceção de Pernambuco. A esperança de fazer reviver o São Paulo glorioso do século XVII, com sua "espécie de feudalismo muito favorável ao desenvolvimento de algumas grandes virtudes", o desejo de ver fortalecidos os fios já tênues que ligam o São Paulo do tempo dos Filipes ao de Pedro II, surge como tema predileto em seus escritos, especialmente em várias cartas que ainda se conservam manuscritas no Instituto Histórico e Geográfico Brasileiro. Em uma delas datada de 1951 mostra-se profundamente apreensivo ante a perspectiva da imigração em grande escala de proletários alemães, que viriam desnacionalizar e descristianizar a terra de Santa Cruz. Esse homem, por tantos títulos respeitável para os paulistas, fugindo ao progresso trazido com a expansão dos cafezais abandonou certo dia Campinas, onde residia, para refugiar-se na velha Itu, ainda fiel ao açúcar e à tradição.

Mas essa voz quase isolada teve pouca ressonância. Na realidade não é tão grande a distância entre os homens que outrora penetravam o sertão em busca de riquezas e os que agora invadiam o mesmo sertão alargando as fronteiras do progresso. O bandeirismo do ouro e o bandeirismo do café pertencem ambos a uma só família. E como estranhar esse empenho em ir procurar braços para a lavoura onde quer que existissem, se precisamente tal empenho explica toda a história paulista desde meados do século XVI, quando Diogo Dias e Afonso Farina iam de São Vicente a Assunção do Paraguai negociar "peças da terra" com Domingos de Irala? As instituições tradicionais não vivem apenas de prestígio moral e estético. Pretender mantê-las sem um apoio efetivo na realidade é cair em vago e caprichoso formalismo. Itu fez-se o núcleo republicano da província quando se viu empobrecida, ao passo que Campinas, cafeeira e opulenta, se tornava naturalmente conservadora.

O sistema de colonização ensaiado por Vergueiro teve ao menos isto de vantajoso: não fez obra de desnacionalização, não criou quistos raciais como outras tentativas empreendidas em vários pontos do país. E por outro lado animou de uma vida nova extensas regiões ainda incultas ou mal cultivadas. Em Rio Claro os catálogos de indústrias e profissões pouco posteriores à época da colonização de parceria assinalam considerável porcentagem de nomes germânicos, que em certos ofícios chegam a ser maioria. No *Almanaque do Rio Claro* para 1873 encontram-se apenas duas pessoas com apelidos portugueses entre os oito alugadores de carros então existentes na cidade. Os outros chamam-se Jacob Witzel, Jorge Helmeister, Mathias Hartmann, Adão Hebling, Mathias Pott e Fernando Harting. Esse exemplo, escolhido entre outros igualmente expressivos, merece atenção particular devido à influência que os colonos alemães e suíços teriam exercido sobre a técnica de transporte no Centro-Oeste de São Paulo. Às vezes deparamos coincidências entre nomes existentes nesses catálogos de indústrias e profissões e os de antigos parceiristas, que aparecem em relações como a do dr. Heusser, publicada em 1857. E é natural que assim suceda: cessados os contratos com os fazendeiros muitos colonos iam estabelecer-se nas cidades vizinhas, onde passavam a exercer seus antigos ofícios e formavam, ao menos de início, aglomerações relativamente isoladas, que seriam pouco a pouco absorvidas pelas populações locais. Assim se deu no caso de Limeira, Rio Claro, Piracicaba e também em Campinas e Jundiaí, como parece indicar, ainda hoje, a existência dos chamados "bairros alemães" em algumas dessas cidades.

Foi praticamente nula, por outro lado, a influência de tais colonos sobre os métodos de trabalho agrícola. É instrutivo compará-la, por exemplo, à dos lavradores do Sul dos Estados Unidos, que imigraram em resultado da Guerra de Secessão e da vitória do Norte industrial. Posto que bem menos numerosa e de caráter essencialmente diverso, envolvendo mais patrões do que trabalhadores, a imigração desses anglo-saxões teve, sob tal aspecto, consequências mais ponderáveis. É que os lavradores norte-americanos vinham de uma terra onde já existia de longa data o sistema de plantações, semelhante ao que se praticava entre nós. Traziam consigo uma experiência e um espírito progressista que não seriam inúteis em nossas lavouras. O ambiente que vinham encontrar não destoava excessivamente do que deixaram atrás e as paisagens ancestrais e familiares quase se reproduziam no novo meio. Deve-se principalmente ao contato deles o início da mecanização da lavoura, que teve consequências tão decisivas e perduráveis em nossa economia agrária. Em realidade, o emprego da máquina e instrumentos na lavoura do café começou pouco antes da vinda dos agricultores do Sul dos Estados Unidos, ou seja, pelo ano de 1863, mas as vantagens econômicas que podiam resultar de tal progresso não se fizeram logo patentes. Refere-nos Campos Sales que, pouco habituados ao emprego de máquinas, os fazendeiros utilizavam às vezes toda uma junta de bois para o manejo de cada instrumento, com resultados frequentemente negativos. Só o exemplo das famílias norte-americanas imigradas a partir de 1866 mostrou finalmente que cada instrumento não exige mais de um homem e um animal para todas as operações a que se destina. Em pouco tempo as fazendas paulistas enchiam-se de arados, cultivadores, rodos e grades, tornando-se possível, de certo modo, uma grande economia de mão de obra, que constitui dos efeitos mais decisivos de mecanização.

E se na técnica dos transportes, não menos importantes para os trabalhos rurais, a ação dos alemães e suíços fez-se logo sentir com a introdução de melhoramentos no tipo tradicional do carro de bois, não foi menos sensível a contribuição dos norte-americanos, que divulgaram entre os nossos roceiros o uso dos *trolleys*, meio de transporte rústico e adaptável aos terrenos mais ásperos. Não foi preciso esperar muito tempo para que se estabelecessem entre as cidades e vilas nascentes do Centro-Oeste paulista linhas de comunicação servidas por semelhantes veículos, verdadeiros precursores, nesse caso, das atuais *jardineiras*. Sua disseminação como instrumento de locomoção tipicamente rural foi intensa e rápida. E para prova de sua popularidade cumpre dizer que encontrou lugar de honra no próprio cancioneiro caipira:

> *Sentado num troio d'oro*
> *Com os assento de prata*
> *Eu irei todo chibante*
> *Ver si prendo aquela ingrata.*[19]

Poupando a mão de obra, a mecanização progressiva da lavoura teria permitido suavizar-se o tremendo problema da falta de braços que Vergueiro tratara de resolver com o seu plano de colonização, se a maior expansão da lavoura cafeeira e, durante alguns anos, da lavoura algodoeira não viesse exacerbar novamente a crise.

Durante longo tempo ainda, pelo menos até iniciar-se a importação em larga escala de italianos, a lavoura do café iria padecer dessa crise. Mas a prosperidade da província, embora assente cada vez mais na monocultura cafeeira, estava bem assente, e pôde ao cabo triunfar de todos os obstáculos. Fazer derivar essa prosperidade apenas do concurso do braço estrangeiro é, por conseguinte, inverter a ordem dos fatos. O certo é que ela se afirmou de modo definitivo precisamente quando a carência de braços para a lavoura se tornou mais alarmante. Em cinco anos, de 1863-4 a 1868-9, apesar de todos os contratempos, apesar da guerra do Paraguai, o comércio de longo curso em Santos elevava-se ao triplo, subindo seu valor de 7.712:000$ para 20.091:000$. Essas cifras que foram apresentadas por Sebastião Ferreira Soares em documento onde procura combater o ceticismo então reinante nos círculos financeiros londrinos sobre as vantagens que ofereceria o aparelhamento do porto de Santos para corresponder ao progresso da província são um reflexo bem nítido desse mesmo progresso. O próprio Ferreira Soares, resumindo suas conclusões nesse mesmo documento, que aparentemente nunca foi publicado e cujo manuscrito datado de 1871 se encontra hoje na Biblioteca Nacional, assim se manifesta: "Nenhuma dúvida resta portanto de que o comércio marítimo da praça de Santos tem tido nestes últimos anos um progresso constante e não interrompido, o qual continua na sua marcha ascendente até o exercício de 1870/71, como se depreende dos dados oficiais, ainda não completos, que existem no Tesouro Nacional; pode pois concluir-se que este aumento é devido ao desenvolvimento material que neste último decênio tem tido a província de São Paulo, mais que nenhuma outra do Império do Brasil".

IV

Por mais pessimista que seja nosso julgamento acerca de regime de parceria, tal como fora concebido por Vergueiro, uma coisa é certa: foi principalmente por seu intermédio que se tornou possível à lavoura paulista admitir o trabalho livre sem passar pelas crises que essa transição iria provocar em outras regiões do Brasil.

É verdade que para muitos fazendeiros a relação tradicional entre o amo e o escravo tinha fornecido um padrão fixo, inflexível e insubstituível para o trabalho na grande lavoura; introduzido o colono livre esse tipo de relação não desaparecia de todo, mas evoluía para uma forma de dependência apenas atenuada. É verdade também que as condições de vida do trabalhador livre não seriam extremamente invejáveis se comparadas às do escravo. O contrário costuma suceder onde quer que coexistam as duas instituições, e o Brasil não ofereceu, certamente, uma exceção à regra. Na comunidade doméstica de constituição patriarcal, ainda bem viva durante nosso Império, os escravos constituíam uma simples ampliação do círculo familiar, que adquiria com isso todo o seu significado originário e integral, ainda contido na própria etimologia da palavra "família". Por isso e também por motivos compreensíveis de interesse econômico, o bem-estar dos escravos devia ser mais caro ao fazendeiro do que o dos colonos. Escapava-lhe uma noção rigorosamente precisa e objetiva dos direitos e deveres que implica o regime do trabalho livre, em princípio menos orgânico e psicologicamente menos sentimental do que o da escravidão. Quando se pretendia elogiar as condições de trabalho em determinada colônia agrícola, o termo de comparação que ocorria era naturalmente uma grande família.[20] A incompreensão que tais fatos revelam da verdadeira estrutura e das finalidades do trabalho livre refletiu-se em uma série de incidentes que tiveram sua culminância na sublevação dos colonos de Ibicaba, a colônia-modelo, em fevereiro de 1857.

Mas não se deve atribuir unicamente aos fazendeiros e aos contratos lesivos a causa do malogro do sistema Vergueiro. Tschudi, juiz conscencioso e que não poupou censuras à administração de Ibicaba e de outras colônias de parceria, julga ao contrário que esse malogro se deve em grau bem maior aos próprios colonos. E não é muito diverso o juízo que formulou o dr. Heusser, incumbido por várias municipalidades suíças de investigar pessoalmente as condições da colonização de parceria em São Paulo.

No momento em que se registraram os acontecimentos de Ibicaba, as colônias agrícolas fundadas na província de acordo com o sistema Vergueiro empregavam grande número de braços livres e pareciam oferecer uma solução adequada ao problema da escassez de mão de obra para a lavoura. O mapa que a seguir apresentamos abrange as colônias visitadas no mesmo

| Nomes das colônias | Termos | Proprietários | Brasileiros | | Alemães | | Suíços alemães | | Suíços franceses | | Portugueses | | Belgas | |
|---|---|---|---|---|---|---|---|---|---|---|---|---|---|---|
| | | | Fam.s | Ind.s | Fam.s | Ind.s | Fam.s | Ind.s | Fam.s | Ind.s | Fam.s | Ind.s | Fam.s | Ind.s |
| Senador Vergueiro | Limeira | Senador Nicolau Pereira de Campos Vergueiro | ... | ... | 51 | 227 | 62 | 267 | 6 | 41 | 55 | 258 | 3 | 23 |
| Angélica | Rio Claro | idem | ... | ... | 4 | 20 | 28 | 129 | ... | ... | ... | ... | 1 | 4 |
| Cresciumal | Pirassununga | Senador Francisco Antônio de Sousa Queirós | 17 | 88 | ... | ... | ... | ... | ... | ... | 3 | 14 | ... | ... |
| S. Jerônimo | Limeira | idem | ... | ... | 72 | 306 | 6 | 42 | ... | ... | ... | ... | ... | ... |
| Sta. Bárbara | idem | idem | 38 | 203 | ... | ... | ... | ... | ... | ... | ... | ... | ... | ... |
| Morro Azul | idem | Alferes Joaquim Franco de Camargo | 8 | 69 | 1 | 9 | ... | ... | 2 | 10 | 9 | 35 | ... | ... |
| Boa Vista | Rio Claro | Benedito Antônio de Camargo | 6 | 39 | 3 | 18 | 7 | 28 | ... | ... | 11 | 63 | ... | ... |
| Biri e Covetinga | idem | Dr. José Elias Pacheco Jordão | 6 | 26 | 3 | 15 | 22 | 115 | .... | ... | | | | |
| S. Lourenço | Piracicaba | Comendador Luiz Antônio de Souza Barros | 1 | 3 | 28 | 145 | 28 | 146 | 8 | 38 | | | | |
| Boa Vista | Rio Claro | D. Ana Joaquina Nogueira de Oliveira | ... | ... | 1 | 8 | ... | ... | ... | ... | 9 | 38 | ... | ... |
| S. João do Morro Grande | idem | João Ribeiro dos Santos Camargo | 2 | 14 | ... | ... | ... | ... | ... | ... | 5 | 23 | ... | ... |
| Tatu | Limeira | Cândido José da Silva Serra | ... | ... | 8 | 34 | ... | ... | ... | ... | 27 | 108 | ... | ... |
| Capitão Diniz | idem | Joaquim da Silva Diniz | ... | ... | ... | ... | ... | ... | ... | ... | 3 | 10 | ... | ... |

| Nomes das colônias | Termos | Proprietários | Brasileiros | | Alemães | | Suíços alemães | | Suíços franceses | | Portugueses | | Belgas | |
|---|---|---|---|---|---|---|---|---|---|---|---|---|---|---|
| | | | Fam.s | Ind.s | Fam.s | Ind.s | Fam.s | Ind.s | Fam.s | Ind.s | Fam.s | Ind.s | Fam.s | Ind.s |
| Boa Esperança | Campinas | Antonio de Camargo Campos | 1 | 5 | 14 | 60 | ... | ... | ... | ... | ... | ... | ... | ... |
| Tapera | idem | D. Moda Inocência de Sousa | ... | ... | 9 | 45 | 6 | 22 | ... | ... | ... | ... | ... | ... |
| Boa Vista | idem | Floriana de Camargo Penteado | 2 | 11 | 10 | 47 | 7 | 22 | ... | ... | 4 | 18 | ... | ... |
| Sítio Novo | Campinas | Antônio Rodrigues Barbosa | ... | ... | 5 | 24 | ... | 9 | ... | ... | 4 | 19 | ... | ... |
| Sete Quedas | idem | Joaquim Bonifácio do Amaral | 8 | 52 | 8 | 37 | ... | ... | ... | ... | ... | ... | ... | ... |
| Laranjal | idem | Luciano Teixeira Nogueira[21] | ... | ... | ... | ... | ... | ... | 22 | 85 | ... | ... | 14 | 61 |
| Boa Vista | Amparo | João Leite de Morais Cunha[22] | ... | ... | ... | ... | 16 | 71 | ... | ... | ... | ... | ... | ... |
| Soledade[23] | Campinas | Hércules Florence | ... | ... | ... | ... | 2 | 18 | ... | ... | ... | ... | ... | ... |
| Dores | idem | Pedro José dos Santos | ... | ... | ... | ... | ... | ... | ... | ... | 6 | 25 | ... | ... |
| S. Francisco | idem | Francisco de Camargo Penteado | ... | ... | 8 | 36 | ... | ... | 1 | 6 | 1 | 5 | ... | ... |
| S. Joaquim | Jundiaí | Joaquim Bento de Queirós Teles | ... | ... | ... | ... | 7 | 34 | ... | ... | ... | ... | ... | ... |
| Sto. Antônio | idem | Comendador Antônio de Queirós Teles | ... | ... | ... | ... | 14 | 68 | ... | ... | ... | ... | ... | ... |
| S. José da Lagoa | idem | Coronel Antônio Joaquim Pereira Guimarães | ... | ... | ... | ... | 7 | 38 | ... | ... | ... | ... | ... | ... |
| | | | 80 | 511 | 225 | 1031 | 212 | 1000 | 39 | 180 | 160 | 616 | 18 | 88 |

ano de 1857 pelo desembargador Valdetaro e é reproduzido quase sem alteração do relatório enviado à Assembleia Provincial pelo presidente Fernandes Torres em 1858.[24] Conquanto nele não se indiquem todas as colônias de parceria existentes em São Paulo na ocasião do inquérito e muito menos o número exato de imigrantes enganados segundo esse sistema entre 1847 e 1857, serve para mostrar, em todo caso, a importância adquirida por tais colônias na lavoura cafeeira da província.

Nessa lista deixam de figurar, entre outros, diversos estabelecimentos de parceria visitados quase na mesma ocasião pelo dr. Heusser, que os registra em seu relatório às autoridades do cantão de Zurique. Nesse caso estão a fazenda de Santo Antônio, de Elias Silveira Leite (Elias Velho), situada nas proximidades de Piracicaba, com cinco famílias de suíços alemães e duas de suíços franceses, a de Morro Alto, de José Rodrigues César, com duas famílias de suíços alemães, e de Sant'Ana, de José de Camargo Penteado, com duas famílias de suíços alemães, as de Francisco Mariano Galvão Bueno e dr. Joaquim Mariano Galvão de Moura Lacerda, ambos de Amparo, a primeira com quatro famílias de suíços alemães e a segunda com duas de suíços franceses.

Depois da rebelião de Ibicaba, que foi descrita com tanta vivacidade pelo colono Thomas Davatz, cessou quase bruscamente o engajamento de imigrantes para as colônias de parceria. E com isso o regime idealizado por Vergueiro ficou condenado a desaparecer mais cedo ou mais tarde. Três anos depois, em 1860, ainda vegetavam na província 29 colônias baseadas nesse sistema. Já em 1870 seu número estava reduzido a treze, sendo que algumas tinham perdido muito de sua antiga importância. A própria Ibicaba decaíra progressivamente desde a sublevação, ou desde a morte do senador Vergueiro, em 1859. A seu respeito escreviam-se coisas deste teor: "É a primeira colônia da província de São Paulo em número de colonos e talvez em abundância de terrenos; mas em boa ordem, administração e fama, as colônias do senador Sousa Queirós têm a primazia".[25]

Daí por diante o propósito de colocar o estabelecimento a salvo de cenas semelhantes às de 1857 parecia sobrepor-se a todos os outros cuidados. Ibicaba, que iniciara tão auspiciosamente os esforços no sentido de se harmonizarem as vantagens do trabalho livre com os interesses da lavoura cafeeira, perdia aos poucos o prestígio antigo. Exatamente três decênios mais tarde um viajante estrangeiro, de passagem pela fazenda, assinalava entre seus moradores o costume curioso de celebrarem as sextas-feiras e não os domingos como o dia de descanso e de festa. Eram cristãos, não muçulmanos, os que assim procediam, obedientes a ordens supremas do proprietário. E a razão plausível de tais ordens estava na conveniência de se evitar que os escravos encontrassem companheiros de outros estabelecimentos e tramassem novo levante. Visando ostensivamente os escravos, a medida afetava, no entanto, todo o pessoal da fazenda. A trinta anos de distância, o espectro da rebelião continuava a aterrorizar os senhores de Ibicaba.

Mas a experiência adquirida com as manifestações de descontentamento dos colonos e as graves repercussões que encontraram na Europa, resultando em medidas restritivas à emigração para o Brasil, não se perdeu de todo. Algumas decisões sugeridas por tais incidentes pareceram aos fazendeiros de toda conveniência. Aqueles que conservavam o regime de parceria quanto à remuneração dos serviços trataram de alterar diversas cláusulas do contrato primitivo, outros adotaram o salário fixo para a cultura do café, efetuando o pagamento após a colheita e a preço fixo por alqueire. Na própria Ibicaba as desvantagens do sistema inaugurado em 1847 tornaram-se logo patentes aos responsáveis pela colônia Senador Vergueiro e a parceria foi logo alterada para o sistema de locação de serviços. Historiando os motivos que ditaram essa transformação, assim se manifestava em 1874 José Vergueiro: "O colono, sempre desconfiado, e portanto convencido sempre que o proprietário o queria lograr, não confiava em nenhuma das operações que eram feitas, como vendas, remessas, peso etc., da parte dos produtos que lhe pertencia. Essa desconfiança aumentava; tomava nele proporções de crença, ainda mais, com as instigações de estranhos que procuravam nessas circunstâncias tirar interesse. Falamos de experiência própria, pois fomos as principais vítimas do que acabamos de expor; e tudo isto ainda mais agravado pelo espírito mal-entendido de diversas nacionalidades, azedado pelos zelos incompreensíveis".[26]

Na realidade o sistema de parceria, tal como o instituíra Vergueiro, excluía a menor parcela de fiscalização do colono sobre as operações realizadas com o café entre a colheita e o ajuste de contas num intervalo que se prolongava por meses. Todo o seu fundamento era assim o vago pressuposto – resíduo de concepções antiquadas – de uma absoluta confiança do colono em seu empresário. Foi esse, sem dúvida, um dos pontos vulneráveis do sistema. Aos erros frequentes que se introduziam nos cálculos efetuados por diretores incompetentes e algumas vezes pouco escrupulosos acrescentavam-se outros motivos importantes para perturbar aquela confiança. Era difícil se não impossível a um fazendeiro bem-intencionado explicar com minúcia aos colonos todas as numerosas despesas que implicava necessariamente o transporte de café a Santos. Em 1857 o lavrador paulista devia pagar 7% de imposto geral e 4% do tributo provincial decretado durante a presidência Saraiva para o café que ia ao mercado, assim como 2$ por arroba de café transportado em lombo de besta e mais quarenta, sessenta ou oitenta réis às municipalidades, que quase todas impunham semelhantes taxas em benefício de obras locais. Vinte e tanto a 30% do lucro obtido consumiam-se nessas despesas inevitáveis. O restante devia ser dividido com os colonos, se o empresário não se dispusesse a suportar os ônus sem partilha. De tudo resultavam queixas constantes, por vezes exageradas, mas em alguns casos justas, conforme o demonstram as sindicâncias realizadas.

O primeiro cuidado dos fazendeiros foi, por conseguinte, modificar os contratos abolindo o longo e complicado processo das contas. Em lugar de fazer depender da venda do café no mercado o pagamento ao colono, estipulou-se geralmente um preço fixo por alqueire. Segundo o novo contrato recebiam os colonos os cafeeiros que podiam cultivar sem dificuldade. Terminada a colheita depositavam eles o produto em lugar convencionado e recebiam por alqueire a quantia estipulada, que era de quinhentos réis em algumas colônias e de seiscentos em outras. Para seus plantios dispunham, mediante aluguel ou gratuitamente, de terrenos previamente marcados, alugando também a preços módicos as casas de residência, pastos etc. Foi o que se fez em Ibicaba e também em outras fazendas, mas ainda assim sem resultados muito felizes. O próprio José Vergueiro, em seu memorial de 1874 sobre a colonização e o cultivo do café, queixa-se da má vontade com que os colonos se entregavam aos trabalhos diários, atentos apenas em tirar para si todo o proveito, uma vez que não tinham esperança de poder considerar algum dia como sua a terra que cultivavam.

Vários proprietários distanciaram-se ainda mais do primitivo modelo das colônias de parceria e ensaiaram-se assim novos sistemas que em muitos casos não deram melhor proveito. Algumas das colônias que não abandonaram o regime antigo caíram em rápido declínio, como a do Laranjal, em Campinas, pertencente a Luciano Teixeira Nogueira ou a de Boa Vista, em Amparo, propriedade de João Leite de Morais Cunha. Houve proprietários que desprezaram quase por completo a experiência proporcionada pelo sistema Vergueiro e estabeleceram o pagamento mensal ao colono de um salário fixado previamente, além de lhe fornecerem sustento ou terra para a cultura dos mantimentos, exigindo que o mesmo colono se prestasse a fazer todos os serviços da fazenda. Esse tipo de contrato, a que se conformavam geralmente os trabalhadores nacionais, não oferecia muitas garantias ao estrangeiro ignorante das condições reinantes no Brasil e habituado a um padrão de vida relativamente elevado em comparação com o das nossas populações rurais. Devia repugnar especialmente a suíços e alemães, que forneciam o maior contingente de colonos aos estabelecimentos de parceria. Deu porém bons resultados com trabalhadores portugueses na colônia de Nova Lousã, pertencente ao comendador José Elisário de Carvalho Monte-Negro. O êxito dessa experiência foi atribuído, é verdade, ao fato de o proprietário, português de nascimento, ter podido escolher pessoalmente seus empregados entre camponeses morigerados e de boa conduta.

Não seriam altos os jornais desses homens e o próprio comendador Monte-Negro argumenta com o princípio do ordenado supérfluo para mostrar o inconveniente dos salários muito elevados. Normalmente o imigrante que vencesse 14$000 por mês poderia em cinco meses saldar a dívida contraída com o proprietário.[27]

Apesar do êxito obtido com a colônia de Nova Lousã, o comendador Monte-Negro não teve muitos imitadores. E a razão está não só na alta dos jornais, que se acentuou sobretudo com o malogro do sistema Vergueiro em 1857 e com o célebre "rescrito Heidt", pouco posterior, proibindo a emigração de prussianos para o Brasil, como na circunstância de serem os portugueses, de resto pouco propensos às atividades agrícolas, quase os únicos imigrantes que se sujeitavam de bom grado ao regime dos salários. Durante longos anos foi quase impossível aos fazendeiros obterem mão de obra na Alemanha e na Suíça, os países que se tinham mostrado mais acessíveis antes de o regime de parceria cair em descrédito. Ainda em 1873 o visconde de Indaiatuba tentou em vão fazer vir certo número de famílias de Holstein para sua célebre colônia de Sete Quedas, mas foram inúteis os esforços nesse sentido, tais os empecilhos opostos pelo governo alemão. Recorreu-se por algum tempo aos tiroleses e aos italianos do Norte. Em alguns casos recorreu-se também a imigrantes já instalados em Santa Catarina ou mesmo nas repúblicas do Prata. Todavia deve ter sido mais considerável do que o fazem crer as estatísticas oficiais o número de imigrantes que afluíram para São Paulo vindos diretamente da Europa e em particular da própria Alemanha. Assim é que, segundo tais estatísticas, entraram nada mais do que 83 imigrantes, sem distinção de nacionalidades, durante o ano de 1871. A verdade é que segundo informações dignas de fé, apenas na já citada colônia de Sete Quedas entraram em princípios desse ano dezesseis famílias trazidas do Holstein pelo proprietário do estabelecimento, num total de 107 pessoas.[28] Faltam-nos dados absolutamente exatos para julgar do número de colonos que serviram nas fazendas de café em São Paulo antes de iniciar-se em ritmo regular a imigração italiana. No ano de 1887 calculava A. W. Sellin em 12 mil ou 15 mil os alemães estabelecidos então na província, e nesse total entrariam muitos dos trabalhadores introduzidos pela companhia Vergueiro.[29]

Conquanto essas cifras deem, quando muito, uma ideia apenas aproximada e talvez exagerada dos fatos, o certo é que não deixam de merecer interesse, tendo-se em conta que, além dos portugueses e nacionais, foi sobretudo entre alemães e suíços que se recrutaram os trabalhadores livres para a lavoura do café quando esta começou a ganhar incremento na província. Apesar das medidas restritivas da imigração para o Brasil, adotadas a partir de 1859 pelos governos germânicos, não cessou de todo a onda de colonos alemães destinados a São Paulo e a outras províncias. Mas ela estava longe de atender às necessidades do momento e os fazendeiros paulistas tiveram de esperar mais quinze ou vinte anos por uma nova raça de trabalhadores mais em correspondência com suas necessidades.

Praticamente extinto em sua forma primitiva, o sistema ideado por Vergueiro continuou a influir direta ou indiretamente sobre as várias formas de organização do trabalho rural adotadas durante essa pausa. Alguns dos traços dominantes do sistema chegaram a incorporar-se, de certo modo em caráter definitivo, ao regime das fazendas de café, servindo para suavizar a transição do trabalho escravo para o trabalho livre. Podem ser lembrados, entre outros, a situação de independência dos colonos em tudo quanto diz respeito à sua vida doméstica, seu emprego quase exclusivo na colheita do café; sua faculdade de dispor dos gêneros alimentícios que produza além do serviço nos cafezais, e de auferir lucros da venda desses produtos. Todos esses traços, já apontados em 1870 por Carvalho de Morais como característicos do sistema de parceria, mantiveram-se e deram benefícios, mesmo quando abandonado o sistema. É indiscutível que, encarado sob esse aspecto, o plano Vergueiro foi extremamente fecundo, e como tal merece ser estudado com toda a atenção e enaltecido. Quanto à sua aplicação prática, ela pode ser e tem sido discutida de vários pontos de vista, tão vários quanto os interesses que pôs em jogo. Mas essa mesma variedade encerra para nós uma vantagem preciosa, servindo para dar realce aos problemas culturais, sociais e econômicos que ficariam obscurecidos, em muitos pontos, se nos fossem propostos sob uma forma unilateral e incolor. Ela faz fixar melhor as divergências, medir, calcular seus motivos, ajudando a não aceitar sem crítica as opiniões parciais. É dessas opiniões que se faz a história em grande parte e a história do Brasil em quase tudo. Para estudar o passado de um povo, de uma instituição, de uma classe, não basta aceitar ao pé da letra tudo quanto nos deixou a simples tradição escrita. É preciso fazer falar a multidão imensa dos figurantes mudos que enchem o panorama da história e são muitas vezes mais interessantes e mais importantes do que os outros, os que apenas escrevem a história. Exercício difícil e cheio de seduções perigosas onde faltam pontos de apoio seguros, levará facilmente a aceitar seus resultados como a única verdade digna de respeito. Seria difícil, por exemplo, imaginar-se a escravidão no Brasil descrita do ponto de vista de suas vítimas, se estas tivessem voz articulada, e não do ponto de vista dos escravocratas, dos governos, dos abolicionistas... Mais difícil, porém, seria acreditar que para muitos essa descrição, se existisse, não passaria a valer por si, constituindo matéria-prima de apologias ou de invectivas. Para o caso das colônias de parceria, que floresceram em meados do século passado, temos um depoimento dessa natureza. No livro de Thomas Davatz, hoje publicado em tradução brasileira, o historiador futuro terá um elemento imprescindível para o estudo do trabalho agrícola em São Paulo durante a época do Império. É inútil insistir muito na intenção polêmica em que foi composto. Livro de partido, mas também de boa-fé, ele é a expressão e o prolongamento da vida de um pobre colono perdido num mundo hostil às suas aspirações. Consideradas nesse aspecto é que as memórias de Davatz poderão ser apreciadas em seu justo valor.

# Diários de viagem *

·

**5 0**

**LIVRO DOS PREFÁCIOS**

·

"AOS 22 DIAS DO MÊS DE AGOSTO de 1753 anos, batizou e pôs os Santos óleos com minha licença o Reverendo Cônego Joaquim de Albuquerque Saraiva a *Francisco*, filho de José Antônio de Lacerda e de sua mulher Francisca da Almeida Pais; foram padrinhos Manoel de Oliveira Cardoso e sua mulher d. Manoela Angélica de Castro, todos desta freguesia, de que fiz este assento, que assino. – *Manoel José Vaz.*"

Essa declaração, tirada do livro de assento de batismo da paróquia da Sé, em São Paulo, permite estabelecer a filiação do notável explorador brasileiro. Sobre a data precisa de seu nascimento mostram-se incertos os biógrafos. É plausível admitir que, nascido na cidade de São Paulo e de pais católicos, o filho de José Antônio de Lacerda tenha vindo ao mundo no ano em que foi batizado, ou seja, em 1753. Em favor dessa suposição há, entre outros, o fato de, no recenseamento realizado em 1765 na cidade de São Paulo e todo o seu termo, figurar

---

* Almeida, Francisco José de Lacerda e. *Diários de viagem*. Rio de Janeiro, Instituto Nacional do Livro, 1944, pp. IX-XVIII. [Nota-Prefácio]

o nome do menor Francisco, filho de José Antônio de Lacerda e Francisca de Almeida Pais, com doze anos de idade.

A leitura de velhos documentos paulistas mostra-nos que, boticário de profissão, José Antônio desfrutou certo prestígio em São Paulo, chegando a ser da governança da terra. Em 1774, quando seu filho já andava em Coimbra, foi eleito juiz presidente da Câmara. Residia por essa época no pátio da Sé e tinha algum cabedal, então avaliado em 1:200$000.

Francisco José parece ter sido destinado pelos pais à carreira eclesiástica, pois no referido recenseamento de 1765 figura como "tonsurado". No de 1767 é simplesmente "adido à Sé". Em 1770 parte de São Paulo para Coimbra, onde faz os cursos de matemática e filosofia na universidade. Bacharela-se em 21 de junho de 1776, aprovado *nemine discrepante*, e doutora-se em dezembro do ano seguinte.

Em 1780 regressa ao Brasil, na qualidade de astrônomo da comissão de demarcação dos limites. A 26 de fevereiro desse ano chega a Belém do Pará. Os diários de suas viagens e diligências, a partir de então, podem dar ideia do que foi a intensa atividade por ele desenvolvida no exercício das funções que lhe confiou o governo da metrópole.

Em janeiro de 1789, após quase dez anos de ausência, encontrava-se de novo em São Paulo, onde tinha o pai já septuagenário e um irmão. Demorou-se mais de um ano em sua cidade natal, onde, segundo parece, pretendia permanecer. Chamado, porém, ao Reino, seguiu a 13 de maio de 1790 para Santos, e dois meses depois embarcava com destino a Lisboa.

Tendo apresentado à Academia de Ciência o diário de sua última viagem – de Vila Bela a São Paulo – foi admitido como sócio por essa instituição. Pouco depois era provido em primeiro-tenente de mar e quatro anos mais tarde promovido a capitão-de-fragata. Exercia concomitantemente as funções de lente de matemáticas da Companhia dos Guardas-Marinhas. Nomeado em março de 1797 governador dos rios de Sena, quatro meses depois já se achava no Rio de Janeiro, a caminho da África Oriental.

Tomando posse de seu cargo a 25 de janeiro de 1798, inicia os preparativos para a travessia do continente. Propunha-se verificar se, em algum ponto do centro da África, existiam montes que pudessem servir de cabeceiras aos rios de Sena e Cunene, que correm em sentidos opostos, o primeiro para a costa oriental e o segundo para a ocidental.

Os pormenores da viagem vão narrados no diário de Lacerda e Almeida, que se publica no presente volume. As últimas páginas trazem a data de 3 de outubro [de 1798]. Sabe-se que, a 18 do mesmo mês, falecia Lacerda na corte do rei de Cazembe, sem ter conseguido realizar seu grande projeto.

Livingstone, que percorreu as mesmas regiões em 1867, e ainda pôde recolher dos habitantes alguns dados sobre a expedição Lacerda, efetuada setenta anos antes, fixa em 19°32' de latitude sul, a pouca distância do lago Moero, o local de seu falecimento.

Não obstante o malogro de sua tentativa, Lacerda e Almeida deu, conforme observou o historiador português Manuel Murias, "um passo definitivo para realizar a travessia da África".

OBRAS IMPRESSAS

Imprimiram-se os seguintes trabalhos de Lacerda e Almeida:

1º) *Diário da viagem do dr. Francisco José de Lacerda e Almeida pelas capitanias do Pará, Rio Negro, Mato Grosso, Cuiabá e São Paulo, nos anos de 1780 a 1790* (impresso por ordem da Assembleia Legislativa da Província de São Paulo). São Paulo, na Tip. de Costa Silveira, rua de S. Gonsalo nº 14, 1841, p. 89.

Inclui-se nesse livro, às páginas 43-62, o texto do "Diário de Vila Bela a São Paulo" enviado à Academia Real de Ciências de Lisboa, e que se acha publicado, igualmente, na *Revista*

*Trimensal do Instituto Histórico e Geográfico Brasileiro*, t. LXII, parte I (Rio de Janeiro, 1900), às páginas 35-59.

2º) "Memória acerca dos rios Baures, Branco, da Conceição, de S. Joaquim, Itonamas e Maxupo e das três missões da Magdalena, da Conceição e de S. Joaquim", na *Revista Trimensal do Instituto*, t. XII (Rio de Janeiro, 1849), pp. 106-19.

3º) – ...*Travessia da África*, pelo dr. Lacerda e Almeida. Edição acrescida do "Diário da viagem de Moçambique para os rios de Sena" e do "Diário do regresso a Sena pelo padre Francisco João Pinto, com uma introdução crítica do dr. Manuel Murias". Lisboa, Divisão de Publicações e Biblioteca, Agência Geral das Colônias, 1936, p. 414. Com 24 plantas geográficas fora do texto, baseadas nos borrões do dr. Lacerda, que se conservam em Lisboa no Arquivo Histórico Colonial.

O diário de viagem de Moçambique aos rios de Sena foi publicado primeiramente num folheto de 31 páginas, impresso em Lisboa, 1889, entre os "Documentos para a história das colônias portuguesas". O "Diário do Tete ao Cazembe" saiu na parte não oficial dos *Anais Marítimos e Coloniais*, Lisboa, 1844 (4ª série), pp. 303-314-334-343-377-381-397-408. Sobre esses textos fez-se a reimpressão publicada pela Agência Geral das Colônias.


## MANUSCRITOS

Trabalhos manuscritos e inéditos de Lacerda e Almeida conservam-se ainda hoje em arquivos do Brasil e de Portugal. Na Biblioteca Nacional do Rio de Janeiro guardam-se, entre outros, os textos manuscritos do "Diário de Viagem de Moçambique aos rios de Sena" e do "Diário da Vila de Tete ao interior da África", aproveitados no presente volume.

FONTES PARA ESTUDO

Para o estudo da vida e da obra de Lacerda e Almeida podem ser consultados os trabalhos seguintes:

Barão de Porto Seguro, "Dr. Francisco José de Lacerda e Almeida", na *Revista Trimensal do Instituto Histórico e Geográfico do Brasil*, tomo XXXVI, parte Iª (Rio de Janeiro, 1863), pp. 177-84.

M. E. de Azevedo Marques, *Apontamentos históricos, geográficos, biográficos, estatísticos e noticiosos da província de São Paulo*, I (Rio de Janeiro, 1879), p. 160.

José Jacinto Ribeiro, *Cronologia paulista ou relação histórica dos fatos mais importantes ocorridos em São Paulo, desde a chegada de Martim Afonso de Souza a S. Vicente até 1898*, I (São Paulo, 1899), pp. 616 e ss.

Sacramento Blake, *Dicionário bibliográfico brasileiro*, III (Rio de Janeiro, 1895), pp. 9-10.

Arthur Motta, *História da literatura brasileira. Época de transformação — Século XVIII* (São Paulo, 1930), pp. 392-5.

Manuel Múrias, introdução crítica à obra citada, *Travessia da África*, pp. 9-75.

### SIGNIFICAÇÃO DE SUA OBRA

Com Alexandre Rodrigues Ferreira, Silva Pontes, Ricardo Franco, Ribeiro de Sampaio e poucos mais, Lacerda e Almeida é um dos iniciadores, no Brasil, das grandes expedições de caráter científico. O esforço desses autênticos pioneiros tem sido relegado geralmente a plano secundário, devido, em parte, ao mérito excepcional de alguns dos notáveis viajantes e naturalistas estrangeiros que percorreram o Brasil em princípio do século passado. Mas a significação do trabalho que empreenderam não deve, por isso, ser desmerecida. Cabe às novas gerações, tão empenhadas em melhor conhecer o Brasil e seu passado, situá-lo em seu legítimo lugar.

É certo que a leitura da obra de Lacerda e Almeida oferece pouca sedução ao primeiro contato. Cumpre considerar que seus diários não eram endereçados ao grande público, mas às autoridades e, quando muito, a instituições científicas. Tinham o propósito não de agradar, mas de instruir, informar e prestar serviços imediatos.

Entretanto, para o historiador dos nossos dias, seu valor é considerável, tendo-se em conta que o autor percorreu duas estradas fluviais da maior importância no sistema de comunicações do Brasil setecentista: a que ligava Belém do Pará às partes centrais do continente, através do Amazonas e dos rios da bacia amazônica, e o famoso caminho das monções. Seu diário de Vila Bela a São Paulo constitui um depoimento único para quem pretenda saber o que era a áspera navegação das canoas de comércio procedentes do Cuiabá.

Restringindo-se à observação direta dos fatos e à concisa narração do que testemunhava durante suas viagens, Lacerda nunca se deixa levar por critérios fáceis ou por soluções simplistas. Se, depois da penosa descida do rio Pardo, ocorre-lhe mencionar a tradição corrente entre alguns canoeiros (mais tarde desmentida pela experiência), de que outra via fluvial, a do Sucuriú, talvez fornecesse viagem mais direta e mais cômoda entre São Paulo e o Norte de Mato Grosso, não ousa propor essa via às monções de comércio. É que, enquanto não se povoassem os campos da Vacaria e outras regiões entre o Paraná e o Paraguai, tudo aconselhava a que se frequentassem tais paragens pela derrota ordinária, a fim de que não ficassem expostas à cobiça dos vizinhos.

A mesma previdência demonstraria Lacerda mais tarde, na expedição ao sertão africano. Seu plano – observa um autor britânico – visava o estabelecimento de uma linha de fortificações portuguesas entre Moçambique e Angola, e sua visão de estadista (*his statesmanlike prescience*) manifesta-se na predição de que a ocupação do cabo da Boa Esperança levaria os ingleses a estenderem seu domínio até o coração da África, impedindo, desse modo, que aquelas duas províncias portuguesas se comunicassem entre si por terra. "Depois da morte de Lacerda" – continua o mesmo autor – "um estado de apatia e decadência apoderou-se novamente da África Oriental portuguesa."[1]

# Obras econômicas de J. J. da Cunha de Azeredo Coutinho (1794-1804)*

NASCIDO NA VILA DE SÃO SALVADOR dos Campos de Goitacazes capitania da Paraíba do Sul, aos 8 de setembro de 1742,[1] José Joaquim da Cunha de Azeredo Coutinho pertenceu por sua linhagem, que se entronca no primeiro capitão do Espírito Santo, Vasco Fernandes Coutinho (e, segundo parece, ao sertanista Marcos de Azeredo), à gente principal da antiga donataria dos viscondes de Asseca. É o que se tira de um requerimento onde, já bispo de Pernambuco, vai pedir à rainha d. Maria I a mercê do foro de fidalgo para seu irmão Sebastião da Cunha Coutinho Rangel.

Informa ainda esse papel[2] que Sebastião Martins Coutinho, seu bisavô paterno, fora dos que em 1711 se opuseram ao alvitre de abandonar-se a cidade do Rio de Janeiro aos franceses de Duguay-Trouin, tendo, logo depois, contribuído com seus haveres para o resgate da dita praça. O avô materno de José Joaquim, Domingos Álvares Pessanha, tivera durante

57
LIVRO
DOS
PREFÁCIOS

---

* Azeredo Coutinho, José Joaquim da Cunha de. *Obras econômicas de J. J. da Cunha de Azeredo Coutinho (1794-1804)*. São Paulo, Companhia Editora Nacional, 1966, pp. 13-53. (Publicado inicialmente como artigo: "Azeredo Coutinho (1742-1821)", in *Revista Brasil Açucareiro*, dez., 1944.) [Apresentação]

largo tempo, quase até o fim da vida, lugar de realce na administração dos Campos e concorrera com sua diligência e abundantes recursos para o apaziguamento do gentio goitacá. O nome do padre Ângelo Pessanha, irmão de Domingos Álvares, associa-se, por sua vez, não só à obra de domesticação do mesmo gentio como ainda à expulsão dos índios cuités, chamados botocudos ou gamelas, que ao tempo do governador Luís Diogo Lobo da Silva, de Minas Gerais, infestavam certos distritos dessa capitania.

Nada leva a crer que o filho de Sebastião da Cunha Coutinho e Isabel Sebastiana Rosa de Morais fosse reservado desde o berço para uma carreira eclesiástica ou literária. Oriundo de família abonada, deveria pender, antes, para a condição daqueles ricos fazendeiros campistas, que o príncipe Maximiliano de Wied-Neuwied irá descrever, já em princípio do século XIX, afeiçoados à ostentação e ao luxo, embora satisfeitos com seus trastes mesquinhos e seus casebres de terra batida, mais miscráveis no aspecto do que o mais mísero camponês da Europa central.

Aos seis anos de idade é levado ao Rio de Janeiro, onde há de aprender gramática, retórica, belas-letras, filosofia e teologia. Em seguida passa a percorrer largamente as capitanias do Rio de Janeiro, Minas Gerais, talvez São Paulo, "não como estéril viajante", diz um dos seus biógrafos, "mas como filósofo observador, fazendo seus apontamentos do que julgava notável". Não se oferece imediatamente ao futuro prelado a oportunidade de ir apurar em centro mais culto os seus conhecimentos teóricos: perdendo o pai aos 26 anos, cabe-lhe, como primogênito, a obrigação de ficar à testa dos negócios da família.

As responsabilidades que deve assumir em tais circunstâncias e que o forçam a um contato mais assíduo com os problemas da vida rural ajudam talvez a explicar um dos traços de sua inteligência, alheia frequentemente à especulação desinteressada e raramente avessa a preocupações utilitaristas. Explicam-no, porém, só em parte. Azeredo Coutinho não representará, por esse lado, um caso verdadeiramente singular em nosso meio e em sua época. Nada mais significativo, ao contrário, do que a chusma de naturais do Brasil que então se devotam afincadamente às "realidades práticas" e às ciências aplicadas. Tamanha, em realidade, que durante a grande voga das explicações racistas não faltou um historiador germânico para perguntar até onde o influxo de sangue semítico entre nossas populações e, em geral, nos portugueses, "desde os tempos dos fenícios e árabes", seria responsável por tais inclinações.[3] Testemunha da mudança sensível que principiava a operar-se em nossa vida econômica, cujo eixo se vai deslocar da mineração para a grande lavoura, e pessoalmente interessado no bom êxito desse processo, dada a sua condição de senhor de engenho numa das áreas mais beneficiadas pelo novo surto canavieiro, o campista não deixaria de empolgar-se pelas mesmas tendências.

A oportunidade para desenvolver seus estudos só lhe virá, contudo, tardiamente, em 1775, quando, cedida afinal a administração da propriedade a seu irmão Sebastião da Cunha, matricula-se em Coimbra, onde vai seguir os cursos de filosofia e letras. Nomeado em 1784 deputado do Santo Ofício delibera frequentar ainda um ano a universidade para obter a licenciatura em direito canônico. Em 1791 faz estampar nas *Memórias econômicas da Academia Real das Ciências de Lisboa* seu conhecido tratado sobre o preço do açúcar, e três anos depois é eleito bispo de Pernambuco. Não solicitara, ao que parece, nem aceita de bom grado semelhante honra, se, como lembrará depois em carta ao próprio príncipe regente, implorou de joelho e com lágrimas nos olhos a sua alteza real houvesse por bem dispensá-lo da escolha. Para justificar-se alegava que bem conhecia o mundo e a si mesmo, que o mundo queria ser servido e ele não era capaz de servi-lo, de sorte que acabaria necessariamente sacrificado.[4] O fato é que se mostra pouco solícito em deixar o Reino, onde, naquele mesmo ano de 1794, publica, sob os auspícios da Academia de Ciências, *o Ensaio sobre o comér-*

*cio de Portugal e suas colônias*, destinado a uma notoriedade que se impõe mesmo fora de Portugal e do Brasil.

Seja como for, não o impede essa demora em ir a reger sua diocese, onde só chegará quatro anos mais tarde, no Natal de 1798, de inteirar-se logo de problemas que hão de ocupar ali sua atenção. Tanto que ao desembarcar no Recife já levará prontos e impressos os estatutos do Recolhimento de Nossa Senhora da Graça, que fundará respectivamente na Boa Vista e em Olinda.[5] Destinado a transformar ruidosamente os métodos de ensino tradicionais na capitania, o seminário, que um adversário do bispo chamou ironicamente de universidade, se converteria, segundo Oliveira Lima, no "melhor colégio de instrução secundária do Brasil". "Os processos pedagógicos dos jesuítas, imbuídos da filosofia aristotélica", acrescenta o mesmo escritor, "cederam aí o passo à renovação intelectual pelas doutrinas cartesianas, de que os padres do Oratório foram em Portugal os propugnadores mais audazes, seguidos de perto por membros de outras ordens religiosas, que evoluíram no terreno filosófico antes das reformas pombalinas de ensino, baseada no *Verdadeiro método de estudar* do padre Verney, crítica desapiedada ao sistema da Companhia, que sacrificava a inteligência à memória."[6]

Para tais resultados devem ter contribuído, além do zelo inegável do prelado, as funções que chegaria a acumular de diretor-geral dos estudos e, ainda mais, de membro da junta do governo da capitania, em que toma posse apenas quatro dias após a sua chegada à diocese, isto é, em 29 de dezembro de 1789. Sobre a atividade multíplice que chega a desenvolver no exercício daqueles cargos, o próprio Azeredo Coutinho há de discorrer com minúcias quando forçado a defender-se perante d. João, príncipe e rei, das muitas acusações.

Quando bispo, além do seminário, logo dotado de rendas bastantes, "como nunca houve outro em todo o Brasil", e do Recolhimento do Recife, onde se educavam meninas para mães de família, lembra, por exemplo, que chegou a reduzir mais de trinta curatos em igrejas matrizes, e também que reconciliou com a fé e a civilização quatro nações de índios rebeldes, depois de mais de vinte anos de guerras movidas por estes aos portugueses. Como diretor de estudos, elevou de 29 a sessenta o número de cadeiras efetivamente providas, fazendo pagar em dia os mestres antigos e novos, graças à arrematação do subsídio literário. Com igual zelo soube pôr ordem nos cofres pela cobrança fiel dos débitos, inclusive de muitos que a junta da Fazenda, sem bom fundamento, já dera por liquidados.

Onde mais avultam, porém, essas qualidades de administrador foi na atuação que teve como principal membro da junta de governo. Na longa enumeração de suas obras destaca-se em particular a nova estrada geral de mais de trezentas léguas entre a praça do Recife e o sertão do São Francisco, facilitando com isso a circulação de gêneros de comércio, que antes ficavam estagnados, e sobretudo o movimento das boiadas. Além disso, fez pôr semáforos e sentinelas por toda a costa; conseguiu dos negociantes concorrer cada qual com sua cota-parte, do que ele próprio deu exemplo, sem pedir prêmio ou interesse, para a compra de uma pequena fragata armada, que se destinou à defesa da mesma costa contra os piratas; fez restituir a Olinda o regimento que dela se apartara desde as lutas de Santa Catarina; aumentou as rendas da alfândega de 61 contos, ou pouco mais, para 120, no primeiro ano, e mais de oitocentos no segundo; assim como mudou o sistema de arrecadação dos dízimos e com tamanho resultado que, de 170 contos que rendiam antes em quatro capitanias – Rio Grande, Paraíba e Ceará, além de Pernambuco – passaram logo a dar 294:710$000 só em Pernambuco e, afinal, mais de 800 mil cruzados, sem o Ceará...[7] De tudo deixou ampla documentação e, onde possível, corroborou seus dizeres com dados estatísticos.

Era inevitável que os comodistas, os ciumentos, os muitos, enfim, que se viam feridos por elas em seus próprios interesses, repugnassem vivamente algumas dessas medidas. Não o adivinhara o próprio Azeredo Coutinho quando se quis dispensado da nomeação para o bispado? Um dos incidentes em que se achou envolvido prende-se à misteriosa "conjura" dos irmãos Suassunas, que uma tradição, mal ou bem apoiada, pretende associar ao plano de fazer-se em Pernambuco república independente de Portugal e sob a égide de Bonaparte. Tendo recebido em maio de 1801, na Quinta dos Bispos, em sua diocese, a primeira denúncia da suposta conspiração, precipitara-se em tomar as medidas a que estava obrigado como governador, comunicando todo o negócio aos companheiros da junta e determinando a prisão dos implicados. Finda a devassa que ordenou ele próprio, e onde não se achou coisa notável, o juiz de fora, que tinha sido o próprio delator, mandou sem ordem do governo lançarem-se em praça para arrematação todos os bens dos presos tidos como gente das mais abastadas na capitania. A tal procedimento opôs-se, porém, com toda energia, o bispo-governador, que o mandou sustar enquanto não houvesse sentença ou resolução régia capaz de aboná-lo. Surgindo afinal a ordem para se soltarem os réus, acabou indisposto, não só com o juiz de fora, privado por ele de "perceber o lucro dos muitos por cento dos bens rematados", mas até das mesmas vítimas, que o acusavam de perseguir sua família.[8]

Nem esse, nem outro incidente, de que saiu incompatibilizado com o desembargador ouvidor-geral Pereira da Cunha, seu companheiro da primeira junta de governo, nem ainda sua audácia, esta mais grave certamente, de contrariar pareceres da Mesa da Consciência e Ordens quando reduziu curatos em igrejas matrizes, por entender que não se subordinavam à Ordem de Cristo, serviriam aparentemente para diminuir a boa reputação em que era havido pelo príncipe real. Nada impediu, em verdade, que fosse sua alteza servida, segundo Carta Régia de 1802, menos de três meses depois da libertação dos Suassunas, elegê-lo bispo de Bragança e Miranda, aludindo expressamente, no documento, a suas "virtudes, letras, e mais qualidades recomendáveis".

Ou não passaria de um recurso dissimulado e bem à maneira do príncipe, a fim de atraí-lo, com cor de promoção, para lugar onde pudesse ser mais de perto vigiado e contido em suas afoitezas? Se em Pernambuco, ajudado da distância, d. José pudera desafiar impunemente a opinião autorizada dos doutores da Mesa, outro tanto mal se conceberia no Reino. Isto mesmo haveria de experimentá-lo daí a pouco, quando um novo escrito seu, impresso em 1804, época em que estava por empossar-se na diocese de Bragança, foi subitamente fulminado com uma resolução régia, tomada em consulta daquele tribunal, que o intimava a não o espalhar, antes a recolher os exemplares que já corriam da dita obra.[9] Tudo porque se atrevera, agora publicamente, a insistir em sua tese dileta de que se não subordinavam à Ordem de Cristo, por conseguinte escapavam à alçada da Mesa da Consciência e Ordens, os bispados ultramarinos do cabo do Bojador para o sul.

Escorado nas Ordenações e em bulas pontifícias que cita generosamente, procura mostrar como os doutores do tribunal andavam errados em sua persuasão de que a Igreja de Pernambuco era de sua competência e no arrogar-se jurisdição, não só sobre os benefícios da dita Igreja como até sobre o governo dela, de sorte que timbravam em ter os bispos por súditos seus, meros vigários da Ordem de Cristo e executores das resoluções que tomassem. Parecia-lhe intolerável, à vista das fortes razões que expendia, a desmandada ambição daqueles homens, quando procuravam envolver-se em todos os atos e procedimentos do episcopado ultramarino, inclusive em questões meramente temporais e evidentemente estranhas a toda competência da Ordem de Cristo.

A carta régia que proibia a divulgação do livro valia, em poucas palavras, por uma formal condenação de numerosos atos praticados em seu episcopado e de que ele continuava, como continuaria, a vangloriar-se, apontando para os seus bons frutos. E de algum modo correspondia a uma chancela do trono às "violência e opressões" de que, segundo se queixava, vinha sofrendo da parte da Mesa da Consciência e Ordens. Por isso mesmo não se mostrou aparentemente solícito em atender à ordem de recolher o escrito, que continuaria a correr de mão em mão, notadamente no ultramar, inutilizando assim, praticamente, a vitória aparente de seus contrários.

Em realidade a posição tomada por Azeredo Coutinho em toda essa querela não devia ser das mais críticas, mesmo depois da resolução régia, e estava certamente longe de permitir defini-lo como um mau letrado e pior vassalo. Primeiramente porque, se de um lado desautorava o tribunal, com o mesmo gesto exalçava o trono, cujas prerrogativas, segundo quis mostrar, tinham sido sorrateiramente usurpadas pelos que o contradiziam. Ainda uma vez deixava de servir ao mundo, segundo as palavras que, ajoelhado, dissera a sua alteza; e se assim o fazia agora, era só por servir à Coroa, coisa sagrada e infinitamente sobranceira a todos os juízes terrenos, pois, que é criatura e espelho da providência divina. A um príncipe abertamente cioso dos próprios privilégios, mais do que parecia sê-lo o regente de Portugal, não haveria de lisonjear tal jogo de ideias que ia resultar, ao cabo, num desempenado regalismo?

Em segundo lugar, se a impressionante argumentação jurídica do fluminense fosse sofismável, podiam pretender-se melhores as dos seus opositores?[10] Naquele inextrincável emaranhado de bulas, ordens régias, sentenças, regulamentos, interpretações ou comentários, que se sucederam e tantas vezes se entrechocaram durante mais de quatro séculos, desde 1455, quando uma bula pontifical atribuiu ao grão-prior da Ordem de Cristo jurisdição episcopal ordinária, como prelado *nullius dioecesis* com sede em Tomar, sobre todas as terras ultramarinas, conquistadas ou por conquistar, teriam pasto quaisquer opiniões, ainda as mais díspares. E, como costuma acontecer onde a matéria não é uniforme e de meridiana clareza, está visto que a opinião mais valente vem a ser a do mais hábil dialético.

Explica-se dessa forma que os de Tomar, temerosos de se

verem metidos numa situação embaraçosa perante sua alteza real, buscassem consolidar a vantagem ganha, ora mediante manobras ocultas que estavam ao seu alcance, ora pela decisão de rebater frontalmente e com raciocínios de igual peso os argumentos jurídicos do bispo de Pernambuco. Com a ordem régia de junho de 1804 teriam obtido aparentemente o máximo das concessões que no momento estaria disposto a fazer-lhes o regente e bem sabiam que descumpri-la ou fazê-la praticamente inofensiva não era tarefa das mais difíceis. Impunha-se, por conseguinte, rebater o adversário no mesmo terreno em que este se colocara.

A réplica jurídica, de que se incumbe o dr. Dionísio Miguel Leitão Coutinho, freire conventual da Ordem de Cristo e guarda-mor do Arquivo do Convento de Tomar, sai em 1806, dois anos depois de impressa a *Alegação*,[11] quando esta já tivera tempo suficiente para produzir, sobretudo no episcopado ultramarino, naturalmente mais sensível a razões como as de d. José, os resultados que se queriam evitar. Isso mesmo dirá o autor, ao notar que o livro do fluminense se tinha espalhado sobretudo no ultramar, "onde pode seduzir e revolver os ânimos dos menos instruídos", de sorte que julgara de seu dever ordenar aquela "breve refutação para atalhar a ruína que da propagação de semelhante doutrina se pode seguir ao direito da Ordem" e de sua alteza real, como grão-mestre.

Apesar da resolução de 20 de junho de 1804, que procurara vedar a circulação do escrito do prelado brasileiro contra a Mesa da Consciência e Ordens, nada sugere que até aquele momento, ou nos anos imediatos, se achasse ele desacreditado junto ao regente. Conservava sem embaraço o título de bispo de Pernambuco e eleito de Bragança e Miranda: a eleição, feita desde 19 de março de 1802, só não se pudera efetivar por estar o titular da diocese recolhido por ordem regencial ao convento de São Vicente de Fora, e era necessária a sua desistência para se dar a nomeação. Como não houvesse desistência, e mesmo porque o titular se esquivasse a ela, decidiu sua alteza trasladar Azeredo Coutinho para a Mitra de Elvas, que se deu, afinal, com a promoção, em 1806, do bispo d. José da Costa Torres para o arcebispado de Braga.

O cuidado de assim ter satisfeito o fluminense dificilmente se verificaria se as resistências da Mesa das Ordens tivessem podido agir eficazmente no ânimo do príncipe. Há talvez uma coincidência, mas nem por isso insignificante, no fato de ter saído a nomeação no mesmo ano em que se imprime a *Refutação* do doutor Dionísio. E muito embora comece este, em seu livro, por manifestar a "inviolável certeza" de que o regente quer conservar "os direitos, honra e reputação de cada um dos seus vassalos, e como grão-mestre defender os direitos e regalias das Ordens e seus ministros", parece claro que os próprios doutores começam a colocar-se na defensiva.

Ao novo bispo de Elvas repugna, ainda assim, deixar o adversário com a última palavra. Apesar das atenções que lhe mostrava o príncipe, é muito provável que uma tréplica sua encontrasse embargos semelhantes – ou porventura maiores – aos que já se tinham suscitado contra a *Alegação jurídica* e até contra a *Defesa*, que, segundo seu próprio depoimento, "também se mandou suprimir". Mas o teimoso empenho em sustentar e divulgar sua posição na contenda era mais forte nele do que todas as outras considerações, ainda as da mais elementar prudência. Para tanto, estaria disposto a agarrar-se a qualquer oportunidade, sem medir o risco de desagradar para sempre ao príncipe.

O que forneceu essa oportunidade foi a invasão dos franceses. Já se pode agora fazer sem estorvo maior o que antes pareceria quase um impossível. Contra o adversário particular não hesita ele em abrigar-se à sombra protetora do inimigo público: inimigo de sua pátria e do seu rei. Esse o grande crime do bispo de Elvas, e como tal haveria de ser apresentado ao futuro rei. Azeredo Coutinho não receava, porém, forçar as aparências onde fosse inevitável fazê-lo, e na resposta que oferece ao freire de Tomar[12] tem a petulância de reproduzir em iguais termos a doutrina condenada em resolução régia. É certo que também transcreve a *Refutação*, de modo a melhor permitir aos leitores um cotejo entre os princípios em contraste, mas não revelaria, este mesmo proceder, um sobranceiro e irritante desdém pelo adversário?

O principal do seu opúsculo está, porém, no propósito, explícito já no título, de mostrar a inanidade das provas em que se tinha apoiado o doutor Dionísio. E assim, com a mesma ênfase que pusera no ataque à argumentação oficial em torno das verdadeiras relações do padroado com a Ordem de Cristo, volve-se agora contra os novos textos aduzidos pelo contendor. Este, nas suas palavras, acabava mesmo de prestar-lhe notável serviço e ao público, patenteando à vista de todos o "Tesouro do arquivo de que se diz Guarda-Mor, para se descobrir o mistério que com tanto segredo se guardara, e de uma vez mostrar à face do Mundo que no Arquivo da Ordem de Cristo não há títulos em que se possam sustentar as quiméricas pretensões da dita Ordem contra os Bispos Ultramarinos, pretensões as quais nem as mesmas Leis Régias têm sido bastantes para destruir pelas intrigas e prepotências com que têm sido sustentadas".

Na consulta que sobre o assunto prepara espontaneamente a Mesa da Consciência e Ordens, a 12 de setembro de 1809, não se esquecem os juízes de aludir aos insólitos termos de d. José Joaquim, recalcitrante na opinião desaprovada, onde busca atingir com "pensamentos e palavras menos consideradas" a autoridade do dito tribunal. O ardor com que nesse e em outros escritos já condenados ele fingia defender as prerrogativas da Coroa, não denunciaria outra coisa, segundo os mesmos doutores, além de uma "desmedida ambição de jurisdição", já manifesta desde os tempos do episcopado em Pernambuco. O ponto forte do papel dos juízes, na medida em que visa a mover o príncipe a comportar-se aqui em consonância com os melindres feridos da Mesa das Ordens, está, porém, onde acusa Azeredo Coutinho de "reprovado excesso de pedir licença ao intruso e usurpador governo francês para reimprimir as suas obras e fazer registrá-las na Câmara Episcopal para a todo tempo constar sua ousadia".

Diante de tão desabrida atitude, que de algum modo servia para alinhar o prelado rebelde entre os vassalos desleais ao trono, não caberia esperar de sua alteza senão uma exemplar repulsa, capaz de produzir efeitos que as meias medidas não tinham logrado suscitar até então. A essa esperança correspondeu largamente o regente. A Carta Régia de 2 de março de 1810 irá, de fato, profligar o gesto de Azeredo Coutinho com uma energia e aspereza que dizem mal com a mansuetude ordinária de d. João.

Assim é que, depois de mencionar a Consulta levada a sua real presença, passa logo a qualificar de "indigno e desmedido" o procedimento de quem, esquecendo as virtudes próprias de um prelado e também as mais sagradas obrigações de um vassalo, não só faz imprimir um escrito já proscrito, valendo-se para tanto de licença pedida e obtida de um governo inimigo, mas ainda retorna com "muito maior valor e energia de expressões" o pensamento nele contido. Passados outros três meses, um aviso do secretário do governo torna a ordenar, em nome do príncipe regente, que se faça aspar e riscar, de modo a que não mais se possa ler, a licença que o governo francês concedera para a reimpressão das obras reprovadas, a qual estaria registrada na Câmara Episcopal de Elvas.

Ainda que sua alteza real, tendo em conta a muita consideração que lhe merecia a Dignidade e Ordem Episcopal, e por efeito de sua real clemência, deixasse de recorrer ao merecido castigo, justificado por tamanha afoiteza, era servido, no entanto, mandar aos governadores do Reino de Portugal e Algarves que chamassem d. José a sua presença e em seu real nome "mui sizuda e asperamente" o repreendessem, fazendo-lhe ver a indignidade de seu comportamento, a gravidade do crime praticado e o excesso da piedade que com ele se mandava agir, na esperança de que se arrependesse e para o futuro se emendasse. Ao mesmo tempo determinava que se fizessem recolher todos os exemplares da obra impressa com licença do intruso governo francês.

A resposta do bispo de Elvas, que acompanha extensa carta a sua alteza, é o contrário de uma retratação.[13] Naquela, e o mesmo reafirma na carta, recusa-se sequer a justificar-se, por não ter do que fazê-lo. Se é crime o confessar que sempre sustentara e defendera os direitos, padroados, regalias e prerrogativas dos soberanos de Portugal, e a jurisdição lusitana, contra as usurpações da Mesa da Consciência e Ordens, então confessa que cometeu esse crime. O negócio, acrescenta, "é mais do interesse de Vossa Alteza Real, da Coroa de Portugal e da Igreja lusitana do que meu, porque me considero sem culpa nesta parte, e que é do meu dever deixar escrita a verdade, e não consentir que ela seja comigo sepultada".

Sobre as razões jurídicas em que para isso se sustenta, reporta-se, na carta, à resposta anexa, onde reitera, fundado nos mesmos e em outros argumentos, o que dissera em escritos anteriores. Não fizera mais, então e agora, do que afirmar sua certeza inabalável, e afirmara-a mesmo em presença do usurpador, quanto aos direitos do príncipe, como legítimo regente da soberania portuguesa. Resumia-se toda a questão em poucas palavras, a saber: ou a Mesa da Consciência e Ordens entendia por "grão-mestrado" os soberanos portugueses, ou não. Por ter declarado e cabalmente demonstrado os direitos dos soberanos, vira-se ele, d. José, publicamente repreendido e castigado sem ser ouvido, e por simples Consulta da dita Mesa, arvorada assim em juiz e parte interessada, ao mesmo tempo, contra a Coroa.

Não despreza, na Resposta, a acusação porventura mais comprometedora que lhe faziam. Publica, sim, seu comentário, e outros escritos, ao tempo em que o país se via sob o jugo de inimigos, quando as obras não dependiam, para imprimir-se, de licença de qualquer tribunal. Todavia não pusera nunca, nos frontispícios, como então era de uso, as palavras "por ordem de sua majestade imperial", mas sim estas outras: "por ordem superior, tal como fora costume ao tempo de sua alteza". Mais ainda: na dedicatória ao povo brasileiro, anteposta a um dos seus escritos, impresso à vista do usurpador que então ocupava o Reino,[14] atrevera-se a concitá-lo abertamente à obediência das leis e de seu legítimo soberano, apartando-se da sedução dos "insidiosos princípios da seita filosófica" que parecia professar o mesmo usurpador.

E do outro lado, o que via? Não era notório que durante essa mesma invasão dos franceses a Mesa da Consciência e Ordens, que sem razão o acusava, fez consultas *de motu proprio* e passou cartas de aposentações de algumas igrejas e benefícios, que se diziam das Ordens Militares, fazendo-as assinar pelo general Junot, lugar-tenente de Bonaparte? Não equivalia isso a metê-lo, sem ser obrigada a tanto, de posse do que chama "grão-mestrado", e a confessar publicamente que reconhecia ao mesmo Bonaparte como legítimo rei de Portugal, pois que só ao legítimo rei de Portugal pertence o padroado e a apresentação das ditas igrejas e benefícios, e a assinatura de tais cartas? É certo que o usurpador ou seu satélite, em nome dele, não hesitou em aceitar a liberal oferta, e a Mesa, por sua vez, não se cansou de examinar se Bonaparte era ou não era o legítimo soberano de Portugal, mas queria só que lhe aceitasse as consultas, sem para isso ser mandada, que lhe passasse as cartas em favor dos afilhados, que por fim a reconhecesse por um tribunal supremo, no espiritual e temporal, de uma autoridade fantástica a que chama "grão-mestrado".

Depois de largamente expor os principais acontecimentos de sua vida, desde que fora para Pernambuco, assim como as perseguições contínuas, filhas da intriga, que em tanto tempo sofrera, encerra a carta com dois pedidos a sua alteza. O primeiro para que se dignasse conceder-lhe o poder desistir do bispado de Elvas. Depois, para que se lhe pagasse prontamente a pensão imposta na quarta parte de todos os frutos, réditos e proventos da Mitra de Beja, por bula do santíssimo padre Pio VII a instâncias de sua alteza real, para sua sustentação durante o resto de uma vida que já não podia durar muito.

A publicação da Carta e da Resposta em Londres, onde se não requeria licença ou censura de qualquer tribunal, significava mais um desafio aos seus desafetos. A algum futuro biógrafo de Azeredo Coutinho caberá talvez, o que não tem lugar aqui, investigar os efeitos imediatos que mais essa audácia pôde ter sobre o espírito de d. João VI. A julgar, contudo, pelas aparências, acabou ele obtendo todas as satisfações pelo muito que padecera. Assim é que, no mesmo ano daquela publicação, a 15 de novembro de 1817, era atendido em um dos seus desejos expressos, com a exoneração do bispado de Elvas. Mas pelo mesmo ato via-se trasladado ao de Beja, a que renunciou imediatamente. E no ano seguinte, por despacho de 13 de maio de 1818, dia do natalício de sua majestade, era provido no cargo de inquisidor-mor do Santo Ofício e presidente da Junta de Melhoramento das Ordens Regulares.[15] Faleceu três anos depois, deputado das cortes pela província do Rio de Janeiro.

Como sucede tão frequentemente entre círculos letrados da época, esse mesmo homem que em sua atividade prática e em seus escritos se apegou, não raro, a ideias avançadas – avançadas para seus contemporâneos, sobretudo para seus conterrâneos, brasileiros e portugueses – foi política e socialmente um conservador. A tal ponto se mostrava infenso aos ideais democráticos que, à retirada dos franceses de Elvas, como toda a gente da cidade, aos gritos de "Viva o príncipe regente", "Viva Portugal", se juntasse na Câmara e o chamasse a presidi-los, não quis de modo algum participar de uma junta que se dizia autorizada pelo povo. Porque, observava, se reconhecesse esse povo com autoridade para constituí-lo presidente, não poderia impedir que ele se julgasse com direito para o expulsar da mesma junta quando lhe parecesse, e talvez para fora do Reino.[16]

No fundo nunca se desprendeu inteiramente da velha tradição familiar, tradição de grandes proprietários e lavradores, e assim, nem a experiência universitária, nem o estado clerical, nem a viva curiosidade de espírito, que o levara a absorver uma ou outra doutrina progressista da época, chegariam a apagar nele o vinco do senhor rural. Justificando-se em certa ocasião contra aqueles que desejavam vê-lo entregue a pensamentos mais altos e piedosos, menos próprios de um lavrador ou mercador do que de um verdadeiro prelado, retrucou sem hesitar: "É necessário lembrar que eu, antes de ser bispo, já era, como ainda sou, um cidadão ligado aos interesses do Estado, e que os objetos de que trato não ofendem à religião, nem ao meu estado: eu, quando estudante, não sabia nem pensava que havia de ser bispo [...]". E concluía: "Discorrer sobre objetos de minha pátria, ou que com ela têm ela relação, é um doce passatempo da saudade, desta saudade inseparável da pátria, que por si mesma se apresenta à imaginação".[17]

Em realidade o interesse do Estado consubstanciava-se para ele, apenas, ou quase, no interesse da grande lavoura. E onde quer que se apresentasse como partidário de tal ou qual princípio, desta ou daquela providência, o que falava constantemente nos seus escritos eram os sentimentos e os preconceitos de uma classe, da classe dos donos de engenho. Pode-se julgar, sem exagero, que nos pensadores empiristas e nos economistas liberais o que infatigavelmente buscou foram argumentos capazes de favorecer ou fortalecer a ascendência de tal classe. Pois parece claro que, incorporado à Coroa o Grão--Mestrado da Ordem de Cristo e assegurada a plena secularização de seus bens, ficava inteiramente ao critério dos reis o dispor de sua renda, ou ao menos dos resíduos dela, uma vez atendidos os encargos correspondentes de sustentação do clero e provimento do culto, para se atenderem as necessidades do Estado. Nessa inteligência valera-se por mais de uma vez a Coroa de suas prerrogativas, com o fito de dispensar livremente certas classes, mormente a classe dos senhores de engenho, da obrigação do pagamento dos dízimos.

É preciso considerar que na região de Campos dos Goitacazes, terra de Azeredo Coutinho, era relativamente recente a indústria açucareira ao tempo de sua mocidade. Em 1769, refere uma testemunha, existiam ali apenas 55 engenhos e engenhocas. Entre esse ano e 1778, ergueram-se mais 113 e, de 1778 a 1783, outros 110.[18] Numerosas fortunas, rapidamente desenvolvidas, encontravam-se ainda mais malformadas quando o futuro prelado fez imprimir seus primeiros escritos. A concorrência dos produtores antilhanos constituía-se no maior estorvo à ilimitada expansão dessa incipiente fonte de riqueza. Com a rebelião nas colônias francesas dessa área, iam abrir-se, sem dúvida, extraordinárias possibilidades aos nossos lavradores. Era necessário, contudo, aproveitar do melhor modo a perspectiva que assim se oferecia. A ocasião nos desafia, exclamava Coutinho, "ela é ligeira e volúvel; se se não lança mão dela, foge, voa e desaparece".

Essas palavras servem de fecho à *Memória sobre o preço do açúcar*, pela primeira vez publicada em 1791, onde se pretende mostrar o erro em que andariam os partidários da taxação do produto. Contra esse velho recurso, de que tanto tinham abusado os governos, e que, di-lo expressamente o autor, seria "uma ruína para os consumidores da Metrópole",[19] opõe o remédio supremo dos novos economistas, o mesmo remédio que defenderá mais tarde José da Silva Lisboa. A esperança, afirma, "a esperança de um dia feliz é a que mais anima ao homem nos seus trabalhos; cortar ao agricultor esta esperança pela taxa do gênero é cortar ao consumidor desse gênero aqueles mesmos braços que mais trabalhavam para o seu regalo".[20] "A revolução inesperada, acontecida nas colônias francesas, é um daqueles impulsos extraordinários com que a providência faz parar a carreira ordinária das coisas; agora, pois, que aqueles colonos estão com as mãos atadas para a agricultura, antes que eles principiem nova carreira, é necessário que apressemos a nossa. O interesse é a alma do comércio; e como ele tanto anima ao francês como ao português, é necessário deixar-lhe toda a liberdade ao subido preço do açúcar; quanto ele mais subir, mais se aumentarão as nossas fábricas e o nosso comércio".[21]

O bem-estar dos lavradores resultava, a seu ver, em segura vantagem para os consumidores, ainda quando tivessem, estes, de padecer a carestia dos gêneros. E o maior beneficiário, ao cabo, vinha a ser a própria nação. Não deixa de acenar, a propósito, com o exemplo dos povos mais industriosos, os mesmos povos que arrebataram aos países ibéricos a supremacia no comércio mundial. "O meio de promover e adiantar a indústria da nação", diz, "é deixar a cada um a liberdade de tirar um maior interesse do seu trabalho: os ingleses e os holandeses, primeiros mestres da arte do comércio, têm dado a todos estas lições."[22] Assegurando aos seus produtores e negociantes essa mesma liberdade, a nação conseguirá, algum dia, assenhorear-se de um certo ramo de comércio, podendo então "dar a lei como quiser, sem temer os esforços que contra ela fizerem as outras nações".[23]

Para que a preeminência perdida seja recuperada plenamente, é necessário, porém, que antes de tudo se dê a atenção devida às verdadeiras fontes da riqueza nacional, que são as da agricultura. Arrimando-se em ideias que andavam no ar e que em parte foram expressamente desenvolvidas pelos fisiocratas franceses, Azeredo Coutinho pode renovar com dobrado vigor a antiga campanha contra a desordenada exploração das minas de ouro, considerada um simples sorvedouro de braços que se poderiam ocupar mais utilmente na lavoura. O desastre que representara para Portugal o descobrimento de tais minas, chamando a si "todos os braços das nossas fábricas de açúcar", podia ser agora avaliado em toda a extensão. A voz do economista fluminense parece um eco das palavras que, quase dois séculos antes, escrevera o governador d. Diogo de Menezes: "...e creia-me Vossa Majestade que as verdadeiras minas do Brasil são o açúcar e o pau-brasil [...]", "[...] o mesmo negócio há de mostrar cedo a Vossa Majestade a perda que há de ter sua fazenda [...], mas será então um mal, qu'o perdido não se poderá recuperar".

O resultado fora que, dispondo o Brasil de terra dadivosa e mão de obra mais barata, por serem portuguesas as melhores colônias de resgate de escravos, bem cedo veio a perder tão considerável ramo de comércio como é o açúcar. E não ficou nisso o dano que, para os portugueses, decorreu da sua cegueira e incúria, deixando-se enlear num simples fantasma de riqueza. A perda da supremacia no mercado internacional do açúcar acarretou a diminuição de sua marinha. É, pelo menos, engenhoso o argumento de que se vale Azeredo Coutinho para mostrar essa correlação: "porque", diz, "um navio carregado de ouro não ocupa tantas naus nem tantos mil homens como uma frota de igual valor, carregada de açúcar, cacau, café, trigo, arroz, carnes, peixes salgados etc.".[24]

Parecia assim de toda necessidade corrigir-se esse erro fatal, que condenara à ruina a lavoura e o comércio do açúcar. E, ao lado da cultura da cana, era preciso desenvolver também as do cacau, canela, baunilha e café, pois todos esses gêneros se dão as mãos e quanto mais aumente seu consumo, tanto maior será a procura do açúcar.

Na *Memória*, que pretende ser um simples escrito de circunstância e cujo objetivo imediato, impedir que se fixe o preço do açúcar, é prontamente conseguido, já se denuncia um espírito dotado de apreciável ilustração. Tal qualidade manifesta-se ainda mais amplamente no volume que Azeredo Coutinho publica em seguida e que geralmente se reputa sua obra-mestra: o *Ensaio sobre o comércio de Portugal e suas colônias*, impresso pela primeira vez em 1794 por ordem da Real Academia de Ciências de Lisboa e reeditado com acréscimos em 1816 e 1828.

As traduções sucessivas que dela se fizeram, em inglês (1801) e alemão (1808), atestam o interesse amplo suscitado por essa obra.[25] O segredo de tão extraordinário êxito está provavelmente em que as teorias do campista eram acessíveis, em muitos pontos, à mentalidade de seus contemporâneos, inclusive, e sobretudo, nos países economicamente mais avançados do que Portugal. Sua convicção de que a cada um deve ser lícito retirar o máximo proveito de seu trabalho, e a certeza de que tal liberdade só pode servir ao bem comum e à nação, já implicava a crença em uma ordem natural, que qualquer ingerência dos governos há de necessariamente perturbar.

A verdade é que, tendo absorvido, aparentemente, as doutrinas econômicas provocadas, na Europa, por uma sociedade capitalista em ascensão, Azeredo Coutinho procurou ver assegurados, com o socorro dessas mesmas doutrinas, os tradicionais privilégios de uma aristocracia colonial e semifeudal: a aristocracia dos grandes proprietários rurais do Brasil. A campanha que moveu incessantemente contra os monopolistas apoia-se nesse propósito. Sem o comércio livre do sal, por exemplo, como se poderiam esperar grandes benefícios para os criadores e agricultores? Indispensável à alimentação do gado, esse produto é de primeira necessidade para a conservação das carnes e do pescado. Ora, em virtude do odioso monopólio ainda vigente ao tempo em que era redigido o *Ensaio econômico*, as despesas ordinárias para a salga de um boi saíam duas e três vezes maiores do que o valor do mesmo boi.[26] Consequência: para receber os 48 contos anuais que lhe pagava um arrematante, a Fazenda Real via-se privada de receber as somas incalculáveis que o comércio livre produziria.

Abolido o estanco, tudo seria simples. Ganhariam os produtores, ganhariam os comerciantes, ganharia, ao cabo, o próprio Erário Régio. "O pescador, o agricultor, o comerciante, darão as mãos entre si; eles virão logo sustentar a Metrópole de carne, peixe, pão, queijos, manteigas e de todos os víveres. Só por esta porta entrarão para o Erário Régio muitos

48 contos de réis, e Portugal irá descobrir tesouros inexauríveis, mais ricos que o Potosi."[27]

Forçoso é concluir de tais raciocínios que o agricultor e o comerciante têm sempre interesses harmônicos. Sem o intermediário, que procura continuamente novos e novos mercados, o produtor se verá condenado a uma existência miserável e destituída de qualquer estímulo. Há, pois, uma natural concatenação dos interesses da produção, da circulação e da distribuição da riqueza, que é preciso respeitar e por todas as formas promover. Com o livre jogo das forças econômicas, Estado e coletividade só terão a lucrar.

Não é difícil reconhecer em tudo isto a "mão invisível" de Adam Smith, cuja obra Azeredo Coutinho, segundo todas as probabilidades, ainda ignorava quando redigiu seu ensaio. Seduzido pelo prestígio das grandes nações comerciantes, Holanda e Inglaterra, o futuro bispo não estava longe de esposar certos ideais econômicos extremamente individualistas e jusnaturalistas à nova maneira, que passariam por heterodoxos e ímpios entre adeptos mais rigorosos da moral da Igreja. A riqueza constituiria para ele um fim em si e que não impõe obrigação, nem dever muito nítidos. Se ao menos no plano econômico (o prelado não pretende ir além), aquilo que é vantajoso para o particular reverte em benefício para a sociedade, torna-se por isso mesmo lícito, pois não é concebível uma oposição entre a ordem natural das coisas e os sábios decretos da providência divina.

Segundo esse ponto de vista, que está implícito em tudo quanto escreveu, o apetite dos bens da fortuna justifica-se por si, e nada tem, em verdade, de reprovável. É inútil pretender moderá-lo invocando, para isso, virtudes cristãs, pois uma vez alcançada a riqueza e abundância, aquelas virtudes serão concedidas em acréscimo. "O homem que vive na abundância", lê-se no *Ensaio econômico*, "logo se lembra de uma companhia honesta, que lhe seja amável e que o ajude a viver contente; e quando se vê reproduzido em seus filhos, adora o Criador e beija a mão benfeitora que o protege, respeita a religião, respeita as leis e é o primeiro que se interessa na conservação da paz pública, da qual necessariamente depende a sua particular e a da sua família."[28] A pobreza, ao contrário, representa uma condição simplesmente negativa. É possível que se justifique diante das supremas necessidades da harmonia do corpo político, assim como se justificam, em muitos casos, a escravidão e o resgate de escravos, a cuja análise e apologia Azeredo Coutinho chegará a dedicar dois escritos cheios de ardente paixão partidária. Aos homens não é dado perscrutar aqui os desígnios da providência, que tudo dispôs desigualmente, galardoando os poderosos da terra não só com os bens mundanos, mas ainda com os meios que hão de levar à salvação eterna.

Aos deserdados da sorte não parece restar sequer essa mercê póstuma. "O homem que vive no meio da opressão c da miséria, amaldiçoa ainda aqueles que o geraram, aborrece a vida, revolta-se contra todos, contra si mesmo, mata-se e se despedaça: o homem, enfim, que não tem que perder, é o mais atrevido e o mais insolente, a tudo se atreve, nada lhe resiste."[29]

E nesse caso, o que é verdadeiro com relação aos indivíduos aplica-se igualmente às nações. Não falta, entre pensadores e filósofos da época, uma das mais agitadas que a história conheceu, quem veja na abastança nacional o remédio único e decisivo contra as inquietações sociais de toda espécie. E essa é a opinião de Azeredo Coutinho. Ele também acredita que os povos pobres, indigentes, que nada têm a perder e só podem lucrar com os tumultos, são por isso mesmo os mais inclinados à rebeldia, os mais difíceis de governar. Vê-se, aqui, como as máximas da liberdade econômica, fundamento seguro da riqueza, terão de desembocar em uma lição de sabedoria política, tal como a concebia e pregava o douto prelado.

De que modo seria possível chegar à opulência e, no caso particular de Portugal, de que modo reconquistar a situação privilegiada que os erros dos antigos tinham posto a perder? Para responder a tais perguntas foi escrito o *Ensaio econômico*.

A situação invejável que, por sua diligência e tenacidade, tinham alcançado certos povos do Norte da Europa, parecia indicar claramente o rumo a seguir. Um dos primeiros passos seria, sem dúvida, o aproveitamento racional das riquezas imensas da colônia, do Brasil especialmente. Abolidos certos entraves ao desenvolvimento da lavoura, da indústria e do comércio – do comércio que "aumenta as comodidades dos homens, fazendo das coisas supérfluas, úteis e das úteis necessárias" –, estariam lançados os verdadeiros germes da opulência. Agricultura e indústria são fatores essenciais e que devem marchar ao mesmo compasso. Sem indústria, os frutos da terra não têm valor; sem agricultura, estancam-se as fontes da indústria e as do comércio, que podem sustentar milhões de braços na abundância.

Um grande comércio, por sua vez, quer uma grande navegação. Não admira, pois, se o empenho de ver restaurada em toda a sua antiga e perdida pujança a marinha nacional seja verdadeiramente obsessivo na sua obra. Das 126 páginas que abrange a parte primeira do *Ensaio*, toda ela dedicada à exposição das vantagens que Portugal poderia retirar do Brasil, cerca de oitenta, ou seja, quase dois terços, referem-se direta ou indiretamente a esse problema.

Mas a construção de uma frota requer condições que não se improvisam. Entre outras, a existência de indivíduos aptos ao ofício da marinhagem. Para isso, nenhum meio parece ao autor tão indicado como o incremento das pescarias, que são o berço onde sempre se criaram os homens do mar. E a propósito desenvolve a ideia de se aproveitarem com esse fim os índios brasileiros, encaminhando-os, pouco a pouco, a um trato mais civil e urbano.

O capítulo onde se defende semelhante ideia é, por muitos aspectos, dos mais característicos em toda a obra. Característico sobretudo da maneira de pensar de Azeredo Coutinho, para quem os grupos humanos não se ajustam aparentemente a padrões invariáveis e universalmente válidos. Uma nítida compreensão das formas individuais e mudáveis já o predispõe a considerar as transformações históricas segundo métodos estabelecidos pelos biólogos. "É necessário", diz, "aprender da Natureza, que não faz as suas obras por salto: ela produz maravilhas por um progresso infinito."[30]

Comparadas às suas, as ideias que propõem alguns contemporâneos, notadamente José Bonifácio, para a civilização dos índios bravos, ostentam bem mais vivamente o selo do pensamento racionalista e mecanicista da Era das Luzes. Segundo tal ponto de vista, os índios brasileiros ainda são, como nos tempos do padre Manuel da Nóbrega, um papel branco onde tudo se pode escrever. Graças à unidade essencial da natureza humana, seriam facilmente convertidos à condição de "civilizados" pela simples luz da razão natural.

Para o autor do *Ensaio econômico*, o assunto oferece aspectos mais complexos. A pretensão de educar os selvagens, principiando por ensinar-lhes as ciências e artes dos civilizados, só pode conduzir a resultados negativos: "Como nem os filhos, nem ainda os pais percebem o fim e as utilidades para que os querem levar, nem têm ao redor de si objetos que lhes excitem a curiosidade e o desejo de saber, aumentam a sua moleza e inércia mais aquele grau de fastio e de aborrecimento que naturalmente ataca um príncipe quando não é dirigido por uma mão hábil e prudente".[31]

O apelo às faculdades racionais e à inteligência não basta para domesticar os índios e arrancá-los à rudeza primitiva em que vegetam. E muito menos a sujeição das suas ruins paixões e de seus apetites a alguma lei exterior, despótica e brutal. O importante, pensa – é discernir neles justamente aquelas obscuras forças instintivas, tão menosprezadas, verificar em que grau elas conduzem suas principais atividades e utilizá-las depois para seu bem e o da comunidade. "A arte de pôr em ação a máquina de cada indivíduo consiste em pesquisar qual é a sua paixão mais forte e dominante. Achada ela, pode-se dizer que está descoberto o segredo e a mola real do seu movimento. Aquele que tiver a vista aguda e penetrante, e um tato fino e delicado para distinguir as paixões dos homens, os poderá conduzir, sem dúvida, por cima das maiores dificuldades. O homem, e ainda o bruto, levado por força, está sempre em uma contínua luta e resistência; levado, porém, pelo caminho da sua paixão, ele segue voluntariamente e muitas vezes corre mesmo adiante daquele que o conduz, sem jamais temer nem ainda os horrores da morte."[32]

Seria injusto, entretanto, pretender separar as ideias de Azeredo Coutinho do solo onde mais abundantemente se nutriram, o do pensamento jusnaturalista e racionalista do século XVIII. Em seu esforço para refutar Montesquieu e a opinião de que o habitante das zonas tórridas é fraco e pusilânime, sente-se bem claramente que paira no âmbito intelectual onde se gerou a famosa teoria climática. E pode-se bem imaginar que sua réplica seria menos acalorada se o sistema dos climas não parecesse, como diz, "injurioso aos povos dos países quentes e ainda mesmo às nações meridionais da Europa",[33] e não condenasse de antemão a tese de que o índio brasileiro é apto para a marinha e muito especialmente para a marinha de guerra.

Os argumentos a que neste caso recorre são típicos de um pensamento do Setecentos. Acredita, em realidade, que o criador do universo sujeitou os homens, em toda parte, a uma lei comum, que os leva à perfeição e à felicidade. "O homem é sempre o mesmo, em toda e qualquer parte do mundo; é naturalmente ambicioso, amigo da honra e da glória...",[34] exclama. Não é lícito acreditar que essa lei universal possa ser alterada ou restringida pela simples ação do meio físico. Seria absurdo supor que a providência só soube "criar fibras próprias para os climas frios ou temperados, mas não para o da Zona Tórrida".[35]

Se aceitava melhor do que outros, e acatava, as variedades individuais que parecem um desmentido flagrante ao princípio da unidade da natureza humana, independente de climas, raças, costumes ou leis, não se pode afirmar que sentisse nisso um motivo para duvidar do mesmo princípio. Todos os homens, em todas as latitudes, são amigos da honra, e, se diferem entre si, é unicamente no modo de interpretá-la: "A honra", diz, "é um ente imaginário a que todos aspiram, mas nem todos o veem pela mesma face; aquilo que a um se representa como honra, a outros se representa como vileza; é um ídolo, enfim, a que cada um prodigaliza incensos a seu modo".[36]

Esse relativismo decorre sobretudo de um respeito maior pelos fatos do que pelas teorias. Em várias passagens de sua obra manifesta-se o desdém que lhe inspiram sempre os puros teóricos, aqueles que, "do fundo dos seus gabinetes presumem dar leis ao mundo, sem muitas vezes tratarem de perto os povos de que falam, nem conhecerem os seus costumes, nem as suas paixões [...]".[37] Os conceitos que exprime são, em geral, fruto da observação direta e da experiência, ou relacionam-se com aspirações precisas de uma classe social. Ele defende, a rigor, causas concretas, não ideias, nem abstrações. Graças a seus arrazoados, os lavradores e comerciantes de açúcar tinham podido respirar tranquilos, na certeza de que não se taxaria preço para o gênero. A publicação do *Ensaio econômico* assinala novos triunfos para o infatigável advogado, triunfos que seus próprios antagonistas lhe reconhecem: a abolição dos monopólios do sal e das pescarias de baleias.[38]

As soluções que formula queriam ter cunho prático, mesmo quando não fossem imediatamente exequíveis. A título de curiosidade cabe notar que foi sua a primeira sugestão para se demolir o morro do Castelo, no Rio de Janeiro. "O grande monte do Castelo", diz, "que serve de padrasto àquela cidade e que lhe impede quase toda a viração do mar, tão necessária debaixo da Zona Tórrida, está sobre o mar pela parte da praia de Santa Luzia, para onde pode ser lançado, fazendo-se encostar toda a terra desmontada ao longo da mesma praia, seguindo para a de Nossa Senhora da Glória, até, se fosse possível, chegar à fortaleza de Villegaignon; e sobre todo o terreno que ficasse do dito monte juntamente com o novo aterro, formado ao longo da praia, se poderia edificar uma cidade nova muito grande e com todas as proporções que se quisesse, dispondo as ruas de sorte que recebessem a viração da barra, dando-se ao terreno novamente formado toda a altura necessária para o escoamento das águas, e poderia ficar abaulada uma parte fronteira à praia de São Domingos, e outra para a de Nossa Senhora da Glória."[39] O projeto, conquanto tenha tido poucos adversários intransigentes, só pôde ser realizado neste século.

Acerca das relações entre Portugal e suas colônias e entre Portugal e as nações estrangeiras, os pontos de vista do autor do *Ensaio econômico*, que se acham condensados na segunda e terceira partes do livro, logo perderam muito de sua significação, em virtude dos acontecimentos que culminarão com a independência do Brasil. A seu ver, a revisão da política colonial portuguesa deveria fundar-se na necessidade de uma harmonia maior de interesses econômicos entre a metrópole e as possessões ultramarinas. Harmonia que não significasse submissão total e exclusiva às exigências dos mercados europeus. As precauções exageradas contra a perspectiva de os produtos coloniais competirem com os do Reino teriam de cessar. "Que mal seria para a Metrópole", pergunta, "que as colônias, por exemplo, cultivassem tanto trigo que fizessem decair o comércio dos mouros e de alguns outros que nos vêm vender este gênero e sacar o nosso dinheiro?"[40]

Cumpria adotar, nesse caso, uma atitude de cooperação amplamente liberal. Coutinho não hesita mesmo ante um pensamento audacioso, que constitui verdadeiramente a chave das suas reflexões sobre a economia colonial: o pensamento de que quanto mais Portugal devesse às suas possessões, tanto mais se enriqueceria. "A Metrópole", diz, "ainda que em tal caso seja devedora às colônias, necessariamente há de ser em dobro credora aos estrangeiros; ela, precisamente, há de fazer para com uns e outros duplicados lucros; ganhará nas vendas, ganhará nos fretes e nos transportes para todas as partes, pela extensão da sua marinha e do seu comércio. Que importa, pois, que a mãe deva às suas filhas, quando ela é em dobro credora aos estranhos? E, pelo contrário, a Metrópole não pode ser credora às colônias sem ser devedora aos estrangeiros, pois que a ela não sobejam víveres nem manufaturas, e sem supérfluo não há comércio."[41]

Parecia-lhe justo que a tamanha liberalidade correspondessem alguns sacrifícios de parte das colônias, já que a unidade do império só poderia fundar-se efetivamente em um sábio equilíbrio dos interesses recíprocos. Assim, tornava-se necessário que as colônias renunciassem a ter manufaturas próprias, principalmente de tecidos, limitando-se a ser fornecedoras de matérias-primas para os fabricantes do Reino. Quando muito admitia que se abrisse exceção para os teares grosseiros de algodão, a fim de vestirem os pretos, porque, do contrário, se faria "muito cara a mão de obra dos agricultores".[42] Impunha-se, além disso, que só comerciassem diretamente com Portugal, e que fossem excluídas quaisquer outras nações, ainda que pudessem proporcionar maiores vantagens.

A abertura dos portos, em consequência da vinda da família real, iria entretanto alterar sensivelmente essas proposições. Em nota à segunda edição portuguesa do *Ensaio*, publicada em 1816, Azeredo Coutinho já reconhece que, extinto o monopólio comercial da antiga metrópole e postos em pé de igualdade os interesses da mãe pátria e os das colônias, se criara uma situação nova, de consequências não previstas.

Aos que o censurassem pelas medidas restritivas que desejara ver estipuladas para as colônias – e não faltou, mais tarde, quem o fizesse[43] – poderia ele retrucar com o argumento de que em 1794, ao sair a primeira edição do livro, teria sido praticamente impossível pensar em favorecer as colônias sem compensação positiva para a mãe pátria. E o bispo não pertencia, certamente, à família dos utopistas. Pleiteava medidas ou meias medidas liberais, sempre que fossem viáveis e, aparentemente, de benefícios imediatos e seguros.

Se imaginou um sistema econômico favorável ao desenvolvimento das fábricas e manufaturas portuguesas, não pretendeu jamais que esse desenvolvimento, mesmo em Portugal, se fizesse de modo irrestrito. Achava, por exemplo, que as manufaturas de luxo deveriam ser apartadas, pois do contrário dariam resultados tão desastrosos como os das minas de ouro. "As manufaturas que só pedem braços sem muito engenho, nem muita arte, as ordinárias, que mais convêm ao povo, que é o mais grande consumidor do Estado, são as que mais convêm a Portugal."[44]

Por outro lado, o comércio das colônias exclusivamente com a metrópole e em navios da metrópole tornava-se inevitável se os portugueses pretendessem ser novamente o que tinham sido nas épocas gloriosas: uma nação de navegadores. Para justificar o monopólio, bastava enumerar algumas das vantagens que adviram, indiscutivelmente, para a Grã-Bretanha, de uma resolução semelhante, o *Act of Navigation* de 1651. A tal resolução cabe atribuir, em grande parte, a preeminência comercial e marítima dos ingleses. Não foi o próprio Adam Smith quem exaltou a lei de Cromwell, tão em contraste com todo o seu sistema de liberdade natural, chamando-a "a mais sábia, talvez, das medidas econômicas adotadas pela Inglaterra"?

Seria engano pensar que Azeredo Coutinho chegou a semelhante conclusão por influência do autor da *Riqueza das nações*. Há mesmo alguns motivos para a suspeita de que só bem mais tarde pôde entrar em contato com a obra de Smith. Esta foi traduzida pela primeira vez para o francês exatamente no ano de 1794, em que saíra a primeira edição do *Ensaio econômico*. E, por estranho que pareça em escritor tão impregnado de admiração pela nação britânica, nada leva a crer que ele conhecesse a língua inglesa. Entre as numerosas citações que figuram em seus livros, as de autores ingleses aparecem sempre em traduções francesas. É na tradução francesa de Roucher, incompleta e extremamente deficiente segundo opiniões autorizadas, que Adam Smith vem citado no *Discurso sobre o estado atual das minas do Brasil*, cuja publicação é de 1804.[45]

É esta, entre as publicações de Azeredo Coutinho, a primeira onde se faz notar direta e expressamente algum sinal de leitura do mestre da economia clássica. A verdade, porém, é que essa leitura só lhe serve na medida em que o ajuda a reforçar argumentos já alvitrados no *Ensaio econômico* e na *Memória sobre o preço do açúcar*, que por outros aspectos ainda se vinculam fortemente à tradição mercantilista. Esse conservantismo fundamental de Azeredo Coutinho será assinalado, aliás, em 1808, pelo tradutor alemão de sua obra mais célebre,[46] onde "refuta e retifica" vários pontos de vista do prelado fluminense. Os quais, no seu entender, se "antes poderiam passar por verdadeiros e justos, já agora hão de parecer insustentáveis e infidedignos, depois que o grande inglês Adam Smith nos revelou os mais puros princípios da política e nos ensinou o único e mais seguro caminho para aumentar-se a riqueza das nações e, por conseguinte, a felicidade dos povos".[47]

Fiel aos ensinamentos liberais então em voga, volve-se principalmente, o mesmo tradutor, contra o que considera generalizações infundadas do autor, quando este pretende, por exemplo, que um povo perde "suas forças reais e relativas em favor das nações suas rivais" sempre que deixa fazer por outros suas navegações.[48] Parece-lhe, ao contrário, que estimulando a própria navegação, antes de ter alcançado para isso um grau suficiente de riqueza, tal povo nada mais faz, no caso, do que desviar para a atividade menos produtiva cabedais que poderiam empregar-se vantajosamente nas realizações que mais ajudam ao enriquecimento nacional.

Na mesma linha de raciocínios vai contestar logo adiante a afirmação de que a atividade marítima é um dos mais fortes arrimos para o comércio e a indústria, por isso que protege o supérfluo da agricultura. E acena, a propósito, para o caso das antigas colônias inglesas da América do Norte, que, trilhando com "rapidez incrível" os caminhos do bem-estar e da riqueza, "quase não se dedicam à navegação e aparentemente se prejudicariam se a praticassem, subtraindo recursos com que poderiam sustentar a agricultura, fonte de melhores proveitos e mais elevados do que os do comércio externo.[49] Não se poderia desejar, aliás, exemplo mais infeliz do que esse, num momento em que armadores e marujos da Nova Inglaterra e também de Nova York forneciam um dos esteios principais da riqueza local, e em que o primeiro Astor fundava uma das maiores fortunas de seu tempo com o auxílio, justamente, das atividades náuticas de sua firma.

Explica-se, depois disso, que Karl Murhard, o tradutor de Azeredo Coutinho, tente reduzir a importância por este atribuída ao Ato de Navegação britânico, ao observar que os seus resultados benéficos se resumem na maior margem de segurança que de semelhante medida pôde derivar a Inglaterra.[50] Ou que conteste vivamente outras razões próprias do pensamento mercantilista, em que se sustenta o autor do *Ensaio*, onde pretende que as vantagens oferecidas pela metrópole às colônias, quando lhes dá os socorros indispensáveis à sua defesa, devem ser pagos por estas com alguns sacrifícios, de sorte que os justos interesses e as dependências relativas se achem entrelaçados.[51] Entre os sacrifícios, além da obrigação de só comerciarem elas diretamente com o Reino, inscreve a de se vestirem os seus habitantes das manufaturas e indústrias da mãe pátria, renunciando, assim, a ter fábricas próprias, mormente de algodão, linho e lã.

Embora na segunda edição de seu livro devesse ele alterar este ponto de vista, em virtude da extinção, em 1808, do monopólio da antiga metrópole, não perdem seu valor as contestações que lhe opõe Murhard, pois servem para marcar nitidamente a distância que ainda separa as opiniões do fluminense dos preceitos do liberalismo econômico. "Por mais", diz o tradutor em uma das suas notas, "por mais que essas prescrições do autor, construídas sobre as bases do sistema mercantilista, possam trazer alguma aparência de verdade, o fato é que se chocam frontalmente com os princípios da mais pura política e com os interesses tanto das colônias como da mãe pátria. Que as colônias só têm a perder com esse monopólio comercial da metrópole não padece dúvida, pois hão de pagar muito mais por todas as mercadorias estrangeiras e cobrar muito menos pelos gêneros da terra do que o fariam se pudessem comerciar livremente com as demais nações. Além de prejudicá-las, à própria mãe pátria também será nefasto o monopólio, que só lhe dá proveitos relativos. É certo que compra muitos artigos coloniais em condições de preços mais favoráveis do que as que se oferecem a quaisquer outras nações, mas disso não se segue que uma liberdade comercial plena não lhe permita adquiri-los com vantagens ainda maiores, pois quanto mais amplos forem os mercados para determinados produtos, tanto mais serão eles produzidos e tanto mais diminuirá o seu custo."[52] Para ilustrar este tópico, passa logo a enumerar outros argumentos.

A rigor, o *Discurso sobre o estado atual das minas*, onde parecem refletir-se passageiramente as teorias de Smith, desenvolve, apenas, em sua maior parte, ideias já contidas nas obras anteriores de d. José Joaquim. É significativo que em manuscrito anônimo guardado na biblioteca de Évora e cuja atribuição ao prelado está hoje fora de dúvida[53] se reproduzam longos trechos do *Ensaio econômico* e do *Discurso*, como se um e outro se destinassem a ser abrangidos em trabalho mais vasto. O que no tratado sobre as minas se procura é, mais uma vez, mostrar as vantagens que há de oferecer a lavoura, mormente a lavoura do açúcar, comparada à exploração de metais e pedras preciosas.

Sustenta que os novos tempos abriam uma nova e auspiciosa era, desterrando os ornamentos da poesia que tanto feriam outrora a imaginação dos leitores das *Geórgicas*. Parece-lhe que já não é lícito senão "descobrir, ajuntar e examinar fatos com o só meio, a só derrota a seguir, para aperfeiçoar a arte pelas experiências e observações e de estender a sua utilidade; os raciocínios, sem o socorro dos fatos e das experiências, e mesmo sem o conhecimento local e dos climas, só servem de multiplicar escritos inúteis sobre esta matéria".[54] Assim era de prever que, como os séculos de Augusto, dos Médicis e de Luís XIV foram os das letras e belas-artes, "aquele em que nós vivemos será talvez o século das artes e ciências úteis".

De onde se seguia a necessidade de expansão dos conhecimentos práticos através de um contato imediato com os objetos desse conhecimento e não por meio de especulações vazias. O "filósofo naturalista, ainda que muito indagador da natureza, é sempre um homem de gabinete", que não vive nem habita nos sertões, nas brenhas, nos desertos, onde a natureza oculta seus tesouros maiores.[55]

Só se vencerão tais obstáculos e terá sido encontrado, então o indivíduo próprio para a empresa de descobrimento em larga escala dos tesouros da natureza, no dia em que o habitante dos sertões e das brenhas se converta em filósofo e em que o filósofo habite brenhas e sertões. E isso se conseguirá quando se tenha feito, por exemplo, o ministro da religião, o pároco do sertão, um indivíduo bem versado nas ciências naturais. Não fora esse exatamente o objeto que, em 1794, tivera em vista o então bispo de Pernambuco ao juntar aos estudos eclesiásticos os das ciências naturais, nos estatutos que fez para o seminário de Nossa Senhora da Graça, em Olinda, e que corriam impressos por ordem de sua alteza real?[56] Por essa forma, os trabalhos pedagógicos de Azeredo Coutinho se enlaçam, em suma, nos seus estudos econômicos, assim como às preocupações que ditaram estes estudos se associam, de certo modo, os escritos polêmicos que compôs acerca do padroado da Ordem de Cristo, com o que toda a sua obra adquire um caráter admiravelmente unitário.

Ao novo pároco, instruído nos segredos da natureza e habituado a perscrutá-los por si mesmos, não custará então examinar a erva que o salvou da morte e as plantas medicinais com suas virtudes, conhecidas à custa de reiteradas experiências pelos seus paroquianos. Não deixará, em seguida, de os descrever cientificamente e, com o socorro do desenho, que também há de aprender, mostrá-los até àqueles que só têm olhos para ver. Principalmente, informado dos princípios da mineralogia, saberá conhecer as minas e, nesse caso, não apenas o ouro, que a providência pela maior parte oferece sem mescla, mas sobretudo os metais que combinados de corpos heterogêneos se não descobrem sem os princípios da arte. O descobrimento deste ou daquele metal logo fará com que apareçam, e em particular o ferro, "esse metal indispensável para os trabalhos da lavoura",[57] e da escavação das terras aparecerá em abundância: só ele fará a riqueza dos homens num país de agricultura e de minas.

A quase nada se reduz o repertório de ideias que a Azeredo Coutinho fornece, de primeira mão, a obra de Adam Smith. Como economista ele estaria, em geral, mais perto dos fisiocratas franceses ou até dos mercantilistas, com os quais, no fundo, partilha da certeza de que um país não se pode enriquecer senão à custa dos outros. Dos fisiocratas distingue-se até certo ponto pela ênfase que, ao lado das propriedades agrárias, onde se acharia a riqueza verdadeiramente nacional, põe na importância dos efeitos móveis como o dinheiro, as letras de câmbio, as mercadorias de toda ordem, entre os bens dos Estados. Esses efeitos, acrescenta, são universais, giram em toda parte, pertencem ao mundo inteiro, e os povos que em maior número os possuem, entram proporcionalmente com "maior número de ações na grande companhia do comércio universal".[58]

Apoia-se confusamente em Adam Smith onde assinala o precário valor dos metais preciosos dependentes do arbítrio e estimação dos homens,[59] embora pudesse, sem esse apoio, e a partir de suas mesmas premissas, chegar a idêntica argumentação. Ainda aqui o escocês ajuda-o tão somente a bater mais uma vez na velha tecla; as riquezas suscitadas pelos descobrimentos das minas de ouro são puramente fictícias, e uma nação "quanto mais ouro cava, tanto mais cava a sua ruína".[60] É certo que a mesma ideia, e às vezes com as mesmas palavras, ele a poderia tomar de Montesquieu,[61] que aparece repetido, quase textualmente, no primeiro capítulo do *Discurso*.

No principal retoma-se em quase todas as páginas desse livro o tema já apresentado no *Memória sobre o preço do açúcar* acerca do malefício que parecera representar para a lavoura, no Brasil, o descobrimento das jazidas de metal precioso, numa espécie de demonstração, por absurdo, da primazia que cabe ao cultivo da terra na riqueza das nações. Escrevera com efeito Azeredo Coutinho, ao tempo "em que as nossas fábricas de açúcar se acham já muito melhoradas, com mais de 97 anos de adiantamento do que as de todos os estrangeiros, e nós quase senhores únicos deste comércio, se descobriram, para nós desgraçadamente, as minas de ouro, que nos fizeram desprezar as verdadeiras riquezas da agricultura, para trabalharmos nas de mera representação".[62]

No mesmo diapasão, em tópico da *Enciclopédia* lembrado por Silva Pontes, contemporâneo do autor do *Discurso* e do *Ensaio econômico*, já se tinha pretendido que o ouro do Brasil acabara transformando Portugal no país mais árido do mundo, e que tanto mais pobre seria, tanto mais continuaria a manter-se uma simples colônia da Inglaterra, quanto maior fosse o volume de ouro existente na Europa.[63] A crescente esterilização dos antigos depósitos auríferos, somada ao renascimento do negócio do açúcar e do algodão, parecia momentaneamente justificar aqueles que, seguindo de longe tais opiniões, tomavam entre nós, contra a riqueza das minas, o partido de uma lavoura capaz de corresponder às perspectivas mais otimistas. Não deveria ser muito difícil pensar que as oportunidades favoráveis, agora suscitadas com a desorganização dos mercados produtores das Antilhas, competidores tradicionais do Brasil, nunca tinham cessado de existir e que só a cegueira dos homens deixara de vê-las e utilizá-las.

O engano de Azeredo Coutinho, e não apenas dele, estaria

na sua insistência em opor os métodos perdulários de exploração do solo que se usavam geralmente no país aos da exploração do subsolo, sem cuidar que os primeiros não deixavam de representar, a rigor, uma forma de mineração tão devastadora, ou mais, quanto a do ouro e dos diamantes, por isto, principalmente, que malbaratavam uma riqueza suscetível de melhor conservação e proveito.[64] A adesão, consciente ou não, às teorias dos fisiocratas era viciada no seu caso e em outros por uma equiparação menos legítima entre o que nelas se entendia por agricultura e o que no Brasil se praticava com igual nome.

É inútil, aliás, esperar grande originalidade das ideias e doutrinas do prelado brasileiro. Muitas delas, quando não procedem da experiência própria, e ainda neste caso hão de trazer infalivelmente o *nihil obstat* de algum autor prestigioso, são colhidas, não raro pilhadas sem cerimônia, de escritores mais ou menos ilustres da época. As semelhanças existentes, na apresentação e disposição da matéria, entre o *Ensaio econômico*, por exemplo, e as *Institutions politiques* do barão de Bielfeld, cuja influência sobre alguns dos nossos escritores do começo do século passado, entre eles José Bonifácio de Andrada e Silva, mereceria análise,[65] não representam simples e fortuita coincidência. A tese, por exemplo, de que a escola natural dos marinheiros se acha nas pescarias foi tomada literalmente a Bielfeld.

A palavra pilhagem é, em realidade, a que melhor se aplicaria a esse seu modo de valer-se de ideias e até de palavras alheias para adaptá-las a sua argumentação. Do segundo capítulo do *Ensaio econômico*, onde se trata da necessidade de dar incremento às pescarias, os §§ 3º e 4º não passam de tradução rigorosa, sem aspas, ou a menor indicação da fonte, dos §§ 1º e 2º do capítulo xv das *Institutions* (t. 1º), como se pode deduzir do seguinte cotejo:

## Chap. xv. *De la Navigation*

### § I

La Politique distingue trois objets différents dans la Navigation. 1º L'occupation qu'lle donne aux gens de Ia Mer, qui en font métier; 2º La construction des Navires qu'il faut considérer comme une Fabrique; 3º L'utilité qu'elle procure au commerce par le transport des denrées et des Manufactures, transport qui, outre Ia commodité qu'il donne, devient encore lucratif au Peuple qui le fait. Ces trois objets méritent d'être développés plus clairement.

### § II

Un pays bien peuplé, dont les Provinces sont situées le long de Ia Mer, qui a des côtes d'une grande étendue, où les habitans naissent avec une inclination décidée pour Ia vie Maritime; un tel pays peut occuper à Ia Navigation un fort grand nombre d'hommes qui tous gagnent beaucoup plus en travaillant à ce métier qu'ils n'auroient fait en travaillant à Ia journée sur terre, ou en s'appliquant à quelque profession commune. Et comme les gens de Mer vivent presque

## Capítulo II

### § III

A política distingue tres objectos differentes na navegação. I. A occupação que ella dá ás gentes do mar, que fazem o trabalho della. II. A construcção dos navios, que he necessario considerar como huma fabrica. III. A utilidade que ella procura ao Commercio pelo transporte, das producções, e das manufacturas; transporte, que além da commodidade que elle dá ao Commercio, he ainda lucrativo para o povo que o faz. Estes tres objectos merecem ser mais claramente desenvolvidos.

### § IV

Hum Paiz bem povoado, cujas Provincias são situadas junto ao mar, que tem Costas de huma grande extenção, aonde os habitantes nascem com huma inclinação decidida para a vida maritima; hum tal Paiz pode occupar na navegação hum muito grande numero de homens, que todos ganhão muito mais neste mister, do que não terião feito trabalhando por dia na lavoira, rasgando a terra, ou applicando-se a alguma outra profissão commua. E como as gentes do mar vivem quasi sempre a bor-

| | |
|---|---|
| toujours à bord de leurs Vaisseaux, où ils ne sçauroient faire de grandes dépenses, ils rapportent dans leurs Patries au sein de leur famille l'épargne qu'ils ont pu faire sur leurs gages, ou le projet d'un petit trafic. Tout cet Argent est gagné par l'État & augmente Ia masse de ses richesses. | do dos seus navios aonde elles não pódem fazer grandes despezas de luxo; trazem para a sua patria, ou para o seio da sua familia, aquillo que elles poupão dos seus salarios, ou que ganhão em algum pequeno trafico. Todo este dinheiro he ganhado para o Estado, e augmenta a massa das suas riquezas. |

*Inst. Politiques*, par m. le baron de Bielfeld, I, pp. 318 e ss.

*Ensaio econômico* de José Joaquim da Cunha de Azeredo Coutinho, pp. 23 e ss.

Da mesma forma, no capítulo terceiro do *Ensaio*, os §§ I e II repetem, em iguais condições, o 15º, o IV e o V, o 16º do capítulo XV do tomo primeiro das *Institutions*, assim como os §§ VI e VII são tomados ao 1º do capítulo XVI do autor prussiano.[66] É muito possível que uma comparação mais acurada revele outros casos como esses, que estão certamente longe de abonar a probidade intelectual do bispo economista. Nem lhe servirá de escusa o pretender-se que tais decalques eram frequentes na época, sujeitando-se dificilmente por isso aos critérios mais severos que prevalecem em nosso tempo. Do contrário, como explicar que, generoso no citar as fontes em que se apoia, sempre que se trata de simples fatos, omita-se cautelosamente quando cumpriria indicar o verdadeiro original de tão prolixas reflexões? Seja como for, não há aqui motivo bastante para diminuir-se a importância de sua obra na medida em que pode servir de expressão a um tipo de mentalidade próprio daquelas eras, e em que representa um elo necessário no desenvolvimento, entre nós, das ideias político-econômicas durante os anos que precedem a independência. E esse aspecto, em última análise, é o que pode efetivamente interessar no presente estudo.

Entre o *Ensaio* e o *Discurso sobre o estado atual das minas* situa-se cronologicamente o principal escrito que dedicou Azeredo Coutinho a problemas relacionados com o tráfico negreiro. Embora a edição portuguesa dessa obra date em realidade de 1808, precedera-a, em 1798, a francesa, impressa na Inglaterra. Não deixam de ser expressivas essas duas datas, separadas entre si por todo um tumultuoso decênio. Em 1798, ainda devia ecoar a tentativa recente e temporariamente malograda de William Pitt em prol da supressão internacional do tráfico. Volta à tona o assunto, passados dez anos, quando a abolição do comércio de escravos já se fizera fato consumado, desde 1807, para as colônias britânicas.

A primeira publicação[67] tinha sido diretamente sugerida pela leitura de uma correspondência de Londres, impressa na *Gazeta de Lisboa*, onde o negócio era condenado por injusto, contrário ao direito natural e às convenções sociais que presumem liberdade e igualdade entre todos os homens. Considerando que semelhantes proposições se opunham a uma atividade aprovada pelas Ordenações e sustentada pelas forças da nação, reputa-as ele oriundas de um princípio subversivo e ilícito, negador do estado de coisas vigente entre os povos e autorizado em suas legislações, por isso capaz de perturbar o descanso e a tranquilidade dos homens. De outro lado, cuida que o momento mais favorável para se esmagarem e destruírem opiniões dessa natureza é justamente aquele em que elas ainda se acham em fermentação, não quando de todo desapareceram ou já deram seus resultados revolucionários.[68] Na versão portuguesa[69] são suprimidas essas considerações, em parte desatualizadas, e em seu lugar surge um longo discurso contra a "seita filosófica", onde se desenvolvem motivos já enunciados em 1798, quando investe, por exemplo, contra a "infame obra intitulada *O sistema da natureza*".

É notável que nessa polêmica sejam cuidadosamente poupados os responsáveis principais pelo bom êxito daquelas proposições, que Azeredo Coutinho julgara criminosas e ineptas. É na Inglaterra, contra todas as expectativas, e não na França, que, aberto pelo segundo Pitt, filho de um estrênuo campeão dos interesses da lavoura antilhana, se generaliza o movimento contra o comércio de resgate de negros. Dignos sucessores daqueles anabatistas que o bispo de Elvas irá estigmatizar como antepassados do próprio Holbach e de toda a "seita filosófica", assumem os *quakers* posição de vanguarda na campanha filantrópica, e aqui se pode vislumbrar mais um eloquente sinal dos novos tempos, pois ainda em 1756 se contavam 84 *quakers* entre os membros da principal companhia dedicada ao tráfico, e, até em 1793, o nome de um navio negreiro, o Willing Quaker não sugere que esse negócio fosse vivamente desaprovado pelos "santos".[70]

Por outro lado, na França, apesar da "seita filosófica" e da Declaração dos Direitos dos Homens, o problema da escravidão e o do tráfico negreiro são deixados pela própria Assembleia Constituinte ao critério dos colonos que certamente não teriam a respeito opiniões mais generosamente altruístas do que as do prelado brasileiro. E mesmo dos chamados "amigos dos negros" é notório que não se comprometeriam com os ideais filantrópicos até ao ponto de contrariarem os interesses dos agricultores das Antilhas. Deles já dissera a "advertência do editor" da versão de 1798 da *Análise*, que se tinham mostrado *"les ennemis les plus cruels des hommes de toute couleur"*.

Mas Azeredo Coutinho não se pode deter nas minúcias de um processo que tendia, em verdade, a solapar os fundamentos da ordem social fundada no princípio da autoridade tradicional, consagrador da desigualdade entre os homens. Seu propósito confessado era ver assegurada a perfeita imobilidade, a intangibilidade da lavoura latifundiária de tipo colonial, com todos os institutos que a suportam e que a fizeram possível. Como isso dificilmente poderia ocorrer num mundo em mudança, volve-se logicamente contra as forças desagregadoras e iconoclastas.

O resultado é que a *Análise* constitui, talvez, o mais completo repositório das ideias políticas do bispo de Elvas. Ideias de emergência, diga-se de passagem, ditadas mais pelo pavor e pelo rancor do que por uma serena inteligência do momento. Publicando no ano decisivo de 1808 a edição portuguesa do livro, dedica-a aos brasileiros, para concitá-los a obedecerem à lei e a seu legítimo soberano, ao mesmo tempo em que, do próprio Reino, subjugado pelo invasor francês, não hesita em apontar à execração dos seus compatriotas mais felizes, porque livres de tamanho inimigo, os "cruéis agentes dos bárbaros Brissot e Robespierre, destes monstros com figura humana que estabeleceram em regra o – pereçam antes as colônias do que um só princípio".

A causa maior de todos os abomináveis erros que a seita filosófica vai derramando pelo mundo é, segundo ele, o princípio dos pactos sociais. A esse princípio, que erige os indivíduos em criadores, legisladores e soberanos de si mesmos, juízes sem apelação em causa própria, árbitros supremos dos próprios interesses e das próprias paixões,[71] opõe os direitos das sociedades e em consequência "daqueles que têm o direito de as governar".[72] Em sua opinião, as leis que hão de reger os homens não podem ser deduzidas de pretensos convênios anteriores às sociedades políticas; supõem, ao contrário, a existência prévia do corpo social.

De acordo, nisto, com a letra e o espírito da doutrina de Grócio, acredita na sociabilidade primordial dos homens, fundada num instinto natural e invencível, "assim como muitos animais que, por mais que se trabalhe em separá-los, correm uns para os outros todas as vezes que se acham em liberdade e se ajuntam por uma tendência natural, como qualquer corpo puxa para o seu centro, sem que para isso seja necessário haver entre eles pactos e convenções tácitas ou expressas, nem algumas cessões de direitos: tais são as ovelhas e todos os animais que vivem em rebanhos, e qualquer corpo largado da mão".[73]

Mas para que se porte decentemente o rebanho humano e para que guarde boa ordem entre seus membros, é forçosa a existência de um legislador soberano, a quem todos prestem obediência. Acima desse legislador não há e nem pode haver nenhum poder terreno. Só em Deus existem forças capazes de mudar e destruir os impérios como e quando lhe pareça oportuno, de modo a atingir seus fins insondáveis.[74]

Acontece, sem dúvida, que os decretos divinos não são eternamente nem em toda parte os mesmos. Também eles mudam ao sabor das necessidades mutáveis, também cedem perante fatores ocasionais e contingentes que a natureza impôs. E aqui entra em cena ainda uma vez o princípio de relatividade, que explica mais de uma opinião de Azeredo Coutinho e chega a colocá-lo em certos casos, do lado dos céticos ou dos oportunistas.

Não existe, ao seu ver, uma lei universal que possa justificar a desobediência aos soberanos. A necessidade de existir, esta sim, é a lei suprema dos povos[75] e tal lei é relativa a circunstâncias peculiares de cada nação, aos seus costumes, às suas ideias, ao seu temperamento. Só aos soberanos legisladores pertence pesar prós e contras, aplicando o direito natural, "que lhes manda fazer o maior bem possível das suas nações relativamente ao estado em que cada uma delas se acha".[76] O soberano é comparável ao médico nisto que não aplica a todos os pacientes o mesmo remédio, nem em toda ocasião e tempo.

Assim sendo, caberá reconhecer a escravidão como junta e ao mesmo tempo inevitável onde quer que as condições locais e as circunstâncias o exigirem. Quando muito requer que os senhores tratem bem aos seus escravos "pelo seu mesmo interesse".[77] Chega mesmo a inserir, já em 1798, na *Análise*, um projeto de lei; mantido com pouca mudança no texto português, que force os senhores a não abusar da condição dos negros.

Ainda aqui, porém, mostra todo o seu empenho em querer bem resguardados os princípios de propriedade e a autoridade que hão de ter os senhores, mesmo os maus senhores, sobre os seus escravos, a fim de que não se afrouxe a boa harmonia entre uns e outros e ao cabo não se perca a própria segurança do Estado. Para isso, propõe que não se admita nenhum proprietário a lugar honorífico e não lhe deixem perceber utilidade, ou interesse, ou mesmo heranças, legados e doações, sem que primeiro se mostre ele habilitado por sentença sumária onde conste sua bondade ou isenção de crime e culpa.

Todavia, ainda no caso de se proferir sentença contra o senhor de escravos, não se haveria necessariamente de privá-lo da honra ou benefício a que se habilitasse. Apenas, seria forçado, sendo negócio de interesse, a pagar quantia correspondente, por exemplo, a meio por cento do total da herança, doação, legado, para obras pias ou públicas, quantia essa que se dobraria, tresdobraria, quadruplicaria etc., em casos de uma ou mais reincidências. Sendo negócio público ou honorífico, caberia ao culpado o pagamento, nas mesmas condições e com iguais destinos, do dobro, por exemplo, das custas do processo, da primeira vez e, havendo reincidência, de duas vezes a mesma quantia. Somente da terceira vez, além de pagar o quádruplo da importância, seria excluído o senhor de mais servir no lugar público ou honorífico em que fora admitido, salvo quando, em seu favor, interviesse nova graça do soberano ou do magistrado para isso autorizado.[78]

De qualquer modo, jamais se deveria admitir em juízo o próprio escravo a fazer acusações ou dar queixas contra o senhor, o que sempre seria de perniciosas consequências. Pois, justa ou injusta, a queixa ou acusação sempre deixará "uma desconfiança, e até mesmo um ódio, uma raiva e um desejo de vingança, que facilmente passará a ser fatal a algum deles ou a ambos, e por consequência ao Estado". Obrigar em tal caso o senhor a vender o seu escravo seria o mesmo que pôr na mão do cativo o mudar todos os dias de dono e finalmente não servir a nenhum.[79]

Além disso, o simples fato de apresentar-se o escravo açoitado e ferido não deveria servir como prova bastante da maldade do senhor. Para tanto, seria mister provar que o ferimento fora obra do dito senhor ou de alguém por ordem sua, "e onde se achariam testemunhas de maior isenção e sem suspeita para provar um fato que de necessidade só pode ter acontecido em particular dentro do interior de uma casa a portas fechadas, ou numa fazenda distante da povoação, sem mais testemunha do que o mesmo senhor e seu escravo?".[80] Demandas que chegassem a tais extremos deveriam ser evitadas, uma vez que não levariam à verdade e nem a outro fim que não seja "uma sublevação geral e a total ruína do Estado". "Eu não duvido", diz a seguir o prelado, "de que este seja o verdadeiro fim dos revolucionários, que tanto se jactam de amigos dos negros debaixo da capa da humanidade, sem que jamais tivessem nem talvez esperem ter com eles alguma correlação, mas por isso mesmo é que eu tenho trabalhado tanto por desmascará-los."

Se para algumas terras é lícito, eventualmente, pensar-se na supressão do tráfico e até do trabalho escravo, as circunstâncias que se oferecem particularmente no Brasil são de todo contrárias a tais medidas. "O trabalho exposto às inclemências do tempo é sempre obrigado pela força, ou seja de um estranho, ou seja da fome; daqui vem que entre as nações em que há muitas terras devolutas e poucos habitantes relativamente, onde cada um pode ser proprietário de terras, se acha estabelecida como justa a escravidão."[81] E como negar essa justiça sem querer menoscabar as leis do Reino, que, permitindo o cativeiro dos negros, também autorizam, em perfeita consonância com os decretos pontifícios, o comércio de resgate de escravos na costa da África?

Para provar que não ofende a justiça quando defende as leis de seu soberano e trabalha por sufocar a opinião contrária àquelas mesmas leis, publica Azeredo Coutinho, ainda em 1808, um novo tratado,[82] que visa a reforçar a argumentação da *Análise* e, mais uma vez, a combater as doutrinas dos "filósofos". Estes, no seu entender, não são mais do que chefes de maltas indigentes, "fazendo guerra aos ricos proprietários" para lhes roubar os bens e a riqueza. E com indignação crescente, ainda ajunta: "não duvido que tais *filósofos* tenham por sócios e aprovadores bandos de bárbaros e de selvagens sem propriedade e sem indústria; eu, porém, sou contente de ter pela minha parte todas as nações civilizadas, onde houver Governo, Religião, Virtude, Honra e Probidade".[83] Longe de mitigá-la, a recente decisão da Inglaterra, proibindo o tráfico para suas colônias, e que deveria excluí-la, por força, das "nações civilizadas", parecia acirrar ainda mais a cólera do prelado: "Para que a Europa se diga rica e civilizada", observa, "é necessário que ela confesse, ou a necessidade da escravidão d'África, ou que ela deve tornar para o seu antigo estado de escravidão e barbaridade [...]".[84]

Sua ética é, conforme se vê, brutalmente pragmática. Nas certezas que defende, tanto acerca da escravatura ou do tráfico de negros, como das associações entre os homens e a necessária subordinação deles a uma força soberana, é sempre um critério de utilidade imediata e rasteira o que prevalece da primeira à última palavra. Deus acha-se estranhamente ausente da obra desse eclesiástico, salvo talvez onde pareça ajudar a justificar os apetites de alguns poderosos da terra. Em realidade, a ordem civil que apregoa independe de qualquer fundamento sobrenatural, como independe de uma ideia moral mais alta. Não pode assentar na justiça, por exemplo, nem na bondade ou na solidariedade humana – o *fellow feeling* de Adam Smith – alicerces demasiado frágeis para uma sociedade política.

A doença do humanitarismo, criação fraudulenta dos "filósofos sentimentais" não chegaria jamais a contaminá-lo, como contaminou a tantos outros, mesmo entre os contrarrevolucionários. O que deseja sinceramente, e quase sempre ostentosamente, é a maior felicidade possível e a maior segurança para um pequeno número de eleitos, para a raça dos *beati possidentes*, os "ricos proprietários". A estes gostaria de ver reservados todos os bens do mundo e ainda o reino dos céus. Só mesmo por essa concepção positiva da riqueza, riqueza já livre de entraves, ele pertence ao século da burguesia triunfante e do capitalismo.

Não faltaria quem tentasse considerá-lo um espírito em alguns aspectos progressista e até um arauto de novas eras. Mas se é exato que terá contribuído para libertar nossa vida econômica de entraves que antes lhe tolhiam os movimentos, no conjunto sua obra permanece singularmente infecunda. As opiniões e instituições com que mais geralmente se identificou pertenciam ao passado ou já andavam agonizantes. Ao fim da vida, a 13 de maio de 1818, ainda aceitava a nomeação para o Santo Ofício, e foi o último inquisidor do Reino.

# Auto representado na festa
# de são Lourenço*

.

A INICIATIVA DE PUBLICAÇÃO DO "Boletim do Museu Paulista" decorre da reforma que, em dezembro de 1940, deu nova estrutura a esta repartição.

A necessidade de disporem as seções técnico-científicas de órgãos onde se reflitam seus trabalhos e pesquisas, e que sirvam, ao mesmo tempo, às especializações correspondentes, já se achava prevista para a de história do Brasil. Os "Anais do Museu Paulista", instituídos em 1922, atendiam a essa necessidade, constituindo, ao mesmo tempo, publicação de consulta inevitável para os que, entre nós, se dedicam a estudos históricos.

No caso da seção de etnologia, tornou-se indispensável, por outro lado, adaptar a essa especialidade a tradicional *Revista do Museu Paulista*, que data dos primeiros tempos do estabelecimento. Sem os inconvenientes do ecletismo que a caracterizava na sua série primitiva, onde se incluíam trabalhos de zoologia, botânica, mineralogia, além de etnologia e arqueologia, a *Revista*, em sua nova série, de que já existe um volume publicado e outro em impressão, promete manter-se

103
LIVRO
DOS
PREFÁCIOS

.

---

* Anchieta, José de. *Auto representado na festa de são Lourenço*. São Paulo, Museu Paulista, 1948. [Prefácio]

à altura de seu bom nome. A estrita especialização nas disciplinas que representa – etnologia e estudos afins, de arqueologia, antropologia física, folclore etc. – é requisito obrigatório numa publicação moderna, de natureza científica, e a *Revista* ressurgiu para atender a esse requisito.

Foi principalmente o intuito de permitir às novas seções, de numismática, documentação linguística e biblioteca, arquivo e publicações, as vantagens de que já desfrutam as de história e etnologia, o que determinou a inauguração das séries de que se comporá o *Boletim do Museu Paulista*.

Com o presente número, preparado pela seção de documentação linguística, inicia-se, ao mesmo tempo, a publicação das obras literárias de Anchieta de acordo com os textos que ainda se conservam manuscritos nos arquivos da Companhia de Jesus em Roma. Esses textos, atentamente revistos, anotados e traduzidos, na sua parte em língua tupi, pela chefe daquela seção, dra. Maria de Lourdes de Paula Martins, serão sucessivamente divulgados.

Creio que não poderia o museu inaugurar sua nova publicação de modo mais adequado. O nome de Anchieta prende-se não apenas às origens da linguística brasílica, de que ele foi verdadeiramente o fundador, mas ainda à nossa história e à nossa etnologia. Prende-se, por conseguinte, à maior parte das disciplinas representadas neste estabelecimento. E sendo, ao par de tudo isso, quase um nome paulista, parece plausível que a publicação de seus escritos se realize nesta mesma terra que há quatrocentos anos ele viu nascer.

# A contribuição teuta à formação
## da nação brasileira*

.

A CONTRIBUIÇÃO DE ELEMENTOS ALEMÃES à formação nacional do Brasil já tem sido abordada de variados prismas por estudiosos ilustres. E só a um exame superficial parecerá o empenho desses estudiosos desproporcionado com a participação numérica daqueles elementos nas correntes migratórias que, sobretudo durante o último século, se agregaram ao fundo luso-brasileiro de nossa população. Se numericamente a proporção de imigrantes de procedência germânica, entre nós, foi, com efeito, menos conspícua do que a de correntes de outras origens, esse fato mal nos pode dar a medida precisa da importância qualitativa de sua contribuição. E, em verdade, não só qualitativa. Diversos fatores, e entre eles devem destacar-se as próprias contribuições históricas que já, e principalmente, durante o Império, presidiram o estabelecimento de núcleos coloniais germânicos no Sul do Brasil, são responsáveis pelo grau relativamente maior de segregação em que, desde o primeiro momento, se desenvolveram aqueles núcleos. O resultado foi que centenas de milhares de

---

* Oberacker Jr., Carlos H. Jr. *A contribuição teuta à formação da nação brasileira.*
2ª edição, Rio de Janeiro, Presença, 1985, pp. 19-22. [Apresentação da 1ª edição em alemão, Herder, 1955]

brasileiros de pura ascendência alemã podem representar, até aos nossos dias, a etnia e, em parte considerável, também a cultura dos seus antepassados do Velho Mundo.

De sorte que, através desses netos e bisnetos de colonos que nos nossos estados sulinos constituem uma parcela cada vez mais ponderável da população, o sangue, as tradições, as formas de vida e de convívio característicos de seu meio ancestral representam uma força atuante, independentemente da presença ou não de afluxos migratórios do ultramar. Esse e ainda o fato de as mesmas populações serem naturalmente permeáveis a certas solicitações do ambiente em que vivem e mesmo do contato sempre existente, apesar de tudo, com seus vizinhos de outras origens, em particular com os luso-brasileiros, criaram condições *sui generis*, que só por si justificam e reclamam um reexame constante.

A verdade, no entanto, é que os estudos até agora sugeridos por essas condições, mesmo os mais extensos e meticulosos, como é o caso, por exemplo, dos trabalhadores históricos de Aurélio Porto sobre a colonização no extremo sul, ou o das pesquisas sociológicas de Emílio Willems acerca da marginalidade entre os teuto-brasileiros na mesma região, ou ainda as investigações de Wagemann e, mais recentemente, de Nauck, a propósito da vida social e econômica dos colonos estabelecidos no estado do Espírito Santo – e as referências poderiam ser multiplicadas – conservam quase sempre um caráter necessariamente fragmentário e monográfico. É muito provável que, dada a sua missão específica, o estabelecimento de limites estritos, no espaço e no tempo, para o objeto de tais estudos, seja um requisito essencial de objetividade e de rigor. E é de esperar que aquele tipo de análise estritamente monográfico e fragmentário, de uma situação que envolve aspectos tão divergentes, seja constantemente estimulado e renovado.

Contudo, o excesso de pretensão, tantas vezes e com tão boas razões apontado, dos que, sobre fundamentos hipotéticos e discutíveis, buscam erigir vastas e prematuras sínteses históricas pode servir para explicar, não certamente para justificar e endossar, a ambição paralela dos que se aferram com exclusivismo a uma análise puramente microscópica.

No limiar da sua recente história das Cruzadas, pôde escrever com justeza o professor Steven Runciman que, esmagado pela profusão de minúcias e atemorizado ante a severa vigilância dos seus colegas, o historiador moderno tende, não raro, a refugiar-se em artigos eruditos, em dissertações especializadas ao extremo, fortalezas exíguas, e que são facilmente defendidas contra quaisquer ataques. "Seus escritos, nesses casos, podem ser do mais alto valor", observa Runciman, "mas não representam em si mesmos um fim." E acrescenta: "Penso que o supremo dever do historiador consiste em escrever obras de história. Isto é, consiste em tentar registrar, numa ampla sequência, os maiores acontecimentos e movimentos que abalaram os destinos do homem. O autor que tenha coragem para empreender uma tal tentativa não deveria ser criticado por sua ambição, embora possa merecer censuras, eventualmente, pela insuficiência de seu equipamento ou pela inanidade das conclusões a que chegou".

No livro que me honro de apresentar, o sr. Carlos H. Oberacker Jr. teve essa louvável e salutar coragem. Já a amplitude do propósito que o animou a realizar a sua acurada pesquisa legitimaria por si só o tratamento extensivo e, digamos assim, "macroscópico" do tema. Não se trata, aqui, apenas, como se poderia supor, de traçar a evolução das colônias alemãs estabelecidas no Brasil, a partir dos anos que se seguiram a nossa emancipação política, mas sim de investigar a atuação de elementos germânicos a contar das épocas que se seguiram ou mesmo que antecederam longamente ao próprio descobrimento do Brasil e da América.

Nem é seu intento deter-se apenas no estudo dos descendentes de alemães que, longe de sua terra de origem, puderam preservar intatos os legados de sangue e cultura dos seus avós, mas considerar a própria evolução brasileira, em suas diferentes fases, na medida em que foi afetada e, muito possivelmente, fertilizada pela ação de indivíduos de estirpe germânica. Finalmente, ao tratar de alemães, não quis ele restringir-se naturalmente ao significado mais estreito que o termo adquiriu, sobretudo depois da constituição, há oitenta anos, ou pouco mais, do império que, sob a égide da Prússia, se erigiu na Europa Central; preferiu atribuir-lhe o sentido que, mesmo para os não alemães, teve aquela expressão durante a maior parte do período abrangido pelo seu trabalho. Era inevitável, nesse caso, que a designação genérica incluísse igualmente certos povos – os austríacos, por exemplo, ou os alsacianos e suíços de língua alemã – que, embora dissociados, hoje, politicamente, dos alemães do Reich, a eles se associam, entretanto, por evidentes laços étnicos, linguísticos e históricos.

Haverá, certamente, quem oponha certas reservas – e em princípio eu não deixaria de dar-lhe razão – ao fato de o autor, abrindo em demasia as hastes do compasso, não hesitar em associar-lhes até mesmo holandeses e flamengos. Para aceitar integralmente esse ponto de vista, seria preciso, creio eu, que se desdenhassem as razões tão magistralmente glosadas por Jan Huizinga, que levaram a vida espiritual e a consciência nacional da Holanda a se definirem, sobretudo a partir de meados do século XVIII, à margem dos seus vizinhos do leste e, não raro, em contraste com eles. E o que pode parecer exato com relação a holandeses não o seria, e em grau ainda maior, no caso dos flamengos? Pois se é certo, como nota o autor, que o território atual da Bélgica esteve integrado entre os domínios imperiais até fins do século XVIII, não seria lícito lembrar que, antes de formar parte dos Países Baixos austríacos, a maior parte desse território estivera sujeita sucessivamente, e por muito mais tempo, a franceses, borguinhões e espanhóis?

Por outro lado, mesmo no caso dos flamengos, seus vínculos com o mundo de língua alemã são mais íntimos, em realidade, do que o sugerem essas vicissitudes históricas e políticas. O próprio autor não deixa de observar como, até fins do século XVIII, o alto alemão fora cultivado como idioma escrito e literário em algumas das principais cidades flamengas. E quanto aos holandeses, a muralha que os separa da comunidade cultural alemã só se tornou definitiva – notara-o, aliás, o próprio Huizinga – em meados do século XVII.

Acolhendo, até certo ponto, uns e outros, flamengos e holandeses estabelecidos no Brasil colonial entre os membros daquela comunidade, o dr. Oberacker não pode ser acusado de torcer a verdade histórica.[1] E nem, ao menos, de querer ampliar arbitrariamente o objeto de seu estudo, deitando, como se diz, água no vinho. Ao contrário, cabe afirmar que agiu, nesse ponto, com exemplar prudência, traçando limites – limites tanto quanto possível, objetivos e determinados por fatores históricos e culturais, daquela extensão, que só em nossos dias poderia passar por abusiva – da influência alemã no Brasil. E não é tudo quanto se poderia desejar onde se trata de um estudo histórico?

No caso dos neerlandeses que se fixaram entre nós, essa prudência é manifesta quando se cinge à época anterior ao estabelecimento dos mesmos no Nordeste brasileiro. Se o autor pode ter errado nos limites que traçou, dificilmente se dirá que errou por excesso. Não foi um autor brasileiro, o sr. Gilberto Freyre, quem disse, certa vez, que o domínio colonial holandês no Brasil também representou largamente um domínio inglês e francês? Pode-se acrescentar, sem exagero, que representou também, e ainda mais, um domínio alemão. Alemães, e alemães do território hoje compreendido no Reich, foram muitos dos administradores e altos funcionários que nos enviou a Companhia das Índias Ocidentais, a começar pelo seu general mais ilustre, Sigismundo von Schkoppe. Alemães fugidos das guerras de religião foram também muitos, se não a maior parte, dos colonos que então se instalaram em Pernambuco e regiões vizinhas – os *germanorum profugi* de Gaspar Barlaeus. Alemão, enfim, foi o próprio governador do Brasil holandês na época da sua maior prosperidade: o conde João Maurício de Nassau.

E em verdade, quando se fala em influência alemã no Brasil – alemã no sentido mais lato e, todavia, não menos exato da palavra – não cabe destacar apenas a sua atuação no Norte e Nordeste holandeses. Os antigos historiadores jesuíticos costumavam dizer de São Paulo, na era das bandeiras, que era um núcleo onde se tinham aglomerado, de início, aventureiros vindos de todos os recantos da Europa e não apenas de Portugal. Há aqui, sem dúvida, um exagero, mas apenas um exagero. Não será inútil lembrar, talvez, como o faz em seu livro o dr. Oberacker, que alemães e flamengos se acham à origem de numerosas famílias estabelecidas no planalto de Piratininga. Que entre os primeiros descobridores do metal precioso em Minas Gerais, por exemplo, figurava um neto de Cornelius Arsing (Cornélio de Arzão), natural de Flandres. Que o fundador de Curitiba era neto, por sua vez, de Eobanus Hessus, o humanista alemão, amigo de Erasmo e de Melanchton, encontrado no século XVI em São Vicente, por outro alemão de Hesse: Hans Staden. Que os nomes flamengos de Franz Tack e de Geraldo Betting, de Duisburgo – para citar somente esses –, reaparecem nos apelidos bem paulistas de Taques e Betim. Tais fatos parecem dar toda razão ao ponto de vista expresso pelo autor, no pórtico deste livro, onde nota como, "além dos portugueses, outros povos europeus, particularmente alemães, espanhóis, italianos, franceses, ingleses e israelitas, tiveram uma notável participação no desenvolvimento nacional do Brasil". É precisamente este ponto que historiadores brasileiros deverão ter sempre em mente se quiserem fugir a uma interpretação exclusivista e parcial do nosso passado e também do nosso presente. O trabalho que, com notável zelo e abundante documentação, acaba de realizar o dr. Carlos Henrique Oberacker Jr. representa já um grande passo nesse sentido e, por isso, pode dizer-se que não interessa apenas a alemães e descendentes de alemães, como tais. Abrindo perspectivas novas para o melhor conhecimento de nossa gente e de nossa terra, a sua obra é, por todos os aspectos, uma contribuição pioneira e quero crer que altamente fecunda.

# As Minas Gerais e os primórdios do Caraça*

·

QUANDO HÁ QUATRO ANOS ME PROCUROU para orientar seu doutoramento, o professor José Ferreira Carrato não se tinha fixado sobre a matéria do presente livro. Sentia-se disposto a enfrentar qualquer tema, ainda os mais árduos, desde que, pela importância e talvez pela novidade, pudesse ser de algum préstimo no desenvolvimento, entre nós, da pesquisa histórica. Tentei, um tanto presunçosamente, desviá-lo dessa disponibilidade, que pode levar ao puro eruditismo, chamando atenção para aspectos de nossa história que julgava afinados com sua natural inclinação, sua sensibilidade, sobretudo com uma vocação truncada, mas ainda atuante, nos seus estudos e preocupações intelectuais.

Entre esses aspectos havia um que me pareceu particularmente tentador. Não creio que seja fácil a clara inteligência de numerosas questões de história do Brasil sem a exploração prévia e isenta de nossa história eclesiástica. Também não acho que foram sempre insignificantes e indignos de seu objeto os trabalhos que, entre nós, se ocuparam do papel da Igreja na formação nacional. Em sua generalidade, porém, a aborda-

---

* Carrato, José Ferreira. *As Minas Gerais e os primórdios do Caraça*. São Paulo, Companhia Editora Nacional, 1963, pp. XIII-XVII. [Prefácio]

gem tem sido episódica e incompleta: investigações regionais, disquisições polêmicas ou apologéticas, ensaios biográficos. Os mais prestativos tratam especialmente de ordens religiosas, e neste caso ocupa lugar eminente, entre todas, a Companhia de Jesus, graças à obra monumental que lhe devotou Serafim Leite.

Faltava-nos e falta – por quanto tempo? – alguma pesquisa que conduzisse os historiadores seculares a bem apreender o que todos vagamente discernem sobre o papel formidável que às instituições religiosas coube exercer nos setores mais vários da vida brasileira, desde os inícios da colonização. É certo que mesmo essa pesquisa, para começar, haveria de ser forçosamente fragmentária. Pouco importa, uma vez que orientasse de algum modo para o âmago da questão. Quantos historiadores, até hoje, cuidaram de retirar todo o proveito que, para o melhor conhecimento da sociedade colonial brasileira, e não apenas de nossos velhos institutos religiosos, se oferece, por exemplo, com as preciosas *Constituições primeiras do arcebispado da Bahia,* feitas por Sebastião Monteiro da Vide e impressas em Lisboa já em 1717? Ou ainda com o *Regimento do auditório eclesiástico*, ordenado igualmente por aquele arcebispo? Isso para só falar em obras publicadas.

No que respeita aos tópicos mais precisamente jurídicos, os trabalhos notáveis de um Cândido Mendes de Almeida, velhos, porém, de um século, formam quase exceção. Valeria a pena retomá-los e renová-los com o socorro de métodos e recursos modernos? Sim, contanto que se tivessem sempre em mira os riscos que, para a boa interpretação do passado, têm sido mais de uma vez apontados no crédito irrestrito dado aos textos legais. A história eclesiástica, como toda história, sustenta-se sobre uma realidade viva e fluida, que a todo instante transborda da rigidez dos preceitos jurídicos. Mormente em terras como as da nossa América lusitana, onde não era caso escandaloso o daquele procurador da Câmara de São Paulo que requeria em 1630 fosse obedecida certa provisão, por emanar do governador geral, mas sustada sua execução por contrariar os interesses do povo. O "obedezco pero no lo cumplo" não foi monopólio das chamadas Índias de Castela.

Todavia, nem essa, nem outra proposta para uma investigação em arquivos de irmandades, capaz de iluminar a influência tantas vezes absorvente que em todo o Brasil, e singularmente em Minas Gerais, chegaram a exercer as confrarias leigas, pareceram ocupar muito tempo a atenção de José Ferreira Carrato. Logo julgaria invencíveis os obstáculos naturais à realização de qualquer dos dois projetos dentro do prazo relativamente escasso de que dispunha. O trabalho sobre a função social, cultural, econômica das irmandades, que mesmo em tais condições ele ainda podia tentar, apresentava seu inconveniente: o sujeitar-se dificilmente a uma apreensão global e unitária, perdendo o distintivo próprio das teses que, bem ou mal, costumam reclamar certas bancas de concurso. Quanto ao outro assunto sugerido, pareciam mais plausíveis as resistências. Como atacar, em verdade, um tema dessa ordem, antes de contato assíduo e direto com os arquivos de Portugal, pelo menos, e os do Vaticano?

Escrúpulos semelhantes, que em verdade poderiam associar-se a todo trabalho histórico no Brasil, servindo, em alguns casos, de motivos para apurá-lo, em outros, mais frequentes, de pretexto para estorvá-lo ou adiá-lo, só me convenceram pela metade. Em todo caso eram sinal de zelo exigente e da vontade ambiciosa que hão de presidir uma pesquisa digna de tal nome. Por isso acolhi com uma ponta de decepção e, confesso-o, com íntima relutância o projeto definitivo. Pareceu-me de início uma coisa rala, relativamente fácil, sem perspectivas compatíveis, enfim, com aquele zelo e ambição.

A relutância perdurou em algumas das entrevistas mantidas com o autor, e à medida que se acumulavam páginas e páginas datilografadas em torno daquela prolixa personagem que é o Hospício de Nossa Senhora Mãe dos Homens da Serra do Caraça. Acentuava-se até diante de pormenores de redação. Não caberiam, aqui ou ali, formas menos frondosas, arroubos mais submissos, parcimônia maior em julgamentos de valor? As perguntas que muitas vezes me fiz, e ao autor, no curso de leitura atenta, e em muitos pontos reiterada, pois os capítulos não só se sucediam, mas constantemente se refaziam e aperfeiçoavam em versões novas, logo foram encontrando resposta ou, melhor, deixando entrever uma urdidura que antes se dissimulara no meio da intricada trama.

Reduzido ao seu tema central, o livro começa realmente com o sexto ou o sétimo capítulo e não acaba com o décimo, último deste volume: o que ali, de fato, se mostra, é a própria história do Caraça, desde os dias em que o misterioso irmão Lourenço de Nossa Senhora se embrenhou naquelas montanhas. Mas inserta no conjunto, a figura do hospício e do colégio pode assumir conteúdo simbólico, dando à história de Minas Gerais e do Brasil uma dimensão nova, que já agora não é lícito ignorar. As terras do ouro, durante a maior parte do século XVIII, tinham sido um mundo aluvial e inconstante, como a própria riqueza que se esvaía das lavras. No entanto, esse mesmo mundo, frenético, dissipador, aventuroso, impaciente de qualquer comando, e que todo ele girava à volta de apetites materiais e bens da fortuna, irá surgir depois tão transfigurado que parecem extintas as marcas de sua feição antiga. Quase nada restará daquelas velhas Minas Gerais, onde a cobiça afanosa mal deixava espaço para o recolhimento da alma, e de onde os próprios frades e os conventos se achavam exilados. No seu lugar vamos ter outras, bem diversas, a que o prestígio dos dons do espírito, das disciplinas humanísticas, das virtudes intelectuais, da sobriedade, da prudência, da discrição, da poupança, empresta um timbre singular.

Pode-se pretender que, em suma, a história do Caraça é a história de um refluxo, o refluxo mineiro. E que a obra de frei Lourenço ainda representa, quando muito, um pensamento à espera da boa oportunidade para se converter em ação. O que nela se preparou, segundo vem descrito nas páginas seguintes, ainda pertence propriamente à pré-história daquele refluxo.

*Fiz hum triunfo d'Inverno,*
*despois será o de Verão,*

como no auto de Gil Vicente. "Bom português como sempre foi, o ermitão-mor do Caraça não teve o senso da previdência: operou no plano do imediato, franciscanamente, como um pobrezinho de Deus que também foi. Em toda a sua obra, afora uma certa predestinação da previdência no campo estritamente religioso, não se encontram rigor de coisas planejadas nem método em sua realização."

Não admira, pois, se essa obra do eremita resulta, ao cabo, numa ruína triste. Já antes de sua morte começa a desabar todo o trabalho de sua vida. Mas era um perder-se provisório: como o grão de trigo do Evangelho, precisava perecer para poder crescer e dar muito fruto. O que neste primeiro volume se conta, e admiravelmente, é ainda a história da penitência e do sacrifício. Depois será a da ressurreição.

# Informações históricas sobre São Paulo no século de sua fundação*

.

"ESTE LIVRO, REDIGIDO SOB A FORMA de dicionário, tem um só objetivo: facilitar a consulta sobre as figuras que mais se destacaram no século da fundação de São Paulo.

Elaborado com absoluto espírito de imparcialidade, através da pesquisa em livros, mapas e documentos, não se destina entretanto aos eruditos, mas apenas a quantos desejarem informação mais sumária sobre os acontecimentos e personalidades ligadas à história de São Paulo naquele período.

Por meio dos verbetes, acompanhados de indicação das mais importantes obras consultadas sobre o assunto, o leitor poderá situar, rapidamente, a época em que viveu cada personagem, assim como os seus principais feitos."

Com estas palavras, a autora deste livro fixa o interesse e utilidade que possa ter sua contribuição para a melhor inteligência do nosso passado.

Não parece indiferente ressaltar a novidade e originalidade de seu trabalho que, embora não tenha sido expressamente destinado aos eruditos, oferecerá, sem dúvida, elementos de

---

* Rodrigues, Edith Porchat. *Informações históricas sobre São Paulo no século de fundação*; em ordem alfabética. São Paulo, Martins, 1956. [Orelha]

que eles, tanto quanto o grande público, poderão retirar seguro proveito.

A devoção pela nossa terra paulista que inspirou estas páginas não perturba em nenhum momento o sereno espírito crítico e a objetividade com que a sra. Edith Porchat Rodrigues considera as personagens e os acontecimentos de nossa história. A publicação desta obra é mais um belo serviço que a Livraria Martins Editora presta aos estudos históricos e tudo nos faz esperar que sua iniciativa venha a ter a merecida repercussão.

# História de Nicolau I: rei do Paraguai
## e imperador dos mamelucos*

•

NA HISTÓRIA DO FABULOSO Estado Teocrático dos jesuítas no Paraguai, os índios guaranis alcançaram, no século XVIII, uma notoriedade de mito, que contrasta com sua vida tribal, apagada e humilde. O primeiro deles, José Tiaraju, conhecido pela alcunha de Sepé, que faleceu em 1756, em Vacacaí, resistindo ao ataque das tropas castelhanas, foi praticamente canonizado pelos missionários. Em torno de suas proezas e do sacrifício final do capitão aborígine – o são Sepé do folclore gauchesco – construiu-se, depois de sua morte, uma verdadeira hagiografia, cujo eco longínquo podemos ouvir até nossos dias nas canções populares acompanhadas pela viola:

> *Eram armas de Castela,*
> *Que vinham do mar de além;*
> *De Portugal também vinham:*
> *Dizendo, por nosso bem...*
> *Sepé Tiaraju ficou santo...*

(*) História de Nicolás I: rey del Paraguay y Emperador de los Mamelucos. Santiago do Chile, Editorial Universitaria, 1964, pp. 9-24. [Prólogo]

Quanto a seu companheiro Nicolau Neenguiru, que jamais ambicionara outras honrarias que não o cargo de corregedor do povoado de La Concepción, que honestamente exerceu, estavam-lhe reservadas glórias menos devotas, talvez, mas retumbantes: aquelas que se dispensam de um rincão natal. "Rei do Paraguai", "Imperador dos Mamelucos", assim o chamaram algumas vezes os gazetilheiros da Europa civilizada. Nicolau ainda vivia quando, no dia 12 de abril de 1756, em carta à condessa de Lutzelburg, Voltaire enviava notícias frescas daquela guerra guaranítica que, alguns anos mais tarde, evocaria no *Candide*. Voltaire deseja acreditar na realidade, na existência em carne e osso do célebre Nicolau I, mas também toma por exato e verdadeiro que os jesuítas fossem efetivamente reis do Paraguai.

Em sua preciosa *Bibliografia brasiliana*,[1] Rubens Borba de Moraes também recorda outra passagem do autor de *Micromegas*, retirada do "Ensaio sobre os costumes", em que ele limita a fábula a suas verdadeiras proporções: "[...] O mais seguro – escreve Voltaire – é que a província de San Nicolau se sublevou em 1757 e pôs 13 mil homens em campanha sob as ordens de dois jesuítas, Lamp e Tadeo. Essa é a origem da notícia que correu então, de que um jesuíta se autoproclamara rei do Paraguai sob o nome de Nicolau I". E apesar da tentativa de redução ao real percorrer quase toda a sua doutrina predileta, de que o historiador nunca pode fazer uso das vagas notícias que o homem, nascido para errar, espontaneamente transmite, sem antes tê-las submetido às regras cartesianas, as notícias das diversas versões, ele perdeu, no final, todo sentido histórico.

A versão de Voltaire, única proposição verídica, é que a existência objetiva do rei Nicolau I não passa de um boato infundado. Em geral se acatam sem críticas as caprichosas informações difundidas na época, que transformam e dão sentido universal a um simples episódio relacionado às questões de limites entre Espanha e Portugal na América do Sul. Seja dito de passagem que não faltou quem dedicasse a esse conflito uma autêntica epopeia, onde as reduções dos guaranis nas missões jesuíticas adotam a aparência da Troia de Homero ou da Jerusalém de Tasso. Ela foi escrita por um brasileiro de Minas Gerais, José Basílio da Gama, cuja alcunha pastoril de Sepílio, sem dúvida um anagrama de seu nome italianizado, está inscrita na Arcádia de Roma.

Num breve resumo, podemos dizer que a chamada guerra guaranítica originou-se na decisão tomada pelas chancelarias da Espanha e de Portugal no sentido de dar andamento às estipulações do Tratado de Madri, de 1750, que determinava que Portugal renunciasse à Colônia de Sacramento, à margem esquerda do rio da Prata, recebendo, em troca, o território compreendido pelos Sete Povos das Missões do Uruguai, entregue aos jesuítas, e com uma população aborígine calculada em aproximadamente 30 mil almas. A recusa dos indígenas a abandonar suas terras segundo as facilidades concedidas e a recomendação dos superiores da Companhia de Jesus, em Roma, evoluiu em pouco tempo para uma franca rebeldia.

A ação militar contra os sediciosos se efetuou em duas etapas: uma em 1754, outra em 1756. A primeira, empreendida pelo governador de Buenos Aires em meio a muitas dificuldades, terminou em completo fracasso. Lutando contra as características do terreno, em pleno rigor do inverno, com a ausência de pastagens para montarias e rebanhos (perderam-se mais de 6 mil cabeças de gado), os expedicionários não tiveram outro caminho senão o da retirada, depois de algumas escaramuças com os índios.

Aproveitando as experiências da malograda campanha inicial, os dois generais, Andonategui, chefe das forças espanholas, e Gomes Freire, das portuguesas, resolveram empreender uma nova marcha na época do verão. As forças espanholas atingiam 1700 homens, o contingente de Freire 1200. Em janeiro de 1756 as tropas se reuniram em Sarandi. Um mês depois se travava a primeira batalha de certa importância, e foi aí que encontrou a morte o capitão Sepé. O segundo e último combate aconteceu três dias mais tarde, em Caiboaté, onde estavam entrincheirados os indígenas, confiantes nas imagens protetoras dos santos padroeiros de seus respectivos povoados, que haviam pintado em suas bandeiras. O resultado foi catastrófico para os guaranis, se for verdade o que afirmam as crônicas, que 1100 índios se deixaram matar com as mãos cruzadas sobre o peito e 154 foram feitos prisioneiros. As baixas dos atacantes elevaram-se tão somente a quatro mortos e dez feridos leves. No mês de maio as forças unidas de espanhóis e portugueses ocuparam sem maior esforço os Sete Povos das Missões, que, segundo os termos do tratado, deveriam passar ao Brasil.

Mais do que o ânimo bélico, foi a obstinação sem futuro e cega daquele punhado de índios, que imaginaram poder resistir com êxito às forças conjuntas dos reinos europeus, a ação que poderia conferir alguma tonalidade épica à "guerra guarani". Nada indica que houvessem sido os próprios jesuítas, no fundo contrários às estipulações do Tratado de Madri, os animadores de uma luta que sabiam condenada de antemão. Nas narrativas dos prisioneiros de Caaybaté dava-se como fato corrente entre os neófitos que os padres os haviam vendido a Portugal, com suas casas, animais e implementos. Em São Miguel um missionário, pároco do povoado, abraçou publicamente o general espanhol no momento de sua chegada, dizendo-lhe: "Vossa Excelência teria vontade de chegar a estes povoados, mas eu, mais vontade de que Vossa Excelência chegasse, porque os índios, rompido o freio do respeito e da veneração, estavam insolentes e não havia entendimento com eles".[2] Quanto à prisão dos padres Tadeo Ennis e Francisco Lamp – os mesmos que aparecem citados na narrativa de Voltaire com os nomes de Lamp e Tadeo –, essa resultou menos da acusação de terem determinado a rebelião, o que nunca ficou provado, do que, aparentemente, ao fato de terem-se dirigido com aspereza aos generais vencedores.

Para conhecer a verdadeira origem da história fantástica de Nicolau I, ungido rei do Paraguai e imperador dos mamelucos pelos inimigos da Companhia de Jesus, nada é melhor do que ceder a palavra ao padre José Cardiel, de cuja relação, conservada em seu texto mais completo na Biblioteca Nacional do Rio de Janeiro, mais completa ainda que o publicado por Pablo Hernández em sua monografia, *Organización social de las doctrinas guaraníes*, reproduzimos o seguinte parágrafo:

A origem de nosso rei Nicolau foi a seguinte. No povoado de Concepción era corregedor um índio chamado Nicolau Neenguiri, que havia sido um grande músico. Era loquaz, tinha grande facilidade para fazer arengas e mostrava-se bastante capaz. Nomearam-no Comissário Geral na Plaza del Pueblo de San Juan a tempo para que os índios resistissem aos espanhóis. Assim me foi afirmado pelo Major Geral do Exército Espanhol, que obteve informações junto a uns índios que fizeram prisioneiros, assegurando-me que não afirmaram ter ele sido nomeado Rei, mas apenas Comissário Geral. Ele jamais foi nem Capitão Geral, nem mesmo Comissário Geral em exercício, porque na resistência que ofereceram, que foram os índios de uns seis ou sete povoados, só obedeciam, os de cada povoado, ao Chefe do seu, e não de outro; e assim iam, com grande desordem e desconcerto sem ter uma cabeça para todos, porém muitas, e muito ruins. Os espanhóis que sabiam alguma coisa da língua dos índios, que eram as pessoas mais baixas do Exército, perguntaram-lhes com instâncias por aquele que se havia proclamado Rei. E como os índios viam que tanto desejavam que lhes dissessem que havia Rei; e o índio geralmente diz aquilo que o espanhol deseja que lhe digam, porque como são de gênio infantil pouco lhes importa mentir, e como o mencionado Nicolau tinha fama e algum séquito, lhes diriam o Rei era aquele. Essa gente baixa diria aos capitães e a outros oficiais que os prisioneiros afirmavam que havia um Rei chamado Nicolau Neenguiru; e esses escreveram para a Espanha com a notícia. Não sabemos que de outra causa tenha nascido essa fábula.[3]

É impossível registrar com rigor científico essa história de Nicolau I, rei do Paraguai e imperador dos mamelucos, que passa a fazer parte da bela coleção "Curiosa Americana", publicada pelo Centro de Pesquisas de História Americana da Faculdade de Filosofia e Educação da Universidade do Chile, entre a copiosa literatura antijesuítica do século XVIII. Trata-se na verdade de uma pura fantasia romanesca em que se utilizam, para interesse dos leitores, boatos imaginários, insuflados pela mencionada propaganda. A fantasia presente em cada página do opúsculo começa pelo frontispício, onde se dá como local de impressão a cidade de Saint Paul, a mesma São Paulo onde agora é escrito este prefácio. Pátria dos temíveis bandeirantes e mamelucos, "os portugueses de São Paulo", tão presentes na crônica colonial do Paraguai e da região do rio da Prata, é sem dúvida o melhor cenário para a gesta milagrosa de Nicolau I, rei e imperador.

Sobre a verdadeira terra de origem dessa inocente mistificação, as opiniões atualmente se dividem entre França, Alemanha e com melhores razões Holanda. Para Borba de Moraes, que apoia esta última tese, o livro tivera autêntico sucesso a julgar pelas diversas edições conhecidas, tanto em francês como em italiano e holandês. Menciona o erudito bibliófilo e historiador nada menos que três edições em francês, duas das quais dadas como impressas "en Saint Paul", ambas datadas de 1756, sem nome de impressor ou editor, uma de 88 páginas contendo na capa um enfeite tipográfico sob o título. A outra tem 117 páginas e também traz na cama e no mesmo lugar um enfeite com a forma de um cesto de frutas. A terceira edição francesa, intitulada *Nicolás Premier jesuite et roi du Paraguay*, traz como sede da impressão a cidade de Buenos Aires e a observação: "Aux depens de la Compagnie, avec la permission du Generalet du Gouvernement", e a data de 1761. Contém apenas 28 páginas e possivelmente é um resumo das anteriores.

Não são essas, porém, as únicas edições em francês que se fizeram. Tive oportunidade de localizar uma quarta, na Coleção "J. F. de Almeida Prado", hoje em poder do Instituto de Estudos Brasileiros da Universidade de São Paulo. Como as duas primeiras, está datada – "a Saint Paul". No frontispício observa-se um enfeite tipográfico distinto do que se vê na segunda das edições citadas, e sob o local de impressão e a data, uma barra torcida, em lugar da barra simples de dois traços que aparece na primeira. Além disso, o título de "Rei" (Roi) está grafado com *i* latino, e não "Roy", como nas demais. Tem 78 páginas de texto.

Das edições italianas, Borba de Moraes viu apenas uma, porém, baseado nas repetidas indicações contidas no mesmo volume, admite a existência de uma anterior. Efetivamente, na mesma coleção do Instituto de Estudos Brasileiros tive oportunidade de encontrar a primeira edição italiana com a seguinte inscrição na capa: "Storia/Di/Niccolo i/Re del Paraguay/E/Imperatore dei Mamelucchi/Traduzione dal Francese/(enfeite tipográfico)/S. Paolo del Brasile/MDCCLVI. Si vende in Venezia da Francesco Pitteri". O texto contém 92 páginas. Inclusive um diário do que aconteceu com Niccolo [...] a partir do dia 19 de agosto de 1754, que não aparece no original francês.

A outra edição italiana traz a inscrição: "Storia di Niccolo Rubiuni detto Niccolo Primo re del Paraguai ed imperatore dei Mamalucchi. Tradotta dal Francese; Aggiunte ricavate dalle lettere del Paraguai. In Lugano. L'Anno M. DCC. LVI. Si vende in Pisa da Gio Paolo Gioavannelli E Compagnia, e in Firenze, da Felice Buona juti". Do "Aviso ao leitor consta o seguinte": "A primeira edição italiana da história de Niccolo Rubiuni, que se fez proclamar Rey do Paraguai e Imperador dos Mamelucos, carece de muitos fatos que prolongam esta história até o final de 1755. Para satisfazer a curiosidade de todos os que desejam estar informados das ações desse famoso conquistador, publicamos esta segunda edição. As fontes dos apêndices são duas cartas escritas em Buenos Aires, respectivamente no dia 4 de setembro e no dia 9 de novembro de 1775, levadas para Londres em um navio cargueiro a mando de Guilherme Hooker, e uma Relação escrita por um religioso da Companhia de Jesus sob a forma de epístola, subscrita em Madri no dia 29 de julho de 1756 e enviada a um correspondente em Roma".

Quanto à edição holandesa, que não houve meios de consultar, traduzo em seguida as referências de Borba de Moraes, que são as que se seguem: "A versão holandesa foi publicada em Leeuwarden em 1758, com o título de *De Jesuit op den Throon, of de gevallen van Nicolaus I, Koning van Paraguay en Keizer der Mamelukken*". Aparentemente essa edição holandesa é a mais rara de todas e não me foi possível vê-la.

125

LIVRO
DOS
PREFÁCIOS

·

# Relação dos manuscritos da coleção "J. F. de Almeida Prado"[*]

ENTRE OS MOTIVOS COM QUE expressamente se justificou, em 1961, a criação, na Universidade de São Paulo, de um Instituto de Estudos Brasileiros, figurava a necessidade de, por todas as formas, estimular a divulgação de obras raras ou pouco acessíveis, entre especialistas que, nos diferentes ramos das ciências humanas, se ocupam dos mesmos estudos. Uma iniciativa benemérita do então reitor da USP, o professor Antônio de Barros Ulhôa Cintra, logo aprovada pelo colendo Conselho Universitário, acabara de dotar o nosso instituto de um instrumento de trabalho e de pesquisas como dificilmente se poderia desejar melhor: a biblioteca de Yan de Almeida Prado. Embora jamais se tivesse esquivado, o antigo proprietário, de acolher os que procuravam valer-se de seus préstimos para investigações históricas de real valor, a coleção guardava inevitavelmente a marca do dono. Impunha-se adaptar, por conseguinte, a livraria particular a exigências de um público mais amplo. Honrado com a escolha de meu nome para a direção do incipiente IEB, meu primeiro cuidado deveria ser, assim, o

---

[*] Horch, Rosemarie E. *Relação dos manuscritos da coleção "J. F. de Almeida Prado"*. São Paulo, Instituto de Estudos Brasileiros, 1966, pp. I-III. [Prefácio]

de pôr ordem naquele acervo, fazendo proceder à rigorosa classificação das obras.

Felizmente, o apoio que encontrara da parte do professor Ulhôa Cintra, continuei a recebê-lo de sua magnificência o professor Luiz Antônio da Gama e Silva, que lhe sucedeu, de sorte que o trabalho começado, naquele setor, pode-se considerar em grande parte concluído, não obstante a deficiência de recursos com que ainda luta a instituição.

Para um segundo trabalho, cujos frutos deveriam condizer ainda mais com as finalidades do IEB, o de fazer melhor conhecidas as fontes menos acessíveis para melhor se compreender o Brasil, felicito-me pelo fato de ter obtido a preciosa cooperação de quem me parecia singularmente apta para isso no campo dos estudos bibliográficos. Já me era familiar o magnífico *Catálogo de incunábulos da Biblioteca Nacional do Rio de Janeiro* que a sra. Rosemarie E. Horch organizara e a mesma Biblioteca Nacional fez publicar em 1956. Também sabia de outros trabalhos da autora em revistas estrangeiras, tais como o que dedicou, no *Gutenberg Jahrbuch* de 1954, ao velho impressor mineiro Viegas de Menezes, e o catálogo que preparou, e está em vias de publicação pela Biblioteca Nacional do Rio de Janeiro, de Diogo Barbosa Machado, referente a Portugal e possessões ultramarinas, onde se incluem mais de 3 mil verbetes. Depois de demoradas buscas, em que pude contar com a ajuda de meus amigos Olinto de Moura e especialmente Rubens Borba de Morais, tive a boa fortuna de localizar a sra. Horch, aqui em São Paulo. Menos trabalhoso foi entusiasmá-la com a proposta que lhe fiz de incumbir-se da catalogação das obras raras da coleção J. F. de Almeida Prado.

A ideia de imprimir-se a presente relação de manuscritos, primeiro resultado daquela proposta, deve-se inteiramente ao professor Egon Schaden, que me sucedeu na direção do IEB. Pareceu-lhe que obra de tamanha utilidade, e elaborada segundo os processos mais modernos da técnica bibliográfica, seria auspicioso ponto de partida para as publicações que vai lançar o instituto, tanto mais quanto obedece ao alto critério científico que deve presidir a realização das obras a serem publicadas.

A seção de manuscritos, apesar de seu considerável valor, constitui a menor parte, e está longe, porventura, de ser a mais importante da coleção J. F. de Almeida Prado. É explicável, no entanto, que tivesse preferência, para imprimir-se, uma relação meticulosa de suas peças, na quase totalidade desconhecidas. De algumas, é certo, pode-se dizer que ficaram célebres antes de se divulgarem. Penso, por exemplo, na *História Proprovinciae Maranoniensis Societatis Jesus* – nº 42 deste catálogo –, já descrito em 1937 por Serafim Leite, à vista do exemplar que lhe emprestara Yan de Almeida Prado, e depois utilizado pelo mesmo padre Serafim em sua *História da Companhia de Jesus*, onde vem identificado o autor: P. Matias Rodrigues, natural de Portelo, diocese de Miranda e antigo missionário na vice-província do Maranhão e Grão-Pará. Lembro-me também da Relação das Festas Públicas que na cidade de São Paulo fez o capitão-general d. Luiz Antônio de Souza Botelho Mourão, com a ocasião de colocar-se a imagem da Senhora Sant'Ana na capela nova que aquele governador mandou fazer em 1770 na igreja do Colégio. Descrita, nem sempre corretamente, por alguns autores, essa "polianteia" ilustrativa do ambiente cultural de São Paulo ao iniciar-se a oitava década do século XVIII, vem sendo objeto de estudos do professor José Aderaldo Castelo, membro do Conselho do IEB, para ulterior publicação, pelo Instituto Histórico e Geográfico Brasileiro, na coleção das Academias Coloniais Brasileiras, onde encontrará seu lugar merecido.

Inútil, porém, querer antecipar, nesta breve apresentação, o que, melhor do que eu, fará a sra. Rosemarie E. Horch nas páginas seguintes. Seria o mesmo que pretender desbravar um terreno difícil com instrumentos que não possuo, e participar um pouco de méritos que não são meus. Basta-me a honra de poder figurar neste pórtico.

# A Amazônia para os negros americanos*

.

QUANDO TAVARES BASTOS COMEÇOU a agitar o problema da livre navegação do Amazonas, a que depois se dedicaria com fervor quase apostólico, registrava d. Pedro II em seu diário íntimo de 1862 as apreensões que lhe causaria qualquer decisão precipitada em favor de semelhante projeto. Até então, a teimosia do governo imperial em conservar trancadas as águas do maior dos nossos rios a barcos de outras bandeiras chegara a merecer, é certo, alguns ásperos reparos no exterior, mas a mudança dessa política ainda não se tinha convertido, a bem dizer, numa causa nacional irresistível. O perigo de chegar de repente a tal extremo, tornando ainda menos sustentável a difícil posição do Brasil, que, campeão, no rio da Prata, contra Rosas, depois contra Lopes, da liberdade das águas interiores, seguia paradoxalmente, com relação ao Amazonas, o que o *Solitário* vai acoimar de "tendências japonesas", explica em grande parte aquelas apreensões.

Partindo como partia do publicista alagoano, essa censura à política imperial padecia, além disso, de um mal de raiz, o

---

* Luz, Nícia Villela. *A Amazônia para os negros americanos; as origens de uma controvérsia internacional.* Rio de Janeiro, Saga, 1968, pp. 9-16. [Prefácio]

que podia contribuir para ainda mais robustecer as recalcitrâncias de d. Pedro. O fascínio que sobre Tavares Bastos constantemente exerceram as instituições políticas dos Estados Unidos era tão inteiriço, tão avesso a matizes e reservas, que não custa situar suas ideias a respeito precisamente no polo contrário ao das que exprimiu um historiador norte-americano dos nossos dias, onde, contrariando sugestões mais ou menos especulativas sobre o que se tem chamado o "caráter nacional" de tal ou qual povo, alvitrou que aquelas instituições dependem, dependeram sempre, de uma economia de abastança e são, na realidade, inseparáveis dessa origem.

Mas embora os americanos fizessem com que liberdade e abundância convergissem, diz ainda David Potter, não se pense que as duas coisas sempre tendam naturalmente a convergir; para o mundo em geral elas não estão estritamente vinculadas. Por conseguinte, quando os Estados Unidos pregam o evangelho da democracia a povos que não têm como alcançar a mesma abastança, essa mensagem não consegue levar no bojo o significado que quer transmitir. Nenhum aspecto da atividade norte-americana tem resultado em um malogro tão consistente e tão cabal como as tentativas de exportar democracia, democracia de estilo norte-americano, bem entendido. "Neste ponto a realidade abastança-democracia, na fórmula norte-americana, deixa de ser coisa abstrata para se fazer dolorosamente concreta, pois foi a falta de compreensão daquilo que temos a oferecer o que viciou sempre nossos esforços no sentido de cumprir a missão nacional que assumimos com real dedicação e pela qual, em verdade, muito temos feito."[1]

Ora, para o *Solitário*, não só abastança e democracia, democracia de cunho norte-americano, deviam ser coisas naturalmente convergentes, mas sobretudo essa espécie de democracia a todos acessível e tão transportável como um bem de consumo haveria de constituir-se no ponto de partida verdadeiramente básico para um país que aspirasse também a alcançar, por sua vez, a condição de *people of plenty*: implantado entre nós esse tipo de democracia, o mais nos seria dado em acréscimo. E por um processo psicológico bem compreensível, sua admiração sem jaça pelas instituições norte-americanas facilmente se transferia a tudo quanto trouxesse o mesmo selo de origem, de sorte que, não fosse a boa dose de candura e, por outro lado, de lucidez, que transparece de muito do que escreveu, suas ideias não destoariam fundamente daquela fórmula torva que chegou a emitir um dos expoentes mais ilustres da nova política de nosso país: "o que é bom para os Estados Unidos é bom para o Brasil".

D. Pedro, que não devia partilhar, ou ainda não partilharia, de tais entusiasmos e que, na intimidade, acusava o alagoano de "falta de juízo prudencial", ainda tinha outras razões, todavia, razões eminentemente políticas, para não ser de igual parecer. No caso da livre navegação do Amazonas por navios de outras nações, explicará certa vez a Sinimbu, conterrâneo e agora amigo de Tavares Bastos, depois de tantas divergências de família que os separaram, que, sem se opor em tese à medida, achava pouco conveniente forçá-la enquanto não se criassem na região interesses brasileiros que ao menos contrabalançassem os estrangeiros. Isto dizia em voz alta e para ser ouvido. No diário, porém, que não destinava à publicação, chega a ser mais explícito: "Quanto ao Amazonas", escreve, "sempre tive receio dos Estados Unidos, cujas relações suplantariam as de outras potências". E adiante, com data de 11 de junho de 1862, ainda deparamos, no mesmo diário, com estas palavras: "O Abrantes apresentou três propostas do ministro americano, cujo fim é transvasar para o vale do Amazonas, principalmente, os negros que se libertassem nos Estados Unidos! O Abrantes ficou de tirar cópias de tão singulares propostas e de responder como convém ao Webb".

Não me ocorreu procurar em fontes documentais brasileiras outras notícias sobre o projeto. Percorrendo, no entanto, com intuitos diferentes, alguns papéis do volumoso arquivo pessoal do enviado extraordinário e ministro plenipotenciário do governo de Washington junto à corte do Rio de Janeiro, general James Watson Webb, hoje na biblioteca da Universidade de Yale, pude achar dois textos que se relacionam com o projeto: o primeiro intitula-se "Concessão ao general J. Watson Webb, dos Estados Unidos da América", e o segundo, "Memorial do general J. Watson Webb, cidadão dos Estados Unidos e ora enviado extraordinário e ministro plenipotenciário do governo dos Estados Unidos junto à corte do Brasil, a sua majestade imperial dom Pedro II, imperador constitucional e defensor perpétuo do Brasil". Um e outro trazem, à margem da última folha, a indicação "Particular e confidencial...", e ao alto da primeira página, escrita a lápis com letra diversa, possivelmente de quem catalogou os papéis, mais esta: "[*circa* 1862]".

Há diferenças, contudo, entre o projeto que se guarda na livraria de New Haven e o plano que teria sido submetido por Abrantes a d. Pedro. Naquele trata-se de uma concessão a Webb e às pessoas que a ele se associassem, durante o prazo de 25 anos ou, findo esse período, até revogação pelo governo do Brasil, no sentido de organizarem uma companhia visando a introduzir no Império negros "emancipados ou a ser emancipados". O capital da referida companhia não devia exceder de 25 milhões de dólares, podendo os governos do Brasil e dos Estados Unidos subscrever ações no valor de 1 a 3 milhões, no máximo, pagáveis em títulos dos mesmos governos, e os negros, chamados "artífices", trabalhariam pelo período de cinco anos e um mês a contar da data de seu ingresso no país, pertencendo esse seu trabalho "à sobredita companhia, a seus associados e subscritores". Passado o período em questão, deixariam eles a fase do "aprendizado", seriam declarados livres e se tornariam cidadãos do Império com todos os direitos inerentes a essa cidadania. No memorial anexo explica-se que a proposta tinha em vista impedir o despovoamento do Norte do Império, que se acentuava cada vez mais em decorrência da procura de mão de obra por parte dos cafeicultores das províncias do Sul, e que aquela região estava sob a ameaça de "regredir ao estado de barbárie de que tinha sido resgatada graças ao trabalho dos escravos africanos".

Em nenhum dos papéis se trata, é certo, da Amazônia, onde a escravatura aliás deitara poucas raízes e onde, por conseguinte, não se ofereciam os riscos que o tráfico interno supostamente apresentava para outras províncias, mormente as do Nordeste. Isso já mostra como os documentos de Yale não são perfeitamente idênticos aos da proposta apresentada ao imperador. É possível, mas não certo, que a alternativa amazônica se tenha suscitado ante a certeza de que a emancipação oficial dos escravos – oficial para os unionistas, cujo governo o general Webb representava – não esperaria o fim da luta de secessão e talvez mesmo já estivesse iminente. No entanto o que consta do memorial é que "a maior guerra civil a que o mundo jamais assistiu" nunca há de chegar ao termo "sem a emancipação de pelo menos 1 milhão de escravos nos próximos cinco anos e do restante, ao todo 4 milhões, dentro de prazo razoável". Não é esta, evidentemente, a linguagem de quem espera a libertação geral e imediata.

A Proclamação de Emancipação, que Lincoln lerá perante seu ministério menos de quatro meses depois, a 22 de setembro de 1862, declarando "desde já e para sempre livres todos os escravos existentes nos Estados rebeldes", vai tornar inviável sequer o tipo de prestação de serviços sugerido em um dos projetos do general Webb. Restava a ideia da introdução de negros americanos livres, numa vasta área – a amazônica –, para onde parecia escusado esperar imigrantes europeus em número compatível com a necessidade de exploração em larga escala dos seus imensos recursos naturais. Seja como for, o general não parece ter guardado qualquer animosidade contra o governo imperial pela escassa atenção que deu este à matéria. Descontados alguns protestos protocolares pelas pretensas facilidades oferecidas em portos brasileiros a embarcações dos confederados, não cabe dizer que foi tenazmente adverso a interesses do Brasil. Na questão Christie, por exemplo, ele nos será quase indiscretamente simpático, menos por seu amor ao Brasil, diga-se de passagem, do que por seu rancor ao inglês, cujas atitudes atrabiliárias lhe atraíram as animosidades de todo o corpo diplomático acreditado junto à corte de São Cristóvão, com as exceções apenas dos representantes da França e de Portugal.

O plano Webb, de introdução de negros que se libertassem nos Estados Unidos, não passa, em verdade, vindo agora de um cidadão da Nova Inglaterra e adaptado a circunstâncias do momento, de uma versão nova de outro projeto que, na década anterior – década do filibusteirismo de Walker na Nicarágua, do chamado manifesto de Ostende, por onde diplomatas norte-americanos reclamaram a anexação de Cuba a fim de converter a ilha em um novo Estado escravista, compensando assim a "perda" da Califórnia, que, de acordo com a cláusula Wilmot, só admitiria homens livres; da agitação vociferante dos adeptos da "Jovem América", que tinham chegado a pedir a incorporação aos Estados Unidos até da Irlanda e da Sicília –, engendrara o tenente Matthew Fontaine Maury, natural da Virgínia, famoso pelos seus trabalhos de oceanografia, e cujas realizações científicas autorizaram recentemente Samuel Eliot Morison a considerá-las "a mais bela flor da cultura sulina antes da guerra civil".

Frustradas essas esperanças pela resistência do Rio de Janeiro e pela hesitação de Washington, passara o brilhante oficial a desenvolver uma violenta campanha de descrédito contra o Império pelos embargos opostos a sua santa ambição de "revolucionar e republicanizar e anglo-saxonizar aquele vale", como chega a escrever. A indignação irá ao auge quando do ele tiver notícia de que o governo imperial convidara Irineu Evangelista de Souza, o futuro Mauá, a formar a companhia do Amazonas, um dos "mais odiosos monopólios", diz, "que jamais se infligiram ao livre comércio" e também "um tropeço, para não dizer um ultraje", aos norte-americanos, que estavam mais perto daquele rio, ou antes de sua foz, "do que qualquer outra nação, se contada a distância em tempo e medida em que se acha do Rio de Janeiro, de um lado, e de Nova York e Nova Orleans, do outro".

Momentaneamente posto de parte, desde que Maury passara a militar nas fileiras dos confederados, antes de emigrar para o México, onde se tornará comissário de Imigração, sob o regime do imperador Maximiliano, e passará a ocupar-se do estabelecimento de colônias de antigos confederados ao longo da ferrovia entre Vera Cruz e a capital, não morrerá de todo sua ideia. A lembrança dos grandiosos planos que desenvolvera em favor do aproveitamento da Amazônia continuará, sob variadas formas, a acalentar imaginações. Mesmo no Brasil, não falta quem, como o próprio autor das *Cartas do solitário*, admita que, "tirante alguma sátira amarga de nossas tendências japonesas (o adjetivo provém de Maury), e algumas frases veementes acerca da questão de direito, em tudo o mais o livro de Maury é perfeitamente lógico, patriótico, humanitário, americano. E quanto a esse direito mesmo, veja-se que o escritor pretendia que os seus compatriotas o fizessem valer, não à força, porém empregando os meios diplomáticos, persuadindo, convencendo, estimulando".[2] Até Gonçalves Dias julgará que Maury "deve ser qualificado como um dos beneméritos do Amazonas". Quando menos não fosse, por isto, que chamou a atenção dos brasileiros sobre as possibilidades de uma região inexplorada e despovoada.

O plano do ministro Webb, suscitado num momento em que as ambições norte-americanas pareciam provisoriamente sopitadas, serve para demonstrar como a ideia lançada um decênio antes não perdera sua vitalidade. E nos cem anos e mais que desde então se passaram, e em que a doutrina do "destino manifesto" gradativamente fora perdendo o aspecto primário e grosseiro de aquisição territorial, para assumir feições muito mais sutis e engenhosas, tem sido ela periodicamente retomada. E é curioso notar como várias ideias inicialmente lançadas por Maury, a começar pela do transvasamento na Amazônia dos negros norte-americanos, ressurgem com significativa insistência, mesmo sem alusão, e provavelmente na ignorância, da fórmula original. Ainda nos dias de hoje a mesma ideia, segundo parece, acaba de ser retomada pelo Hudson Institute – juntamente com a da exploração de riquezas minerais e até a do famoso lago artificial, que é como uma nova edição, consideravelmente ampliada, do plano do oficial americano de corrigir nosso sistema hidrográfico, de modo a ser captado, através do Amazonas, todo o comércio do rio da Prata, com o que se ajudaria ainda mais a fecundar um "glorioso deserto".

Tudo isto serve para emprestar maior oportunidade ao estudo onde Nícia Villela Luz apreende os mesmos projetos em seu nascedouro. É rigorosamente um trabalho de história, que, alheio a intuitos polêmicos, *sine ira*, segundo o antigo e imortal preceito, consegue ferir temas de atualidade permanente, autorizando-os com os métodos mais adequados de análise e com os instrumentos mais eficazes de pesquisa. Colega seu há muitos anos na cadeira, por ora sob minha responsabilidade, de história da civilização brasileira da Faculdade de Filosofia, Ciências e Letras da Universidade de São Paulo, eu gostaria, se houvesse lugar aqui para isso, de assinalar alguns dos traços que mais vivamente marcam sua personalidade: o zelo atento e militante, ia dizer agressivo, com que sabe devotar-se à causa que abraçou e ao princípio que a empolgou; sua capacidade de enfrentar sempre com bravura o desafio aberto e, não menos, a sinuosa provocação ou a mesquinhez solerte; sua incapacidade de abdicar ante quaisquer solicitações do comodismo, da inércia, da tranquilidade medíocre.

Não sei se estas qualidades podem interessar a quem leia seus escritos: quanto a mim, não sei, ou já não sei mais encontrar aqui uma linha nítida de separação. Assim me explicou, por exemplo, como sua considerável dívida intelectual aos centros universitários dos Estados Unidos, onde aprendeu e onde ensinou, suas inúmeras afeições e amizades norte-americanas, a que não pretende mostrar-se infiel, estão longe de embaçar sua objetividade. É bem possível, ela própria o admite, que o assunto tratado neste trabalho se preste a explorações polêmicas. Não foi sua intenção provocá-las nem arredá-las, e nem pertenceria isto ao ofício de historiador, que é o seu. Ela bem sabe que o ofício de historiador convida a ver as coisas do tempo sem acrimônia, mas também sem ilusões ou distorções fraudulentas, e o convite está explícito no pórtico de sua obra: "No campo internacional, a competição e a luta têm sido um fenômeno frequente, e cumpre encará-lo com realismo. As ambições internacionais apresentam-se comumente disfarçadas por princípios idealistas". E aos que buscam ainda enganar-se, parecendo só ter olhos para esses disfarces, tecidos aparentemente só de filantropia e de virtude, não lhe custaria muito evocar as próprias palavras de Jefferson, autor da Declaração de Independência Americana, e o menos maquiavélico dos homens, onde sustentava que "a virtude e o interesse são inseparáveis".

Pode-se dizer em suma que a isenção, a objetividade, o realismo são das qualidades mestras deste livro, além da riqueza de informação e do raro dom de saber captar e fixar com segurança os problemas de mais constante atualidade. Essas mesmas qualidades também se acham, aliás, em grau eminente, no seu livro anterior – *A luta pela industrialização do Brasil* –, que já se pode considerar, no gênero, quase um clássico de nossa literatura histórica, e que inspirou a Cruz Costa estas palavras de seu prefácio: "[...] no quadro atual da vida nacional, o nacionalismo econômico é a mais poderosa de nossas forças de libertação social e política. É ele atuante, embora insatisfatoriamente estruturado; é um movimento imperfeitamente delineado, talvez em virtude de fatores próprios à nossa formação e à precariedade de condição de nossos partidos; é rico de sugestivas contradições, mas já se assinala como importante marco de um verdadeiro progresso de nossa consciência nacional".

# A baleia no Brasil colonial*

O TEMA DAS FEITORIAS BALEEIRAS no Brasil, que escolheu a professora Myriam Ellis para o presente trabalho, abre um território ainda inexplorado e singularmente fértil para o desenvolvimento entre nós dos estudos de história econômica no período colonial. Até aqui visavam tais estudos, quase sem exceção, a abranger aqueles produtos cuja importância se faz imediatamente evidente, mesmo aos não especialistas, tais como o açúcar, o ouro, o algodão e o café. Mas o certo é que a história econômica ficaria tão incompleta ou inconsistente se limitada a considerar aquilo que hoje parece de valor óbvio, como o ficaria a história política se se contentasse com a explicação e exaltação dos grandes caudilhos, das grandes batalhas ou das grandes revoluções.

Não se pense, todavia, que, fixando um aspecto aparentemente humilde de nossa economia colonial, a autora descaia facilmente para a história miúda, atenta apenas ao insignificante. Seria esquecer o que importaram os frutos da pesca do cetáceo para os mais variados setores da vida colonial, em

---

* Ellis, Myriam. *A baleia no Brasil colonial*. São Paulo, Melhoramentos, 1969, pp. 9-10.
[Sobre a obra]

particular para alguns, como os relativos à iluminação pública ou caseira, em que eles só começariam a ser destronados depois que chegou a tomar grande vulto a indústria petrolífera. Chamando atenção para um ramo de atividade que tem sido geralmente desdenhado pelos estudiosos, em favor dos gêneros coloniais de maior prestígio, e que se destinam sobretudo à exportação em grande escala, este trabalho – e outro tanto é possível dizer do que devotou sua autora, anteriormente, ao monopólio do sal – parece-me, pelos motivos expostos, dos que ajudam a enriquecer e dar maturidade aos nossos estudos de história econômica.

A tudo quanto acaba de ser dito, cumpre-me ajuntar que acompanhando, em todas as suas etapas, o desenvolvimento da indústria baleeira entre nós, desde sua introdução, nos primeiros tempos da colonização regular do Brasil, com a importação, sob os auspícios da Coroa portuguesa, de técnicos bascos, que eram então os grandes especialistas nessa atividade, até à abolição do estanco, a professora Myriam Ellis desenvolveu um esforço de pesquisa verdadeiramente exemplar e, tanto quanto possível, exaustivo. Para isso recorreu a um sem-número de fontes, manuscritas ou impressas, nacionais ou estrangeiras, que, sujeitas a criterioso e inteligente processo de triagem, lhe ajudariam a obter uma clara visão de conjunto da matéria estudada. E como se isso não lhe bastasse, ainda procurou iluminar melhor seu conhecimento dessa matéria, embarcando ela própria num moderno baleeiro, e buscando observar diretamente os aspectos da pesca do cetáceo que, não obstante as mudanças de métodos, se mantiveram, em parte, substancialmente os mesmos até aos dias atuais. Creio que é essa a primeira vez em que a técnica da "observação participante", bem conhecida dos sociólogos, é aplicada entre nós num trabalho histórico, e espero, pelos bons resultados obtidos, que o exemplo seja fecundo. Fora do Brasil, o caso mais notável do emprego dessa técnica, com fins semelhantes, é o do historiador norte-americano Samuel Eliot Morison: depois de mais de vinte anos de aturadas pesquisas em arquivos e bibliotecas em torno das viagens de Cristóvão Colombo achou que seu estudo não ficaria completo se não tentasse repetir a façanha do marinheiro genovês, e assim o fez, navegando em 1939 num veleiro de dimensões semelhantes às do que utilizou o descobridor. Contra os que alegassem que a tentativa da professora Ellis só seria válida se recorresse a uma perfeita réplica dos pesqueiros usados entre nós nos tempos coloniais, em lugar de valer-se, como o fez, de um moderno baleeiro japonês, poderia responder como o mesmo Morison, que isso só serviria para aumentar notavelmente as despesas e o tempo consumido para a experiência, sem benefícios maiores do que os da publicidade e da falta de comodidade.

Não tenho dúvida em pretender que o presente trabalho da professora Myriam Ellis contribuirá certamente para o progresso dos estudos históricos entre nós.

# A lavoura canavieira em São Paulo*

·

UMA DAS LACUNAS MAIS IMPORTANTES da história paulista, relativa ao desenvolvimento da lavoura canavieira desde fins do século XVIII até meados do seguinte, só agora principia a chamar a atenção de estudiosos do nosso passado. Fora de São Paulo e de um reduzido círculo de pesquisadores, poucos sabem que a indústria açucareira representou, no período citado, um dos poderosos esteios econômicos da Capitania, depois Província, só rivalizando talvez com a atividade das tropas e tropeiros que abasteciam muares e bovinos, trazidos do Sul e negociados nas feiras anuais de Sorocaba.

Sem ter atingido então a importância que assumiu no Nordeste, por exemplo, ou no Rio de Janeiro, a economia açucareira foi a responsável, na área paulista, pelo início de um autêntico processo revolucionário, estabelecendo-se ali, pela primeira vez em escala considerável, uma lavoura de cunho comercial sustentada no trabalho escravo. Com isso, não só se firmará a estrutura agrária, que passa depois a sustentar por longo tempo a produção cafeeira, mas se formarão e con-

---

\* Petrone, Maria Thereza Schorer. *A lavoura canavieira em São Paulo, expansão e declínio (1765-1851)*. São Paulo, Difel, 1968. [Orelha] solidarão os cabedais necessários à exploração da nova e mais pujante fonte de riqueza. Não há pois exagero em dizer que a dinâmica de toda a economia paulista, a partir do século XIX e indiretamente a da economia brasileira, se torna mais inteligível com o conhecimento prévio desse fator, que a alentou de modo decisivo.

Nesse sentido, o trabalho que se vai ler, de autoria da dra. Maria Thereza Schoerer Petrone, representa verdadeiramente obra pioneira. É possível que, se a autora tivesse podido contar com uma ou mais monografias acerca da matéria por ela escolhida, outros teriam sido os seus métodos de abordagem. À falta dessas monografias preparatórias, viu-se forçada a ir até aos alicerces, colhendo e acumulando todo o material disponível, sem muitos outros limites além dos que lhe ditavam o período examinado (entre os anos de 1765 e 1850-1) e a área por onde o enfoque se mostraria mais fecundo, ou seja, a que abrangia o chamado "quadrilátero do açúcar".

Contra a escolha do ano de 1765 como ponto de partida para o inquérito, seria lícito arguir, talvez, que se trata de uma efeméride mais política do que propriamente econômica: em realidade, o surto da grande lavoura açucareira, que José Bonifácio lamentará, pouco depois da Independência, como causa imediata da introdução de escravos em São Paulo, há de situar-se bem mais para fins do século XVIII. Pode-se perguntar, no entanto, se não foi durante o governo do Morgado de Mateus, ou seja, precisamente a contar de 1765, que a "bela sem dote", de Gomes Freire, encontrou afinal o caminho da "revolução agrícola" que instauram a seu modo os grandes canaviais e os engenhos. Menos discutível ainda parece a data que encerra o período fixado: é, com efeito, em 1850-1 que, pela primeira vez, o café ultrapassa o açúcar, em São Paulo, como gênero de exportação. Outro ponto pacífico parece ser o da área geográfica predominantemente considerada, pois é entre Campinas, Itu, Porto Feliz e Moji Mirim, e só nessa região, que se desenvolve durante aquele período uma indústria açucareira destinada principalmente à exportação.

Fundado em laboriosa pesquisa de fontes documentais, sobretudo manuscritas, que se guardam no Arquivo do Estado de São Paulo e em outros acervos públicos e particulares, estou certo de que o presente trabalho não poderá ser ignorado daqui em diante por todos quantos se ocupem da economia paulista durante o século XIX e de suas projeções em numerosos setores da vida brasileira de ontem e de hoje. Apresentado como tese de um concurso que valeu à autora conquistar brilhantemente o doutoramento junto à cadeira de história da civilização brasileira da Universidade de São Paulo, felicito-me pela oportunidade que me foi dada, como responsável pela mesma cadeira, de animar e orientar o trabalho que ora se imprime.

# Cristãos-novos, jesuítas, Inquisição*

·

DOS COMERCIANTES ONZENEIROS estabelecidos no Norte do Brasil em princípios do Seiscentos, consta nos *Diálogos das grandezas*, atribuídos com boas razões a um cristão-novo chamado Ambrósio Fernandes Brandão, que costumavam enriquecer comprando gêneros nas vilas e cidades para os vender depois nos engenhos distantes, com o que ganhavam muitas vezes 100%. Brandônio, que é o principal interlocutor dos diálogos e faz as vezes do autor, afirma ter testemunhado um negócio desses – "cujo modo dele não aprovo pelo ter por ilícito", acrescenta cauteloso –, o qual negócio consistiu em comprar o mercador, pagando-a à vista, uma partida de peças de escravos africanos, para no mesmo instante, e sem entrar bem na posse deles, torná-los a vender, fiando-os por um prazo que não chegaria a um ano, e com isso apurou um lucro de mais de 85% da soma empregada.

E em resposta a quem estranhava o haver-se de ganhar tamanho dinheiro sem sair do lugar, de uma mão para outra, e sem que interviesse qualquer risco, disse ainda o mesmo Bran-

---

\* Salvador, José Gonçalves. *Cristãos novos, jesuítas, Inquisição; aspectos de sua atuação nas capitanias do Sul, 1530-1680*. São Paulo, Pioneira/Edusp, 1969, pp. XIII-XVI. [Prefácio] dônio que desses tais mercadores e também de outros, de loja aberta, muitos havia que dispunham de "grossas fazendas de engenho e lavoura na própria terra, e estão nela assistentes, e alguns casados". Casados, grande número deles provavelmente com gente principal do lugar, no que seguiam, se eram de estirpe hebraica, o costume assinalado mais tarde pelo padre Antônio Vieira entre os dessa casta, de comprarem a peso de ouro genros cristãos-velhos. Por onde não é de admirar que a descendência dos que outrora seguiram o credo mosaico passasse com o tempo a infiltrar-se largamente entre brasileiros.

Mas seriam forçosamente de origem hebreia aqueles mercadores de que falou Brandônio? Não é demais advertir, note-se de passagem, contra o uso dos que, cedendo à capacidade de sugestão que oferece um estereótipo generalizado, se deixam facilmente levar pela tentação de procurar a presença de judeus onde quer que no passado brasileiro ou português se encontrem sinais de tamanho gosto pela pecúnia como o dos exemplos acima referidos. Pode lembrar-se, a esse propósito, que um contemporâneo dos *Diálogos*, frei Luís de Sousa, tivera ocasião de aludir, em sua biografia de d. João III, a uma particularidade notável dos naturais de Viana do Minho, que era o dedicarem-se todos ali, mesmo a gente nobre, ao exercício da mercancia como o faziam os de Veneza e Gênova, "contra o costume das mais terras de Portugal, que os louvam e não os seguem, invejam a felicidade e bons sucessos nos tratos", sem imitar a diligência dos que a eles se dedicam.

Ora, essa mesma inclinação dos vianeses pela mercancia não era aparentemente coisa antiga ou congênita, nem se prenderia a alguma influência semítica porventura maior ali do que em outras partes do Reino, e nada faz crer que o fosse. Provinha, isto sim, das grandes oportunidades de ganho propiciadas pelo comércio do Brasil, mormente o de Pernambuco, terra onde, já o dissera Fernão Cardim, os vianeses eram senhores, "e quando se faz algum arruído contra um, logo dizem, em lugar de 'ai que d'el-rei!', 'ai que de Viana'!".

É aliás o mesmo frei Luís quem explica o aumento fora do comum retirado pela praça minhota do comércio com as "terras novas do Brasil" sem precisar recorrer para isso a misteriosas explicações étnicas. "E não parecerá isto muito a quem contar", diz, "que havendo oitenta barcos de pescadores naturais, cinquenta anos atrás, que se contentavam com o pão de cada dia, ganhando com pouco suor nas pescarias do porto e ao longo da costa, hoje não há nenhum, deixando todos animosamente à pobreza das redes e à segurança das praias pela esperança e perigos do mar alto; e fica sendo granjearia para os lugares vizinhos pobres, que acodem a prover o povo; como o fazem as nações do Norte, trazendo-lhes grande cópia de mercadorias de toda sorte e muito pão, a conta do retorno que levam da grossura dos açúcares do Brasil, que não há esgotá-los, segundo os muitos que cada dia entram pela barra."

Mas a ressalva, se nos convida a evitar generalizações correntes ainda hoje sobre uma pretensa mentalidade israelita sobranceira a todas as contingências históricas, não nos deve impedir de acreditar que, no meio daqueles industriosos comerciantes de Viana do Minho, enriquecidos no tráfico do açúcar, haveria, além de fidalgos de boa cepa e alta prosápia, muita "gente da nação" como então se costumava dizer. É bem conhecida, aliás, a importância do papel que tiveram os cristãos-novos – não necessariamente judaizantes – na vida econômica das chamadas "capitanias de cima", especialmente na Bahia, mas também em Pernambuco, Itamaracá e Paraíba, pois sobre ela há farta documentação compendiada nas confissões e denunciações das duas visitações do Santo Ofício às partes do Brasil parcial ou totalmente impressas.

Preferindo enfocar em seu livro a situação nas capitanias "de baixo", sobretudo a de São Vicente ou, para dizer melhor, as velhas donatárias de Martim Afonso e Pero Lopes no Sul, o professor José Gonçalves Salvador optou deliberadamente pelo aspecto mais ignorado, mas também o mais ingrato de um tema que vem ultimamente interessando numerosos historiadores. Salvo para o caso do Rio de Janeiro, é notavelmente escasso o material disponível a respeito da presença nelas de judeus e cristãos- -novos. Ou melhor, é cheio de embaraços que só se desfazem com imenso trabalho. Muitos dos dados conhecidos, no caso particular de São Paulo, são além disso de fonte altamente suspeita. É o menos que se pode dizer, por exemplo, de muito depoimento conservado a respeito dos seus moradores e oriundo dos jesuítas das missões do Paraguai. Seguindo uma tendência generalizada, ao que parece, em toda a Espanha e também nas Índias de Castela para a identificação entre o português e o judeu – tamanha que um texto de meados de século XVIII ainda chama a sua majestade fidelíssima de *Rex Judaeorum* –, não faltaria entre aqueles padres quem a utilizasse expressamente contra os sertanistas que assolavam suas doutrinas. Em geral, as alegações constantes de seus escritos, de que não passavam os bandeirantes de "judeus em hábito cristão", e de que a terra deles se chamaria melhor Saulo do que São Paulo, fundam-se menos em testemunhos diretos do que em vagos rumores, que se traduzem em expressões como "es fama...", "se dice...", "corre...". Nem por isso deixavam de ganhar fácil crédito e atingir o alvo visado.

Para precisar ou desmentir hoje muitos desses rumores, fazem-nos falta repositórios como o seria aquele livro de registro de cristãos-novos e homens da nação hebreia, dos quais foi fintador um Gaspar Gomes na era de 1624 e de que há notícia em antigos papéis municipais da vila. O fato de não se conhecerem vestígios desse livro em nosso arquivo priva-nos de uma fonte que seria talvez tão importante, ou mais, para o planalto piratiningano quanto o são para Pernambuco, por exemplo, os textos do Santo Ofício até agora divulgados.

No empenho de suprir lacunas como essa, o autor da presente obra, além de arrumar bem e interpretar numerosos dados esparsos, impressos ou manuscritos, existentes entre nós, tratou de realizar uma pesquisa apurada em acervos documentais existentes em Portugal e Buenos Aires. O fruto desse trabalho é o estudo que agora se imprime, além de outro que tem em preparo e que, para completar-se, ainda reclama novas pesquisas fora do Brasil. Não parece demais qualificá-los, desde já, de obras pioneiras. Até aqui, o que se tem dito sobre judeus e cristãos-novos nas capitanias sulinas funda-se bem mais em argumentação de cunho subjetivo e impressionista do que em documentação segura e plausível. E não raro em dados discutíveis como seja o da frequência de tal ou qual apelido que seria próprio da "gente da nação" e que bastaria para identificá-la. Ora, em contraste com muitos judeus do Norte e do Oriente da Europa, os da península Ibérica, ou "sefardim", não costumavam trazer apelidos públicos que os distinguissem à primeira vista dos cristãos-velhos. Ao menos a partir do século XVI, que foi quando as perseguições de que tradicionalmente padeceram começaram a receber como uma chancela oficial. Diz-se até que não raro cuidaram de escudar-se em nomes dos mais castiçamente lusitanos ou mais carregados de sugestões devotas para os bons católicos, esperando com isso dissimular a sua grei.

É claro que não se deve abandonar por inútil, em trabalhos como este, qualquer apelo a critérios fundados na onomástica e também nas genealogias. Eles podem ser de grande valia, desde que apoiados, em cada caso, numa ampla e acurada investigação, e deles se serviu largamente o professor Gonçalves Salvador. Não direi que em todos os casos o terá feito com êxito igualmente feliz. Mas a história não é feita unicamente de certezas peremptórias. É feita também, e sobretudo, de dúvidas e de problemas: esta não há de escapar à regra. O que direi é que muitas das dúvidas aqui suscitadas são das mais estimulantes e fecundas. Na verdade não levanta o autor apenas dúvidas, porquanto oferece, outrossim, respostas a determinadas questões, a exemplo da que se refere ao ingresso de cristãos-novos nas ordens religiosas e respectiva atuação nos diversos setores da Igreja. Afinal, no conjunto, resultou uma obra séria e de grande alcance para a boa inteligência de um dos capítulos mais obscurecidos de nossa formação nacional.

# Imigração italiana em São Paulo
## (1880-1889)*

.

OS OBSTÁCULOS QUE SE OPÕEM a um estudo sistematizado da maior e mais importante corrente migratória que no Brasil se destinou à grande lavoura de exportação vem desafiando há longo tempo o interesse dos historiadores. Com a libertação dos nascituros que inicia a segunda etapa do processo de emancipação dos escravos, depois de extinto o tráfico africano, as exigências da produção cafeeira, mormente nas áreas novas, que se situavam para o oeste de Campinas aguçaram-se cada vez mais. Dificilmente se poderia esperar supri-la com os portugueses, que continuamente acorriam ao país, mas, salvo algumas exceções – a exceção principal forneciam-na, ao que parece, os ilhéus –, se dedicavam, de preferência, a ofícios mercantis e urbanos. O apelo a alemães e ocasionalmente a suíços – a estes já antes da Independência – prestou-se à formação de núcleos coloniais, mas distanciados das regiões cafeeiras, onde continuava a prevalecer a mão de obra escrava. Durante algum tempo acreditou-se poder resolver a dificul-

149
LIVRO
DOS
PREFÁCIOS

.

---

* Hutter, Lucy Maffei. *Imigração italiana em São Paulo (1880-1889) – Os primeiros contatos do imigrante com o Brasil*. São Paulo, Instituto de Estudos Brasileiros, 1972. [Prefácio]

dade recorrendo ao sistema das colônias de parcerias, idealizado e fundado pelo senador Vergueiro, e dele ainda existe marca dos "bairros alemães", existentes para os lados de Limeira e Rio Claro. Mas a oeste seria quase impraticável o estabelecimento de lavouras novas enquanto só se pudesse contar com as tropas de animais para o transporte do produto. Um dito da época era o de que o plantio do café só rendia até Rio Claro. Mas mesmo na região de Rio Claro e Limeira, embaraços de toda natureza iam dificultando o desenvolvimento do regime das parcerias tal como a princípio se instituiu e que, a partir de 1860, começa a ser abandonado aos poucos até desaparecer quase por completo na década seguinte.

No entanto, é justamente em 1860 que principia a construção da Estrada de Ferro de Santos a Jundiaí, que, abreviando o tempo de percurso e tornando menos oneroso o transporte, facilitaria o desbravamento de áreas excepcionalmente férteis. Concluída a linha em 1867, e tendo a São Paulo Railway renunciado ao propósito de prolongá-lo para além de Jundiaí, uma vez que sua zona privilegiada já lhe proporcionaria, sem esforço e dispêndio maior, uma parcela apreciável dos lucros resultantes do transporte de todo o café produzido no Oeste paulista, deliberou o governo provincial recorrer a fazendeiros e homens de negócios para levar avante uma empresa de que seriam eles os maiores beneficiários. A vantagem resultante só do trecho entre Jundiaí e Campinas patenteava-se ante a consideração de que o custo de transporte por arroba era então orçado, no mínimo, em 440 réis, ao passo que, feita a via férrea, o preço ficaria reduzido a um máximo de 140 réis, e isso significaria, para o produtor, uma economia de trezentos réis por arroba, e não foi difícil reunir-se um grupo de capitalistas dispostos a tomar a seu cargo o empreendimento. Iniciada a construção em 1870, com bitola igual à da Santos a Jundiaí – 1,60 m –, já em 1872 os trilhos da Companhia Paulista chegavam até Campinas. Tão altos e promissores se revelaram os proveitos que a estrada não parou nesse ponto: em

1875 alcança Limeira, em 1876 Rio Claro, em 1877 Araras, em 1878 Pirassununga. Em 1885, finalmente, vai atingir as beiradas do rio Mogi-Guaçu em Porto Ferreira.

O bom sucesso do empreendimento foi saudado de início com um entusiasmo bem destoante do ceticismo dos que punham pouca fé nas perspectivas de uma realização nacional, promovida por particulares. Ao apelar em 1867 para os paulistas no sentido de tomarem a si uma obra que não interessara à firma inglesa da Santos-Jundiaí, o então presidente da Província e futuro patriarca da República, Saldanha Marinho, dissera: "É a primeira companhia brasileira que, em ponto tão elevado, abstrai de capitais estranhos e se liberta do jugo comercial estrangeiro". E o relatório da diretoria provisória da empresa já confirmava a metamorfose operada na província e no país pela "primeira companhia brasileira que tira de si todos os elementos de vida e de prosperidade". À medida que se estendiam os trilhos da estrada de ferro, ampliavam-se os cultivos cada vez mais sobre áreas ainda não atingidas pelo novo meio de transporte. Nas experiências anteriores, as vias férreas antecediam quase sempre as culturas cafeeiras. Agora o contrário é que se verifica: o café precede o meio de transporte, atraído para áreas já desbravadas e cultivadas. O feliz resultado obtido com a Companhia Paulista animou a fundação de outras empresas semelhantes, a começar pela Mogiana, devida igualmente à iniciativa privada, e que inicia sua construção a partir de Campinas em 1873. Dois anos depois alcança a linha Mogi-Mirim e Amparo e, em 1883, atinge em São Simão e Ribeirão Preto uma região excepcionalmente opulenta. Em menos de vinte anos, graças à expansão para oeste (porque o vale do Paraíba, não só paulista como fluminense e mineiro, já entrara em rápido declínio), tinha conseguido a província de São Paulo triplicar a sua produção.

É durante essa fase principalmente que reduzido, e logo depois proibido, o tráfico interprovincial de escravos, e quase estancadas as fontes tradicionais de imigrantes livres, a penúria de braços para zonas que principiavam a explorar-se começa a tomar proporções mais graves. O professor Louis Couty, contratado para lecionar na Escola Politécnica da Corte, pôde observar em 1883, de volta de uma viagem a São Paulo, como, graças ao espírito de iniciativa dos filhos dessa província, que aumentavam notavelmente a sua rede rodoviária, e à cooperação dos imigrantes europeus, a produção cafeeira pudera aumentar ali consideravelmente, ao passo que nas outras províncias sua decadência era manifesta. Contudo, a imigração europeia ainda se revelava tênue demais para corresponder às exigências crescentes de uma lavoura em expansão. Alguns lavradores, como o senador J. Floriano de Toledo, tentaram, com os melhores resultados, segundo declararam a princípio, recorrer aos camaradas livres nacionais. Mas o problema oferecido ao trabalhador assalariado nacional não era diferente do que se apresentava ao imigrante: a presença do trabalho escravo repele a do operário livre. Por volta de 1878-9, com a ascensão do gabinete Sinimbu, toma novo incremento a campanha no sentido da importação de *coolies* asiáticos, principalmente chineses. Embora a ideia tivesse encontrado numerosos adeptos, maior foi ainda a reação dos que, de um lado, viam na importação de asiáticos uma espécie de subterfúgio visando a prolongar, sob aparências menos odiosas, a escravidão, cujos dias pareciam contados, e, de outro, apontavam para os efeitos negativos alcançados com esse tipo de imigração em diferentes países, inclusive no Brasil, onde já se tinham feito tentativas isoladas com trabalhadores chineses. Entre as propostas mais curiosas para a solução do problema da penúria de braços pode citar-se a de um político e escritor que chegou a sugerir com toda a seriedade a domesticação de macacos. Os quais, depois de devidamente adestrados, poderiam eficazmente auxiliar o plantio e a colheita do café. A própria extravagância da ideia serve para mostrar, entretanto, a que extremos podia chegar a aflição dos interessados.

É nesse contexto que se situam as tentativas no sentido de

se darem novos rumos à solução do problema imigratório. Um dos seus frutos foi a Sociedade Central de Imigração, fundada em 1883, na presença do imperador, por um grupo de particulares. Não obstante alguns bons resultados alcançados por esse instituto, visava-se com ele principalmente a constituição de núcleos de pequenos proprietários, de acordo com o que já se fizera no Rio Grande do Sul, Santa Catarina, Paraná e Espírito Santo. Era o programa que vinha desenvolvendo desde largos anos o político e jornalista Carlos von Koseritz, nascido na Alemanha, mas naturalizado brasileiro, e que merecera o apoio, entre outros, do visconde de Taunay e de André Rebouças. A questão no Oeste de São Paulo oferecia, contudo, aspectos diferentes, a que mal se ajustava esse programa. O rápido desenvolvimento da viação férrea, estimulando a formação do cultivo do café em grandes propriedades, só permitia, no momento, o apelo ao trabalhador assalariado, mesmo porque as terras apropriadas para o cultivo e situadas ao alcance, ou a pouca distância, das ferrovias já tinham donos e, quando os não tivessem, a importação de trabalhadores, condicionada à doação ou distribuição de lotes de terras em grande escala, se tornaria ao cabo impraticável, por exceder aos recursos disponíveis não já pelos particulares como pelos próprios cofres públicos. Nem haveria tempo para uma reforma nos sistemas tradicionais que associaram a cafeicultura à grande propriedade. A mudança viria, mas viria sobretudo do fato de muitos fazendeiros do Oeste não terem tido escravos e se estabelecerem numa área onde já não os podiam ter. E a consequência maior do fato está nisto, que se a grande imigração, em São Paulo, não teve sempre em mira a criação de núcleos coloniais, embora os abrangesse também, está ligada a um tipo de propriedade que já tem pouco de comum com as antigas "baronias" cafeeiras do vale do Paraíba e se aproxima em muitos pontos de uma empresa capitalista de estilo mais moderno.

Sem discutir o mérito da solução, era inevitável que assim fosse, uma vez que partiu a solução de fazendeiros, interessados em suprir a falta de braços para suas lavouras – sobretudo quando verificaram que o emprego de trabalhadores assalariados era mais rendoso do que a posse de escravos. Foi desses fazendeiros principalmente, e de acordo com suas necessidades inadiáveis, que surgiu a ideia da fundação de um organismo diferente do que se formara na Corte, e que seria concretizado em 1886 com a Sociedade Promotora de Imigração de São Paulo. A diferença é tanto mais notável quanto a Sociedade Central de Imigração surgiu, de um lado, entre elementos preocupados com o problema rural, ameaçado pela propaganda abolicionista, de que muitos dos seus membros participavam, mas em geral não tinham ligações diretas com a lavoura – o caso de Taunay, por exemplo, e de Rebouças –, de outro entre pessoas ligadas ao desenvolvimento dos núcleos coloniais, muitos deles originários do extremo sul e em alguns casos de naturalidade ou ascendência germânica. Era inevitável que surgissem atritos entre as duas organizações que ecoaram em críticas feitas pela Sociedade Central à Promotora, acusada de não levar na devida conta o princípio da propriedade territorial imediata que, no seu entender, teria o efeito de prender melhor o imigrante à terra de cultivo e ao país. Outro aspecto que ajuda a definir o tipo de fazendeiro que vai surgir no Oeste paulista está em que seu aparecimento se prende intimamente ao rápido desenvolvimento de uma rede ferroviária destinada a servir e a criar novas lavouras. Não é por acaso que os fundadores da Sociedade Promotora já tinham figurado como fundadores da Companhia Paulista – o caso de Martinho Prado Júnior, por exemplo – e da Mogiana, ou tinham com aqueles estreitas vinculações de família. De onde o interesse em tentar relacionar em um todo o problema da grande imigração italiana em São Paulo com o da expansão cafeeira para o oeste e o crescimento de uma rede de estradas de ferro na mesma direção.

O estudo da sra. Lucy Maffei Hutter abrange principalmente, ou mais detidamente, o primeiro desses problemas e nem poderia ser de outra forma no estado atual das pesquisas sobre o assunto. Seria ocioso querer abarcar esse complexo, sem partir de trabalhos monográficos como este. Mas mesmo tratando da imigração italiana em São Paulo, nunca perdeu de vista, a autora, as questões que lhe são correlatas. Além disso teve de reduzir sua investigação sobretudo aos contatos iniciais do imigrante com o Brasil, que situa entre os anos de 1880 e 1889, período em que o número de italianos entrados, a julgar pelo que se pode inferir de algumas fontes de que se valeu, subiu gradativamente de mil ou 2 mil a perto de 80 mil em 1888. Dentro, porém, desses limites, realizou um esforço notável e que em muitos pontos pode considerar-se pioneiro. Acompanhei e orientei até onde me foi possível o seu trabalho, até o momento em que, por motivo de aposentadoria, deixei a cadeira de história da civilização brasileira da Faculdade de Filosofia, Ciências e Letras da Universidade de São Paulo, então sob minha responsabilidade. E não foram poucas as vezes em que pude testemunhar no Arquivo do Estado o interesse, a assiduidade e mesmo o entusiasmo que ela devotava ali a pesquisas em manuscritos e jornais antigos, que seriam eventualmente úteis ao seu estudo. Não testemunhei outra parte da pesquisa, a que se desenvolveu principalmente no Arquivo da Hospedaria de Imigrantes, mas tudo me inclina a crer que lhe mereceu igual ou talvez maior zelo. Talvez maior porque, se não me engano, foi ela com sua colega Arlinda Rocha Nogueira, autora de uma tese sobre imigração japonesa, também em São Paulo, o primeiro historiador a recorrer a esse acervo documental para estudos dessa natureza. Ainda assim, não se pode afirmar que esgotou o assunto. Quem pode saber mesmo aproximadamente o número dos imigrantes que, entrados por outras vias, não deixaram rastro na documentação oficial ou particular existente? Ou dos que, instalados em São Paulo, se encaminharam depois para outras regiões, particularmente para os países do Prata? E dos que fizeram caminho inverso, indo primeiramente ao Prata, e estabelecendo-se depois em São Paulo? A maior parte dessas e outras deficiências escapa, no entanto, a qualquer investigação possível, ao menos com os recursos de que hoje dispomos e com os que estiveram ao alcance da autora. Ainda assim, creio que será impossível completar ou desenvolver daqui por diante o estudo da imigração em massa dos italianos em São Paulo sem conhecer este livro.

# O fardo do homem branco*

·

QUANDO REDIGIA SUA *História do Brasil*, confessou Robert Southey a um amigo a íntima certeza de que esse livro não era dos que se destinam a perecer: com o correr dos séculos representaria para os brasileiros aquilo que, para os europeus, é o de Heródoto. Passados hoje mais de 150 anos desde seu primeiro aparecimento, o prognóstico não se verificou e nada diz que deva confirmar-se nos séculos vindouros. É verdade que um autor do porte de Capistrano de Abreu, em artigo escrito para sair em apenso a uma edição póstuma da *História geral do Brasil* de Francisco Adolfo de Varnhagen, visconde de Porto Seguro, se refere àquele dito do inglês qualificando-o de "assomo de justo orgulho". Quanto ao sorocabano, diz que a sua obra também há de ser lida daqui a séculos, mas lida por profissionais, que o consultarão como quem consulta um dicionário de arcaísmos: "o povo", diz mais, "só o conhecerá de tradição". Parece-lhe inferior à de Southey, como forma, como concepção, como intuição, mas inferior só a essa, acrescenta.

---

* Dias, Maria Odila da Silva. *O fardo do homem branco; Southey, historiador do Brasil (um estudo dos valores ideológicos do império do comércio livre)*. São Paulo, Companhia Editora Nacional, 1974, pp. XIII-XXI. [Prefácio]

O mal desse tipo de confrontos, principalmente se provocados por algum movimento de irritação, está em que, procurando ferir de viés o alvo, correm grande risco de erro. Pode-se perguntar se aquele "povo", que só de tradição conhecerá o livro de Varnhagen, conheceria muito melhor o de Southey. A irritação de Capistrano de Abreu, que não o impedirá de prestar elevado tributo ao visconde de Porto Seguro com o anotar copiosa e conscienciosamente sua obra-mestra, teria sido despertada, talvez, pela injustiça, "injustiça flagrante", escreve, com que, sob a capa de louvores bem estudados, nela trata a contribuição de seu antecessor. Varnhagen não foi um espírito ameno e, como temesse sempre que alguém pudesse fazer sombra aos seus altos méritos, costumava tolerar mal oficiais do mesmo ofício. O que nos resta de sua correspondência particular mostra-o constantemente eriçado contra detratores reais ou imaginários, e ciumento de glórias e glóriolas que não se achassem a seu alcance. Tão solícito quanto Southey em proclamar a perenidade de sua obra, não o faz com elegância, nem discrição: "ela viverá (a obra)", diz, "e fará eternamente honra ao Brasil e ao reinado de seu Excelso Protetor" [...] "grande serviço desta História", "grande serviço à nação" [...]. Tais coisas são ditas ao imperador em carta onde fala do aparecimento do livro e onde anuncia, certamente porque assim o deseja, que Martius se propusera vertê-lo para o alemão, prelúdio de inúmeras outras traduções que já previa. Começa, na carta, por advertir d. Pedro contra os invejosos, que também pressentia, do universal aplauso ao livro, e termina com uma insinuação transparente: talvez, por alguma "graça espontânea" de sua majestade, teria, afinal, de abrasileirar o nome, "como aconteceu aos Brandt". E ainda quando não devesse ser extremamente difícil entender ou atender à solicitação, o monarca deixará passarem ainda vinte anos, ou quase, para fazê-lo barão e, depois, visconde (com grandeza) de Porto Seguro.

Para Varnhagen, que, em resposta às críticas de d'Avezac,

inscreve entre os seus títulos mais ilustres o ter sabido abrir caminho, em meio "ao verdadeiro caos" em que se achava a história de seu país, não seria cômodo ter de admitir que alguém de certo modo o tivesse precedido em tão subida empresa. À obra de Southey, que acabou de imprimir-se 35 anos antes de começar a impressão da sua, não cabe com certeza honra tamanha. Concorda quanto à importância dos trabalhos do "célebre Southey", mas não aceita que corresponda ao nome que recebeu. Aquilo positivamente não é história do Brasil, poderia intitular-se com mais verdade *Memórias para escrever-se a história do Brasil e dos países do Prata* etc. É o que se lê em sua carta a d'Avezac e está repetido quase palavra por palavra na primeira edição da *História geral*. Nesta vêm temperadas as graves reservas que faz ao inglês, com frases assim: "De Southey, injustiça de nossa parte e até ingratidão, fora não confessar, como Humboldt, que são preciosíssimos os três volumes que nos deixou, pelas muitas notícias que encerram, e das quais algumas não se encontram senão aí, e que praticamente tentamos por vezes indicar com várias remissões a essa obra". Na segunda edição, fica reduzido à terça parte, e menos, o comentário que lhe merece a obra de Southey, e é significativamente omitida a palavra "ingratidão" no passo onde tratava do alto preço dos seus três volumes, pois de outra forma não estaria confessando uma dívida? No entanto conserva sem mudança o trecho onde estava dito que, pelos defeitos que nele aponta, resulta "a falta de unidade, e de ordem ou nexo, e a cansada repetição de insossas descrições (sobretudo acerca dos índios), que são causa de sua pouca popularidade".

Quando escreveu Varnhagen essas palavras, os volumes a que aludia só eram acessíveis, no Brasil, aos muito poucos historiadores então familiarizados, entre nós, com o idioma do original. E depois, quando mal e incompletamente traduzidos aqueles três volumes, convertidos agora em seis, puderam afinal atingir um público menos exíguo, tornou-se evidente a severidade do juízo que a seu respeito proferira o sorocabano. Razão tinha este certamente onde apontou algumas omissões, mas essas falhas não o impediram de dar uma obra que se sustenta ainda hoje e que em muitos pontos há de ser lida com bom proveito. Southey tivera como ponto de partida o notável acervo de livros e manuscritos sobre coisas luso-brasileiras que reuniu laboriosamente seu tio materno, o capelão Hill, da comunidade anglicana do Porto e depois de Lisboa, e não se cansaria de enriquecer os próprios conhecimentos durante uma residência relativamente breve em Portugal e através de contatos com informantes versados nessas matérias. Entre estes, Koster e Luccock, que moraram por longo tempo no Brasil; o padre João Ribeiro, um dos "patriotas" pernambucanos de 1817, que esperava poder mudar a opinião nimiamente favorável formada pelo inglês a respeito da ação dos jesuítas no Brasil; o conde dos Arcos, o mais solícito e impiedoso repressor daqueles mesmos patriotas, último vice-rei do Brasil, antes de ir governar a Bahia, o qual lhe mandou de presente a *Gramática* de Anchieta, existente em duplicata no arquivo da cidade do Salvador, e, por empréstimo, o *Valeroso Lucideno* de frei Manuel Calado... E mais do que esses, o próprio pastor Hill e ainda o comerciante John May, um dos seus amigos mais chegados, a quem, declarado em falência em 1821, procurará socorrer, transferindo-lhe todas as suas economias. Eram alguma coisa essas fontes de informação, mas ainda eram poucas em comparação com o que custou de trabalho ao futuro visconde de Porto Seguro, a longa e diuturna coleta de dados requeridos para a elaboração da *História geral.* Todavia não há grande exagero em dizer-se de Southey que tirou muito mais do que normalmente seria lícito esperar, de uma bibliografia por força lacunosa, ao passo que Varnhagen retirou tudo quanto lhe foi dado obter do muito que descobriu.

O inglês foi poeta prestigioso em seu tempo, mais, aparentemente, do que qualquer dos que, com ele, formavam na "escola" *lakista*, embora de então para cá tenha perdido muito, em renome, para Wordsworth, e muitíssimo, ultimamente, para seu amigo e concunhado Coleridge. Que um poeta e, mais ainda, "poeta laureado", como foi, também se entregasse ao mister de historiador não parecia coisa insólita na época. Hume, o filósofo, escreveu, antes dele, uma alentada história da Inglaterra, que rapidamente se tornou obra clássica, e Schiller, poeta como ele, redigiu uma história da Guerra dos Trinta Anos, e outra sobre a insurreição das Províncias Unidas contra o domínio espanhol, além de estudos menores sobre matéria histórica. O inusitado e admirável, no caso de Southey, está em que dirigiu sua atenção para uma remota colônia de que pouca notícia havia entre ingleses de seu tempo e em que ao estudo de sua formação se entregou com um calor e um zelo tanto mais extraordinários quanto não visava com tamanho trabalho a ganhar uma popularidade que, como poeta, já tinha de sobra. Nem escreveu tanto para os ingleses de sua época, mas para os brasileiros de hoje e de amanhã. O livro devia caber em moldura ainda mais larga, onde se incluíssem também Portugal e as colônias portuguesas em seu conjunto, mas dessa parte, que seria a maior, provavelmente, no primitivo e mais ambicioso projeto, só resta atualmente um informe amontoado de notas e esboços. Foi nesse estado que os manuseou Maria Odila da Silva Dias quando preparava o presente estudo, e deviam constituir grave desafio a quem quer que neles buscasse discernir alguma coisa daquela visão "orgânica" da história, que Southey pensou inaugurar justamente com o livro sobre o Brasil. Visão por onde se aproximava muito mais dos antepassados da "escola histórica" alemã, de Herder principalmente, que estava à mão na biblioteca particular de Coleridge, depois incorporada à sua, e ainda de alguns pré-românticos ingleses, do que dos corifeus da Ilustração, como Voltaire, Hume, Gibbon ou Robertson, cujas ideias dominavam sobranceiras ainda o clima intelectual da Grã-Bretanha da primeira década do século XIX.

Os estorvos que, para a média dos leitores ingleses, devia

oferecer uma obra excepcionalmente vasta sobre assunto tão mal sabido e de tão escasso interesse não deixariam descortinar a originalidade da concepção do autor, que não queria abarcar o processo histórico através de generalizações e abstrações, mas procurava captá-lo em seu movimento natural, de sorte que o leitor, por sua vez, também o revivesse, tanto quanto possível, como quem dele participasse ativamente, em vez de tomar a postura de quem o contempla numa distante condescendência. Diante de matéria tratada com zelo tão prolixo, como devia parecer uma obscura colônia portuguesa dissecada ao longo de três compactos volumes, a novidade de semelhante concepção não tinha voz ou falava tão em surdina que mal se fez sentir no momento em que lhe seria possível, em outras condições, oferecer estímulo fecundo aos historiadores. Não admira se numa resenha de 1824, no *Blackwood's Edinburgh Magazine*, houve quem apresentasse a *História do Brasil* como a "produção mais ilegível dos nossos dias". Ficara pasmo o resenhador só à vista de "dois ou três fólios gigantescos [*elephant folios*] acerca de uma só colônia portuguesa. Os coronéis, capitães, bispos, frades mais ínfimos aparecem ali como se tivessem sido outros tantos Cromwells ou Loyolas". Alguns autores, porém, e dos mais ilustres de seu tempo, não se mostraram tão insensíveis aos recursos que permitiram a Southey sobressair da atmosfera mental dos historiadores da Ilustração. Em estudo que a autora deste livro publicou anteriormente sobre "O Brasil na historiografia romântica inglesa" salienta-se devidamente a grata surpresa com que Walter Scott acompanhou, através da obra do amigo, as antigas proezas dos aventureiros lusitanos e luso-brasileiros numa obscura colônia da América do Sul: "Vinte vezes vinte vezes obrigado", escrevia-lhe o criador de Ivanhoé, "pela *História do Brasil*, que foi, neste mês passado, minha distração, meu conforto e uma fonte de saber [...]", "[...] minha leitura obrigatória de cada dia, depois do almoço até a hora do chá [...]", "[...] acordou um tipo de sensação que em mim eu já imaginava coisa morta...".

Nesses arrepios de entusiasmo, sua comentadora brasileira vislumbra muito da sedução do exótico, do primitivo, do rude, que fazem parte do universo de Walter Scott, mas ainda sublinha, creio que com razão, a presença de uma afinidade essencial dos dois autores no que respeita à imaginação histórica. Mas nem por isso julgou que a fantasia poética prejudicasse em Southey a sobriedade e o gosto da exatidão, que naturalmente pertencem ao mister do historiador. Alguns o criticaram, como o resenhador de Edimburgo, sem lhe pôr esse defeito, mas tão somente porque publicou enormes cartapácios sobre coisa tão mofina como parecia uma simples colônia portuguesa. Outros, pelo mesmo motivo, deixariam de lê-lo, sem no entanto precisar admitir que desmerecessem a glória de um poeta laureado. Não se resume a esse valor fiduciário, por assim dizer, a dívida de Southey historiador ao poeta Southey. Registrando o que ouviu da garrulice não raro maledicente de Coleridge, escreveu Keats numa carta que, para o poeta laureado, existiam sereias de carne e osso: seriam sereias de sonho, dos muitos sonhos que sonhava, às vezes até em português, e gostava de comentar. Suspeito também que acreditasse piamente na existência das amazonas antigas à beira do rio-mar. Seja como for, o certo é que o fabuloso dessas imaginações não resistia muito, na obra do historiador, ao meticuloso escrutínio a que este sujeitava todas as informações colhidas, criticando-as e fazendo criticá-las por autoridades competentes, ou aconselhando-se com os entendidos sobre as próprias dúvidas e suspeitas. Pretendia, como historiador, usar uma linguagem condensada e "chã como as colunas dóricas". Mas é fora de discussão que suas fantasias parecem bem menos rebarbativas do que algumas teorias de Varnhagen, quando este pretendeu ter demonstrado que os tupis (e carijós) não eram outra coisa senão os antigos cários da Ásia Menor transferidos, em épocas imemoriais, para as selvas da

América do Sul, ou onde recomenda vivamente a criação de tamanduás, como o remédio mais prático para livrar as nossas lavouras da praga da saúva.

Onde podiam bem afinar o inglês e o sorocabano era, segundo parece, no desamor que votavam ambos às explosões revolucionárias que ameaçavam antigas colônias europeias depois de terem querido engolir a própria Europa. No caso de Varnhagen, sua posição extremamente reacionária tem a ver com um acendrado respeito às hierarquias, confessado a d. Pedro em carta onde pede ao imperador que o não confunda com Herculano, um meio socialista a seu ver, porque "nem quis ser empregado do Estado". No poeta inglês a mesma posição prende-se à ideia de que os movimentos sediciosos servem só para perturbar o curso espontâneo das mudanças necessárias: estas não se impõem à força, no seu entender, mas devem naturalmente amadurecer, até o ponto em que seja inarredável o seu advento. Ele não se mostra mais favorável do que o historiador brasileiro para com a memória dos Inconfidentes de Minas Gerais, e no entanto chega a estigmatizar como "bárbara" e "ultraje à Humanidade" a sentença que condenou o Tiradentes. É explicável semelhante atitude em um *tory* confesso, do tempo em que os *tories* ainda não se chamavam conservadores. Entretanto, em sua mocidade se deixou empolgar, como tantos outros ingleses da mesma época, pelas primeiras notícias da Revolução Francesa, e chegou a ver nelas um apelo para a ação. Nelas e, mais ainda, nos escritos de Godwin, que na última década do século XVIII se achou transformado, de um momento para outro, em verdadeiro oráculo, temido de muitos e aplaudido por outros devido às suas audácias generosas. Animados por essa pregação, Southey e Coleridge rumaram certa vez para Bristol com a intenção de se dirigirem à América, onde deviam fundar uma comunidade ideal, ignorante de leis, superstições, propriedade privada, injustiças de qualquer natureza, tudo quanto entravasse a livre iniciativa dos homens, e para ela já tinham reservado o nome nada poético de Pantissocracia. Aconteceu, porém, que, enquanto esperavam a hora de embarcar, o sonho se evaporou de repente, porque verificaram que não tinham dinheiro para fretar o navio.

Desfeito assim o plano, "tão inocente quanto extravagante", que no entanto serviu para desviar os poetas do caminho da sedição, segundo irá escrever Coleridge muito mais tarde, também não podem eles esperar muito das truculências da Revolução, pois sua fé comum na regeneração social não os levava além da inocente extravagância. Com efeito, a própria utopia que se tinham proposto edificar mostra como achavam só possível a realização da sociedade justa por meio da persuasão, nunca pelo apelo à violência. A expedição projetada e malograda às plagas pantissocráticas ficou pois resumida, para Southey, numa das suas retomadas de contato com a terra natal e, em suma, em um mergulho no passado. Bristol, a cidade em que nasceu, sempre fora cidade de mercadores e armadores, governada por uma oligarquia de famílias patrícias como a dos Cannynges, que, no século XV, oito vezes lhe deu prefeitos (de um deles, William Cannynges, chamado o Grande, descendia aliás, em linha reta, o estadista George Canning, um dos numes do poeta) e que, já então, não pensava em termos apenas europeus, pois consta que num verão de 1480 deixaram seu porto dois navios sob a proteção da Virgem (*fulcando Maria*) para ir buscar e achar uma ilha misteriosa chamada *Brasylle*. Agora, porém, tendo sido por longo tempo a segunda cidade do Reino, segunda em população, depois de Londres, não se mostrava tão pressurosa como outros portos, Liverpool, por exemplo, sem falar nos grandes centros fabris ou mercantis – Birmingham, Manchester ou, na Escócia, Glasgow, até Edimburgo – em assimilar tudo quanto significava a Revolução Industrial.

Robert Southey, que se ia fazendo cada vez mais um contrarrevolucionário e mesmo um antimoderno, parecia bem à altura dessas tradições ancestrais. Ora, o antimodernismo não era necessariamente impopular, na medida em que denunciava, por vezes de modo agressivo, as inovações técnicas tendentes a suprir o trabalho humano, naturalmente à custa dos trabalhadores que levava ao desemprego, e além disso casava bem com certa sensibilidade romântica. Pode-se, porém, dizer outro tanto de uma aquiescência sistemática à santa ordem estabelecida, santa porque traz a chancela de um venerando passado? A verdade é que essa filosofia de emergência e que tão mal condiz com o espetáculo de um progresso material sem precedentes só tinha como perdurar na Inglaterra enquanto pairassem dúvidas sobre o futuro da própria nacionalidade. Um ambiente carregado de ansiedade e medo, medo da Revolução, depois medo de Napoleão, explicava algumas cautelas, não raro repressivas, do poder público e dos homens de mais responsabilidade, nostálgicos dos bons e velhos tempos. Fechado, entretanto, o parêntese, já haverá lugar para um novo festival libertário, impaciente com os conformismos acadêmicos e laureados da geração precedente. Assim um Shelley, que não se cansará de admirar o passado "jacobino" e pantissocrata de Southey, dele se despede agora como de um triste renegado. Mais ferino ainda, lord Byron recorre a uma pobre rima (*Southey – lousy*) para melhor injuriá-lo.

O tempo não dá sempre razão ao radicalismo de reações como essas. Sobre Wordsworth, o amigo e companheiro de Southey, como este, e logo depois deste, também poeta laureado, foi dito que, chegada a velhice, se tornou mais popular do que o Byron morto e sepultado. Igual fortuna faltou a Southey, mas nem isso impede que ainda tenha devotos. Lembro-me de um historiador e notável "brasilianista" norte-americano, George Boehrer, que, falando no autor da *História do Brasil*, e não sei se também no poeta, tinha o costume de deformar deliberadamente a pronúncia inglesa do nome de Southey, para evitar a ofensiva rima byroniana. E o mesmo ainda faz, se não me engano, seu amigo Manuel S. Cardoso, diretor da Biblioteca Oliveira Lima, da Universidade Católica de Washington, D. C., nos Estados Unidos.

Maria Odila da Silva Dias, a autora deste livro, não se filia aos devotos do historiador poeta ou, ao menos, não pretende apontá-lo como um modelo sempre vivo. Julgo conhecê-la o bastante como antiga aluna e, mais tarde, assistente da cadeira de história da civilização brasileira na Faculdade de Filosofia, Ciências e Letras da Universidade de São Paulo, então sob minha responsabilidade, para saber que, com sua curiosidade intelectual constantemente alerta, com seu jamais contentar-se de conhecer ou pesquisar assuntos pela metade, sua formação cultural honesta e discreta, tem todo o necessário para distinguir os caminhos e os descaminhos que podem levar às restaurações postiças e fraudulentas. A ideia de escrever este livro, ela a teve quando estudante e ainda *teenager*, e desde então a meditação e o estudo sobre a obra e a época de Southey parecem ter sido um dos pontos de partida de toda uma constelação de estudos, e só me refiro aqui aos publicados, como o trabalho já mencionado sobre "O Brasil na historiografia romântica inglesa, um estudo de afinidades de visão histórica: Southey e Walter Scott", ou ainda "Aspectos da Ilustração no Brasil", e também "A interiorização da metrópole (1808-1853)". Mas frisar principalmente a atenção que dedicou aos problemas dos fins do século XVIII e da primeira metade do XIX parece uma limitação forçada de um amplo círculo de interesses, que pode abranger desde sua tentativa de retroversão para o português de um texto do padre Fernão Cardim perdido no original e que existe só em inglês na compilação seiscentista de Samuel Purchas, até a publicação das partes ainda inéditas, inéditas até essa publicação do diário de André Rebouças, relativas à Guerra do Paraguai, que anotou minuciosamente. No livro que agora se publica o que sobretudo se teve em vista, e está dito em suas páginas, é fixar um tipo de mentalidade caracterizado pela expressão "o fardo do homem branco", que Kipling celebrizou, e que, marcando o Império britânico do comércio livre, continuaria presente na fase de formação e consolidação do Estado brasileiro. Ele agiria sobre estadistas empenhados na construção da nacionalidade e até sobre nossos pensadores e historiadores de fins do século passado e inícios do atual. Relendo-o agora, depois de o conhecer ainda em fase de elaboração, e ainda sob a forma de tese de concurso, vem-me à lembrança a constante aversão a reformas mais substanciais que marca singularmente a história do Império brasileiro, e parece estar à base do *festina lente* do Segundo Reinado. Herança, talvez, do espírito da Inglaterra pré-vitoriana, diretamente recebida ou por intermédio da monarquia burguesa de Luís Filipe. Recebida, é verdade e mal ou bem absorvida, num país que ainda não tinha nascido para a Revolução Industrial e que não tinha propriamente uma burguesia.

# O atual e o inatual na obra de
# Leopold von Ranke*

•

NASCIDO EM AMBIENTE LUTERANO e crescido na atmosfera ainda meio acanhada da Prússia oitocentista dos Hohenzollern e de Bismarck, tão admiravelmente retratada nas novelas de Fontane, Leopold von Ranke mal se deixou impregnar por esses influxos. O nome de Deus aparece muitas vezes em suas páginas, mas aparece antes como concessão ao protestantismo em que foi criado do que como sinal de um intenso sentimento religioso: se desaparecesse ou fosse substituído por alguma fórmula profana, não lhe faria falta. Quanto ao seu prussianismo, há nele alguma coisa de compulsório. Oriundo da Turíngia, antes de ser incorporada sua terra à monarquia da casa de Brandenburgo, o fato é que, nobilitado embora e convertido em historiador oficial dessa monarquia, nunca há de ser contaminado pelos fervores que desperta em volta dele a crescente pujança do reino da Prússia e, afinal, do Segundo Reich. Foi um motivo para os atritos que teve com seu rival Droysen e

---

\* Buarque de Holanda, Sérgio. "O atual e o inatual na obra de Leopold von Ranke." São Paulo, *Revista de História*, nº 100, 1974, pp. 431-82. [Introdução à obra *Leopold von Ranke: história* (org. Sérgio Buarque de Holanda), São Paulo, Ática, 1979, pp. 5-62.]

seu discípulo Sybel, que dele se separará para alinhar-se na escola histórica prussiana.

O inglês e católico lord Acton quase lamentava não poder achar em Ranke um prussiano mais patriota e um protestante mais devoto. O que o mestre de Cambridge censurava principalmente nele, como aliás na maioria dos intelectuais e homens públicos alemães da sua época, exceção feita dos católicos liberais e dos socialistas, era, além disso, o pouco caso alarmante que, a seu ver, parecia mostrar pelos princípios morais perenes.

Quando em 1882 escrevia sobre isso a Döllinger, ainda não tinha entrado em circulação, ao menos com o conteúdo positivo que tomará mais tarde, o nome "historismo", que, se não servia para designar quase tudo quanto abominava Acton, foi constantemente associado à indiferença ou ao relativismo ético. Indicando antes uma mentalidade do que um método, e aparecendo na jurisprudência, na teologia, na filosofia, na filologia, antes de se manifestar na historiografia, sempre teve na Alemanha sua grande fortaleza, e mesmo quando fertilizou o pensamento da Europa Ocidental, guardou a marca de origem.[1] Se é certo que, em sua oposição ao jusnaturalismo do século XVIII, pareceu filiar-se por um lado ao pensamento contrarrevolucionário, não é menos verdade que também teria justificado e fundado em grande parte a autoafirmação sediciosa do princípio das nacionalidades entre povos oprimidos, que parece já despontar em Herder. Além disso está presente, não apenas na obra do jovem Hegel *qui genuit Marx*, mas também nas especulações daquela Santa Família, a que Marx se achou ligado antes de a combater.

Ao reagir contra o naturalismo a-histórico, onde geralmente se presumia, em suas diferentes manifestações, uma estabilidade obrigatória da natureza humana e a necessidade de certos postulados eternos e universalmente válidos, a nova corrente de pensamento levava a uma reflexão individualizante e historizante, isto é, tendente a mover-se de acordo com o curso imprevisível da história. Se não é possível negar os progressos que a visão historista acarretou para o conhecimento da vida e da história humanas, pode-se bem imaginar que, dissipando em grande parte os elementos normativos e o terreno firme que tiravam seu sustento das teorias do direito natural, o que em seu lugar se instalou foram forças inéditas e mutáveis, capazes, naturalmente, de conduzir àquele relativismo ético de que falou Acton. "Ausência de convicções", "anarquia dos valores": são esses alguns dos labéus ainda hoje jogados sobre o historismo, quando o não fazem responsável pelas deformações patológicas verificadas na história recente. A increpação é, quando menos, discutível, pois a "razão de Estado" antecede de muitos séculos o nascimento da *Real-politik*, e a fúria delinquente de Hitler não fica muito longe da virtude enlouquecida de Robespierre.

Procurando aprofundar mais o problema, é o caso de perguntar quais as teorias que, nascidas depois do historismo, dele independentes e muitas vezes opostas a ele, não podem ser acusadas de indiferença e neutralidade diante dos princípios éticos tradicionais. Do moderno empirismo lógico, por exemplo, e de todas as teorias englobadas sob o rótulo, às vezes incorreto, de neopositivismo, que puderam contribuir tão eficazmente para despojar a ciência, em particular a linguagem da ciência, de todas as excrescências que não se sustentam diante de uma análise lógica e semântica rigorosa, quem dirá que ofereceu ou, sequer, podem oferecer elementos de uma ética normativa? A ciência, em si, é forçosamente neutra do ponto de vista moral. Quem diga que um ato é moralmente louvável ou reprovável profere uma sentença que, escapando às possibilidades de escrutínio científico, não se sujeita às categorias do verdadeiro e do falso. Desse ponto de vista, os problemas morais, como as questões metafísicas, não chegam mesmo a existir, pois pertencem de fato aos pseudoproblemas. Não é forçoso, entretanto, condenar tais teorias com o fundamento de que sua isenção e neutralidade na esfera moral podem produzir frutos ominosos. Houve, contudo, quem se servisse dessas razões para condená-las, dizendo que o vazio deixado com o abandono dos "valores humanos fundamentais" pode ser eventualmente preenchido pela aquiescência tranquila às virtudes da violência ou das doutrinações fascistas, e citou mesmo, a esse propósito, a popularidade alcançada em nosso tempo pela divinização do Estado, do Partido, da Raça, da Pátria.[2] É também essa, sem tirar nem pôr, a increpação dos que querem vislumbrar no historismo uma indiferença pelos valores humanos universais, que levaria à busca de valores menos ou nada universais, como os que se concretizam no racismo ou no nacionalismo exacerbado.

Defendendo Ranke e a tendência historista que ele representou, contra um escritor que pretendera achar no "quietismo político" do alemão meio caminho para a ascensão do nacional-socialismo, um historiador de nosso tempo mostrou a injustiça de semelhante juízo, já que não existe em toda a obra rankiana o que possa autorizá-lo.[3] Admite contudo o mesmo autor que a passividade de Ranke, e em dado lugar deixa escapar a palavra "amoralismo", pudesse levar alguns historiadores a não reconhecer a existência de padrões ou códigos morais estranhos e transcendentes ao objeto do estudo histórico. Mas acha admirável, por outro lado, sua capacidade de serena observação, o empenho de tudo compreender, a perfeita receptividade a fenômenos diversos daqueles que deveriam ter a sua aprovação pessoal: do protestante em face do papado, do alemão em face da monarquia absoluta na França ou da monarquia parlamentar na Inglaterra, às vezes do conservador em face da Revolução Francesa. São qualidades, essas, que lograram exercer generosa influência sobre a civilização do século XIX e se acham no polo oposto à doutrinação de homens que cinquenta anos depois da morte de Ranke mergulhariam a Alemanha e o mundo na catástrofe. Não deixa de lembrar Geyl, em defesa do historiador germânico, aquela "sua famosa frase sobre o primado da política externa", para admitir que pode ter consequências perigosas, devido sobretudo ao cunho idealista com que foi apresentada. Apenas Ranke jamais escreveu a "famosa frase", que lhe tem sido atribuída. Quem a escreveu foi Dilthey, a fim de tentar caracterizar certo traço da historiografia rankiana. Um escritor que se notabilizou por seus estudos sobre a gênese do historismo observa, entretanto, que tal caracterização deixa de lado a questão da política interna dos Estados, que é considerável na mesma historiografia, onde o que importa é a ação recíproca entre ela a política externa.[4] Isso está dito, aliás, e quase nos mesmos termos, tanto na *História inglesa* como, e principalmente, na *Conversa política*.

Quanto à capacidade de omitir-se diante dos sucessos históricos, de não julgar, não moralizar, não tomar partido, se para muitos constitui uma das grandes virtudes de Ranke, há quem a julgue imperdoável defeito. É aliás uma das razões das críticas de Acton, por exemplo, que vê nessa neutralidade um indício de insensibilidade moral, não apenas no escritor como no homem. Certa vez chega ele a citar, aprovando-a, uma opinião atribuída a Montalembert sobre o mestre de Berlin: "Grande talento, espírito pequenino".[5]

Acomodatício, contemporizador, avesso, até diante dos íntimos, a dar opiniões que lhe granjeassem desafetos, acontecia-lhe, não raro, incompatibilizar-se com liberais e conservadores, que lhe imputavam tibieza de caráter. Como tivesse aceito do seu governo um posto de confiança, ninguém esperaria, aliás, que entre as duas lealdades, a que o prendia à casa de Brandenburgo e a que devia ao seu mister de historiador, tivesse a audácia de sacrificar a primeira. Para ele, embora em escritos que se situam à margem de sua obra central, o ensaio sobre as grandes potências, por exemplo, se mostrasse sobretudo um patriota alemão e prussiano, em geral o problema simplesmente não existia. Numa situação que o forçasse a definir-se, tinha como refugiar-se no seu santo impersonalismo. No livro 7º da *História prussiana* escreveu sobre as dúvidas surgidas quanto à legitimidade da ascensão de Maria Teresa ao trono imperial, que deram pretexto a Frederico II para invadir terras da Coroa da Áustria, arrebatando-lhe a Silésia, que "felizmente não compete a quem escreve obra histórica pronunciar-se a respeito de casos jurídicos controvertidos: em condições tais, mesmo as palavras mais cautelosas podem limitar sua imparcialidade".

Explicações dessa ordem nem sempre seriam convincentes; a prova está naquele juízo de Montalembert, endossado por Acton, sobre o "espírito pequenino" de Ranke. Também seu último assistente em Berlim comunicaria a Meinecke a impressão de que ele era um "homem pequenino". Que o adjetivo indicava uma falha de caráter é o que se depreende de carta do mesmo Meinecke.[6] Não precisaria este apelar para testemunho alheio se quisesse aludir à pequenez física bem notória do historiador, que, de resto, ele conheceu pessoalmente. Também Burckhardt usa do mesmo adjetivo por mais de uma ocasião em correspondência particular, a propósito de Ranke, e quando o chama de "homem pequenino" também não quer referir-se à sua estatura.[7] Assim é que recorre à expressão a propósito de episódio testemunhado em Paris, numa recepção que ofereceu Thiers, por um alemão que o narrou a ele, Burckhardt. Segundo essa testemunha, puseram-se, em dado momento, o dono da casa a falar, em termos desrespeitosos e pérfidos, do defunto rei (Frederico Guilherme III da Prússia) e da rainha Luísa, num grupo onde estava Ranke, que tudo ouviu sem protesto. É possível, acrescentou o informante, que o francês quisesse apenas provocar alguma notícia utilizável num livro que tinha em preparo. Se isso é certo, foram baldados os seus trabalhos, porque o "homenzinho", ignorando a presença do compatriota que não era de suas relações, e cuidando que não estava sendo observado, julgou mais cômodo fazer-se desentendido. "Agora", comenta Burckhardt, "quando sair a história do Império, de Thiers, com as mesmas críticas ao rei velho e à rainha, já podemos saber quem é o culpado."

Perto de trinta anos mais tarde, num novo encontro entre Ranke e Thiers, dessa vez em Viena e durante a guerra franco-prussiana, explicou o primeiro que a luta não se travava então contra Luís Napoleão, e muito menos contra a França, e sim contra Luís XIV, que, aproveitando uma hora difícil para o Império, anexou Estrasburgo. Sem se deixar convencer pelo argumento de que tamanho recuo no tempo levaria a uma transformação completa no mapa da Europa, declarou que as reivindicações do vencedor deveriam limitar-se à Alsácia, onde prevaleciam a língua e cultura alemãs; quanto à Lorena, o mesmo já não ocorria, por conseguinte achava justo que continuasse com os franceses. Logo depois, porém, quando soube que também a Lorena iria fazer parte do novo Império alemão, mudou de parecer e disse que essa conquista atendia à justiça histórica. É bem possível que, fiel súdito da monarquia dos Hohenzollern, fizesse Ranke suas reservas íntimas ao rumo por onde iam levando seu país, mas evitava manifestar-se a respeito. Ao menos num caso, segundo parece, desviou-se dessa regra, e o resultado, por pouco, não comprometeu sua situação pessoal. Em 1847, fiado aparentemente na intangibilidade que lhe dava a fama de seu alto saber, tentou intervir junto a um príncipe no sentido de não entrar em vigor certo edito, que lhe parecia sumamente imprudente naquela fase pré-revolucionária que atravessava a Prússia.[8] Procurou-o para isso numa ocasião em que se achavam em companhia do príncipe vários ministros e altos dignitários. Mal exprimiu, porém, sua opinião e todos os presentes se retraíram, como se estivessem em presença de um democrata pestífero.

Se em ocasiões tais podia transigir, como transigiu no caso, não se conformava com a menor crítica aos princípios de isenção que julgava próprios do ofício do historiador. Assim é que, tendo publicado seu livro sobre a Alemanha ao tempo da Reforma e, entre os que o foram saudar por esse motivo, apareceu um especialista na matéria, tratando-o de colega, retrucou secamente que se considerava historiador, não apologeta. Num luterano declarado, é curioso, aliás, que se referisse à confissão de Augsburgo como quem lamenta o ter-se perdido com ela uma oportunidade única de reunificação da Igreja. É que, apesar de divergências secundárias, até o sumo pontífice chegara a admitir a aceitação no essencial da *Confessio*, enquanto, do outro lado, Melanchton se mostrou favorável a concessões que permitissem o acordo, e o próprio Lutero não lhes era adverso. No entender de Ranke, uma posição exclusivista em favor de Lutero e da Reforma, além de contrariar sua teoria dileta da fundamental unidade dos povos latinos e germânicos, entraria em conflito com seu ideal de perfeita neutralidade nos estudos históricos.

Foi esse ideal que, ainda no pórtico de sua carreira de historiador, ele exprimiu numa fórmula que logo se celebrizaria. Disse então que o verdadeiro mister do historiador não consiste, como outros presumiam, no querer fazê-lo juiz supremo do passado, a fim de instruir os contemporâneos em benefício das vindouras gerações. Quem quer que se ocupe da história, ajuntou, em vez de se propor tão alta missão, deve contentar-se com ambições mais modestas. O que se propõe ele é apenas mostrar (o sucedido) "tal como efetivamente sucedeu". Estas últimas palavras – "tal como efetivamente sucedeu": *wie es eigentlich gewesen* – parecem a muitos resumir o principal da contribuição historiográfica de Ranke. É uma fórmula sem dúvida infeliz, porque sua redação pode dar margem a interpretações que não correspondem ao pensamento do autor e, em muitos casos, são radicalmente opostas a esse pensamento, tal como foi desenvolvido e realizado ao longo de toda sua obra.

Expresso primeiramente em 1824, o princípio será retomado com mais clareza trinta anos depois, na introdução ao livro 5º da *História inglesa*. Nessa introdução, confessa que desejaria como que apagar-se nos seus escritos, para só poderem falar aquelas poderosas forças que, ao longo dos séculos, ora se unem e se misturam, ora se chocam em sangrentos combates, mas trazem no bojo, apesar disso, alguma solução, ao menos momentânea, para os grandes problemas do mundo europeu. É evidente que semelhante propósito não se acha ao alcance de toda gente.

O espetáculo que ele vê desenvolver-se ao longo dos séculos nem sempre é um espetáculo público, e para evidenciá-lo são necessários recursos de que Ranke dispunha notavelmente e que lhe permitiam, sem afetação retórica, organizar numa ordem plausível o emaranhado de acontecimentos muitas vezes invisível a olho nu. Dele se disse que, entre os historiadores, foi o maior escritor da Alemanha. E é a arte consumada do escritor de raça o que faz com que, depois de apreender os fatos particulares, saiba revivê-los em suas pulsações, para que se integrem, afinal, em quadros amplos, onde ganham nova dimensão e significado mais alto. Ao menos por esse lado, não se pode dizer que consiga omitir-se ou apagar-se no que escreveu.

Um historiador de nossos dias observa, a esse propósito, a parte de elaboração e de criação que assim se introduz na obra rankiana. Com isso, e não só com isso, ele é o oposto de um simples cronista, contente com oferecer uma exposição circunstanciada e meticulosamente fiel dos fatos, tais como eles podem aparecer à primeira vista. E lembra o seu tratamento da Reforma, que visa a apresentá-la como um todo, que passa a ter vida própria e tornar-se mais plenamente inteligível quando o historiador consegue mostrar as etapas do movimento em sua intrínseca unidade.[9] Porque os contemporâneos da Reforma só podiam vê-la e vivê-la como a veria e viveria um cronista, isto é, uma sucessão inumerável de acontecimentos isolados e mal articulados entre si. O que lhe importa é desvendar as grandes unidades de sentido, que irão dar àqueles sucessos sua verdadeira significação histórica. Acontece, diz o mesmo autor, que as grandes unidades de sentido não se apresentam diretamente, ao primeiro relance, em contraste com o que se pode dar nas criações artísticas, como o *Fausto* de Goethe, ou a *Paixão segundo são Mateus*, de Bach, ou os *Apóstolos* de Dürer, mas patenteiam-se verdadeiramente e adequadamente se organizadas por um historiador.

Dilthey, que foi historiador, mas foi sobretudo filósofo, pode ver em Ranke, por esse motivo, o incomparável mestre da história encarada com objetividade e universalidade. Outras figuras capitais tem havido, acrescenta, entre os grandes historiadores da Alemanha: há os que, como Hegel, são dotados de mais profunda visão metafísica ou, como Niehbur, se mostram mais construtivos para a nacionalidade. Ranke, à primeira vista, desliza na superfície dos acontecimentos ou não parece atinar com a noção das causas e, com tudo isso, é o grande mestre: em vez de ir às raízes que pudessem esclarecer, vai diretamente aos momentos culminantes, para apreendê-los em suas conexões universais...[10] E acrescenta:

> É o grande épico, outro Heródoto entre os historiadores. Vive em meio à multiplicidade dos acontecimentos. Tem constantemente presente as forças que acompanham e assistem os indivíduos, o Estado, enfim todas as manifestações coletivas. Discerne os momentos críticos, saindo do particular para o geral, que tudo envolve. A sua memória prodigiosa, que logra captar o que há de mais complexo na história, faz com que, em cada apreensão, a parte viva no todo, e seja considerada não de modo abstrato, mas com plena consciência das relações de significado existentes entre ela e o conjunto: essa é a própria essência da sua exposição.

> Sua fórmula, tão mal interpretada, muitas vezes tem ainda outro alvo: forçar a eliminação, tanto quanto possível, de pontos de vista pessoais que desfigurem o verdadeiro conteúdo. Prende-se tudo isso a um empenho maior, que é o de fundar os estudos de sua especialidade sobre métodos rigorosamente científicos. A tal ponto que suas salas de aula se viram convertidas em autên-

ticos laboratórios, que lhe deram desde cedo renome universal. Foi ele quem criou para os estudos históricos o sistema dos seminários, que aos poucos iriam proliferar em outros países. Ao mesmo tempo desenvolveu recursos de pesquisa e crítica das fontes, adaptando para isso, à história, processos já em uso antes dele entre filólogos e exegetas da Bíblia. Pode-se perguntar até onde caberia nas possibilidades humanas o alcançar-se, por esses e outros meios, aquela visão perfeitamente neutra que, com base no estudo acurado da documentação, tornasse possível aflorar finalmente a verdade histórica sem mácula. Ranke tinha consciência das dificuldades próprias da empresa que se propôs. Ao prefaciar os analectos de sua *História inglesa*, tocou no assunto para dizer: "O que proponho aqui é um ideal, e dirão que é impossível convertê-lo em realidade". Não importa. "O importante é ter podido mostrar o caminho certo", escreve, "e chegar a algum resultado que se sustente até mesmo em face das investigações e críticas que possam vir depois."

Para que a história alcançasse o estatuto científico, pareceu-lhe necessário que fizesse sacrifícios, e que seu campo se delimitasse rigorosamente. Assim como ao historiador não compete erigir-se em juiz ou moralizar, também não lhe cabe filosofar. A separação entre história e filosofia não é uma exclusividade sua, e em nossos dias voltou a ser defendida com ênfase por um renovador dos estudos históricos na França.[11] A posição de Ranke acerca das relações entre a história e a filosofia tem dado lugar a interpretações quase tão discrepantes entre si como as que tem sugerido a fórmula do *wie es eigentlich gewesen*. Em estudo recente sobre a imagem de Ranke no pensamento histórico da Alemanha e dos Estados Unidos, foi dito por exemplo que, ao tempo de sua morte, a ideia que se passou a formar dele entre autores norte-americanos, diversa da que se vem ultimamente desenvolvendo, depois do influxo de professores europeus imigrados, prendia-se aos seus métodos de ensino e de pesquisa, que correspondiam bem ao desejo de dar respeitabilidade científica à história.

Transplantaram-se para a América do Norte os seminários, e o nome de Ranke passou ali a ser identificado, pelas mais diversas correntes, com a história científica, e assim continuaria a sê-lo por várias décadas. Seria ele, verdadeiramente, o "pai da ciência da história", e chegou-se a associá-lo curiosamente ao positivismo. Para os historiadores alemães, ao contrário, Ranke passou a tornar-se a antítese do empirismo não filosófico, e com raízes no idealismo.[12] Só agora, nas duas últimas décadas ou pouco mais, a ideia norte-americana do legado rankiano começa a sofrer uma revisão que tende a aproximá-la da ideia germânica.

Embora seja inegável que, formado no clima do idealismo filosófico, dessa formação seja marcada toda a sua obra, é possível que, por oposição a Hegel, seu colega na Universidade de Berlim, o próprio Ranke se tenha incumbido de difundir uma imagem de seu legado que o apresentaria como interessado em emancipar a historiografia dos construtores de grandes sistemas filosóficos. Certamente não foi ele um historiador filósofo, como o foi de algum modo o seu grande contemporâneo e rival Droysen, nem, e muito menos, o que se chamaria uma cabeça filosófica. Defendia-se, entretanto, dos que o acusaram de indiferente ou mesmo hostil à filosofia. Em 1830, escrevendo de Veneza ao amigo Heinrich Ritter, observava:

> Acusam-me de falta de seriedade filosófica ou religiosa. Com toda razão se a palavra seriedade significa o agarrar-se alguém à primeira opinião expressa ou representada de maneira sistemática. Parece-me risível, entretanto, dizerem que não me interessam as questões filosóficas ou religiosas. Foram justamente essas questões, e só elas, o que me encaminhou à história.

Em muitos casos, onde se trata de definir a posição de Ranke historiador, em face da filosofia, varia a definição segundo os seus críticos e segundo as circunstâncias. Nesse ponto ocorre o que se dá no tocante aos juízos sobre sua neutralidade ética. É significativo que, na circular dirigida aos colaboradores da História Moderna de Cambridge, confiada a sua orientação, disse-lhes lord Acton, de modo expresso, que nada deveria transparecer, nos capítulos da obra, que mostrasse a pátria, a religião, o partido dos mesmos colaboradores. Assim, a poucos anos de distância, parece abraçar aquilo mesmo que pareceu censurar no alemão, quando declara que este, em tudo quanto escreveu, tratou de reprimir em si o poeta, o religioso, o homem de partido, nada publicando que afagasse os sentimentos ou revelasse os pensamentos que porventura tivesse. Agora o que recomenda é que "nossa Waterloo seja tal que possa contentar igualmente franceses e ingleses, alemães e holandeses".[13]

A recomendação só em parte se relaciona à conveniência, numa publicação coletiva, de manter-se a todo custo a harmonia do conjunto. Não há contradição, de fato, entre ela e sua oposição à ideia da neutralidade em questões de moral, porque a moral, de seu ponto de vista, não participa do subjetivo, mas representa um bem comum a toda a humanidade. Entre os 36 mandamentos do historiador, que anexou a uma das suas cartas a Creighton, lê-se: "No julgamento dos homens e das coisas, a Ética há de sobrepor-se ao Dogma, à Política ou à Nacionalidade".[14]

Outro era aparentemente o catecismo de Ranke, onde as opiniões políticas ou nacionais, assim como a moral e a filosofia tinham lugar próprio e certamente ilustre, mas incompatível com o discurso histórico.

No caso dos juízos morais, a principal objeção de Ranke procede, com efeito, da crença de que tendem a introduzir uma pausa indébita no fluxo dos acontecimentos. Defendia-se, entretanto, da increpação de indiferença aos valores morais, tanto como se defendera da acusação de infenso às questões filosóficas ou religiosas, e essa atitude foi bem assinalada por um dos seus mais autorizados intérpretes.[15] Em estudo de mocidade, diz com efeito Meinecke, escreveu ele, a propósito de Maquiavel, que era tempo de fazer justiça a intenções deste quando redigiu o *Príncipe*. Depois pareceu inquietar-se com a suspeita de que o julgariam um apologista dos princípios advogados nesse livro. É que, como escusa para tais princípios, mostrara a situação desesperadora em que se achava a Itália no século XVI, de sorte que o secretário florentino não hesitou em receitar veneno. Ao retomar o mesmo trabalho cinquenta anos mais tarde, para incluí-lo em sua obra completa, julgou Ranke de bom aviso juntar-lhe, como num aparte, a confissão de que ele pessoalmente dava tributo às "leis eternas", inseparáveis da ordem moral deste mundo, e longe estava de querer aprovar ou sequer desculpar o italiano. Não seria melhor se o incriminasse em nome das mesmas leis eternas? – pergunta Meinecke. Neste caso, porém, responde, entraria em conflito com suas ideias sobre o mister do historiador. Por isso, acrescenta, trata de dissimular o conflito, apelando para a arte elástica de seus recursos verbais. Pode-se, em suma, dizer que, nele, o discurso histórico mantém o cunho historizante, sem que o embarace o comentário do autor à margem.

Um grande historiador de nosso tempo assinalou, no entanto, a ambiguidade da fórmula do "como efetivamente aconteceu", dizendo que é característica de muitas máximas e serve para explicar sua grande repercussão. Porque, continua Marc Bloch, a ideia de que o sábio, neste caso o historiador, deve apagar-se ante os fatos pode entender-se, por um lado, como um conselho de probidade, "e não se pode duvidar que fosse esse o sentido que lhe deu Ranke", mas além disso é lícito interpretá-la como um convite à passividade.[16] E à pergunta sobre se é possível ao historiador ser absolutamente imparcial, responde que a palavra "parcialidade" também tem duplo significado, pois pode-se ser imparcial à maneira do sábio e imparcial à maneira do juiz. Ambas as maneiras teriam suporte comum, que é a honesta sujeição à verdade. O sábio registra ou, melhor, provoca a experiência, que talvez vá deitar por terra as doutrinas que ele professa, enquanto o juiz, qualquer que seja sua íntima simpatia, só interroga as testemunhas para saber como os fatos efetivamente se deram.

Até aqui não há divergência entre os caminhos do sábio e do juiz. Quando o primeiro observou e explicou, está cumprida sua missão. Ao juiz falta, porém, proferir a sentença. Para isso trata de impor silêncio a suas secretas inclinações e ele se presume, assim, imparcial. Estará certo do ponto de vista dos juízes, não do prisma dos historiadores. É que, para condenar ou absolver, terá de tomar partido, abraçando uma tábua de valores que nenhuma ciência positiva tem meios de autorizar. Talvez seja possível provar que certo indivíduo cometeu um crime, mas as civilizações não chegaram a um acordo sobre o tipo de castigo que merece o réu, de sorte que a sentença corresponde sempre a uma opinião discutível.

Os dois caminhos assinalados por Bloch não diferem substancialmente dos caminhos descritos e separados por Leopold von Ranke: o da filosofia, que, no seu entender, é o reino das leis genéricas ou abstratas, e o da história, que, partindo da observação do único, em sua unicidade, deverá entretanto explicá-lo, o que só poderá fazer recorrendo aos meios que servem para se comunicarem os homens entre si, pois que são inteligíveis geralmente. Tempo houve, segundo Bloch, em que o historiador costumava erigir-se numa espécie de juiz dos infernos, incumbindo-se de distribuir prêmios e penas aos heróis defuntos, o que supunha a existência de uma tábua de valores morais deliberadamente aceita. Contra tal posição, reporta-se ao caso das ciências da natureza, que largaram o velho antropocentrismo do bem e do mal: nenhum químico que se preze irá separar o cloro do oxigênio só porque o primeiro é um gás mau, e o outro um gás bom. Mas ainda que as ciências se tenham revelado mais fecundas, por mais prestativas, graças a sua "neutralidade", sabe o francês que não é lícito levar mais longe essa analogia: a história como, em regra, as ciências humanas trata de seres naturalmente capazes de perseguir fins deliberados, ao passo que as ciências do mundo físico excluem o finalismo. A diferença reflete-se em sua nomenclatura, de modo que palavras tais como sucesso, malogro, inépcia, habilidade, que pertencem ao vocabulário corrente do historiador, assumem, no outro caso, quando muito, o papel de ficções, que só cautelosamente hão de ser usadas.

A essas precisões de Bloch pode acrescentar-se que, não raro, acontece empregarem as ciências humanas e as do mundo físico vocábulos perfeitamente idênticos, devido à pobreza de nosso léxico, mas que, a uma análise semântica mais rigorosa, resulta terem significados profundamente diferentes. Há uma palavra que, segundo observa ainda Bloch, domina e ilumina os procedimentos do historiador, a quem hão de interessar sobretudo os seres humanos, e não as coisas físicas. É a palavra "compreender". Não se diga do historiador que é um indivíduo isento de paixões, pois que ao menos a da compreensão não lhe pode ser estranha. Note-se que a ideia da compreensão, apresentada como um instrumento cognoscitivo, diverso dos que empregam as ciências da natureza, aparecera também entre filósofos e historiadores empenhados em descobrir um poderoso abre-te Sésamo adequado às peculiaridades reais ou supostas das ciências do homem. As filosofias do "único" alcançaram efêmero triunfo, e se com Max Weber a ideia de "compreensão", no sentido em que foi usada por alguns neokantianos, teve maior longevidade foi, entre outros motivos, por ter sido associada a um método, o do "tipo ideal", que pareceu lançar uma ponte entre as tradicionais categorias das ciências da natureza e os procedimentos adotados nas ciências do homem. Ainda assim ele só passou, em geral, por uma solução plausível enquanto não se percebeu mais claramente que escamoteava, sem superá-lo, o recurso inevitável a generalizações. Não se pode dizer, aliás, que desapareceu hoje a auréola quase mágica que envolvera a "compreensão" entre os neokantianos, pois ela subsiste nas filosofias da existência, embora em um caso ao menos (o de Sartre) não exclua a intelecção.

Ranke foi historiador sem pretensões a filósofo, mas teve mais de uma vez o cuidado de definir quase filosoficamente o ofício do estudioso do passado. Entendia, ainda assim, que a história é uma ciência do único, separando-se por esse lado da filosofia, que, para ele, se ocupa de abstrações e generalizações. Por outro lado pretende que a observação e o conhecimento do único representam só o ponto de partida do historiador. Para alçar-se ao conhecimento dos grandes nexos de sentido, faz-se necessário que siga sempre seus "próprios" caminhos, que, segundo disse, não são os caminhos do filósofo. Nesse passo, porém, seu raciocínio é pouco preciso. De fato, como ultrapassar o único, sem o que não se pode atinar com os grandes nexos de sentido a que aludiu, e evitar o genérico ou as abstrações, por pertencerem ao caminho do filósofo, se ele nega enfaticamente a existência de um terceiro caminho? O certo é que, embora alguns autores, reagindo mais tarde contra as correntes positivistas na historiografia, tentassem emancipar o conhecimento histórico das generalizações e abstrações, que passariam a ser privativas das ciências nomotéticas, e interpretassem o legado rankiano ao sabor de suas teorias, esse modo de ver já não se pode justificar hoje.

É fora de dúvida que Ranke sentiu desde muito cedo a dificuldade de estudar, pesquisar e verificar os fenômenos singulares sem o socorro de seleções, avaliações, comparações ou generalizações, e que apelou conscientemente para tais recursos. O que combatia, e expressamente, por exemplo na *Conversa política*, era a crença na possibilidade de partir o historiador de teorias gerais para o conhecimento do particular. O caminho inverso, este sim, parecia-lhe possível e necessário, se trilhado com arrojo e, ao mesmo tempo, com cautela. Nas Épocas da história moderna ele reitera essa necessidade, e ainda se refere ao erro dos que querem ver na história simplesmente um "amontoado imenso de fatos, e acham altamente meritória a capacidade de retê-los de cor".

Daí resulta, acrescenta, que cada evento singular se segue a outro evento singular e todos são soldados entre si pela moral comum. E ainda ajunta:

Sou mais de outra opinião, a opinião de que o saber histórico mais acabado deve ser apto a elevar-se por caminhos próprios da pesquisa e consideração do único para uma apreensão genérica dos acontecimentos e para a inteligência de suas conexões objetivas.

Aliás, o simples fato de pretender que o conhecimento do único é apenas um primeiro degrau para quem procure mostrar o passado como efetivamente foi já exclui Ranke da escola do único, atenta só às singularidades e diferenças, mas cega às similaridades, repetições e conexões. O rótulo – "escola do único" – é, segundo parece, de recente cunhagem, tendo surgido as discussões ultimamente suscitadas pelo interesse cada vez maior que desperta o problema da generalização em história.[17] Ainda quando objetasse vivamente contra a presunção de que possa haver um sistema de leis históricas universal e eternamente válidas, Ranke se serviu abundantemente de generalizações para atingir ao menos aquilo a que já se chamou uma forma superior do individual,[18] onde os fenômenos singulares se reorganizam em totalidades significativas. A recusa sistemática às generalizações e o aferro não menos sistemático ao único e ao não recorrente implicariam logicamente a renúncia à nossa linguagem normal, tamanho é o número das palavras que dependem delas e que são absolutamente necessárias na comunicação de homem a homem.

Uma notável ilustração dos métodos de Ranke, nesse particular, aparece no desenvolvimento por ele dado a sua ideia da unidade fundamental dos povos românicos e germânicos na origem de toda a história moderna, que ainda em seus dias lhe parecia guardar essa marca originária. É possível que não fosse uma ideia nova ou inteiramente sua, e com efeito ela já aparece, em termos muito semelhantes ao que emprega, em uma carta de Guilherme de Humboldt datada de 1799.[19] Mas foi ele, de qualquer modo, quem, absorvendo-a, lhe insuflou vida nova e soube explorá-la em todas as virtualidades numa obra extremamente fecunda. Essa ideia, "minha ideia favorita", escreverá posteriormente, já se define em seu primeiro livro, que lhe abriu as portas do professorado na Universidade de Berlim, onde trata da história dos povos latinos e germânicos entre 1494 e 1530. Redigido quando Leopold Ranke (a partícula nobilitante ele só a terá a partir de 1865) não iniciara ainda a sistemática exploração dos arquivos, esse livro incipiente destoa, às vezes, dos critérios que passarão a presidir logo em seguida a elaboração de sua obra: não será por acaso que deixa de escrever ou publicar o segundo volume, correspondente aos anos de 1510 a 1535, sugerido, aliás, no próprio título, que será devidamente mudado cinquenta anos mais tarde, para incluir-se na obra completa.

Nada impede, porém, que o livro continue a ter seus devotos ainda hoje.[20] O que se explica em parte pelo fato de já se acharem nitidamente formuladas em suas páginas, inclusive nas que são dedicadas, em apêndice, à crítica dos historiadores da época, os pontos de vista a que, com pouca ou nenhuma diferença, ele se manterá sempre fiel. Sem elas, especialmente sem a "ideia favorita", desapareceria o arcabouço natural de restante de sua copiosa produção. Essa presença é sensível, depois daquele livro de 1824, no que dedicou à história dos papas (1834-6), à da Alemanha ao tempo da Reforma (1839-47), à do reino da Prússia (1847-9), à da França nos séculos XVI-XVIII (1852-61), à da Inglaterra, principalmente no século XIX (1859-68), e em muitos outros escritos dedicados sobretudo à Itália e à Espanha. Nem estará ausente do torso da história mundial, que ele elaborou às pressas numa luta obstinada com o tempo, ditando a duas secretárias (pois já meio cego não podia consultar arquivos, nem ler e escrever diretamente), mas que assim mesmo deixou incompleta quando morreu em 1886.

A ideia da unidade, até do parentesco, dos povos românicos e germânicos prepara-se, segundo ele, no Sul da Europa, como resultado das grandes migrações de povos nos séculos IV a VIII, para ir expandir-se ao norte com o império carolíngio, e é quando, a bem dizer, se forma o sentimento nacional tanto da Itália como da França e da Alemanha, ganhando logo a Grã-Bretanha, a Espanha e a Escandinávia. Sua importância singular está em que, sobre essa ideia, descansa para ele, até na época contemporânea, toda a vida europeia, além de seus prolongamentos ultramarinos, como os do continente americano. Depois de Carlos Magno, a unidade parecerá comprometida por vários fatores, entre eles as dissensões entre o papado e os soberanos seculares, mas ressurge depois como retemperada pelas crises. Assim é que, desmembrado o Império de Carlos Magno, a antiga unidade irá sobreviver num plano superior, sob a égide da Igreja de Roma. Também quando a fé religiosa deixar de ser fruto de uma adesão cândida às crenças tradicionais, para ceder às exigências de uma aquiescência bem pensada e consentida, forçando opções individuais necessariamente discrepantes, mantém-se a conexão de sentido que se situa à base de toda a moderna história. Protestantes e católicos são galhos de uma só árvore, a da cristandade ocidental, separada do mundo bizantino. Depois das lutas religiosas, a unidade manifesta-se sob a forma de afeições, preceitos, instituições, códigos de compostura individual e coletiva, que, tendo raiz comum, são patrimônio de todos, de sorte que esses povos formam como uma só república.

Não importa que o historiador se dedique ao estudo das diferentes histórias nacionais, quando não perca de vista o pano de fundo que de algum modo as congrega. A história mundial, escreve Ranke no proêmio de sua última obra, "degeneraria em fantasias e filosofemas, se quisesse deixar o terreno firme das histórias nacionais [...] mas também não pode ancorar em definitivo nesse terreno".

Continuando, linhas abaixo ainda observa: "Até mesmo da história das lutas travadas entre vários povos, pode irromper a história do mundo...".

Esse mundo, porém, deixa de ser informe ou multiforme, apenas na medida em que se organize em torno de um nexo de sentido, como o que oferece, em grau eminente, a história comum do Ocidente europeu. Sem isso, o estudioso do passado assumirá a posição de mero compilador de fatos, comportando-se passivamente diante deles. Ainda na mesma introdução à história mundial refere-se, para rejeitá-la, à tendência dos que procuram situar à base da história humana aquilo que denomina o ancestral marasmo de tal ou qual população do Oriente: é que não consegue ver como se possa acompanhar o movimento profundo e geral dessa história partindo de mundos estagnados, esclerosados ou sonolentos. A vida das nações só se faz acessível ao historiador, segundo ele, num contexto "onde se veja como atuaram, umas sobre outras, como se sucederam umas a outras e como, enfim, se juntaram umas com outras numa comunidade nova".

É pois escusado querer incluir numa comunidade viva, como a dos povos da Europa Ocidental, agrupamentos que lhe são heterogêneos.

O certo é que, com todas as divergências nacionais e também confessionais, esses povos parecem, em vários momentos bem definidos, mover-se nas mesmas trilhas, como se tivessem um só impulso a governá-los, mesmo quando pareçam separados por dissídios e rivalidades. Um desses "momentos" é o das Cruzadas, em que marcharam unidos para pelejar contra o infiel, devendo notar-se que aprofundou a divisão entre "latinos" ou "francos", como indiscriminadamente se chamavam os que seguiam a Igreja de Roma, e a cristandade oriental ou cismática. Outro "momento" notável há de manifestar-se depois, com a expansão ultramarina, em que diferentes nações do Ocidente europeu, guerreando-se, embora, muitas vezes, se acham articuladas pelos mesmos propósitos, nascidos da cobiça de riqueza material, do desejo de estender sobre terras distantes, muitas vezes ignoradas das gerações antecedentes, sua fé, e do empenho de dilatar além dos oceanos a cultura que derivam de uma tradição comum. Para ir mais longe, não é muito lembrar ainda o momento da Ilustração do século XVIII, que avassalou igualmente os representantes da cristandade ocidental e, a bem dizer, somente esses? À origem de um tal momento ainda se discerne a presença atuante do princípio, nascido ao longo das guerras de religião, da livre adesão, de todos reconhecida, a doutrinas diversas, mas concebidas dentro do mesmo espírito cristão. Sem isso, diz Ranke no seu livro sobre a Alemanha ao tempo da Reforma, deixaria cada Estado de tolerar os direitos do vizinho, degenerando o convívio entre os povos na prepotência de um povo sobre outros, se não numa xenofobia generalizada. Em tudo pode ver-se como o consenso sobrevive até mesmo no conflito, no caso o consenso superior da civilização do Ocidente.

O mundo das histórias nacionais de Ranke é, assim, um mundo europeu, que se dilata, sem perder o conteúdo essencial, sobre províncias e continentes do ultramar colonizados por europeus. Mas não é a Europa inteira o que o ocupa, é a Europa que "vai da extremidade do golfo de Bótnia aos promontórios mais meridionais da Sicília, e do Oder ao Adriático, às Hébridas e a Lisboa".

As fronteiras geográficas dessa Europa latina e germânica, protestante ou católica, são as fronteiras também do espaço histórico a que devotou o melhor de sua atividade intelectual. Só em raras ocasiões, e enquanto não se definiu mais sua ideia central, chegou a transpô-las: quando em 1827 escreveu sobre o Império otomano, e quando tratou, em 1829, da revolução na Sérvia. O livro sobre a Sérvia é obra de circunstância e fica à margem do resto de sua produção. O outro resulta do propósito de estudar os povos do Sul da Europa, de onde não lhe seria lícito expulsar os turcos. Há contudo uma explicação melhor: o lugar importante que ocupam os otomanos nas *Relazioni* venezianas, que abundantemente explorou, e onde logo encontrou boa safra. Depois, o conhecimento aprofundado da história turca, uma fase singularmente fecunda da vida das nações europeias, irá permitir-lhe encarar de novo prisma essa fase. Concluídas, porém, tais experiências, poderá então retomar com mais segurança os assuntos sugeridos pela sua ideia de que a comunidade romano-germânica deve erigir-se num princípio verdadeiramente axial de toda a história moderna.

Visto de nossos dias, esse princípio pode suscitar dificuldades que Ranke não considerou ou simplesmente desdenhou. Uma dessas dificuldades prende-se à operação procustiana que o leva, no descrever sua comunidade privilegiada de nações, a exclusões arbitrárias, como a da Polônia, da Hungria, até da Boêmia e Morávia, que desde o começo de sua vida histórica se prendem estreitamente a todo o complexo ocidental, ligando-se ainda a ele pela cultura e pela religião. O desejo de mostrar-se coerente, não tanto as considerações históricas, forçou-o a apartar de seu sistema tão laboriosamente construído povos que não fossem de origem românica ou germânica e, num caso particular, o dos magiares, nem sequer indo-europeia. Às vezes, quando se refere à parte que puderam ter eslavos ou húngaros nos movimentos de defesa do mundo ocidental em face do perigo que representavam para ele as hordas turcas, parece, por um instante, consentir em admiti-los nesse grêmio fechado. Outras vezes, quando é impossível negar terminantemente que eles assimilaram os valores romano-germânicos, sugere que desempenharam nesse caso um papel receptivo, mais do que ativo e verdadeiramente criador. O que é explicável pelo fato de se situarem, e não só pela geografia, nos limites indecisos e flutuantes dos povos privilegiados.

Do ponto de vista da geografia, a explicação poderia ter algum valor para a Polônia ou a Hungria, mas não parece certa para a Boêmia, que, além de enlaçar-se intimamente, pela sua história, ao Santo Império Romano da Nação Germânica, se estende para oeste da linha que traça o Oder (com o Adriático). Referindo-se aos que ficam a leste dessa raia, mas silenciando a respeito dos que estão a oeste, há uma passagem em seu livro sobre os Estados do Sul da Europa, onde alude à funda diferença existente ainda nos séculos XVI e XVII, na arte da guerra tal como a praticavam poloneses e magiares, de um lado, e de outro os povos germânicos e latinos. É que, enquanto aqueles conferiam realce incomparável à cavalaria, as nações ocidentais davam preferência à infantaria e à artilharia. Assim, o rei da Polônia podia pôr em campo a qualquer momento uma força equestre maior do que as da Alemanha, França e Espanha juntas. No que se parecia não só com os cabos militares dos Siebenburgen e dos Szeckler da Hungria, mas também com o grão-duque de Moscóvia e os voivodas moldavos e valacos, sujeitos à Porta. A leste confinavam estes últimos com os tártaros, que passavam a vida inteira a cavalo. Sua conclusão é de que não se tratava aqui de fenômeno fortuito, mas indício de diferenças mais fundas com as nações ocidentais, que deveriam envolver modos de pensar ou sentir e se estenderiam às formas de existência e coexistência. Parece mais fácil, em suma, e mais seguro, repelir poloneses e húngaros para um mundo asiático – alheio historicamente ao binômio Império (ocidental)-Papado, que os povos latinos e germânicos ajudaram a formar e nele deixaram seu cunho.

Quanto aos moscovitas, não constituíam problema mais sério. Parceiros tardios no concerto ocidental, onde só principiam a firmar-se em fins do século XVII, ingressaram nele por obra de um czar que, devendo impor-se a vizinhos poderosos, procurou ocidentalizar seus súditos, sem deixar de continuar um autocrata bárbaro, mais da Ásia do que da Europa. As reformas que empreendeu Pedro, o Grande, tiveram sempre em mira o bem-estar de seu povo contra a cobiça alheia. Organizou uma frota, tentou criar um exército disciplinado, que o ajudariam a bater os suecos e a sustentar no trono da Polônia um candidato contrário à França e à Suécia. Perdeu para os turcos uma batalha, mas uma apenas, entre várias outras de onde se saiu vitorioso, mas pode infundir nos súditos do sultão, mormente naqueles que professavam o cristianismo oriental, a fé no grande poder, até então ignorado, de que dispunha. Não bastava contudo esse poder para equiparar seu povo, no que respeita às artes da civilização, aos países do Ocidente. Fundava-o, em parte, numa nacionalidade, a dos eslavos, muito mais monárquica e submissa do que a germânica, e também na Igreja grega, tradicionalmente autocrática, mais do que qualquer outra. Se implantou no país muito da civilização material do Ocidente, não cogitou em ocidentalizar também suas ideias e, acrescenta Ranke, "nem os russos estavam aptos para tanto, de sorte que continuaram impermeáveis a todo progresso moral".

O mesmo, aliás, em outras palavras, já dissera em 1824, quando, depois de se referir aos vínculos existentes entre a Europa e a América, apesar da distância que separava os dois continentes, observou: "Somos mais vizinhos de Nova York e de Lima do que de Kiev e Smolensk".

Nada melhor do que a consideração de generalizações desse tipo, que estão à base de sua historiografia, para mostrar como Ranke se encerrou, desde o começo, num sistema sem desemboque, e que não mais o deixará. Fora da Europa, de *sua* Europa e, quando muito, fora das terras colonizadas por europeus, só existiam para ele o caos e o cemitério. Em tais condições, hão de ficar fora de horizonte que se fixou aqueles mundos informes ou álgidos, que lhe parecem, efetivamente, terras sem história. Não querendo ser apenas um erudito, que visse na história mundial uma soma desconexa de histórias nacionais, importara-lhe principalmente discernir as grandes conexões entre os povos e verificar em que medida elas agem sobre a vida interna das nações. Em princípio nada há a dizer contra semelhante procedimento, nem parecem boas as razões dos que deploram a exiguidade do campo de visão que o leva a interessar-se unicamente por umas tantas nacionalidades. Semelhante crítica pode, aliás, com mais razão, recair sobre qualquer dos historiadores de seu tempo: sobre Macaulay, por exemplo, que só se interessa pela Grã-Bretanha, sobre Michelet, que, praticamente, se ocupou apenas da França, ou mesmo sobre Burckhardt, que via unicamente, por assim dizer, os países que orlam o Mediterrâneo e, melhor, a parte do

Mediterrâneo que banha a Itália do Renascimento e Constantino, o Grande, com a Grécia antiga.

As razões dessa crítica só valeriam se quisessem dizer que o mundo histórico cessava, para Ranke, nos limites da Europa Ocidental com seus apêndices ultramarinos. O resto não apenas deixa de interessar-lhe, mas, de fato, é como se fosse inexistente. Sua ideia do nexo de sentido, que poderia justificar-se como um princípio de economia necessário, passa a ser um mandato de exclusão sem apelo. Os povos que não tiveram o privilégio de originar-se das grandes invasões dos séculos IV a VII, que não se puseram logo sob a égide da Igreja de Roma, que não tomaram parte direta ou indireta nos descobrimentos e conquistas ultramarinos, que não se viram envolvidos, dentro do mesmo espírito cristão, mas cristão ocidental, nas guerras de religião do século XVII nem na Ilustração do século XVIII, esses povos não têm salvação em face da história. Pouco adiantaria o terem assimilado ou o assimilarem no futuro os valores da cultura do Ocidente. Um autor moderno observou que, já no primeiro livro de Ranke, não é mencionada sequer a palavra "Ásia" como correlativo de "Europa". Quando muito há referências passageiras a algum extramundo ou *Aussenwelt* da Europa, onde vivem desvairados povos.[21] A verdade é que em tudo quanto escreveu, e não só no primeiro livro, onde traça as linhas gerais de seu pensamento, inutilmente se procurará uma fresta por onde aquele *diluviun gentium* extraeuropeu possa um dia ganhar ingresso em seu panteão.

Por mais que nos possa parecer sem sentido uma concepção hierarquizada das sociedades humanas, continua ainda hoje a ser grande, e é até certo ponto justificável, a tentação de atribuir lugar eminente àquelas que, desde o início, se identificaram com as manifestações da vida material e espiritual balizadas por noções tais como as de civilização, progresso, ciência e arte, que rapidamente se universalizam. E compreende-se que tanto maior deva ser semelhante eurocentrismo quanto mais se considere que a Europa, esse "cabo da

Ásia", nas palavras de um poeta, se fez continente, em realidade, por causa da história, não por causa da geografia. Considerações dessa natureza devem ter contribuído para inspirar um livro saído pouco depois da última guerra, que se intitula, aliás, *História mundial da Europa*.[22] O fenômeno mais perturbador de nosso século está entretanto, para Hans Freyer, o autor do livro, no fato de povos que não pertencem ao que antigamente se chamava raça branca saberem empregar muitas das técnicas industriais mais perfeitas e, sobretudo, estarem hoje em condições de desenvolver por conta própria essas técnicas, sem ter precisado atravessar as etapas iniciais de sua elaboração e de seu progresso.

Em defesa do exclusivismo de Ranke poderia alegar-se que essa universalização da cultura ocidental parecia rigorosamente imprevisível à época em que ele viveu, e no entanto é forçoso observar que sua noção científica da história, ao mesmo tempo em que lhe traçava limites fixos no espaço, também excluía a dimensão do futuro. Nada há, em sua imensa obra, que se assemelhe a certas previsões feitas por homens de seu tempo: um Heine, um Tocqueville, um Burckhardt, que seriam posteriormente realizadas. E nem há como exprobá-lo por ter seguido a regra, que Hegel definiu mas não seguiu, de que não é da competência dos historiadores o arvorarem-se em profetas ou taumaturgos. A limitação de Ranke, neste particular, não está em que para ele o tempo histórico pode comportar um ontem, quando muito um hoje, cujo conhecimento nos é acessível através de pesquisas ou de experiências, mas sem abranger o amanhã, de contornos ainda esquivos. Estaria antes em sua insensibilidade para o que possa haver de virtualidade, de promessa, de agouro no hoje, para a parte do futuro contida no presente, e naturalmente para aquele presente "grávido do futuro", da proposição bem conhecida de seu compatriota Leibniz. Pode-se aqui lembrar ainda uma vez Hans Freyer ou, melhor, o conde Yorck, numa passagem de sua correspondência com Dilthey, que Freyer transcreve e aprova. "Ranke", diz essa passagem, "é um grande *ocular*. Mesmo os preceitos críticos a que recorre prendem-se pela natureza e origem a essa ocularidade. Quanto à matéria histórica, esta é, para ele, como um fluir de forças que vão ganhando forma. E suas personagens históricas são, a bem dizer, *personae*, portadoras de papéis históricos. É isso, em suma, um *ver* a história, não é um *viver* a história."[23]

A explicação não é incontestável, e houve mesmo quem a rebatesse, mostrando o que há de verdadeiramente dinâmico-histórico nas figuras de Ranke, em contraste com o tratamento dado por Burckhardt às suas personagens que, esse sim, seria predominantemente ótico-estático.[24]

Ao glosar os conceitos de Yorck, deixa entrever Hans Freyer mais uma das limitações importantes da historiografia rankiana. A "ocularidade" do historiador seria responsável pela ênfase atribuída em seus escritos aos espetáculos mais brilhantes, mais *visíveis* e mais dramáticos da verdade histórica. Tudo neles, a sociedade e a economia mesmo, é encarado principalmente do ângulo político. Isto quer dizer que, além de expulsar da história moderna as nações que não tiveram a ventura de pertencer à civilização ocidental e de professar o catolicismo ou o protestantismo, além de dar quase como definitivo e imutável este mundo, que deixou em 1886, Ranke vê quase sobretudo as minorias dominantes e governantes de cada país. Um autor moderno, que, não obstante, afirma e justifica a singular importância de sua obra, observa que "o horizonte desse prussiano adotivo, desse historiador da Corte de Berlim, é como horizonte de campanário",[25] o que não deixaria de exercer ação nefasta sobre o desenvolvimento ulterior dos estudos da história na Alemanha. São provavelmente corretas as observações de Georg von Below, um mestre da história econômica, para quem Ranke se vira forçado a dar relevo menor, em sua obra, aos problemas das instituições políticas, da economia, da literatura ou das artes, não porque se interessasse menos por esses problemas, não porque fosse mal dotado para abordá-los e, principalmente, não em obediência a algum princípio exclusivista, e sim porque, perdido numa selva selvagem de fontes documentais ainda virgens, precisou apelar para um rigoroso critério de seleção do material utilizável, sob pena de não levar a bom termo sua obra.[26] Ainda que justa, a argumentação não justifica, ou justifica mal, o fato de a divisão de trabalho que o historiador escolheu favorecer justamente os grupos políticos e sociais privilegiados.

De qualquer modo, uma crítica dessa natureza corre facilmente o risco de tornar-se anacronística, se levada às últimas consequências, excomungando um autor simplesmente porque seguiu critérios e preferências próprios do tempo em que viveu, não do tempo em que vivemos, e que ao tratar, vamos dizer da França do *grand siècle*, deixou lastimavelmente de reparar que o seu personagem principal não foi bem Luís XIV nem foi Colbert, mas foi, evidentemente, uma certa "fase B", em que a assustadora imagem da curva descendente dos preços teria servido de aguilhão para o engenho e a iniciativa dos homens, segundo se pode tirar das teorias de Simiand. A ascensão do nacionalismo burguês, que se destinaria a alterar fundamente as estruturas estatais vindas do passado, e isso não só na Alemanha, mas também, e mais ainda, na Inglaterra e na França, serve largamente para explicar essa preeminência do político, visível igualmente em Macaulay ou Michelet.

É claro que há muito de inatual na historiografia rankiana e, em geral, no tipo de historismo que ele admiravelmente representou. Contudo é tão difícil renegá-lo em bloco, em nome da reação contra o historismo clássico, como é difícil negar completamente a própria mentalidade historista. Pois o historismo, como já se lembrou nestas páginas, é, de fato, mais propriamente um tipo de mentalidade, não um método ou uma escola. Ernst Robert Curtius pode escrever que o historismo não é uma teoria científica e sim um modo de ver e de ser, surgido no universo mental de Hegel e Ranke, de Nietzsche e Jacob Burckhardt, e que só nele poderia aparecer. A Europa do oeste permaneceu imune ao seu contágio.

Em outra passagem de seu diário de leituras reitera a mesma observação e diz mais que, como forma de vivência, que atuara já sobre Goethe e Hegel, e seria ininteligível sem Herder, o historismo é inseparável da vida espiritual germânica.[27] Curtius quer referir-se aqui, certamente, ao historismo como mentalidade e é desse que a Europa Ocidental estaria livre de contágio. Porque na medida em que pode impregnar os estudos históricos, dando-lhe rumos novos e mostrando sua eficácia, é inegável que pode encontrar larga acolhida nos países do Oeste da Europa e ainda na América do Norte. O autor de um estudo sobre a poderosa influência da "escola histórica alemã" na Inglaterra[28] teve o cuidado de frisar, logo de início, que foi principalmente no campo restrito dos estudos históricos, no modo de encarar a história, que ele teve na Inglaterra a "enorme influência" descrita no seu livro e confirmada no prefácio de G. P. Gooch.

A ideia que sustenta Curtius, de uma radical incompatibilidade de franceses e ingleses com a *forma mentis* especificamente alemã representada pelo historismo, faz pensar na distinção e antagonismo entre "cultura" e "civilização", que andou em moda na Alemanha guilhermina. Seja como for, parece desnecessário admiti-la para acreditar que não seria fácil ao pensamento germânico despojar-se de uma tradição inveterada e extremamente rica. As críticas de Hans Freyer, por exemplo, ao chamado quietismo de Ranke, onde se pretende ver substituída uma historiografia inerte por "atos de decisão" e "tomadas de posição", não se situam forçosamente fora da órbita do historismo. E menos ainda o apelo de Erich Rothaker em favor da enérgica afirmação da responsabilidade – contra certas doutrinas fatalistas (Spengler, por exemplo) –, onde recorre generosamente a palavras tais como honra, heroísmo, luta, orgulho nacional.[29] Embora, por ocasião da famosa "querela dos métodos" (*Methodenstreit*), de 1896-7, tivesse estado mais perto de Lamprecht, com suas tendências vagamente positivistas, Rothaker voltou depois à tradição idealista germânica. É possível talvez vislumbrar alguma afinidade entre o pensamento de Freyer e Rothaker e a teoria que já em 1919 defendera Theodor Lessing, ao insurgir-se contra uma historiografia que postula "com segurança fofa: assim foi?", em vez de dizer orgulhosamente e de consciência limpa: "assim *deve* ter sido!".[30]

O que ele pretendia, em suma, resume-se numa sentença que, para ser melhor traduzida, reclama a criação de um neologismo: a história, diz, não é ciência (*Wissenschaft*), é "*violência*" (*Willenschaft*) transformadora.

Theodor Lessing já se colocava abertamente no polo oposto a Ranke e mesmo às diferentes modalidades do historismo. Outro tanto ocorre com as posições radicais de alguns autores de influência bem mais ampla do que a sua e que, cada um a seu modo, negam todo e qualquer significado ou valor objetivo à história e à ética. É esse o caso, principalmente, de Martin Heidegger com sua filosofia da existência, do jurista Carl Schmitt, que definiu um conceito de política alheio aos valores éticos universais e à racionalidade, fundando-o essencialmente na antinomia amigo-inimigo, e também do ensaísta e novelista Ernst Jünger, cuja mensagem intelectual foi definida na fórmula "niilismo heroico".[31]

Em estudo recentemente dedicado ao problema da dissolução do historismo, chegou-se a dizer que, com o "decisionismo" desses últimos autores, atinge sua conclusão lógica o relativismo historista, que é negado, por sua vez, pela noção heideggeriana de historicidade.[32] Também o sociólogo A. von Martin situa-a na linha do historismo ou mais precisamente do próprio Ranke e de sua teoria das ideias. Ranke só reconheceria ideias históricas, "no tempo", rejeitando como abstratas as ideias puras, permanentes, objetivas e absolutas, metafísicas e éticas.[33] Os herdeiros, porém, do historismo clássico se inclinariam a repelir essa filiação suposta para o lado dos descaminhos do saber histórico.

A linguagem de alguns desses autores aparenta-se, não raro, à dos teóricos do nacional-socialismo. E se é certo que Th. Lessing mostrava tendências esquerdizantes, e suicidou-se em 1933, o ano da ascensão de Hitler, não só Heidegger, Schmitt e Jünger, como também Freyer e Rothaker, aprovaram, ao menos temporariamente, o advento do Terceiro Reich. É significativo que todos, salvo Rothaker, tinham superado a posição historista. Com o nazismo triunfante, essa posição pareceu na iminência de desmoronar-se, mas já antes a ameaça começara a ser pressentida. Em 1930, numa conferência pronunciada no congresso internacional de filosofia reunido em Oxford, Benedetto Croce, representante na Itália do historismo racionalizante de Hegel, chamava atenção para uma campanha generalizada que, a seu ver, se desenvolvia contra a ideia historista. Essa campanha, que ele associava à crise do liberalismo, responsável pela instalação em vários países de regimes autoritários, parecia-lhe sinal de empobrecimento mental, de debilidade moral, eretismo, desespero e neurose.[34] Pouco depois, em 1932, publica Karl Heussi um livro de certa repercussão na época, onde trata expressamente da "crise do historismo". Em resenhas que publicou sobre os escritos de Croce e Heussi, reafirma Meinecke sua convicção de que o historismo é das mais altas e mais genuinamente germânicas contribuições do espírito alemão.

Apesar de sua formação monárquica e bismarckiana, Meinecke aceitara como irremediáveis as transformações internas de seu país depois da derrota de 1918. Tornou-se republicano e, por filiação partidária, democrata, mas republicano e democrata de razão. Batera-se mesmo por um regime que fosse como um sucedâneo, um *Ersatz*, da monarquia, segundo ele mesmo escreve em suas reminiscências,[35] e onde não houvesse lugar para um parlamentarismo inglês ou francês. Optava antes por um sistema semelhante ao dos Estados Unidos: presidencialista de cunho acentuadamente plebiscitário. Essa aspiração, partilhada também por Neumann e Max Weber, teve algum eco na constituição de Weimar. Entretanto, com a ordem nova que instaura o Terceiro Reich, ele, o historiador do historismo, jamais se conformará, e o preceito rankiano do "como efetivamente aconteceu" vai mudar-se numa pergunta: "como pôde acontecer?". Procura um pobre consolo na ideia de que o fenômeno hitlerista seria mais europeu do que propriamente alemão, embora em 1934 ainda registrasse, aprovando-a, a observação de Croce, de que a Inglaterra e a França ficaram imunes à crise do liberalismo.[36]

Dez anos depois da ascensão de Hitler, já em plena guerra, a seu antigo discípulo Siegfried Kähler escreveu que se ia ocupando cada vez mais com a obra de Burckhardt, cuja importância crescia a seus olhos, e perguntava-se mesmo se, ao termo da crise europeia e mundial, não acabaria por fazer triunfar o mestre de Basileia, sobre o próprio Ranke. Logo emendou porém: não seria com certeza uma vitória completa, mas – quem sabe? – uma boa vitória parcial. Ao mesmo Kähler mandará dizer mais de um ano depois, em setembro de 1944, que já começava a sentir-se mais longe de Ranke e mais perto de Burckhardt. Em 1947 podia escrever, dessa vez a Spranger, que Burckhardt, graças ao seu pessimismo, conseguira mergulhar fundo nos desvãos escuros da história, tornando-se um profeta de desgraças, ao passo que Ranke, sempre confiante no "sopro divino", ficara preso àquele "oásis humanitário" do século XIX que agora mostrava sua face real: "Fata Morgana maravilhosa, mas mentirosa". Aquele bom mundo europeu de Ranke revelava agora sua fragilidade. Pareceu-lhe isso bem claro quando viu aproximar-se o fim da guerra: "os ataques de americanos e russos à velha Europa apresentam-se", dizia,

> como uma espécie de parricídio civilizatório. Dois povos dos quais mal se pode dizer que *existiam* há duzentos anos, que são

o que hoje são graças a europeus e a exemplos europeus, ultrapassam agora a Europa na técnica da destruição e no uso frio da "razão" calculada para destruir.[37]

Finalmente em 1948 publica Meinecke seu estudo tantas vezes anunciado sobre Ranke e Burckhardt.[38] Passada agora a borrasca, já não dá entretanto vitória nem meia vitória à voz de Cassandra. No confronto quase se equiparam o mestre de Berlim e o mestre de Basileia, talvez com pequena vantagem para o primeiro. Ranke não deixará de assinalar a importância dos grandes momentos regeneradores no passado, enquanto a visão mais predominantemente estética do suíço não lhe permitia dar a devida atenção a tais momentos. É lícito perguntar mesmo se o profeta de catástrofes não seria sobretudo um professor de desalentos, que fecha os caminhos do futuro. Burckhardt é autor de uma frase célebre, a de que "o poder é intrinsecamente mau", e sabe-se hoje que ele jamais conseguiu retribuir sem reservas a constante amizade e admiração que lhe tributava um colega seu, Friedrich Nietzsche, da Universidade de Basileia, depois convertido, mal ou bem, em nume tutelar do nazismo.[39] Era notória a desconfiança com que encarou a obra de Bismarck, embora admitisse que o chanceler prussiano tentou fazer uma revolução que algum dia devia rebentar sem ele e contra ele. Mas até onde seria bem-sucedido o projeto reformador? Burckhardt era mais resolutamente conservador do que Ranke. Também este tinha medo de reformas, até de reformas vindas de cima, e no entanto silenciava sobre suas divergências, e seria capaz, em último caso, de aceitar uma situação verdadeiramente revolucionária. Por oportunismo e tibieza de convicções? Que benefício tiraria Meinecke, o Meinecke já octogenário, de trocar pelo historismo de Burckhardt o historismo de Ranke? Ocasiões houve em que foi ao ponto de descrer de seus venerandos mestres. Em carta de 1946 ao historiador austríaco Srbik, escrevia:

Como destoa o espetáculo a que hoje assistimos daqueles quadros que nos legaram Ranke, Treitschke, Burckhardt sobre a Alemanha e a Europa! Nenhum dos três, com efeito, nos satisfaz completamente.Não. Nem mesmo Burckhardt, o clarividente, pois ele *só* via trevas em *nosso* destino... e no entanto tivemos também horas sadias e gratas ao longo da história.

No mesmo ano de 1946 perguntou certa vez a um conhecido seu norte-americano, ocupado segundo dizia em atrair mestres que não tivessem tendências reacionárias para a Universidade de Munique, se achava que, na Alemanha, o número de indivíduos sérios, de caráter firme e merecedores de confiança fosse menor do que em outros países. "Acho!", retrucou-lhe brutalmente o outro. Muito antes, durante a Primeira Guerra Mundial, quando de todas as partes do mundo partiam clamores contra as "truculências" alemãs, começou Meinecke a redigir seu livro sobre a razão de Estado. É uma obra objetiva e sem finalidades polêmicas, mas onde se mostra como a vontade de poder a todo transe, exercida sem escrúpulos, nasceu e se desenvolveu fora da Alemanha. E embora a parte final do livro seja dedicada aos representantes germânicos da doutrina, a verdade é que eles constituem reduzida minoria. Diante, porém, da opinião generalizada no estrangeiro de que o hitlerismo se enquadrava bem na tradição germânica, e com ela se confundia, achava necessário um exame de consciência.

Agora, quando recebia da Inglaterra uma carta de Gooch onde se falava em "Ranke, o mestre de todos nós", e se exaltava uma obra recente sobre Frederico, o Grande, escreve que manifestações como essa parecem particularmente oportunas num momento em que se faz necessário defender os valores tão universalmente combatidos da história alemã, mas insiste na necessidade de uma revisão meticulosa desses valores. Ao amigo Spranger faz mesmo esta confissão:

Frederico, o Grande, e Bismark não foram apenas construtores, mas também destruíram muita coisa, e a construção do Estado prussiano-alemão foi uma tremenda tragédia, e não aquele espetáculo harmonioso em que nos comprazíamos tanto.[40]

Entre as revisões que já lhe pareciam inevitáveis, não hesita mesmo em situar a do historismo clássico. Punha agora em dúvida, especialmente, a tese da bondade do relativismo histórico e da neutralidade ética, inseparáveis da "escola histórica alemã", de que tinha sido até pouco antes um intransigente campeão.

Em 1932, ao fazer a resenha do livro de Heussi sobre a "crise do historismo", já consentira em admitir que o relativismo tem dois gumes, mas ainda achava que, por si só, não é necessariamente nocivo, e que no sentido que ele próprio lhe dava não era contestável. Em 1950, um jovem historiador suíço, em livro de mais de quinhentas páginas em torno da obra de Meinecke, mencionava e aprovava a ideia de que os valores históricos não podem ser procurados em nenhum sistema absolutista: relatividade e imanência tomam o lugar do absoluto e da transcendência.[41] Assim pensara sempre o próprio Meinecke, mas dessa vez, na carta em que agradece ao autor do estudo a interpretação geralmente correta que dá de sua obra, observa que os abalos padecidos numa idade avançada trouxeram à tona para ele dois problemas de suma importância. Perguntava, primeiro, se seria possível, com o princípio da relatividade, chegar a uma crença firme e consciente no absoluto e no eterno. A segunda dúvida era sobre o estado nacional fundado na força. Como insistir nele quando se vê seu total desmoronamento, e, sobretudo, o que pensar das relações dessa ideia com o Estado prussiano-alemão e sua história?

Meinecke fazia questão de frisar que, ao afirmar a necessidade teórica e prática da aceitação de um princípio absoluto e perene, ele não se considerava um renegado. O que esperava era uma resposta por onde os valores antigos fossem suspensos-abolidos (*aufgehoben*) na nova forma de existência dos povos ocidentais.[42] O clima trágico dos anos do Terceiro Reich, da guerra, do após-guerra, não se compadecia com o otimismo sossegado que o pensamento rankiano tendia a infundir. Significativo desse tipo de reação é um dito atribuído ao historiador Peter Rassow: "Já basta de história alemã! Passemos à história europeia!".

A tanto chegou esse estado de espírito, que um outro historiador, Gerhard Ritter, que conspirou ativamente contra o hitlerismo, que escapou de morrer na prisão por esse motivo, e que escreveria a biografia de Carl Goerdeler, a figura central da resistência civil alemã, executado a 2 de fevereiro de 1945, lamentava agora que, depois de um endeusar frenético de tudo quanto fosse alemão, se passasse a sistematicamente denegrir todos os valores germânicos. E era inevitável que, no seu auge, essa reação fosse atingir até a "escola histórica", tanto mais quanto, apesar de exceções como a de Gooch, não a poupavam vozes estrangeiras ilustres. Em 1950, escrevendo a Srbik, queixava-se Meinecke da triste sina do "pobre historismo", atacado agora de todos os lados. Nem o poupavam, na Itália, discípulos de Croce, e até o chefe da Igreja católica se volvia contra ele.

Com efeito, em livro que acabava de sair em tradução alemã dizia Carlo Antoni, por exemplo, que o historismo antirracional e antimecanicista chegaria a um pluralismo negador dos valores universais e, em suma, à dissolução da fé no próprio pensamento.[43] Embora o escritor ressalvasse expressamente a posição do velho Meinecke, sem dúvida porque, mesmo sem filiar-se à corrente hegeliana, tal como a representou Croce, cabia-lhe mal a etiqueta de antirracional, não via este tranquilamente a ofensiva generalizada contra os princípios que julgou bem esposar. E a esse coro de apóstrofes não vinha juntar-se a encíclica *Humani generis* de 12 de agosto de 1950, onde são criticados os efeitos do *falsus quidam historicismus*? Cinco meses mais tarde, escrevendo ainda a Srbik, pergunta Meinecke: "Com o historismo sustenta-se ou decai a natureza humana?". E ele mesmo responde: "Parece-me que caminhamos agora para uma síntese nova do historismo com o direito natural".

Contudo à intensidade das críticas feitas à "escola histórica" começavam a corresponder, também no estrangeiro, reações que a favoreciam. As palavras de Gooch sobre "Ranke, o mestre de todos nós", já não representavam opinião isolada. O francês Raymond Aron dizia: "O relativismo, que a própria história da ciência histórica justifica, não parece tender a destruir a história científica, desde que corretamente interpretado".

Por sua vez, o norte-americano Alan Bullock, em artigo publicado em 1951 em *History Today*, defende a ideia de que a história não foi feita para suportar o peso dos sistemas de absolutismo moral. Finalmente Geoffrey Barraclough, inglês e professor em Cambridge como Gooch, poderá dizer em 1956, a propósito do historismo: "Nenhum de nós, quaisquer que sejam nossos interesses particulares, pode fugir hoje ao seu influxo envolvente".[44]

Apesar de tudo, um número crescente de alemães, desavorados ainda pela catástrofe nacional, continuava a voltar-se contra o que Meinecke chegara a denominar outrora "a maior revolução que produziu o pensamento alemão depois da Reforma".

Uma das ofensivas mais radicais que se fizeram, não só contra o historismo alemão, mas contra a historiografia moderna de um modo geral, partira em 1948 de um emigrado que, fugindo à perseguição nazista, correra diversos países da Europa e da Ásia, até fixar-se nos Estados Unidos. Publicado primeiramente em inglês, o livro de Karl Löwith só sairia em 1954 em alemão com o título de *História mundial e história sagrada*, e logo alcançou desusada repercussão. Num resumo superficial da argumentação desse antigo discípulo de Husserl, pode-se dizer que seu núcleo está na ideia de que o princípio judeu-cristão de uma providência divina a dirigir o destino dos povos não distingue só a historiografia que se estende desde santo Agostinho até Bossuet, mas continua a existir, dissimulado, depois que à providência divina se substituiu a providência humana. Em outras palavras, o providencialismo velho viu-se substituído por um novo providencialismo, um providencialismo secularizado. E não é por acaso, observa Löwith, que, em nossa linguagem ordinária, palavras tais como "sentido" e "fim", "sentido" e "destino" são intercambiáveis.

Acompanhando toda historiografia desde Orósio e Agostinho até a meta-história de Spengler e Toynbee, ou melhor, partindo destes para aqueles, o que lhe parece predominar, com poucas exceções, é o fundo escatológico ou, de qualquer forma, teleológico. Em Voltaire, por exemplo, é a religião ou a irreligião do progresso o que dirige toda a história, fundadas na crença de que podemos aperfeiçoar constantemente nossas condições terrenas sem ser necessário esperar o advento do reino de Deus, que se opõe à Cidade dos Homens. Em Hegel – outro exemplo entre muitos – a filosofia mostra, ao contemplar a história, que a razão preside o curso de todos os acontecimentos terrenos. E esse pensamento simplifica-se, observa o autor, se o processo histórico seguir, como em Hegel, o modelo iniciado com a ideia da realização futura do reino de Deus, e a filosofia da história for concebida à imagem de uma teodiceia. Até a "astúcia da razão" hegeliana não é senão uma racionalização do conceito de providência. Por sua vez, o próprio Burckhardt, que tanto se irritava com a ideia da racionalidade universal, faz assentar todo o processo histórico no princípio da continuidade. O significado verdadeiro desse princípio estaria, segundo Löwith, em que o legado da história há de ser preservado da ameaça revolucionária. Para Burckhardt não é a formação liberal ou o progresso material o que salvará a alma humana, e sim a religião, porque só mesmo um apelo ao transcendental, capaz de sobrepor-se ao vozerio dos que demandam o poder ou a pecúnia, pode ser de algum proveito para a humanidade.

Em contraste com esses historiadores que prolongam ou substituem, sem mudá-lo no essencial, o pensamento substancialmente futurista do Velho e do Novo Testamento, os historiadores e filósofos da Antiguidade clássica são alheios, segundo a interpretação de Löwith, ao princípio da continuidade na história.[45] Na posição daqueles que professam hoje esse princípio da continuidade ele discerne uma funda inconsequência. Para serem consequentes seria preciso que voltassem à teoria do movimento circular, visível até na obra de Políbio, por mais que as descrições deste pareçam ter um escopo definido no império universal de Roma. Em verdade não é possível pensar a história como processo contínuo, sob a forma de um progresso retilíneo a que faltam o *terminus a quo* e *ad quem*, isto é, que não tenha começo nem fim. A solução que oferece o pensamento histórico fertilizado pelo princípio judeu-cristão da providência, e mais tarde secularizado, não deixa de ser equívoca. Arredou-se dele o que pertencia à herança cristã, como sejam a ideia da criação e a da consumação, para inserir elementos pertencentes à tradição greco-romana, mas sem adotar, neste caso, a estrutura cíclica. O espírito moderno parece indeciso sobre se há de pensar à maneira cristã ou à maneira pagã, de sorte que vê o mundo com dois olhos diferentes, o da fé e o da razão, e o resultado há de ser, por força, uma visão turva.

A contribuição de Löwith merece ser referida numa resenha sumária das tendências do pensamento histórico alemão dos últimos tempos, pela luz que jorra sobre alguns problemas que, abertamente ou não, vinham ocupando esse pensamento. É o que parece explicar em parte o interesse, por ela suscitado geralmente, e não só nos círculos mais doutos. Interesse que nem sempre significou, aliás, adesão: é compreensível, por exemplo, a repercussão desfavorável que teve entre alguns marxistas da vertente hegeliana, como é o caso de Ernst Bloch e de Jürgen Habermas. Mas ainda que se dê de barato a alegação feita de que o feliz êxito dessa e de outras obras de Löwith é devido, ao menos em parte, à vasta campanha de publicidade que antecedeu e sucedeu ao seu lançamento,[46] é inegável que a singeleza das fórmulas que utiliza para explicar todo um vasto conjunto de fenômenos naturalmente complexos ajudou em grande parte essa acolhida, sem falar na felicidade com que pôs vários daqueles problemas. Nem é de desprezar o apelo exercido, muitas vezes, no mundo moderno, particularmente na Alemanha moderna, pela nostalgia e até pela fetichização das origens, que é como o reverso obrigatório do desejo de desmascarar e "passar a limpo" os fundamentos de nossa civilização. Por esse lado, alguns dos conceitos do antigo emigrado, e quase vítima, do nazismo, têm por onde comparar-se com os de Heidegger, quando reabilita o pensamento pré-socrático, ou mesmo com os de Ludwig Klages, que quis recuperar o mundo pré-helênico dos pelasgos, ou pré-romano dos etruscos, e que, mais ainda do que Spengler, se achava no vestíbulo do Terceiro Reich.

Contudo o que nos interessa aqui é o fato de sua obra ter podido aguçar a sensibilidade dos historiadores para algumas questões que, desde há algum tempo, pareciam querer vir à tona. Isso diz respeito particularmente a duas ideias: a do sentido (e fim) da história e a da descontinuidade. São questões, essas, que vêm interessando cada vez mais os historiadores, não apenas na Alemanha. E o interesse suscitado independentemente, em vários países, por essas questões sugere que a historiografia germânica tende a deixar aquela espécie de "esplêndido isolamento" a que se teria confinado nos tempos áureos do historismo. Assinalar o mérito de Löwith ao enfocar tais problemas não significa endossar sempre o desenvolvimento genético engenhoso e sedutor que ele propõe. Em alguns pontos seus argumentos são discutíveis e, de fato, já têm sido discutidos, como no caso da diferença que estabelece entre o conceito pagão de tempo, com seu curso cíclico, e o judaico-cristão, que introduziria a ideia do movimento retilíneo, a mesma que se encontra, secularizada embora, entre modernos historiadores. A isso retrucou um teólogo, Hans Urs von Baltasar, que o tempo bíblico e cristão tem também curso circular: do Criador procede o homem, que Dele se aparta com a Queda, mas a Ele há de voltar pela expiação ou redenção. Essa contestação, que seria desenvolvida em estudo mais amplo, figura no resultado de um inquérito sobre o "sentido da história",[47] onde colaborou igualmente o próprio Löwith, além de Golo Mann, Rudolph Bultmann, Litt, Toynbee e Popper.

Em realidade ela diz respeito não à ideia do tempo retilíneo dos historiadores, que sua presença entre eles não sofre contestação, mas que poderia ter outra origem, mas sim à construção genealógica de Löwith. Segundo Baltasar, a noção ou, como ele diz, a "ilusão" do tempo histórico retilíneo emergiu das ciências naturais, deixando-se logo dominar pelas "antinomias da razão pura", pois como seria possível supor, pergunta, que ele fosse afinal desaguar na Divina Eternidade?[48] Independentemente de qualquer explicação escatológica, essa preocupação com o sentido (fim) da história está longe de ser uma especialidade alemã. Atesta-o o prestígio alcançado em toda parte pela historiografia preditiva (ou profética) denunciada por Popper e pelos "racionalistas críticos" (que, como ele, repudiam o rótulo de neopositivistas), sob o nome de *historicismo*. É bom repetir que esse "historicismo" nada tem de comum com o historismo de que tratam estas páginas, e abrange não apenas o pensamento de Hegel ou Marx, mas também o positivismo de Comte e Stuart Mill, cujas raízes estariam no jusnaturalismo da Ilustração, contra o qual reagiu o historismo.

Nos nossos dias, um exemplo notável desse tipo de historiografia que Popper denuncia é o de Arnold J. Toynbee, onde as várias "civilizações" são tributárias, entre outras, da regra universal do "repto e réplica" (*challenge and response*), que mostra como devem nascer, devem crescer e podem perecer as mesmas civilizações. Podem e não *devem* perecer, porque, havendo uma réplica à altura do repto, ainda terão meios de recuperação, e é principalmente neste ponto que

Toynbee se distingue de Spengler. Isso não impede, porém, que a grande maioria das suas "civilizações" tivesse afinal perecido. Até a nossa, do Ocidente, deixa entrever para ele sinais de declínio desde o século XVI, de maneira que é previsível seu colapso, de que só escapará milagrosamente, pela retroconversão geral às crenças de nossos antepassados. E um grande número das respostas aos críticos de seu sistema, que ele compendia no 12º volume da obra, poderiam resumir-se nas palavras com que, em 1948, retrucou em programa da BBC de Londres às arguições do historiador holandês Peter Geyl: "Essa missão de dar sentido à história é das mais clamorosas necessidades de nosso tempo. Creia no que lhe digo!".[49]

No caso de Ranke dá-se exatamente o oposto. Uma das constantes críticas que ainda em vida dele lhe foram feitas dirige-se contra sua recusa deliberada a querer dar um sentido à história. Não será por acaso que, entre os autores citados por Löwith para ilustrar sua tese da secularização da escatologia judaico-cristã, ou seja, do caráter teleológico do pensamento histórico depois de Vico e Voltaire, nem uma vez aparece o seu nome. Em realidade a obra de Ranke não poderia exemplificar amplamente essa tese ou, quando muito, seria um mau exemplo, ainda que, de certo modo, corresponda à explicação do historismo como uma espécie de absolutismo do relativo. Na introdução à *História mundial* é ele próprio quem diz que "pretender dar-lhe (à história) um sentido e fim determinado [...] é ignorar as ilimitadas projeções da história universal".

E se a ausência do raciocínio teleológico for virtude, o defeito que põe Freyer na historiografia rankiana, a que chama sua "cegueira para o futuro", seria o defeito da mesma virtude. É forçoso, a propósito, citar ainda uma vez Meinecke, um dos intérpretes mais autorizados dessa historiografia, que mal se conforma, entretanto, com a ideia de que seu mestre não admite a ação da providência na história. Ranke acreditava com certeza em um providencialismo, observa, mas julgava que sua presença foge ao exame empírico, mesmo aturado. Seria, a sua, uma teleologia que se dissimula ou, para recorrer a palavras de Gerhard Mansur, outro intérprete da historiografia rankiana, uma teleologia sem *telos*.[50] Dificilmente se explicaria, porém, como uma teleologia inacessível ao estudioso de história pudesse afetar-lhe o raciocínio.

Em todo caso, na primeira palestra ou, como dizia, na primeira "rapsódia" do curso dado no outono de 1854 em Berchtesgaden, Ranke declarou expressamente que não há como sustentar de um ponto de vista filosófico, nem demonstrar do ponto de vista histórico, a crença em uma vontade geral que dirigiria o desenvolvimento do gênero humano de uma a outra etapa, ou em uma espécie de empuxe espiritual que levasse a humanidade forçosamente a um fim determinado. E na mesma palestra inicial, como lhe perguntasse o rei Max se julgava inadmissível a opinião de que a providência, sem prejuízo do livre-arbítrio individual, fixou certo fim para a humanidade em conjunto, ao qual ela seria conduzida, embora não à força, a resposta foi:

> É essa uma hipótese cosmopolita, porém não há meios de prová-la com argumentos tomados à história. É certo que, segundo as Sagradas Escrituras, dia virá em que teremos um só pastor para um só rebanho, mas nada indicou até aqui que o caminho dominante na história mundial esteja nessa direção.[51]

Ao lado do problema do sentido (fim) da história, outra ideia, que se vem impondo cada vez mais a historiadores de vários países, a da continuidade-descontinuidade, também encontra solo de eleição na Alemanha. Uma das explicações plausíveis para esse fato oferece-a o medievalista Hermann Heimpel em vários escritos, especialmente em comunicação oferecida em 1957 à 23ª Conferência Anual de Historiadores Alemães. "Nos últimos dez anos", disse, "o sentimento de culpa e o destino transformaram-nos em um povo sem história. E isso há de perdurar enquanto não se erigir em nossa consciência uma ponte entre 1933 e 1945, enquanto tivermos de encarar aquele tempo como se tivéssemos sofrido então uma queda e, em suma, como se o não tivéssemos vivido, como se não o devêssemos inserir na continuidade de nossa história. De nada adiantam, contra o lançamento dessa ponte, argumentações metodológicas que possam desfavorecer a história de hoje. Sem história atual, já não nos poderíamos dedicar à história mais antiga, e o pior tipo de ausência de história é aquele que se entretém em impensadas restaurações. Estas acabariam por tirar sua autonomia à ciência da história, e cairiam no jogo das ações e reações: germanomania, germanofobia..."[52]

A seguir o autor se refere a um generalizado *Taedium historiae*, que pede a revisão, hoje, de nossos conceitos históricos e também faz algumas reivindicações que lembram as tentativas oitocentistas de racionalização da história, expressas não só na teoria marxista, como nas concepções de Comte e de Lamprecht. Essas reivindicações tendem a universalizar-se segundo Heimpel, que alude aqui ao grupo francês dos *Annales*.

Não é provavelmente exagerada a ideia de que o sentimento, inconsciente ou cultivado, de que há uma fratura na vida alemã do período que vai de 1933 a 1945 ajudasse a desvalorizar o princípio da continuidade histórica. Mesmo no tempo do Terceiro Reich já esse sentimento parece ter sido singularmente agudo entre os que emigraram, o que não pode aliás surpreender. Em obra bem conhecida de Horkheimer e Adorno, que se imprimiu primeiramente em 1944 nos Estados Unidos, encontram-se, com frequência, destas expressões: "esquecimento racionalizado", "adoecer da experiência", "ódio ao passado", "ausência de sentido, hoje, da lembrança consciente e da memória involuntária". Ou passagens como esta:

Os indivíduos reduzem-se a meras sequências de coisas presentes que não deixaram rastro, ou melhor, cujos rastros eles detestam por irracionais, supérfluos e literalmente ultrapassados no juízo dos homens.

E mais de vinte anos depois, ao falar das observações de Heimpel sobre o atrofiamento do senso da continuidade histórica na Alemanha, Adorno julga-o sintomático da condição descrita naquela obra de 1944.[53] Mas embora observe que a presença e a consciência da descontinuidade são demasiado sensíveis em seu país, Heimpel não chega a oferecer uma noção positiva do descontínuo na história. Gostaria até, como se mostrou, de ver erigida uma ponte sobre o abismo do Terceiro Reich, que fosse capaz de abolir a descontinuidade na história alemã.

Pouco mais tarde o problema é retomado na velha e prestigiosa *Historische Zeitschrift* pelo seu próprio diretor, e já agora a presença do senso da descontinuidade não surge como fato lastimável, que é preciso superar, mas como aquisição necessária da historiografia. Nesse artigo de 1961 trata-se de uma consciência histórica nova, que "se erige sobre a descontinuidade".[54]

Em trabalhos posteriores volta o autor ao mesmo tema, que também fora abordado em 1958 por Wittram em livro sobre o interesse na história, onde já se falava no abalo sofrido pela crença em um sentido e fim da história, em sua continuidade e em sua íntima coesão. Outro historiador, Fritz Wagner, também insistirá no terrível exemplo oferecido pela história alemã do decênio principiado em 1930, e que não é possível interpretar completamente enquanto ficarmos presos às coerências tradicionais e a sucessos já ultrapassados. "A continuidade que o historiador costuma usar para compreender os acontecimentos", acrescenta, "viu-se em nosso tempo convertida num problema ontológico muito discutido."[55]

Mas Wagner acredita, por outro lado, que o colapso de 1945, único e sem termo de comparação possível com qualquer outro desastre suportado pela Alemanha ao longo de sua existência milenar, pode sujeitar-se a uma vigorosa lei de continuidade que, apesar de tudo, pairaria acima desse abismo. O desenvolvimento da sociedade industrial continuou a efetuar-se, só que num ritmo mais acelerado, na República Federal Alemã, sem embargo da catástrofe política. E a burocratização da vida pública, a fusão da sociedade com o Estado são promovidas em toda parte pelas forças econômicas e políticas, como se não houvesse nenhuma diferença de regime político e de estruturação social. A cesura introduzida pela catástrofe de 1945 só significou, ao cabo, um absoluto ponto final, se encarada do prisma histórico da política nacional. O estudioso da história alemã pode voltar-se para outras continuidades, que nada têm a ver com a político-militar. Mas há de ter presente, ainda uma vez, esta dúvida: o próprio triunfo da continuidade não estaria posto, no fundo, em questão, desde que um progresso técnico, que tudo envolve, nos colocou diante dos olhos a perspectiva do suicídio da humanidade? Quando se reporta ao pronunciamento de Schieder, é ainda com hesitação que F. Wagner admite a ideia de que a descontinuidade já seria uma "categoria geral do pensamento humano de hoje". Categoria? Não seria melhor relacioná-la, com sentido histórico mais preciso, à dimensão do "tempo", onde podem residir tanto a descontinuidade como a continuidade? A seu ver, a tensão incessante entre os dois princípios é um dado que já não se pode ignorar do ponto de vista da teoria do conhecimento.[56]

Parece-lhe característica, neste caso, a ironia de Fernand Braudel, quando fala naquele "sacrossanto princípio da continuidade", que prevalece entre historiadores ortodoxos. Ou ainda o sarcasmo do mesmo Braudel quando trata das tentativas de explicação histórica definidas por analogia com a ideia de evolução nas ciências naturais, apesar de ser levado a um ajuste de contas com seu temperamental amigo Georges Gurvitch, que exorbita, por sua vez, desenvolvendo uma sociologia a-histórica, toda feita de saltos, rupturas e insulamentos. Poderia lembrar que, em 1953, na aula inaugural do Colégio de França, já se perguntara Braudel sobre se o "imenso problema" da continuidade e descontinuidade do destino social, debatido pelos sociólogos, não seria antes de mais nada um problema da história. Com efeito, se os destinos humanos são partidos por grandes fraturas, se, no dia imediato a cada uma dessas rupturas, tudo volta a descansar em novos termos e de nada mais servem nossos utensílios e nossos pensamentos de ontem e anteontem, a realidade dessas soluções de continuidade deve pertencer à história.[57] Para mostrar a importância crescente que, também fora da Europa continental, vai assumindo o problema entre estudiosos de história e de filosofia da história, pode apontar-se, por exemplo, para o estudo em que John Randall Jr. observa como a história, ao implicar inovações, também implica descontinuidades ao lado de continuidades.[58] Ou ainda para a comunicação lida em 1971 por sir Herbert Butterfield acerca das descontinuidades entre as gerações, onde se mostra como essas rupturas tornam muito mais difícil o registro dos traços microscópicos da mudança histórica.[59]

Esses traços "microscópicos" encerram uma referência a Namier, de cujas obras sir Herbert constantemente discordou, mas agora encontra meios de enaltecê-la. Não que o seduzam a história miúda, as intermináveis contagens de eleitores ou a atenção dada a multidões de figuras secundárias, mas por achar admirável a nitidez com que o historiador da era de Jorge III sabe redescobrir a mentalidade política do tempo estudado, vencendo incompreensões e os anacronismos acumulados pelas clivagens que desde então se sucederam. Contudo no livro mais célebre de sir Herbert Namier, escrito entre as duas guerras mundiais, não sente seu autor a necessidade de formular um conceito preciso de descontinuidade na história, e nem me consta que tal conceito apareça mencionado em outros escritos seus. É preciso voltar à Alemanha e, por sinal, à Alemanha nacional-socialista, para encontrar precisões curiosas sobre o problema, em comunicação lida por Erich Brandenburg, onde se trata das pausas, dos saltos, dos hiatos que interrompem a continuidade histórica. Apresentado em 1941 à Academia de Ciências da Saxônia, sob o título de "O conceito de evolução e sua aplicação à história",[60] o trabalho do conhecido historiador desmonta peça por peça, com uma argumentação cerrada, as concepções "organológicas", que distinguem na história uma unidade, por analogia com o crescimento das plantas. O que ele próprio encontra são indivíduos que atuam e reatuam e inovam, desmentindo assim a pretensa unidade que resulta da transposição enganadora, para a ciência da história, de uma noção que só tem lugar na biologia e, mais precisamente, na ontogênese.

A tese de Brandenburg, autor que, se não pertence, segundo parece, aos turiferários do Terceiro Reich, também não figura entre aqueles que abertamente o hostilizaram, sugere que o campo de preocupações dos que vislumbram o valor do princípio da descontinuidade para a boa inteligência do passado poderia descortinar-se também independentemente das experiências da emigração. A ênfase que nela se dá aos indivíduos excepcionais, aos heróis, aos grandes inovadores e criadores, aproxima-o menos dos pensadores da escola de Frankfurt, como Adorno e Horkheimer, do que, talvez, de um Treitschke, onde se refere aos homens que *fazem* a história. De sorte que seria vão querer ir buscar uma única origem e uma só explicação para tendências que se vêm firmando um pouco por toda parte. E neste ponto não é possível esquecer a contribuição singularmente valiosa que ofereceu Alexander Gerschenkron, no sentido de clarear essas tendências, com a elucidação de alguns dos diferentes significados que podem assumir os conceitos de continuidade e descontinuidade em história (constância de direção, periodicidade dos acontecimentos, mudança endógena etc.), ainda quando, em alguns casos, sejam mais particularmente aplicáveis à história econômica, a especialidade do mestre de Harvard.[61]

É importante notar que, para o historiador e economista russo-americano, tanto a continuidade como a descontinuidade deveriam considerar-se como instrumentos forjados pelos estudiosos do passado, e não como alguma coisa de inerente à matéria histórica e invariavelmente contida nela. O recurso a qualquer desses instrumentos há de proceder, sem dúvida, de uma decisão arbitrária, da arbitrariedade peculiar ao próprio processo de cognição, mas, apesar disso, o enfoque do desenvolvimento histórico como sequência de mudanças inteligíveis nos padrões de crescimento, que se fazem *modo paulatim*, *modo saltatim*, ajudará a arrumar os dados empíricos de tal maneira que se torne eventualmente possível alcançar resultados significativos e dignos de interesse, mesmo quando não sejam positivos e definitivos. O importante é saber delimitar e adequadamente formular tais conceitos, tendo sempre em conta que hão de ser entendidos como conceitos propriamente históricos, não matemáticos, por exemplo, nem metafísicos. Um exame pormenorizado das conclusões a que chega Gerschenkron nesse particular poderia estender esta digressão para muito além do tema do presente trabalho. Entretanto o estudo do problema da descontinuidade em história não leva forçosamente tão longe quanto possa parecer do objeto aqui proposto. O certo é que Ranke vislumbrou esse problema e soube caracterizá-lo de certo modo em uma fórmula que tanto se celebrizou como a do *wie es eigentlich gewesen*, essa frase que, na opinião ainda de Gerschenkron, saiu "da pena de um grande historiador e depois acabou perdendo o significado quando repetida *ad nauseam* por um sem-número de mediocridades".[62]

É ao tratar das épocas da história moderna, nas suas palestras de Berchtesgaden, que, tendo mencionado a opinião corrente de que, em história, cada época só ganha mais alto sentido na medida em que apareça como etapa de transição para a seguinte, ele exclama com a segurança de quem manifesta uma convicção bem assentada: "Eu afirmo, porém, que cada época é imediata a Deus".

Nessas palavras e na argumentação que pretende explicá-las, assim como em muitas páginas de sua obra, o que se expressa é a reação de Ranke contra uma das tendências do historismo, que se encontra em germe já na obra pioneira de Herder, onde as sociedades humanas são concebidas à imagem dos organismos. O valor de cada época, acrescenta, não se encontra de modo algum naquilo que dela possa ter resultado. Descansa, sim, "em sua mesma existência, naquilo que ela efetivamente for".

E ainda ajunta que, por essa forma, a visão da história e, de fato, da vida individual ao longo da história adquire notável riqueza e poder de sedução.

Essa crítica à ideia da continuidade implícita nas concepções "organológicas" de que falou Brandenburg não pretende apresentar-se, contudo, de forma dogmática e exclusivista. Ao dizer expressamente que a atenção do historiador deve concentrar-se antes de tudo sobre como pensaram e viveram os homens nesta ou naquela época, já que cada época tem em si mesma sua justificação e seu valor, não pretende Ranke afirmar que se devam desconhecer as diferenças entre as várias épocas e a sucessão delas. Essas considerações, porém, vão para um segundo e um terceiro plano. De qualquer modo, não há muito lugar em seu pensamento para a ideia do progresso, ou antes para a religião do progresso, tal como era professada em seu século, embora tenha por certa a existência de um progresso limitado principalmente ao campo material e tecnológico. O que sobretudo lhe parece escusado admitir é a ideia de um crescimento retilíneo para as sociedades humanas: "Eu não afirmaria que o progresso se faz numa linha reta", declara em seu curso de 1854, "mas (se faz) antes ao modo das torrentes que, por conta própria, vão abrindo seu caminho".

Como quem dissesse que não se pode bem prever ou prevenir esse caminho.

O pensamento de que cada tempo vale por si mesmo e de que só a um nível mais baixo pode importar ao historiador o encadeamento necessário das coisas ao longo das eras alia-se estreitamente à deliberada renúncia a uma demanda de sentido (fim) para a história. Semelhante renúncia liga-se, por sua vez, àquela porfia em querer observar e mostrar o passado com isenção, alheia a amores e rancores próprios da condição humana. No ambiente espiritual que dominou o século XIX, não seria muito fácil distinguir uma quase imperceptível travação entre as ideias centrais de Ranke, sobretudo se vazadas em alguma daquelas suas fórmulas que mais facilmente ganharam notoriedade e que, de fato, já parecem célebres de nascença. Em não poucos casos, tais fórmulas não deixavam apreender seu significado inteiro, devido a uma ambiguidade talvez proposital, ou mesmo por causa da má formulação. E quando fossem mal ou bem entendidas, tão frontalmente contrariavam o sentir dos contemporâneos, e seus hábitos mentais adquiridos, que não lhes faltariam revides.

Lamprecht, por exemplo, que tem a superstição do progresso como fatalidade inarredável, não se cansará de denunciar o próprio afã de neutralidade, que no pensamento rankiano é inseparável do ofício de historiador. A um primeiro relance, nada há nesse princípio de perfeita isenção do pesquisador – que se diria científico – capaz de infringir a lei do progresso. O descompasso entre as duas posições faz-se, porém, flagrante, quando ao *wie es gewesen...*, "como foi efetivamente", opõe Lamprecht um *wie es geworden...*, isto é, "como se tornou" ou, mais exatamente, "como deveio", onde parece mais claramente indicada uma ideia de transição que não se interrompe. A consideração de cada época segundo o que ela por si valha, no que tenha de viva presença, não no que prorrogue e prometa, cede o primeiro lugar, que lhe dava Ranke, ao de um desenvolver-se ininterrupto, e então temos verdadeiramente a apoteose da continuidade. Por outro lado, fica bem clara aqui a íntima conexão das duas mais célebres fórmulas rankianas, que se apresentam como duas faces de um só e único pensamento. Quem queria mostrar o passado sem sucumbir às paixões terrenas aspirava naturalmente a contemplá-lo *sub specie aeterni* ou, em suma, a vê-lo como

Deus o deveria ver: "[...] do ponto de vista de Deus, todas as gerações são igualmente justificadas, e é preciso que assim também as veja o historiador".

Apesar de tudo, haveria com certeza boa dose de exagero no pretender que Ranke anteviu com nitidez algumas questões que hoje ocupam mais vivamente os historiadores, e que por essa forma ele assumisse papel de precursor. É inegável porém que uma constante meditação sobre problemas de seu ofício, levando-o a não se conformar tranquilamente com ideias então dominantes, abriu-lhe os olhos para a possibilidade de soluções que estariam mais fora do alcance de outros estudiosos. Com isso, com seu exemplo, às vezes com sugestões suas, terá contribuído para que entre seus herdeiros e sucessores permanecesse a mesma capacidade de meditação e de insatisfação. Seria explicável, assim, o fato de que exista até hoje muita coisa de atual em sua inatualidade. Não chegou, para citar um exemplo, a elaborar uma teoria precisa das gerações históricas, mas é a partir de sementes que lançou, e já em sua primeira obra, que seu discípulo Ottokar Lorenz retomou a matéria, e esta será desenvolvida principalmente de 1926 em diante nos estudos de Wilhelm Pinder sobre as gerações na história da arte. Seria possível ir mais longe se pudéssemos situar Ranke entre os antecipadores da chamada história estrutural, que vem ocupando alguns autores na Alemanha, e não só na Alemanha? Já em 1954 procurou Otto Brunner mostrar a diferença entre história social e história política, ao dizer da primeira que, em contraste com a segunda, vê antes de tudo a arquitetura interna, a "estrutura" das sociedades, embora entenda que não nos é dado conhecer as estruturas relativamente duradouras independentemente do exame dos acontecimentos políticos.[63]

Brunner não menciona ainda o nome de Ranke no estudo que escreveu sobre o problema da história social europeia, mas reportando-se mais tarde a esse estudo e também ao de Werner Conze sobre a "história estrutural da era técnico-industrial", publicado em 1957, Theodor Schieder acentua expressamente o fato de a historiografia rankiana dar muito menor ênfase à ação anônima das individualidades isoladas do que às vastas estruturas impessoais que com elas se identificam e de que o Estado é exemplo notável, mas não o único.[64] A dificuldade maior que neste caso se apresenta, muito maior ainda do que a proporcionada pelos problemas relacionados com a continuidade-descontinuidade, consiste no fato de a própria conceituação de estrutura variar quase tanto quanto as disciplinas ou até quanto aos próprios autores que costumam recorrer aos seus préstimos. A essa noção não eram alheios, na Alemanha, os estudos de história ou filosofia da história de Dilthey, mas o certo é que a maioria dos historiadores alemães de hoje parece andar à procura de caminhos que os apartam muito daqueles que lhes poderia abrir Dilthey, pois o que frequentemente querem não é uma dissociação, é antes uma conciliação ou um contraponto do típico e do individual. Além disso, pouco há de comum entre a categoria diltheyana, construída em fins do século passado, e os modernos estruturalismos dos linguistas, dos economistas ou dos antropólogos. Ou mesmo entre as definições de "estrutura" em Nadel, Parsons, Radcliffe Brown ou Lévi-Strauss, para só citar uns poucos exemplos. Quase sempre resultam estas de teorias elaboradas numa perspectiva estática, quando muito estável, que não se integram no tempo senão com dificuldade. Nessas condições podem tornar-se tão incompatíveis com o processo histórico que é o caso de perguntar se a expressão "história estrutural" não encerra um contrassenso.

Para superar a incompatibilidade seria mister redefinir o conceito, de modo a que o tempo cesse de ser exterior às realidades estudadas e se confunda enfim com a própria estrutura. Foi um pouco o que fez Fernand Braudel quando quis historizar esse conceito. Da história em três níveis, que distingue, a primeira, "quase imóvel", visa ao homem nas relações com seu meio. A segunda, que já comporta maior grau de mobilidade, é uma "história lentamente ritmada", que trata dos grupos e agrupamentos sociais, permitindo, por exemplo, estudar as economias e os Estados, as sociedades, as civilizações, até mostrar como essas vagas profundas podem operar no domínio da guerra, que não depende só das vontades individuais. E há por fim a história tradicional, das oscilações breves, rápidas, nervosas, dimensionadas pelo indivíduo, não pelo homem: agitação de superfície, vagas que a maré eleva em seu movimento possante: a história eventual (*événementielle*) de Simiand.[65] Mas é na segunda, a história em ritmo lento, que têm seu lugar a noção de estrutura e os problemas da "longa duração".

Não obstante as aproximações tentadas por Fritz Wagner e principalmente Theodor Schieder, exemplos como esse e outros aqui alvitrados levam-nos longe do historismo tradicional, que Ranke representa, ainda que em alguns pontos o ultrapassassem. Contudo será legítimo perguntar se as novas ou talvez as futuras gerações de historiadores ganhariam em mostrar-se totalmente refratárias à mentalidade que ele representou. A esse propósito justificam-se estas observações de Schieder:

> O historismo em sua velha forma entrou no ocaso. No entanto deixou marcas fundas, e sem o saldo das suas ideias não poderiam sobreviver nem a ciência da história, nem a historiografia. A esse saldo indispensável pertence o pensamento de que as necessidades do homem, assim como os valores e as normas que o homem estabeleceu, se sujeitam à lei da mudança histórica e, em suma, existem apenas em formas mutáveis.[66]

Poucos negarão, por outro lado, que com ele de algum modo se restringiu o campo visual dos historiadores alemães, deixando fora de seu alcance territórios de riqueza mal suspeitada por eles, e que os de outros países, valendo-se de outras armas, não tardariam a ir explorar. A consciência desses limites, agravada ainda mais pela ação devastadora do nazismo, e o espírito de emulação provocado por aqueles exemplos estrangeiros fizeram com que se generalizasse na pátria de Ranke uma tendência para a revisão das posições antigas. O vivo desejo de dar orientação nova ao trabalho histórico, se levou alguns a irem inspirar-se em tais exemplos, fez com que outros fossem tentados a procurar um guia na própria tradição nacional. Houve mesmo quem chegasse a falar numa quase vitória póstuma de Lamprecht, que, com seus métodos "morfológicos", se contrapôs à "escola" histórica alemã e tentou uma aproximação com as correntes supostamente positivistas da Europa ocidental.

Essa volta a Lamprecht, que não passou, aliás, de rebate falso, resultaria numa atitude mais anacrônica ainda do que a volta a Burckhardt, ou a volta a Droysen, antes apregoadas, por se referir a um autor mais estreitamente preso do que estes a aspirações da época em que viveu, e que hoje não têm sentido. Otto Hintze, que, sem ter formado na parcialidade de Lamprecht, ao tempo da *Methodenstreit*, admitiu a importância de algumas das suas ideias, mostrou então como elas podiam enriquecer, sem deitá-la por terra, a tradição fecunda e gloriosa do historismo, que, infenso, por sua natureza, a pretensões dogmáticas, pode renovar-se sem dificuldades maiores. Pertencentes, embora, a um contexto diverso, é de notar que alguns pontos de vista do próprio Hintze, que morreu em 1940, se assemelham a certas definições de Braudel. Mormente quando descreve sua história em dois níveis, ou duas formas rítmicas fundamentais, comparáveis aos três ritmos de que fala o historiador francês.[67] Segundo a teoria de Hintze, há um ritmo, o evolutivo, que se passa sobretudo no domínio do inconsciente e do instintivo, enquanto o outro, que seria o dialético, depende mais de fatores conscientes e espirituais. Aquele move-se de maneira mais coerente e constante, este em contrastes ríspidos, que reiteradamente vão emergindo e imergindo.

E assim como Braudel recorre à analogia das águas fundas e águas de superfície, para mostrar a diferença entre uma história vagarosamente ritmada, onde cabem as estruturas e a longa duração, e outra feita de acontecimentos instantâneos, imprevistos, vibráteis – a história événementielle em suma –, Hintze vai procurar seus termos de comparação na geologia antiga, com as teorias dos netunistas e vulcanistas. Aqui, escreve, "opera a força lenta e constante das águas, a produzir as estratificações sedimentares; ali agem os efeitos súbitos, explosivos, das forças vulcânicas, com suas formações eruptivas e cristalinas".

Sustenta que, assim como só pôde formar-se a crosta terrestre mediante uma combinação das duas dinâmicas, a realidade histórico-social depende de uma cooperação entre os movimentos evolutivo e dialético. Nenhum deles basta só por si, ambos fazem-se necessários para a boa inteligência do processo histórico. Este "não obedece a rígidos padrões lógicos, mas corresponde antes a esquemas cambiantes, muitas vezes fugitivos e inconsequentes, que se reduzem aproximadamente às duas formas fundamentais caracterizadas". E acrescenta: "O produto mais claro e mais importante desse modo de ver, oferecem-no as chamadas ideias históricas, aquelas tendências reais-espirituais de que Ranke gostava de falar...".

Alguns dos temas já prenunciados por Hintze, como o dos fatores conscientes e inconscientes, do individual e coletivo, da continuidade e descontinuidade, incluem-se, bem como a ideia de estrutura, entre os que têm sido com frequência propostos, nos últimos tempos, pela historiografia alemã. Foge à finalidade da presente introdução, mas foge sobretudo à competência de quem a redige, uma resenha das tendências dessa historiografia. Baste, a título de exemplo, lembrar a singular importância do monumental *Léxico dos conceitos fundamentais da história*, já em curso de publicação, sob a direção de Otto Brunner, Werner Conze e Reinhart Kosellek, que, além de revelar a notável vitalidade daquelas tendências, é uma demonstração de como se pode remoçar, sem traí-lo, o espírito da "escola" histórica alemã. Nas mais de novecentas páginas de seu primeiro volume, único impresso até aqui[68] entre cinco previstos, abrangendo pouco mais de vinte verbetes (v. g. Aristocracia, Empregados, Antissemitismo, Trabalho e Trabalhador, Era das Luzes, Autoridade, Camponês, Burguesia, Cristianismo, Democracia, Ditadura...), já se justifica amplamente a originalidade da sua concepção, que o distingue de outras iniciativas congêneres e, em particular, dos dicionários filológicos e filosóficos conhecidos. Não lhe importa, com efeito, dar um elenco exaustivo de definições, que podem ser encontradas em manuais especializados ou trabalhos metodológicos, mas tão somente apresentar as noções historicamente mais significativas, tratadas em artigos de vinte a sessenta páginas cada um, em grande formato. Alguns desses artigos podem desenvolver-se eventualmente em livros separados, como já aconteceu pelo menos com o verbete Sociedade Civil, de autoria de Manfred Riedel, de Heidelberg.

A temática central é a da passagem da era moderna para a era contemporânea, onde se abrange a ruptura revolucionária dos séculos XVIII e XIX que, por sua vez, correspondeu a uma revolução no mundo das noções e de seus significados. Isso explica a preferência dada ao período que aproximadamente se estende de 1700 até quase os nossos dias. A originalidade da concepção do léxico prende-se estreitamente ao querer mostrar a transformação das noções, de maneira que a experiência nelas condensada permita esclarecer os aspectos teóricos. Não se pretende, contudo, oferecer definições abstratas e exteriores à história, que pudessem prescindir das mudanças de significação ao longo do tempo. Especialmente interessante, a esse propósito, é toda a parte da introdução geral onde se explica o tipo de abordagem da diferença entre a palavra e o conceito. Nela se mostra, por exemplo, que "uma palavra contém possibilidades de significação; o conceito reúne em si plenitudes de significados. Assim sendo, um conceito pode ser claro, mas há de ser plurívoco". Em suma, "as significações das palavras poderiam exatamente determinar-se por meio de definições, os conceitos só poderiam ser interpretados".

Serve de remate a toda essa passagem um pensamento ilustre: "Todos os conceitos em que, do ponto de vista semiótico, se congregue todo um processo esquivam-se à definição: só o que não tem história é definível".

Nada destoa vivamente, nessa concepção, da tradição espiritual que Leopold von Ranke representou em grau eminente, renovada, embora, e enriquecida, para atender às mais recentes exigências do trabalho histórico.

# A escravidão africana no Brasil[*]

•

HÁ UM QUARTO DE SÉCULO, IMPRIMIA-SE pela primeira vez o livro de Maurício Goulart, sobre os números do tráfico negreiro no Brasil. Aos poucos converteu-se a obra em verdadeira raridade bibliográfica e, ao mesmo tempo, num clássico de nossa historiografia. Foi inevitável a surpresa que, em 1949, causou o aparecimento desse estudo, onde a cada passo se evidencia a marca do pesquisador severo, paciente e certeiro. Ninguém discutia as afoitezas do moço paulista que, vinte anos antes, desafiara a vigilância dos esbirros da República Velha, para preservar o incógnito em que se ocultara, na cidade de São Paulo, um conterrâneo seu de nome lendário: Antônio de Siqueira Campos. Pouco mais tarde, em outubro de 1930, o mesmo moço reapareceria em São Paulo, agora com um lenço vermelho ao pescoço e galões de oficial, incorporado às forças rio-grandenses, que iam à capital da República, no intento de amarrar cavalos num obelisco.

Eram audácias, essas, que requerem, acima de tudo, uma vibrante temeridade e um coração aventureiro. De tais requi-

---

[*] Goulart, Maurício. *A escravidão africana no Brasil; das origens à extinção do tráfico.* 3ª ed. rev. São Paulo, Alfa-Omega, 1975, pp. XI-XVIII. [Prefácio]

sitos alguma coisa ainda poderia transfundir-se em outras ocupações, às vezes dispersivas, a que se devotou Maurício Goulart, na advocacia, no jornalismo, nos negócios, na política, e que um belo dia o levaram a planejar e construir nada menos do que uma cidade – Fronteira – bem plantada hoje na divisa entre São Paulo e Minas Gerais. Mas ninguém afirmará que as virtudes necessárias, para tais atividades, se compadeçam facilmente com a diligência atenta e por vezes tão mal compensada, que reclama o ofício de historiador. Daí, talvez, a escassa receptividade alcançada de início por este livro.

O que levou Goulart a escrevê-lo foi um não contentar-se com as conclusões extremamente divergentes a que foram levados autores diversos e por vezes conspícuos a propósito do assunto. Roberto Simonsen, por exemplo, que se baseou principalmente no cálculo de vida e produtividade efetiva dos negros, na lavoura e nas minas, estima o número de pretos introduzidos no Brasil pelo tráfico em aproximadamente 3 300 000. Por sua vez, Pandiá Calógeras, que se fundara na taxa negativa de sobrevivência, aplicada às estimativas sobre a população negra, existente no país às vésperas da Independência, chega a cifras muitíssimo mais generosas: 5 a 6 milhões por século! De onde resultaram 15 milhões e mais, para os dois séculos e meio em que durou o tráfico, descontadas as cifras modestas que deveriam corresponder ao primeiro século.

Diante de soluções tão discrepantes não lhe custou afastar a de Calógeras, que se limitou a considerar um único elemento arbitrário, sem relação com outros dados do problema. As cifras a que ele próprio chegou, depois de amplo levantamento, de fontes impressas e manuscritas a respeito – ou seja, a de até 3 600 000 africanos importados – é semelhante à de Simonsen e coincidente com a de Taunay. Ao tempo em que seu livro saiu, ainda não se havia publicado o segundo volume da *History of sugar* de Noel Deerr que, depois de laboriosas pesquisas nas fontes arquivais, estimou em 3 325 000 o total de escravos introduzidos no Brasil, dos 12 420 000 trazidos, segundo seu cálculo, para todo o continente americano. Não foi menor o cabedal de informações de que se valeu Goulart para obter cifras pouco superiores às do autor inglês. Todos os aspectos da questão foram examinados: número de cativos requeridos em cada engenho de cana; produção média dos escravos na lavoura açucareira, na mineração, nos cafezais; porcentagens dos que se empregariam em outros misteres; taxa de sobrevivência; capacidade dos navios negreiros; índice médio dos óbitos durante a travessia. Sem falar, naturalmente, na impressionante massa de dados que apurou sobre o número de pretos exportados da África ou trazidos para o Brasil.

O que faltou a Calógeras (e também a Rocha Pombo, para só lembrar esses), levando-o a cifras astronômicas, foi uma análise crítica mais detida das fontes documentais de que poderia dispor. Exemplo? A propósito de um relatório dirigido pelo licenciado Domingos de Abreu e Brito a Filipe II, onde se lê que entre os anos de 1575 e 1591 saíram de Angola 52 053 "peças de escravos", conclui, sem mais exame, que "diretamente de Angola para o Brasil, entre 1575 e 1591, 52 053 negros foram exportados". Ora, o lugar de destino dos negros não vem nomeado no documento. Como concluir que seria o Brasil, ou só o Brasil, e não, por exemplo, as Índias de Castela? E como esquecer, além disso, que a palavra "peças", usada no dito relatório, indicava medida de trabalho potencial, não indivíduos? Se fosse lícito tomar como base de cálculo o assento da Companhia de Cacheu, quando se obrigou um século mais tarde, em 1693, a remeter todos os anos para a América espanhola 4 mil escravos, distribuídos por sexo, idade e condição, de modo a darem 2500 peças, aquelas 52 053 "peças de escravos" poderiam significar até 83 mil escravos!

Não consta, por outro lado, que Calógeras caísse no engano que outros não evitaram, a começar pelo autor deste prefácio, quando em resenha sobre o presente livro, publicada logo ao aparecer a primeira edição, julgou más as razões em que se apoiou Goulart para não aceitar a cifra de 10 mil escravos, que Anchieta teria dado para Pernambuco na década de 1580 a 1590. Os motivos que levaram Goulart à não aceitação está em que a cifra, além de discrepar fortemente das que deram na mesma época e à mesma capitania Fernão Cardim e Gabriel Soares de Souza, seria excessiva para os 66 engenhos registrados também em Pernambuco. Nessas condições, 10 mil negros seriam negros demais, seria um "esbanjamento de negros", para empregar as palavras do autor. Confirmado o esbanjamento, se elevaria ao dobro e mais o total dos cativos apurados, para as áreas onde se concentrava então o principal da escravaria da América portuguesa, numa época em que são singularmente magros os informes disponíveis. Note-se, aliás, que um dos mais notáveis estudiosos dos diferentes setores da economia colonial brasileira, especialmente da indústria açucareira, Frédéric Mauro, que por outro lado é um dos maiores expoentes da moderna "história quantitativa" na França, julga perfeitamente justas as razões de Maurício Goulart, que subscreve à página 179 de seu livro *Le Portugal et l'Atlantique au XVIIᵉ siècle: 1570-1670*, publicado em 1966. Acresce quanto ao documento onde aparecem mencionados aqueles 10 mil negros que, embora atribuído comumente a Anchieta, pertence, de fato, a Cardim, como ficou esclarecido, depois dos estudos de Serafim Leite, o historiador da Companhia de Jesus. Com isso, torna-se mais plausível a dúvida, pois não é fácil acreditar que este, dando no mesmo e em outro texto contemporâneo igual número de engenhos, alterasse tanto o número de escravos, que de 2 mil em um passa, em outro, para 10 mil. A última cifra resultaria provavelmente de lapso do copista, de um original hoje perdido.

No apurar seus dados, depois de consertar enganos de outros, conduz-se Maurício Goulart com sobriedade tanto maior quanto, em obra onde são inevitáveis os aspectos polêmicos, em nenhum momento sucumbe à tentação, bastante comum nesse tipo de trabalho, de optar em seus cálculos pelas cifras que pareçam melhor abonar os próprios achados. É significativo que, depois de novas pesquisas sobre a matéria, e não obstante a preocupação crescente entre modernos historiadores com o rigor estatístico, sustente-se ainda admiravelmente bem, por esses aspectos, um livro velho, de mais de 25 anos. É claro que um rigor absoluto não se pode razoavelmente esperar de um estudo onde o autor se vê forçado a preencher as falhas existentes na documentação arquival, apelando para cálculos hipotéticos: o mais importante, no caso, é que as hipóteses sejam bem fundamentadas. Uma amostra do atento zelo, que presidiu aqui a elaboração de tais cálculos, apresenta-se por exemplo, a propósito dos direitos arrecadados para a Coroa, em Minas Gerais, no ano de 1742, de acordo com o sistema de captação então vigente. A arrecadação, registrada pelo barão de Eschwege, comparada ao número de escravos captados, que assinala também o autor do *Pluto Brasiliensis* (sem falar nos artífices e mercadores tributáveis), é extremamente baixa, o que fazia crer em um engano. Ora, o engano, engano de Eschwege, patenteou-se quando Goulart, depois de buscas que pareciam infindáveis, teve a lembrança de somar as cifras à primeira e segunda matrículas, correspondentes a duas prestações semestrais dos negros captáveis no ano de 1742, que localizou no códice Costa Matoso, pertencente à Biblioteca Municipal de São Paulo, e verificou que o produto equivalia exatamente ao número dos escravos ocupados nas lavras, dado por aquele a quem Orville Derby chamou o pai da geologia no Brasil. Eschwege simplesmente não advertira que se tratava de duas parcelas do pagamento e, com isso, chegou quase a duplicar o total dos negros existentes de fato. Corrigido o engano, a incongruência dissipou-se. Como acontece com qualquer trabalho de história, é possível sempre que o descobrimento de documentos novos, assim como o aperfeiçoamento das técnicas de investigação estatística, venha modificar eventualmente os resultados obtidos. Serão substanciais as modificações, no caso da obra de Maurício Goulart?

De acordo com sua estimativa, o total de africanos introduzidos no Brasil até a extinção do tráfico oscilaria, aproximadamente, entre 3500000 e 3600000. Ora, segundo resulta de pesquisas bastante meticulosas, publicadas em 1950 por Noel Deerr, o qual, segundo parece, desconhecia a contribuição de Goulart, divulgada no ano antecedente, as importações brasileiras de escravos, em igual período, teriam andado por volta de 3325000. E em obra bem mais recente, a de Philip D. Curtin, impressa primeiramente em 1969, e de novo em 1970, esse total se elevaria para cerca de 3647000. A diferença entre as estimativas dos dois autores e as que se oferecem em *Escravidão africana no Brasil* são, como se vê, um quase nada: cerca de 7%, 1%, a 2% menos em um caso, mais no outro. Pode-se retomar, a propósito, a observação do próprio Curtin, onde comenta que sua estimativa "não é necessariamente mais correta do que outra qualquer que se situe nas proximidades, e nada impede que possa ser mais elevada do que os números reais, mas os dados comprobatórios ora disponíveis pouco dizem sobre até que ponto deveria chegar uma revisão capaz de diminuí-la. Por conseguinte, aqueles 3325000 que Deerr apurou são igualmente possíveis. Apenas não é nada provável que mesmo o aparecimento de documentação nova ou de inferências estatísticas mais aperfeiçoadas possa rebaixá-los a muito menos de 3 milhões".

Não tenho em mãos o volume segundo de *The history of sugar* de Deerr, onde figuram os resultados de seu cálculo sobre os números do tráfico, e a presunção de que teria chegado a eles independente do conhecimento da obra de Goulart, impressa no ano anterior, resulta de não ser nomeada essa obra entre os dados bibliográficos que podem ser lidos no pórtico do volume primeiro. Conheço bem, em compensação, o *The Atlantic slave trade: a census*, de autoria de Philip D. Curtin, que a imprensa da Universidade de Wisconsin publicou em 1969, como já foi dito, e nele se diz de modo expresso (à página 205) que, para o caso do Brasil, "as estimativas apuradas por Maurício Goulart em seu *Escravidão africana no Brasil*, podem ser aceitas como ponto de partida decisivo (crucial)". O trabalho de Curtin tem um escopo ambicioso, pois aborda o tráfico não só para o hemisfério ocidental, mas também para as ilhas do Atlântico e o continente europeu, neste caso, a partir do século XV. As razões que o levaram a tão impressionante esforço assemelham-se muito às que provocaram o estudo de Goulart, nascendo ambas de uma insatisfação, no seu caso da insatisfação diante de certezas fáceis e venerandas, canonizadas que foram pelo tempo e pelo peso das autoridades que as aceitaram sem crítica.

Impressionou-o a opinião unânime, ou quase unânime, porque houve umas poucas exceções, entre autores abalizados, de que as importações de pretos para as Américas orçaram aproximadamente em 20 milhões, durante todo o período do tráfico, ou, mas como um mínimo, em 14 ou 15 milhões. Procurando investigar a origem de tais estimativas e os critérios estatísticos em que se basearam, verificou que a cifra de 20 milhões foi obtida da forma seguinte: partiu-se dos registros das importações da Jamaica, durante o período de 1700 a 1786, que já não existem tais como existiam quando foram usados. Feito isso e tendo em consideração a importância, então, da Jamaica entre as Antilhas britânicas, multiplicou-se por três o total obtido, que daria, segundo se conjeturou, a estimativa total do tráfico na América inglesa. Com razões ou sem razões parecidas, opinou-se que o total do tráfico, na América inglesa, deveria corresponder à quinta parte do tráfico para as Américas, de onde o total de 20 milhões, logo aceito sem discussão e consagrado por um Bancroft. Pode-se admitir que esse resultado foi, em parte, obtido por meio de cálculos, ainda que péssimos cálculos. Outros, porém, que se basearam em ralas conjeturas, tiveram igual ou melhor repercussão. Um deles aparece pela primeira vez em artigo publicado em 1861 por um modesto publicista e é usado tranquilamente por Kuczynski, autoridade notória em questões de estatística, e mais recentemente por um historiador do porte de David B. Davis, autor de obra monumental sobre o problema da escravidão no Ocidente. Mas, segundo bem observa Curtin, se a obscuridade do responsável pela conjetura não é prova, por si só, de que ele estivesse em erro, o uso que dela faz Kuczynski não serve para melhorá-la.

Contudo não se pode dizer que haja, apesar de tudo, um consenso sobre essas cifras. Há quem, como D. L. Wiedner, que publicou uma história da África ao sul do Saara, as ache muito elevadas. Partindo das estimativas da população negra no Novo Mundo, por volta de 1860, conclui, com critério um pouco semelhante, em suma, ao de Calógeras, que o tráfico total para as Américas deve ter abrangido apenas 3500000 a 5500000 escravos. Mas também há quem, como Robert Rotberg, em sua *História política da África tropical*, ache baixas demais as somas aceitas por Kuczynski e outro autor que extraiu seus dados de Kuczynski (os quais não efetuaram nenhuma pesquisa direta sobre a matéria), e declare então que o tráfico negreiro trouxe às Américas "pelo menos 25 milhões de escravos". Curtin, que lembra tais exemplos, estranha que essas e outras cifras, tão mal apoiadas, pudessem ter tão largo crédito, enquanto outras, fundadas em pesquisa séria, são esquecidas. As cifras de Noel Deerr, por exemplo, publicadas por autor inglês, ficaram completamente esquecidas e não chegam sequer a ser mencionadas nas mais recentes histórias gerais do tráfico africano, apesar da massa prodigiosa de documentação que lhe serviu de base e da acurácia dos métodos empregados no seu manejo.

É de notar que, utilizando tão largamente, para o Brasil, a obra de Goulart, que lhe serve como ponto de partida, as modificações que Curtin introduz, nesse caso, baseiam-se sobretudo em fontes arquivais ainda desconhecidas em 1949. No tocante aos dados hipotéticos a que o brasileiro precisou recorrer, ele os reputa "razoáveis" (página 208), e "aceitáveis" (página 235). E em um caso, ao menos, parece-lhe que se pecou, foi por moderação, não foi por demasia. Assim é que, embora lhe pareçam bem documentadas as cifras das exportações de negros da Costa da Mina para a Bahia, apuradas em arquivos baianos, o acréscimo superior a 18%, feito para abarcar o restante do Brasil, antes de tomar incremento maior o rush para as Gerais, no fim da década inicial do século XVIII, ele o julga excessivo. E explica: entre os anos de 1681 e 1700 saíram a cada dez anos, da Bahia, 76 navios com destino à África, e de 1701 a 1710 o seu total elevou-se a 217. Ora, se fossem perfeitamente exatas, neste ponto, as estimativas de Goulart, cada embarcação negreira teria de conduzir em média 550 escravos. Navios de tal capacidade existiam, sem dúvida, mas os negreiros ingleses e franceses do Setecentos costumavam transportar, cada qual, cerca de 250 a trezentos escravos, e há o caso de 21 navios que em 1728-9 trouxeram grandes quantidades de escravos para o Brasil, mas a média por navio não excedia, ainda assim, de 425 negros.

Maurício Goulart não podia conhecer, quando redigiu seu livro, os estudos de Pierre Verger, que prolongam e desenvolvem, a partir de 1964, os trabalhos de Luís Viana Filho, sobre o negro na Bahia. Particularmente o admirável volume do autor belga, sobre o fluxo e refluxo do tráfico negreiro entre o golfo de Benin e a Bahia, do XVII$^{\underline{o}}$ ao XIX$^{\underline{o}}$ século, publicado em 1968, que poderia oferecer algumas outras precisões, graças sobretudo ao apêndice quantitativo sobre o movimento de navios entre a Bahia e o golfo de Benin. Essa documentação, que Curtin não conheceu, em tempo de utilizá-la, com maior largueza, em seu livro, pode melhorar, sem, no entanto, alterar, no essencial, as conclusões de Goulart. Em outros casos, como o das exportações de escravos de Angola para o Brasil, as séries estatísticas achadas pelo pesquisador português Edmundo Correia Lopes e de que Goulart se valeu, entre outras, puderam ser ampliadas por Curtin, graças ao estudo de David Birminghan sobre comércio e conflito naquela colônia portuguesa, publicado em 1966 e que se beneficiou dos resultados de pesquisas novas e mais completas. Ainda assim, as diferenças são reputadas relativamente insignificantes (*trifling*), onde se trata das exportações de Loanda, e menores ainda nas de Benguela. Quanto aos dados para o tráfico para o Brasil, durante o século XVI, as discrepâncias são mais discutíveis. Segundo Goulart, os pretos introduzidos no Brasil, nessa época, não teriam sido mais de 30 mil, enquanto Curtin chega até 50 mil, contra 75 mil recebidos pela América espanhola. Contudo, o norte-americano não apresentou aqui nenhum dado novo em favor de sua conclusão, e os de Huguette e Pierre Chaunu na obra sobre Sevilha e o Atlântico, de que pôde valer-se para a América espanhola, não seriam de maior serventia onde se trate da América portuguesa.

# O barão de Iguape*

•

NA DESCRIÇÃO DA VIAGEM DO PRÍNCIPE regente d. Pedro a São Paulo, em 1822, que redigiu Francisco de Castro Canto e Melo, gentil-homem de sua câmara e futuro visconde de Castro, lê-se que o dito regente recebeu na capital paulista "a obsequiosa e magnífica hospedagem que lhe haviam preparado o brigadeiro Manuel Rodrigues Jordão e o coronel Antônio da Silva Prado, hoje barão de Iguape...". Por onde se vê que esse relato, publicado por Melo Morais, foi composto depois de 1848, ano em que Prado foi feito barão.

Ao estudar o personagem, cujo nome se liga assim a um dos episódios culminantes da história do Brasil, e não de modo tão esquivo como o de Pilatos ao Credo, a professora Maria Thereza Schoerer Petrone a ele se refere, nestas páginas, dando-lhe o nome com que só será geralmente conhecido vinte e trinta anos depois da época em que se dedicou às atividades que formam o objeto central de sua pesquisa. Tratando-se de parte de uma visão global dos empreendimentos desse comerciante paulista, que viveu entre 1788 e 1875, e deixou so-

---

* Petrone, Maria Thereza Schorer. *O barão de Iguape; um empresário da época da Independência*. São Paulo, Companhia Editora Nacional, 1976, pp. XI-XX. [Prefácio]

bre eles documentação singularmente rica, parece explicável o voluntário desvio – deslize? – cronológico. Nem vejo, num título que só ganha em ser conciso, que haja mal imperdoável em semelhante desvio. Pior seria, por exemplo, a possibilidade, quase inevitável de outra forma, de ser induzido o leitor a confundir o comerciante Antônio da Silva Prado com seu neto homônimo, que, grande capitalista como ele, irá ser figura conspícua na vida brasileira das últimas décadas da Monarquia e de quase toda a Primeira República.

Sabedor, embora, de longa data, da existência de numeroso material inédito, que abrange sua correspondência comercial, diário, contas correntes, copiador de cartas expedidas, borradores, meticulosa escrituração dos negócios etc., mantidos até o fim de sua vida, só por volta de 1952 ou 53 tive oportunidade, porém, de contato direto com esse acervo impressionante. O que então me levou a entender-me com Jorge Pacheco Chaves, descendente do barão e dono do acervo, foi o interesse da Comissão do IV Centenário da Cidade de São Paulo, que no caso eu representava, em socorrer-se da admirável coleção iconográfica de Chaves para a publicação que projetava. O projeto, que teve sua solícita aquiescência, seria sacrificado, quando a Comissão, devendo atender a compromissos já assumidos, mas dependentes de maiores facilidades cambiais que, ao cabo, não foram concedidas pelo governo federal, precisou sujeitar a cortes substanciais a verba de que dispunha. Das conversas que tivemos, então, saiu a lembrança, porém, de facilitar-se de algum modo o acesso dos nossos estudiosos de história econômica a um documentário talvez único no Brasil como o são os papéis do barão de Iguape.

Nesse sentido, a primeira ideia surgida de sua publicação integral pelo Museu Paulista mostrou-se praticamente inviável. Mesmo para uma instituição oficial, que não visava a fins lucrativos, haveria de parecer pelo menos original, mas não no bom sentido da palavra, a divulgação dos negócios particulares de um capitalista, ocorridos ao longo de 65 anos, a partir de 1810, abrangendo então 29 ou trinta volumes compactos e de formato grande. A escassa repercussão obtida em nossos dias pela correspondência comercial de um negociante português do século XVIII, que o historiador Luís Lisanti reuniu e admiravelmente comentou, e o Ministério da Fazenda publicou em cinco volumes, com o título de *Negócios coloniais*, deixa poucas ilusões sobre o sucesso que poderia aguardar uma iniciativa bem mais ambiciosa. Quanto ao documentário do barão de Iguape, a alternativa de uma seleção reclamava aturado estudo prévio e, naturalmente, sobras de tempo de que não dispúnhamos nem eu, nem os possíveis colaboradores. Além disso, devendo ausentar-me do país, e a ausência duraria mais de dois anos, ficou adiado o exame dessa solução, que não se deu, em parte devido ao falecimento de Jorge Chaves.

Algum tempo mais tarde, o interesse que mostrava Maria Thereza Schoerer Petrone, assistente da cadeira então sob minha responsabilidade, de história da civilização brasileira, da Faculdade de Filosofia da Universidade de São Paulo, pelos estudos de história empresarial, surgidos, sobretudo nos Estados Unidos, desde a fundação, em Harvard, do Research Center in Entrepreneurial History, preparados por Arthur H. Cole com a ajuda de Schumpeter, Gershenkron e outros, levou-me a pensar de novo no assunto. A curiosidade e a capacidade reveladas por minha auxiliar para os estudos de história econômica que iniciou em São Paulo e desenvolveu em Munique pareciam proporcionar bom meio de utilização dos papéis do barão na tese de doutoramento que devia preparar. Tanto mais quanto me cabia, por dever de ofício, orientá-la nessa etapa de sua carreira universitária. Aceito de bom grado, meu alvitre teve entretanto de ser abandonado. O dono dos papéis legou-os em testamento ao Instituto Histórico e Geográfico de São Paulo e, como estivessem os bens ainda em inventário, não era possível consultá-los no momento, de sorte que a doutoranda passou a outro tema, o da atividade econômica responsável por uma profunda transformação da lavoura paulista, que permitiu a formação de uma infraestrutura para a implantação dos cafezais do Oeste. O resultado foi a obra verdadeiramente pioneira que dedicou à *Lavoura canavieira em São Paulo: expansão e declínio* (*1765-1851*), e que lhe permitiu conquistar brilhantemente o doutorado.

Só quando já estava para concluir a elaboração da tese chegaram finalmente a seu destino os papéis do barão de Iguape. Entre as múltiplas atividades a que este se dedicou ao regressar, em 1816, do sertão da Bahia, após refazer ali o cabedal que havia perdido nas minas de Cuiabá e de Goiás, dificilmente faltariam os negócios do açúcar, agora em franca expansão na capitania. De fato, assim como Prado passara de arrematante de impostos (subsídio literário, sisas, meias sisas, dízimos de Curitiba, Lajes, São José dos Pinhais), especialmente dos impostos sobre os animais em trânsito para Sorocaba, para o comércio de gado, onde teve como sócio outro homem de negócios, nascido no Rio Grande do Sul, mas estabelecido em São Paulo, João da Silva Machado, futuro barão de Antonina, também de negociante de açúcar passou, por algum tempo, a lavrador de açúcar e "engenheiro", que é como se designavam, em São Paulo, os senhores de engenho. Foi esta, no entanto, uma experiência à margem das suas outras atividades, e durou poucos anos. Prestava-se, contudo, à elaboração de um "estudo de caso" a ser anexado à tese, e assim foi feito. O estudo não está reproduzido no livro que dessa tese resultou e que a Difel editou em 1968, mas foi impresso nos n[os] 73, 76 (1968) e 79 (1969) da *Revista de História*.

A atuação do personagem principal deste livro num meio ainda mofino como o de São Paulo, pelo ano de 1816 – ele mesmo se dizia saudoso dos negócios de algodão a que se dedicara na Bahia, e confessava: "aqui não há em que se ganhe dinheiro" –, é das que ajudam a desmontar o mito obstinado da avassaladora preeminência agrária na formação brasileira. À custa de um esforço continuado, de um raciocínio sempre alerta, da intuição certeira – um descendente dele fala em sua "esperteza e vivacidade" – e não menos do conhecimento da boa regra mercantil, especialmente da escrituração em partidas dobradas, que desde a era pombalina passava por ser a pedra de toque por onde se distingue o negociante de grosso trato do simples "mercador", que vende a varejo de mão a mão e usa o côvado ou a vara, pode-se dizer que foi filho do próprio trabalho. Começou em São Paulo como começaram alguns dos homens mais abastados do lugar, ou seja, como arrematante de contratos de cobrança de impostos, continuou como negociante de açúcar, animais e variados gêneros, foi momentaneamente senhor de engenho em Jundiaí e, finalmente, banqueiro.

A parte que teve nos sucessos da Independência não seria totalmente inseparável de sua vida econômica ativa. Também seu tio, o brigadeiro Jordão, que com ele preparou, em São Paulo, a hospedagem a d. Pedro, era negociante de fazendas e pessoa de muitos haveres. Foi mesmo um dos dois vogais pelo comércio na junta do governo provisório da província, surgida do levante de junho de 1821 e referendada pelo regente. Em realidade, a jornada que trouxe d. Pedro a São Paulo, levando-o à proclamação da Independência, foi provocada por um grave dissídio surgido entre os membros da junta, que redundou na chamada "Bernarda" de Francisco Inácio, a 23 de maio de 1822. Francisco Inácio de Sousa Queirós, cabeça do motim, era o outro vogal pelo comércio e colocava-se com esse gesto em campo oposto ao do brigadeiro Jordão, seu colega. Herdara do pai, Francisco Antônio de Sousa, entre outros bens, seu negócio de fazendas secas, com sede no nº 35 da rua Direita, o que lhe permitira matricular-se, em 1813, como negociante do grosso na Real Junta de Comércio do Rio de Janeiro.

A origem da "Bernarda" prende-se à desafeição existente entre a maior parte dos homens do governo da província e os Andradas, e seu remate foi a destituição e expulsão de Martim Francisco Ribeiro de Andrada, que imediatamente teve a solidariedade do brigadeiro Jordão, igualmente deposto. O motim foi vivamente reprovado então por d. Pedro, que, chegado Martim Francisco à Corte do Rio de Janeiro, o nomeou ministro da Fazenda do governo em que José Bonifácio ocupava já a pasta do Reino e de Estrangeiros, ao mesmo tempo em que mandou substituir a junta de São Paulo e ordenou devassa sobre os acontecimentos de maio. Embora não faltasse quem nestes visse uma reação absolutista, o mais provável é que tenham sido suscitados por malquerenças e ciúmes pessoais. Quando muito poderia prender-se a dissensões entre o chamado "partido português" e os brasileiros, ligados aos Andradas, e com os quais d. Pedro andava agora de mãos dadas. Sucede apenas que a atitude das Cortes, ainda que liberal em Portugal, era prepotente no trato das coisas do Brasil, e aos brasileiros não parecia difícil confundir prepotência com absolutismo.

Para o coronel Prado, paulista, filho e neto de paulistas, que então se liga à facção andradina, o trato mercantil não significaria assim desinteresse pela vida política. Política e negócios andam constantemente ligados ao senso do oportuno, que pode requerer certa versatilidade. Assim, o andradista de 1822 se tornará federalista, quer dizer, radical, em 1832, e conservador, em 1842. Conservador como seu sócio João da Silva Machado, o que, aliás, não é de admirar, mas também como Costa Carvalho, agora barão e enfim marquês de Monte Alegre, o que já é admirável, por se tratar de antigo parcial de Francisco Inácio, de quem se tornou contraparente. No outro lado, o lado liberal, milita grande parte da parentela de Francisco Inácio e, morto que já era José Bonifácio, seus irmãos Antônio Carlos e o próprio Martim Francisco, alvo dos ódios da "Bernarda" vinte anos antes.

O entrelace de política e negócios é frequente, aliás, no Brasil, e se torna visível já no Primeiro Reinado. Para começar, os mesmos Andradas vinculam-se ao comércio por intermédio do pai, Bonifácio José, que nos Maços de População da Vila de Santos se registra modestamente como "mercador", nome ligado a um exercício que, segundo a praxe lusitana, derroga a nobreza, mesmo a quem a tenha de nascença. Pouco importa que o avô, José Ribeiro de Andrada, tivesse sido magistrado e que o mesmo Bonifácio José fosse pessoa abastada, de abastança que aparentemente adquiriu, como outros paulistas do tempo, no comércio de Cuiabá. Também importa pouco o poder gloriar-se de algum avoengo fidalgo: o mesmo acontecia a um sem-número de indivíduos que, nem por isso, deixavam de ser de "segunda condição". É sabido como Antônio Carlos, ao depor perante os juízes da alçada, se defendeu da parte que teve na república pernambucana de 1817, aludindo à "ordem da nobreza a que pertencia". Ditas embora sob coação, essas expressões não indicam uma pretensão injustificável do antigo ouvidor de Olinda, dado que em Portugal o grau acadêmico era suficiente para nobilitar. Para alguns entendia-se isso especialmente como os "doutores lentes", mas a última palavra a respeito deu-a o conhecido praxista Luís da Silva Pereira Oliveira, em seu tratado da nobreza e fidalguia, publicado em 1804: "basta o grau para brotar o predicado da Nobreza", diz textualmente. E o grau pode ser de simples licenciado.

Para mostrar a importância do comerciante nos inícios do Brasil independente, já me sucedeu lembrar, em outra ocasião, como até a baronesa de São Salvador de Campos dos Goitacases, baronesa já ao tempo do rei velho, pois teve o título em 1812, figura no corpo do comércio da Corte, com seu estabelecimento de vidros e quinquilharias à rua da Glória, ao mesmo tempo em que é dama da imperatriz. A mesma baronesa foi, além disso, sogra do intendente-geral de polícia da Corte, falecido pouco antes da Independência, Paulo Fernandes Viana, também pertencente, aliás, ao corpo do comércio. Por esse lado seria avó da futura duquesa de Caxias. Não é sem interesse notar que a futura viscondessa do Rio Branco e a duquesa de Caxias se tratavam habitualmente de primas. O visconde do Rio Branco era filho, aliás, de negociante da Bahia e casou com filha de negociante do Rio de Janeiro. Se Araújo

Lima, por exemplo, ou Holanda Cavalcanti, vinham da grande lavoura – mas a grande lavoura comercial já não é por definição uma atividade mercantil? –, por conseguinte pertenciam à "nobreza" da terra, nobreza que a legislação do Reino jamais reconheceu, dado que, segundo os praxistas mais autorizados, a agricultura, mesmo se exercida em solo próprio, não dá nobreza a quem a não tem, nem tira a quem a tem, sendo exercício neutral e indiferente.

Não parece escusado lembrar a importância crescente que os homens saídos do comércio tiveram nas províncias mais prósperas, talvez ainda mais do que no Rio de Janeiro, onde a presença de muitos fidalgos chegados com a Corte portuguesa seria obstáculo ao emprego de arrivistas locais em postos que esses mesmos fidalgos ocupavam ou ambicionavam. Para a Bahia, o assunto foi bem abordado em notável estudo do historiador inglês Russel-Wood, baseado nos livros da Misericórdia do Salvador, onde se mostra como, desde meados do século XVIII, a tradicional eminência conferida à "aristocracia" rural do Recôncavo começa a ser substituída pelos magnatas do comércio urbano, que outrora ocupavam na sociedade uma posição ambígua, quando menos, e insegura. Em Minas Gerais, a ascensão de negociantes e mesmo de simples mercadores e tendeiros se inicia bem cedo, despertando a iracúndia de tradicionalistas tais como o autor das *Cartas chilenas*, que, adverso, embora, ao predomínio da gente de subida linhagem, quer todas as vantagens para a nobreza togada. A pujança, aliás, da comunidade mercantil é atestada, já em 1734, em testemunhos como o de certa passagem do *Triunfo eucarístico*: "Nesta vila habitam os homens de maior comércio, cujo tráfico e importância excede sem comparação o maior dos maiores de Portugal...". A partir de depoimentos como esses poder-se-ia melhor avaliar a trama de altos interesses financeiros, que formaria o pano de fundo da Inconfidência Mineira conforme foi lembrado em estudo recente. Em Pernambuco, pertenceram ao comércio, não só o Domingos José Martins do movimento de 1817, como, após o consulado de Luís do Rego – que por sinal casou com filha do visconde do Rio Seco, um dos mais abastados negociantes do Rio de Janeiro –, Gervásio Pires Ferreira, primeiro presidente da junta de governo provisório da província. Este, nascido no Recife e envolvido na sedição de 1817, tinha sua frota de navios que lhe permitia negociar diretamente até com o Extremo Oriente, especialmente Calcutá. Negociante, de pai negociante, fizera matricular dois filhos, Luís e Domingos, como caixeiros de sua casa de negócios a 12 de julho de 1815, segundo pude averiguar nos livros de matrículas de negociantes existentes no Arquivo Nacional.

Em São Paulo, onde não havia condições para negócios tão lucrativos – "aqui não há em que se ganhe dinheiro", escrevia o coronel Prado em 1817, embora não faltassem homens de largas posses, como o brigadeiro Luís Antônio de Sousa, que, nas palavras do sargento-mor Luís D'Alincourt, foi ajudado pela fortuna de modo espantoso –, o remédio para os ambiciosos era tentá-los em outras capitanias. O próprio Luís Antônio, casado com neta de Salvador Jorge Velho (o qual, lavrador em Itu, achando-se muito diminuído de recursos, dirigiu-se, já velho, às novas lavras da capitania de Mato Grosso, em companhia de filhos e genros, e recuperou e multiplicou seus bens), seguiu esse caminho, pois, segundo consta, aumentou os cabedais que angariara como arrematante de contratos de cobrança de impostos no comércio do Cuiabá. Também o futuro barão de Iguape chegara a tentar a fortuna em Mato Grosso e Goiás, mas com o declínio das minas, só conseguiu perder ali o pouco que tinha de seu. Não examinei senão rapidamente o arquivo de Goiás reunido hoje no Museu das Bandeiras da antiga capital do estado, mas, ao estudar o comércio de Cuiabá através dos papéis existentes no Arquivo Histórico Ultramarino em Lisboa e na Biblioteca e Arquivo Público de Cuiabá, se não encontrei referência a Antônio da Silva Prado, achei frequentes notícias de pessoas do mesmo apelido e, sem dúvida, da mesma família.

É o caso do próprio brigadeiro Jordão e do capitão Eleutério da Silva Prado, seus tios, assim como de um primo, Antônio de Queirós Teles (futuro barão de Jundiaí) e pelo menos de dois outros parentes próximos que se fixaram no Cuiabá, onde constituíram família e deixaram descendência. Como os negócios a crédito eram de uso amplo naquelas minas e os devedores não tinham, em geral, muita pressa em saldar débitos, quando os saldavam, é de supor que resultariam em grandes lucros para quem se sujeitava a tamanhos riscos. Não raro chegavam a apelar para o poder público no sentido de chamar este à ordem o devedor faltoso. Há uma carta, por exemplo, de Eleutério Prado, tio de Antônio, datada de 1812 e endereçada a Oeynhausen, capitão-general de Mato Grosso antes de ir exercer o mesmo cargo em São Paulo, onde é recomendado seu sobrinho Antônio de Queirós Teles, que levava bestas e cargas para ir dispor nas minas, e onde é pedida ainda a proteção do general para o propósito do dito sobrinho de fazer ali a cobrança de dívidas velhas para com a sua fazenda. No mesmo ano de 1812 vai dirigir-se Luís Antônio de Sousa também a Oeynhausen, com pedido semelhante e, em 1814, com outro. Era antigo o costume, pois que já em 1773 pedia o mercador santista Bonifácio José de Andrada, por intermédio do governador de São Paulo, ao morgado de Mateus, ao capitão-general Luís de Albuquerque, de Mato Grosso, que fizesse pressão sobre seus devedores, pois ainda devia ser embolsado ali da quantia de 1.068$84. Do que lhe era devido, só tinha recebido, até então, e as dívidas foram contraídas muitos anos antes, o pagamento de duzentas oitavas de ouro, equivalentes, no todo, a trezentos mil-réis.

Em regra, efetuada uma transação, o comprador dava fiadores para o pagamento a prazo, e os juros da lei sobre o principal, na base de 5% ao ano, começavam a correr depois de uma espera estipulada de antemão, geralmente de um ano, às vezes mais, durante a qual a soma não rendia juros. Com todas as facilidades e precauções adotadas, a dilação nos pagamentos era regra, isso quando fosse possível exercer pressão sobre o devedor, que não raro desaparecia sem deixar pista. Entre os problemas de que se queixa Eleutério Prado, em carta a Oeynhausen, há o caso de certo devedor que, apesar de levar carta de abono de pessoa que aparentemente não seria possível desejar mais idônea, deixara passarem-se mais de oito anos sem saldar o compromisso e afinal, se dirigiu à Bahia, onde ajustou que se poderia fazer ali a cobrança. Mas, na Bahia, onde já se achava, não mudou a situação, e o devedor faltoso, para não pagar o embolso, "tem contado histórias com frívolas desculpas", mas ficava nisso. Na Bahia, e mais precisamente no sertão do Caitité, encontrava-se a essa data o futuro barão de Iguape a labutar nos negócios de algodão que o mesmo Eleutério, seu tio, lhe deixaria, assim como ele próprio o deixaria seis anos depois a um irmão, recomendando-lhe que não voltasse a São Paulo antes de formar, seguindo seu exemplo, um pecúlio razoável, que lhe permitisse lançar-se a outros cometimentos em uma província onde nada se poderia começar sem isso. É possível que, em tais condições, o sobrinho Antônio tenha sido incumbido de fazer a cobrança ao mau pagador. Com bom êxito? Só se pode dizer que não lhe faltavam energia, nem lábia, nem habilidade para tanto.

Dos primeiros passos na carreira comercial do personagem de que se trata no presente livro, sabe-se pouco. Do que lhe sucedeu nas andanças por Mato Grosso e Goiás nada dizem os papéis aqui estudados e um dos biógrafos informa apenas que nada ganhou nessas capitanias e tudo perdeu do que levou. Chegou tarde a terras que já se tinham cansado de dar ouro e não davam mais nada. Dos seus tratos na Bahia o que se sabe está, resumidamente, embora, nesta obra. Sabe-se, por exemplo, que negociava com fustão, cambrainhas, morins, meadas de lã, lenços de cassa, baetas, chitas, linha, às vezes tabaco, açúcar, papel, vinhos, pregos, milho, farinha, sabão do reino. As contas eram pagas ora em dinheiro, ora em espécie (toucinho, cavalos, azeite, frangos, cargas de sal e outras mercadorias). Antes de embarcar para São Paulo, durante os cinco meses que permaneceu em Salvador, a comprar objetos que lhe servissem para a casa que ia montar, não perdia tempo, pois cuidava de ir comprando algodão, que pagava à vista, para depois vendê-lo a crédito.

Resta sempre a questão de saber-se como, em meia dúzia de anos, lhe teria sido possível amealhar, com sua loja sertaneja, um pecúlio que não devia ser tão curto, já que pôde desenvolvê-lo ao ponto de tornar-se rapidamente um dos grandes capitalistas de sua terra. No livro de Maria Thereza Schoerer Petrone a questão fica sem resposta, e no acervo que utilizou é pouco o espaço que ocupam os negócios de Caitité, sobretudo se comparados às transações feitas em São Paulo e no Sul. Tamanhas são estas e de tal variedade que pretender abordá-las em sua totalidade seria correr o risco de cair num emaranhado de motivos heterogêneos. A autora preferiu, em tais condições, o tratamento monográfico, e concentrou-se então sobre um tema isolado como o da tributação e comércio do gado, que, não obstante sua importância para a vida econômica de São Paulo e do Brasil, ainda continua mal conhecido. Não creio, entretanto, que fosse preciso ultrapassar os limites dessa monografia para dar ideia da figura central da obra, do mecanismo de seus negócios e dos métodos de que se valeu para tornar mais produtiva uma atividade que, iniciada ainda na era colonial, se prolonga durante meio século e mais depois da Independência. Visto desse prisma, esse é, de qualquer modo, um esforço exemplar no gênero e é uma contribuição que estava fazendo falta para a melhor inteligência de certos aspectos da história do Brasil, frequentemente obscurecidos pela atenção absorvente que se tem dado a fenômenos tais como "sociedade patriarcal", "feudalismo", lavoura latifundiária e pela obstinada cegueira diante da marca do capitalismo internacional que esteve presente na formação brasileira desde os inícios.

O barão de Iguape foi comerciante a vida toda e não quis ser outra coisa. Nem os poucos anos em que procurou fazer-se dono de engenho representam verdadeiramente um hiato em sua grande vocação, que foi a de homem de negócios. Vocação que tem um passado longo no Brasil, e que em Portugal os próprios reis não desprezaram. O historiador Charles R. Boxer, ao mostrar como o Império português sempre foi essencialmente comercial e marítimo, apesar da capa militar e clerical, aponta, a propósito, para o pomposo título que escolheu d. Manuel – "Venturoso" para os súditos, simplesmente *le Roi-Épicier* para Francisco I –, título orgulhosamente mantido entre seus sucessores, mesmo quando deixa de ter qualquer significado: Senhor [...] do Comércio da Índia, Etiópia, Arábia, Pérsia [...] Parece-lhe difícil imaginar qualquer outro monarca europeu que mencionasse o comércio entre seus títulos. Poderia lembrar, ainda, como o Dante, com uma severidade bem estranhável em um filho de Florença, a terra clássica dos mercadores e banqueiros, não hesitou em meter no inferno el-rei d. Diniz *que di Portogallo* que os portugueses chamam "Lavrador", porque, segundo explicava o *Ottimo commento* de Pietro Alighieri, seria muito dado a adquirir haveres e teria tratos de moeda com todos os financistas de seu Reino. Os historiadores, porém, não costumam ser tão implacáveis para com o filho de d. Afonso III.

# Vale do Paraíba – Velhas fazendas[*]

SEGUNDO A EXPLICAÇÃO MAIS PACÍFICA entre tupinólogos de todos os tempos, "Paraíba" quer dizer "rio ruim". Por lhe faltarem condições de navegabilidade? Por serem menos piscosas as suas águas? Ou por banharem terras povoadas de índios contrários e intratáveis? Sem querer discutir o valor de qualquer desses alvitres – dois, pelo menos, pertencem a Capistrano de Abreu – nenhum é indiscutível por volta de 1601, o ano da bandeira de André de Leão rumo ao Sabarabuçu, que motivou a mais antiga descrição conhecida das mesmas terras. A descrição, devida a um flamengo chamado Guilherme Glimmer, vem na *História natural do Brasil* de Marcgrave, que se imprimiu primeiramente em 1648. Por ela ficamos sabendo que a expedição, depois de largar a vila de São Paulo, se dirigiu à aldeia de São Miguel, então aos cuidados dos padres da Companhia e, transpondo o Tietê, se encaminhou para o cotovelo que forma o Paraíba, antes de seu curso médio, chegando presumivelmente às proximidades do desaguadouro do Jaguari, em frente à atual São José dos Campos, após mais de dez dias

---

[*] Holanda, Sérgio Buarque de e Maia, Tom. *Vale do Paraíba – Velhas fazendas*. São Paulo, Companhia Editora Nacional, 1976, pp. 11-44.

de marcha. Nesse ponto embarcou em canoas para descer o Paraíba, e só deixou o rio ao cabo de quinze ou dezesseis dias, num lugar onde a navegação começa a fazer-se dificultosa, mais ou menos onde hoje fica a cidade de Cachoeira, para se dirigir à garganta do Embaú, que dá acesso às Minas Gerais pelo Passa Vinte.

Ao rio dá o roteiro de Glimmer o nome de Sorobis, embora não se ignorasse na época o topônimo Paraíba, e não deixa dúvidas quanto à sua verdadeira identidade ao sugerir que despeja as águas no Oceano, entre o Cabo Frio e a capitania do Espírito Santo. Sorobi ou Sorubim é nome de peixe, ainda em nossos dias usual (*Pseudoplatystoma Corruscans*, Agass), e isso já serve para desfazer a teoria de que suas águas mal se prestavam às pescarias: o próprio Glimmer informa, aliás, expressamente, que o rio é abundantíssimo em pescado grande e pequeno: *tam majoribus quam minoribus*. Sobre a alegação de que viviam em suas margens índios indomáveis, cabe dizer que não era exata em 1601, ainda que o fosse sete ou oito anos antes, pois há notícia de que em 1593 o gentio de Moji ou Bouji havia desbaratado os homens de Antônio de Macedo e Domingos Luís Grou, levando o capitão Jorge Correia a mover-lhes crua guerra.

É de crer que, nos anos subsequentes e até o final do século, as campanhas de extermínio tivessem apartado enfim a ameaça vinda daquelas bandas e que tanto sobressaltava a população paulistana. O certo é que todo o longo estirão entre as vertentes da Mantiqueira e a serra do Paranapiacaba se viu desinfestado naqueles anos dos tupis inimigos, índios de guerra, mas também índios de lavoura, cobiçados dos traficantes de peças. Restavam algumas tribos mais tratáveis, embora assustadiças, de guaianás, puris, guaramomis ou guarulhos, que não se afeiçoavam à vida sedentária e à lavoura. Quando por ali andou Glimmer, já o gentio contrário fora dizimado: não achou o viajante viva alma, nem sinal de terra lavrada, ainda que avistasse taperas ao desamparo. Apenas alguns rolos de fumaça que sobressaíam às vezes das brenhas indicavam a presença de algumas populações ariscas e sem pouso certo, que se sustentavam do que lhes dava quase graciosamente a natureza. Só depois de vencida a serra ocidental (Mantiqueira) e caminhados ainda alguns dias, será dado aos expedicionários deparar com as primeiras aldeias indígenas fartas de mantimento, de que todos se valerão.

Completada naquelas partes a faixa de segurança ao redor da vila de São Paulo, é plausível a ideia de povoá-las, dando-lhes alguma aparência de governo civil, tanto mais quanto já corria a crença, amplamente confirmada um século depois, de que naquela direção estariam jazidas preciosas. Para começar, o povoamento seguiria a linha traçada pelo Tietê, rio acima, e alcançaria em seguida o Paraíba. Com efeito, só no período que vai de 1608 até 1612 existem documentadas dezesseis petições ou concessões de sesmarias na área: em média, quatro por ano. Já, anteriormente, se haviam estabelecido ali, com as suas granjearias, alguns dos futuros povoadores de Moji das Cruzes, onde se levantará o pelourinho em 1611: roças de feijão branco, de algodão, cana, mandioca, milho, carazais, bananais ou pacovais, pouca coisa de trigo, que se dá melhor nas proximidades da vila de São Paulo e mais para o oeste. E é tudo quanto resulta da documentação conhecida sobre o lugar. A via natural da expansão da gente mojiana parece apontar, entre a muralha da Mantiqueira e as fragosidades da serra do mar, para a linha do médio Paraíba, até pouco adiante do Guaipacaré, onde se erguerá depois a vila de Lorena, e justamente aqui principia o caminho terrestre, por onde se vai em três dias ao Embaú, no umbral das minas de ouro. Rapidamente, porém, as antigas sesmarias de Moji e seu termo só deixam ver taperas ou feitais, que assim se chamam as touceiras de samambaias, próprias de solos exauridos, e aos moradores, tomados do mesmo cansaço, falta em geral o ânimo para empresas novas.

É diretamente de São Paulo, não é de Moji, que saem os

primeiros povoadores brancos ou mamelucos do sertão do Paraíba paulista, onde, em rápida sucessão, em verdade rapidíssima para a época e para a aspereza daqueles lugares, se vão semeando núcleos de povoamento. A viva sedução exercida em dado momento por toda a área, já livre da barreira indígena, ou a preocupação dos governos em mandar ocupá-la definitivamente, nela instalando órgãos locais de poder, tal como fora feito em Moji das Cruzes, explica a atribuição da autonomia municipal a esses núcleos com a ereção dos pelourinhos que a simbolizam. Surgem assim as vilas de Taubaté em 1643, em 1651 de Guaratinguetá, e em 1653 de Jacareí. Pela mesma época obtêm os jesuítas sesmarias à margem do rio Paraíba, ao norte de Jacareí, e estabelecem ali, em um altiplano que escapava às enchentes do rio, uma aldeia que se chamou primeiramente Nossa Senhora do Desterro, depois Residência de Paraíba do Sul e, sucessivamente, ainda, Residência de São José, aldeia de São José, vila de São José do Paraíba, até receber, com os foros da cidade, o nome que ainda guarda de São José dos Campos.

O passo inicial para o devassamento foi dado por Jacques Felix, morador antigo da vila de São Paulo, com sítio de lavoura em Santo André, no caminho do mar. Em 1628 recebe sesmarias, com dois de seus filhos, entre Pindamonhangaba e Teremembé, na "tapera do gentio". Não se dá pressa em ir explorar a área doada, continuando por algum tempo ainda em São Paulo, onde é vereador no ano de 1632 e, no de 1636, provedor da Misericórdia. De 1636 é, também, a provisão do capitão-mor da Itanhaém, determinando que ele penetre o sertão taubateano, com o fito de dar aumento às terras da condessa de Vimieiro, descendente e herdeira dos primeiros donatários da capitania. De 1639 é a ordem da mesma donatária para que se destine uma légua ao rocio da vila que ali se fizer, e se diligencie sobre a distribuição de chãos aos que acudam ao local. Finalmente em 1645, uma decisão de Duarte Correia Vasqueanes, que governa interinamente o Rio de Janeiro, na ausência de Salvador de Sá, leva ao devassamento da bacia do Paraíba em busca de minas de ouro, por um neto homônimo de Jacques Felix, o verdadeiro povoador, três anos mais tarde, da vila de São Francisco das Chagas de Taubaté. A esse ciclo de explorações, onde se inscrevem os trabalhos de Jacques Felix, também parece prender-se a origem de Guaratinguetá. Com efeito, a missão de erguer ali o pelourinho, por ordem do capitão Dionísio da Costa, foi atribuída a um dos componentes da leva de paulistanos que, em 1646, cuidara de explorar toda a região. A empresa de ocupação dessa área parece interromper-se por algum tempo em 1653, depois do estabelecimento da vila de Nossa Senhora da Conceição do Paraíba, que é a Jacareí de hoje. Diversamente do que sucede com Taubaté e Guaratinguetá, esse estabelecimento parece escapar, ao menos de início, à inspiração oficial, e conta com a presença de moradores antigos de Moji.

Mas a fundação é de qualquer modo coonestada pelas autoridades, tanto mais quanto Jacareí atende melhor do que Moji à conveniência de abreviar-se o acesso a Taubaté e às terras que se situam mais para o norte. Não só por ser o rio ali navegável, como, ainda, e principalmente, por abrir-se no mesmo lugar uma extensa várzea livre de embaraços que estorvam o trajeto por terra. O fato é que mais tarde, e ainda por longo tempo, os que se dirigem às povoações do médio Paraíba tratarão de embarcar em canoa à altura da aldeia da Escada e, a partir de Jacareí, iniciarão a viagem a pé ou a cavalo. Uma das razões lembradas, aliás, para justificar a criação, em 1653, da vila da Conceição do Paraíba estava em não ser possível aos habitantes da região acudir facilmente a Moji por ser o caminho longo e não haver passagem por onde levar mulheres e filhos a ouvir a missa. Não é talvez por acaso que a área montanhosa entre Moji e Jacareí recebeu desde cedo o nome de "sete pecados mortais". Apesar dos embaraços que assim se ofereciam ao próprio contato dessa parte do vale do Paraíba com a vila de São Paulo, o rápido povoamento dele pode prender-se a razões mais ponderosas do que às notícias surgidas de repente e nunca inteiramente desvanecidas, de presença de riquezas minerais por aquelas bandas. Em realidade, nenhuma outra parte já conhecida do planalto paulista seria mais apta à lavoura de mantimentos ou até à produção de gêneros exportáveis do que essa. Até o trigo, que mal é mencionado na documentação conhecida sobre Moji das Cruzes, dá-se bem em Jacareí, e em 1775, numa época em que os estragos da ferrugem tinham praticamente aniquilado a triticultura na capitania, o morgado de Mateus se refere ainda a esse lugar como um dos dois, em São Paulo, onde ela continuava a prosperar: o outro era Atibaia. De que valiam, entretanto, essas vantagens, se os moradores se achassem privados de outros recursos que só se alcançam por meio de comércio regular com os centros mais povoados? Não só o tráfego entre Moji e Jacareí é dificultoso, como a própria ida de São Paulo a Moji se faz através de rios, restingas e brenhas muitas vezes intransponíveis. No próprio ano da fundação de Moji, os avaliadores do inventário da mulher do fundador não se arriscam a enfrentar o caminho, por ser áspero e "de muitas águas". E bem mais tarde, os avaliadores de outro inventário ficam tolhidos de ir de São Paulo a examinar umas terras na mesma Moji, por não haver canoa e nem ponte que lhes deixe fazer a viagem.

O mal da solidão a que, nessas circunstâncias, pareciam condenados os povoadores do vale do Paraíba paulista atenua-se, no entanto, graças à possibilidade que tinham de comunicar-se diretamente com a beira-mar. Já ao tempo da criação da vila de Moji faz-se alusão à existência de pelo menos dois caminhos que da dita vila levariam às proximidades de Santos e consta mesmo, de certo documento, que à presença de um desses caminhos, o de Bertioga, se deveu à sua fundação. Por ele, depois de achadas as minas tão desejadas por d. Francisco de Sousa, governador delas e das capitanias "de baixo", se poderiam levar e embarcar os reais quintos à povoação nova que ele mandou fazer na Angra dos Reis: são palavras textuais do ato de confirmação do governador em 1611. Além desses dois caminhos para o litoral, fez-se um terceiro, por provisão de Salvador de Sá, em 1617, em que se manda abrir passagem da marinha para o rio Paraíba onde diz "haver prata e ouro". Essa via partia igualmente de Moji e, depois de passar pelo Paraíba e pelos campos da Boa Vista, ia ter ao lugar onde existiu até 1666 a vila de Santo Antônio de Caraguatatuba, logo depois ermada em proveito de Ubatuba. É de supor que esse abandono da primeira Caraguatatuba se deve ao fato de Moji, que com ela se comunicava, e por ela com São Sebastião, já não ser a esse tempo uma ponta de flecha na expansão paulista para nordeste. E há mera coincidência de datas, se a criação da vila de São Sebastião ocorre no mesmo ano de 1636, em que Jacques Felix recebe instrução para penetrar o sertão taubateano?

Não é, porém, em São Sebastião, é em Ubatuba, onde se faz vila pouco depois, em 1640, que desemboca a primeira via de acesso dos de Taubaté ao litoral, o verdadeiro "caminho do mar" taubateano, chamado, nos textos contemporâneos, "caminho do mar de Ubatuba". Não seria a única via transitável entre o rio Paraíba e a marinha, pois, por outra que, subindo do porto de Parati ia alcançar o rio cerca de dez léguas a jusante da futura vila de São Francisco das Chagas, seguiu em 1587 a expedição de Martim de Sá contra os tamoios refugiados serra acima, cujas peripécias estão descritas em narrativa do inglês Anthony Knivet. A lembrança e o uso desse caminho não morrem: dele há notícia em petições de sesmaria da terceira década do século imediato. Sua presença, que facilitava mais rapidamente do que o caminho de Ubatuba as comunicações com o Rio de Janeiro, poderia explicar os rápidos progressos do núcleo de Guaratinguetá, que não precisou esperar dez anos, depois de criada Taubaté, para receber as insígnias de vila. Quando, em 1651, essa povoação alcança sua autonomia municipal, já no lugar de Parati, que seria seu porto natural e, durante algum tempo, será o escoadouro principal de toda a região taubateana e mais ainda das minas de ouro, existia templo dedicado à Nossa Senhora dos Remédios, que há de ser orago da vila. Mas embora o porto marítimo e a vila ribeirinha do Paraíba passem a ter evolução conexa, quando não perfeitamente sincrônica, nada prova que fosse muito frequentado o caminho que ligava diretamente os dois lugares. Sabe-se até que, ao tornar-se público, ele infletirá de início para a vila de Taubaté, antes de ganhar as minas. Contudo, o serem no outro e mais breve trajeto, rudes os atalhos e a serra alcantilada, tanto que teve o nome de Quebra Cangalhas, não impede de todo o seu uso, e é significativo que justamente em 1650, logo antes de fazer-se vila em Guaratinguetá, uma petição de sesmaria de Domingos Velho Cabral refere-se ao "caminho novo", variante do primitivo, que abrira o suplicante entre o mesmo povoado de Guaratinguetá e o porto.

Nessa petição, mais de um dado toponímico ajuda a localizar a área pedida em terras do atual município de Cunha e suas imediações. Sucede que a futura freguesia do Facão, depois vila de Cunha, terá com o tempo, entre Guaratinguetá e Parati, papel semelhante ao que representou São Luís de Paraitinga entre Taubaté e Ubatuba. Ambos parecem ser eminentemente, em seus começos, povoados de beira de estrada, nascidos da instalação de moradores nas vizinhanças de trilhas de muito trânsito. Se, criada a vila de Guaratinguetá, ainda se hão de esperar dez anos, ou quase, para alcançar igual predicamento o porto de Parati, já então bem povoado, não afetaria essa demora a disposição dos paratienses de se entenderem cedo com os da vila de serra acima. O varar brenhas e o escalar montanhas íngremes constitui exercício que quer mais afoiteza de ânimo do que comedimento e grandura de gênio, e consta que os primeiros moradores daquele porto eram gente aventurosa e indômita, incapaz, segundo seus desafetos, de organizar-se numa ordem bem composta. Esses desafetos achavam-se principalmente entre os habitantes e o conselho de Angra dos Reis, que fizeram tenaz oposição a toda tentativa de erigir-se vila num lugar povoado, segundo alegavam, de homens alevantados, onde já haveria sesmarias doadas, e que, segundo pretendiam, estava na jurisdição da Ilha Grande. Os embargos opostos dilataram até 1667 a confirmação do ato de elevação de Parati a vila, onde fora erguido pelourinho desde 1660, a requerimento dos povos do lugar.

Do mesmo ano de 1660 é a determinação expressa de Salvador Correia de Sá no sentido de abrir-se o caminho para o sertão de cima da serra, a fim de se revelarem as minas de ouro que constava existirem no mesmo sertão. A mesma ideia fixa das prodigiosas riquezas minerais que se exprime já em 1611, quando da fundação de Moji das Cruzes, é reiterada quatro anos mais tarde, quando um dos principais moradores da mesma vila de Moji recebe certo número de carijós forros com a condição de empregá-los no benefício das ditas minas, ou ainda em 1617, quando se manda abrir caminho de São Sebastião até as beiradas do Paraíba, com a alegação de que abreviaria o trajeto para as minas de ouro e prata, e também em 1645, quando se relaciona expressamente a necessidade de devassar o médio Paraíba ao entabolamento das jazidas de ouro nessas partes, obedece a uma intuição divinatória, nutrida, sem dúvida, de aparências reais e persistentes, vindas do tempo de d. Francisco de Sousa. A exploração dessa área obedece, pois, a uma empresa metodicamente governada pela convicção de que através dela se chegaria a lugares excepcionalmente ricos. Não pertence unicamente à história de São Paulo, mas também à pré-história de Minas Gerais, e quando estas se descortinam afinal na última década do século XVII, remate vitorioso de um esforço sem tréguas, chamam-se inicialmente Minas de Taubaté.

Tamanho impulso recebera o povoamento do sertão do rio Paraíba que, pouco mais tarde, os de Taubaté já se consideram competidores e por vezes inimigos dos de São Paulo, unindo-os tão somente a comum aversão que votam ao emboaba. Orientada, em grande parte, na direção do Rio de Janeiro, em virtude da deficiência das comunicações com São Paulo e da presença dos vários "caminhos do mar" sucessivamente abertos, todo esse espaço tende a constituir-se numa unidade à parte, com sua fisionomia própria e seus interesses particulares, que não são sempre os do restante da capitania. Mesmo quando se acharem as minas de ouro, o afluxo de grande parte dos paulistas para as lavras não impede a parte de sua capitania que margeia o rio Paraíba de mostrar, ainda por algum tempo, certa prosperidade, uma vez que por ela ainda podem transitar animais de carga para os novos descobertos, ao passo que pela via do Rio de Janeiro os artigos de consumo e o ouro se conduzem aos ombros de escravos pretos. Um índice provável dessa prosperidade está no fato de ser o vale do Paraíba a única parte das capitanias paulistas onde, nesse tempo, ainda se pode cogitar da formação de um novo núcleo municipal. Em 1703 desmembra-se de Taubaté, por ato unilateral de seus habitantes, o povoado de Pindamonhangaba. O ato tachado, embora, de ilegal, e que levantou viva oposição entre os taubateanos, obteria confirmação oficial dois anos mais tarde, com a criação da vila de Nossa Senhora do Bom Sucesso, já no limiar de uma era em que São Paulo se vai despovoando.

O declínio acentuado de todo o chamado "norte" da capitania vai tornar-se inevitável quando a conclusão do caminho cometido em 1702 pelo governador do Rio de Janeiro a Garcia Rodrigues Pais, paulista e filho de Fernão Dias Pais, permitindo a ligação direta entre o Rio e as lavras de ouro, relegar a segundo plano o "caminho velho" cujas agruras pôde conhecer o mesmo governador quando fez o percurso através de Parati e Taubaté, na direção da Mantiqueira. A vantagem da ligação direta encarecera-a o mesmo Garcia Rodrigues, quando em carta de 1705 ao governador lhe disse que, além de reduzir a menos de terça parte o tempo do trajeto, se comparado ao caminho do Parati, tinha menos rios, menos serranias, e nem havia nela "o detrimento da viagem do mar". Quem, por volta de 1709, quisesse ir da vila, daí a dois anos cidade, de São

Paulo, rumo a Minas Gerais, e saísse pela Penha, que era o primeiro arranco da casa, levaria, só até Guaipacaré (Lorena), mais de vinte dias de marcha. Marcha "à paulista" como então se dizia, que se fazia a pé, entre a madrugada e as 13, no máximo até as 15 horas. Saindo de Guaipacaré ainda seriam precisos cerca de três dias de caminhada para ir ao sopé da Mantiqueira que, na comparação de Antonil, o jesuíta italiano que nos deixou uma descrição meticulosa dessas vias, representava como o primeiro dos muros que tinha o ouro em seu caminho, para que a ele não chegassem os mineiros.

Nota-se que a esse tempo e até bem mais tarde, em 1733, ano em que Cristóvão Pereira de Abreu, tendo melhorado o novo caminho do sul, passou por São Paulo com numerosas cabeças de gado, e entre elas cavalares e muares provavelmente com destino às minas, ainda não se tinha difundido aqui o uso de se ferrarem os cavalos, que lhes permitiria circular em qualquer estrada e carregar pesos maiores. O primeiro ferrador com carta de exame do ofício, passada na cidade do Porto, só aparece na capital paulista em 1748, e nesse mesmo ano obtém licença para "exercer a dita ciência e arte". Também em 1748 surge o primeiro regimento de ferrador na documentação municipal paulistana e logo depois começam a aparecer na cidade ferraduras e cravos, tantos e de tamanha variedade de preços, que no intuito de se acabar com essa discrepância, faz-se em 1753 nova postura a respeito. Pode enganar-se quem, em textos do século XVII, encontre referências a algum animal "ferrado": quer isto dizer que o animal foi marcado com ferro em brasa, não que lhe tivessem posto ferraduras. Também é possível que se iluda quem depare com alusões, e elas não faltam, a cavalos "calçados", e efetivamente podia chamar-se assim o cavalo ferrado, no sentido que esta palavra tem hoje, mas assim também se chamavam os que traziam certa malha nas pernas, logo acima dos cascos. A dúvida parece plausível a quem leia, por exemplo, o inventário ainda hoje inédito da fazenda de Luciano Ribeiro Ramos, que se fez em vila de Parnaíba em 1738, de onde consta "hum cavalo zarão escuro com pés calçados". Ou no de Timóteo Leme do Prado, também de Parnaíba, o qual, em 1737, deixou "hum cavalo castanho-claro [...] os quatro pés calçados". Mas consta igualmente que o dito Timóteo deixa ainda um cavalo castanho-claro, com "três pés calçados", e aqui todas as dúvidas se desvanecem, pois como seria possível calçar de ferraduras três patas do animal, deixando-lhe a quarta descalça, e esperar que nessas condições guarde equilíbrio?

A verdadeira revolução no sistema de transportes, que por essa forma se introduz em São Paulo e capitanias vizinhas, anda estreitamente ligada ao advento de animais que, a partir da jornada de Cristóvão Pereira, em 1733, não cessam de vir das campinas do sul. E como esses animais se destinassem largamente aos trabalhos nas minas ou ao Rio de Janeiro, era inevitável o seu trânsito, em qualquer dos casos, pelo vale do Paraíba, que, por essa forma, viria a ganhar um pouco da importância perdida desde a construção do caminho novo de Garcia Rodrigues Pais. Em meados do século XVIII grande é a quantidade de muares cuja criação se proibira na América portuguesa, apesar de sua grande utilidade nas minas, que passam por São Paulo, enveredando pelas passagens que dividem a Mantiqueira da Serra do Mar. Sabe-se de um negociante que entrou em 1751 com 493 e outro, no mesmo ano, com 529 pagando os respectivos direitos em Curitiba. Ao todo, o número de animais que pagam direitos no mesmo registro em 1751 é de 8994, entre cavalares, muares e bovinos. Segundo os dados constantes de um livro de registro de cartas de guia de animais, que se guarda inédito ainda hoje na Câmara Municipal de Moji das Cruzes, e que supre só em parte a falta de cifras anuais regulares para as importações do gado do sul, dos 32 413 animais que entre 1767 e 68 pagam ali a cota do Novo Imposto, cujo produto se destina à reedificação de Lisboa, depois do terremoto, acha-se assinalado o destino de 17 623, e entre esses, mais de 80% dos vacuns seguem para o Rio de Janeiro, ao passo que quase 99% dos muares se encaminham para Minas. Dos cavalares, sem contar os que se venderam em São Paulo, passam 972 para Minas e 319 para o Rio. A proporção não é constante, pois no triênio imediato – 1769 a 1771 – passam pelo registro de Curitiba 30 300 cabeças, com grande predomínio de cavalares – 53% –, seguindo-se, nessa ordem, muares e bovinos. É presumível, mas sem certeza, que desse número de cavalares importados, onde estão incluídas éguas, mas estas em quantidade bem menor, por isto que a frequente prenhez se inabilita para o trabalho, se deixem ficar na capitania de São Paulo, onde começam a ser então assinalados em grande número nos inventários.

O trânsito pelo vale do Paraíba é agora facilitado pela nova estrada que, ao menos na parte paulista, mandou fazer o governador Rodrigo César de Menezes (1721-7), para maior facilidade das comunicações com o Rio de Janeiro. Na parte propriamente fluminense, seu prolongamento encontrou muitos opositores, inclusive entre os padres da Companhia de Jesus, proprietária da Fazenda de Santa Cruz. Apenas o ponto terminal da estrada foi deslocado de Parati, desmembrada de São Paulo em 1726, para o litoral angrense. Já se conheciam, aliás, algumas "estradas de barro" que desembocavam na região de Angra, como a do Facão (Cunha) a Mambucaba, passando por Campos Novos, ou a de Areias a Mambucaba, passando por São José do Barreiro, ou as que de Bananal rumavam para Ariré e o Frade. Com o tempo, o entreposto preferido será o dos Santos Reis Magos, e a tal ponto que a barra de Angra dos Reis se tornará o escoadouro natural de grande parte do sul fluminense, boa parte da Mata mineira e também de quase todo o "norte" paulista, só o excedendo no movimento comercial, o porto do Rio de Janeiro. Isso até meados do século XIX e mesmo até a construção da estrada de ferro de d. Pedro II. Podia-se fazer também o percurso por terra para a Corte, mas era tão pouco frequentado, que não se chegou ainda hoje a acordo tranquilo sobre o verdadeiro trajeto do príncipe d. Pedro em terras fluminenses, na viagem de 1822 a São Paulo, onde proclamaria a Independência.

Sabe-se que nessa viagem foram consumidos onze dias, sete dos quais em território paulista, a partir de Guaratinguetá. Para se ajuizar do escasso progresso havido no sistema de transporte pelo vale do Paraíba paulista desde que se generalizara o uso de cavalares naquela região, é de notar que, já em 1751, d. Antônio Rolim de Moura e sua comitiva também tinham gasto sete dias no mesmo trecho, percorrendo-o em sentido inverso, isto é, de São Paulo a Guaratinguetá. Nos dois casos, convém dizê-lo, era possível abreviar o percurso. É sabido que na viagem de volta d. Pedro levará apenas cinco dias em todo o trajeto entre São Paulo e o Rio. E setenta anos antes, o conde de Azambuja achara muitos os sete dias de sua viagem de São Paulo a Guaratinguetá, pondo a culpa da demora no ouvidor que o acompanha e que, dizia, não era amigo de madrugar, nem aturava sol forte. Além disso foi comboiado por uns pretos tão pouco experientes que se enganaram no caminho logo à saída da cidade.

Seja como for, o trânsito de tropas de animais, se não serve para restituir ao vale do Paraíba paulista a relativa prosperidade alcançada durante os primeiros tempos da idade do ouro em Minas Gerais, serve ao menos para pôr um pouco de remédio à pobreza de seus habitantes. É significativo a respeito o escrito de 1783 intitulado *Divertimento admirável para os historiadores observarem as máquinas do mundo*, onde o autor, que se chamava Manuel Cardoso de Abreu e era natural de Itu ou Araritaguaba (Porto Feliz), diz das vilas do chamado norte da capitania de São Paulo que são todas "muito pobres e a maior parte miseráveis, porque os seus efeitos, que são mantimentos, apenas dão para vestirem e comerem o sal, vendendo uns na mesma cidade (de São Paulo) e outros para o Rio de Janeiro e também aos passageiros...". A facilidade maior de comunicações oferecida pela estrada geral do sertão, e era como se chamava o caminho aberto ali por ordem de Rodrigo

César de Menezes, haveria de dar alguma vida aos núcleos de população que ela servia. Tanto mais quanto os moradores não tinham necessidade de alongar-se muito de casa se quisessem vender seus efeitos, já que aos tropeiros não custaria ir receber ou completar as cargas que conduzissem. O recurso, agora, a cavalares ou muares para transporte, permitiu fixar--se melhor o significado da carga ou "carga de comerciante", que ficava sendo a quarta ou a quinta parte do peso que cada animal aturava. Como se estimava comumente em oito a dez arrobas esse peso, distribuído por ambos os lados das cangalhas, resulta que uma carga de negociante equivalia a duas arrobas. Aliás, a primeira provisão para a venda de cangalhas de que há notícia na documentação municipal paulistana é de 1738, cinco anos depois da viagem de Cristóvão Pereira! Não significa isso que tal peça fosse novidade, mas dá a entender que já se tornara uma necessidade.

De que gêneros poderiam abastecer-se eventualmente no vale do Paraíba os tropeiros em trânsito para o Rio de Janeiro e Minas Gerais? Em valioso estudo acerca da estrutura social de Guaratinguetá num período de trezentos anos que, publicado em 1948, conserva hoje muito de sua atualidade, e cujas conclusões são aplicáveis *grosso modo* a toda a bacia do Paraíba paulista, ainda que se concentrem de modo expresso em Guaratinguetá, observava Lucila Herrmann que seus moradores durante muito tempo desenvolveram a policultura baseada na lavoura de alimentos para homens e animais (milho, mandioca, arroz, feijão, pastagens etc.) ou ligada à indústria doméstica (farinha, melado, rapadura, algodão), e à criação, principalmente de porcos. Por essa forma proveriam à própria subsistência e ainda utilizariam as sobras no "comércio de beira de estrada" com os viajantes que demandavam as minas das Gerais ou os portos de Parati e Ubatuba. A essa fase associa-se, para a autora, o que chamou o "ciclo da economia de subsistência", baseado largamente na lavoura do milho e na criação de porcos. Corre o período aproximadamente de 1630 a 1775, preponderando a pequena propriedade rural com pouca ou nenhuma escravatura.

A essa irá seguir-se, segundo a autora, o que chama o "ciclo dos engenhos", quando a invasão dos canaviais introduz um produto apto ao abastecimento dos mercados e à crescente acumulação de cabedais, isso a partir de 1775 até bem entrado o século XIX. Convém notar que neste ponto, porém, o que pode ser válido para Guaratinguetá, deixa de sê-lo, ou não o é, no mesmo grau, para o vale do Paraíba paulista em seu conjunto. A verdadeira área de eleição da cana-de-açúcar na capitania, depois província de São Paulo, é e continua a ser, desde fins do século XVIII, até meados do seguinte, a que se compreende no quadrilátero marcado grosseiramente por Sorocaba, Piracicaba, Moji Guaçu e Jundiaí, conforme resulta nitidamente dos estudos de Caio Prado Júnior, desenvolvidos ultimamente, e nesse particular enriquecidos, por Maria Thereza Schoerer Petrone. De acordo com os dados compilados pelo capitão-general Antônio Manuel de Melo Castro Mendonça (1797-1802), só o termo de Itu dá, em 1728, 64 809 arrobas de açúcar, perto de seis vezes mais do que todo o vale do Paraíba e mais Moji das Cruzes, que produziu 11 482 arrobas. No ano de 1799 eleva-se a produção açucareira do vale do Paraíba, abrangendo Moji das Cruzes, a 16 663, inferior à da vila de São Carlos, a atual Campinas, com 16 875, muito inferior à de Porto Feliz, com 30 672 e, naturalmente, muitas vezes menor do que a de Itu. Nesse mesmo ano a produção global da área compreendida no "quadrilátero do açúcar" é, segundo os mesmos dados, de 141 687 arrobas de açúcar. Mais modestas, e em todo caso mais consideráveis do que as do vale do Paraíba são as cifras correspondentes à marinha. Não se conhecem dados completos acerca da produção açucareira do litoral paulista, mas só São Sebastião produz 21 090 em 1798 e 39 893 em 1799, ou seja, duas vezes a mais do que o "norte" da capitania.

A desproporção verificada nos últimos anos do século XVIII se acentua consideravelmente nas décadas seguintes e, embora o estudo de Lucila Herrmann para Guaratinguetá prolongue o "ciclo dos engenhos" até 1836, os números divulgados para 1835 pelo marechal Daniel Pedro Müller no *Ensaio de um quadro estatístico da Província de São Paulo* atestam eloquentemente o seu declínio. Guaratinguetá ainda é, então, como sempre o fora, o maior município açucareiro do "norte" paulista, mas sua produção agora não vai a mais de 1114 arrobas, sendo a de todo o vale do Paraíba de 3724 que é, de qualquer forma, uma cifra ridícula se comparada às 446577 arrobas que produzem as vilas compreendidas no "quadrilátero açucareiro". Para esses resultados, entretanto, contribui de modo decisivo a penetração, ao longo do vale do Paraíba paulista, da lavoura cafeeira, que vai dar incremento novo e pode-se dizer, sem precedentes, à economia e à sociedade da região.

Não é excessivo dizer, de qualquer maneira, que a lavoura canavieira preparou ali, de algum modo, a infraestrutura sobre a qual haverão de implantar-se, com perspectivas muito mais amplas, os cafezais. A rigor o chamado ciclo dos engenhos não é muito mais, nesse caso, do que um prolongamento e um enriquecimento da lavoura de subsistência da fase anterior. No estudo há pouco lembrado de L. Herrmann, este ponto fica bem caracterizado onde se diz que, "não obstante a invasão dos canaviais, o característico do ciclo anterior perdura no dos engenhos: a estrutura econômica repousa sobre a pequena propriedade". Há, sem dúvida, umas poucas exceções, como, em Guaratinguetá, o engenho da Conceição, em Putim, à margem esquerda do rio Paraíba, mas é preciso notar que nele, ao lado da produção de açúcar, havia criação de gado, o que requeria espaços maiores para pastagens. De resto, o falar-se em engenhos, a propósito da fase em que predominou a lavoura canavieira na região, presta-se a reparos, dado que tende a excluir os foreiros, os que "lavram a favor" e todos os que se valem de engenho alheio, não tendo de próprio senão os seus próprios canaviais, e seriam provavelmente a maioria. No estudo de Lucila Herrmann é devidamente assinalada a presença dessa categoria, formada de indivíduos que tinham terra, às vezes, e recursos para plantar sua cana, mas não dispunham do necessário para beneficiar o produto ou, quando muito, faziam rústicas de rapadura e aguardente.

A seu respeito observa mesmo, a pesquisadora, que seria lícito "interpretar esse hábito do empréstimo do engenho alheio como uma forma embrionária da cooperativa agrícola. Do produto, açúcar, aguardente, uma parte pertence ao proprietário do engenho, pelo pagamento do aluguel, outra ao plantador". Também se poderia, com mais razão, filiá-lo às "banalidades" medievais, por onde aquele que obtivesse concessão régia especial para construir um moinho de trigo, por exemplo, ou um lagar de azeite, se obrigava a colocá-lo à disposição dos lavradores mediante o pagamento com uma parte da farinha ou do azeite produzidos, parte que se chamava, em português, a "maquia", ao senhor do estabelecimento. Em Portugal, o sistema existiu de longa data e foi introduzido desde cedo no Brasil. Quem, em São Paulo, no século XVII, mais exatamente depois de 1610, quando se autorizou a importação de sementes de trigo ou bacelos, aparentemente do Rio da Prata, quisesse moer trigo, teria de apelar, se não tivesse moinho, para os que tivessem moenda particular, e estes pertenciam quase sempre à gente principal da terra, ou mais abonada, pois além dos gastos para armá-lo, tinham facilidades maiores para obter "data de água e assento". A partir de 1614, começaram a aparecer desses moinhos "banais" na vila de São Paulo, ou registros de datas para levantá-los, como o de João Fernandes Saavedra, no caminho de Pinheiros, os dois de Manuel João Branco para a banda do Jerobatuba, que era o outro nome do mesmo rio Pinheiros, o de Cornélio de Arzão, provavelmente no Anhangabaú, o de Amador Bueno, à margem do Mandaqui...

Mas o princípio também vigorou, no Brasil, para lavoura e o fabrico do açúcar, e não apenas em São Paulo ou no vale do Paraíba paulista. Antonil estende-se largamente sobre as relações efetivas ou ideais do senhor de engenho com os lavradores que dele dependiam, forçosamente ou não. Era este último o caso dos que, por antiga obrigação ou contrato, só podiam moer sua cana em um mesmo engenho onde tinham partido arrendado e também os que, donos de plantação própria, ou cujo contrato de arrendamento não contivesse cláusula que os compelisse a mandar a cana produzida ao proprietário, podiam, ao menos teoricamente, escolher a moenda que melhor lhes conviesse. No primeiro caso estavam os chamados "lavradores obrigados" e nos outros os "lavradores livres", e a cana levada a moer chamava-se ora "cativa", ora livre ou isenta. Na prática acontecia quase sempre que ambas se equivalessem, pois ao lavrador era de toda conveniência levar a moer seu produto no engenho mais próximo, ao passo que o dono da moenda tinha como forçá-lo a recorrer aos seus préstimos, acrescentando ou abatendo na quantidade e qualidade do açúcar que exigisse em paga do trabalho feito. A diferença está em que o senhor de engenho, ao contrário do senhor de moinho de trigo – ou de milho –, não dependia, ou dependia menos, do poder público para erigir seu estabelecimento. Por isso, ou porque precisasse gastar mais em máquinas e em pessoal, estava ao alcance do primeiro cobrar do lavrador metade de todo o produto beneficiado, ou mais ainda, quando se tratasse de lavrador "livre", ao passo que a maquia do moleiro dependia de posturas que a fixavam geralmente na sétima, quando muito na quarta parte da farinha obtida.

Todo esse "complexo" da cana-de-açúcar, elaborado nas capitanias do Nordeste (ou talvez já na ilha da Madeira) reproduz-se em São Paulo. Se existe diferença é na nomenclatura: assim, ao nome de "casa-grande" substitui-se aqui o de "sede". E ao senhor de engenho chama-se "engenheiro", até que esta designação passe a ser monopolizada pelo tipo profissional que a guarda para si nos dias atuais. A verdade é que na província de São Paulo e, mais ainda, no vale do Paraíba da época, não sobrou tempo para desenvolver-se um complexo independente da cana-de-açúcar. A passagem da fase da lavoura de subsistência fez-se aqui sem sobressaltos e descontinuidades, e, em realidade, a riqueza nova não é tamanha que chegue a apagar as antigas usanças e nem as virtudes civis e domésticas que se mantiveram como hibernadas nos tempos da mais triste e apagada pobreza. Saint-Hilaire, viajando pelo vale do Paraíba, pôde notar que seus moradores, como os paulistas em geral, se mantinham ainda fiéis à rede de dormir e descansar, em contraste com os mineiros que, quase todos, tinham já abandonado esse uso herdado dos índios e dos bandeirantes, para se afeiçoarem à cama e ao catre, que são trastes de emboaba. A vigilância eclesiástica ainda tinha como preservar a discrição no trajar, sobretudo entre mulheres, e um vigário de Guaratinguetá ameaça com a pena de excomunhão às que andem de saia tão curta que lhes "apareção os artelhos dos pés" ou caiam "à maneira de degráos de sepulcro, aparecendo mais interior, nova moda que com escandalo de toda a modestia e honestidade tem entretido o demonio". Não impedia isso que os próprios clérigos, com todo o prestígio de que desfrutavam, ou até por causa de sua preeminência social, tivessem vida menos solta de costumes do que os do resto do Brasil, sem que essa soltura os desconceitue na comunidade. O governador Franca e Horta (1802-11), que tivera ordem de intensificar na capitania paulista o recrutamento para as guerras do sul, precisou, certa vez, desenganar o capitão-mor de Taubaté da curiosa crença de que a obrigação de alistamento não se entendia com filhos de padre.

Não obstante esses resíduos arcaicos, os moradores do vale do Paraíba continuam, ainda na fase em que a policultura primitiva parece querer dar lugar à monocultura canavieira, a fazer longas viagens, de preferência para o Rio de Janeiro, a fim de se proverem das últimas novidades fluminenses e europeias. Spix e Martius, que correram toda a região nas últimas semanas de 1817 e nas primeiras de 1818, só encontraram janelas envidraçadas desde que saíram do Rio, quando chegaram ao vilarejo de Guaratinguetá. Os contatos e os negócios dos habitantes da maior parte da área regada pelo rio Paraíba, mais facilmente se faziam com o Rio de Janeiro do que com a capital da província. Essa situação só começava a mudar em Taubaté, que tinha comércio maior com São Paulo, embora os naturalistas bávaros julgassem notar que ainda subsistia, mal disfarçada, a animosidade velha dos taubateanos contra os paulistanos. Sabe-se, dos últimos, que pagavam na mesma moeda a malquerença, conforme uma trova dizia:

*Cavalo pangaré,*
*Mulher que mija, de pé,*
*Gente de Taubaté,*
*Liberanos domine...*

O que pouco notaram os naturalistas, bons observadores e botânicos de alto renome, principalmente Martius, porque Spix era principalmente zoólogo, foram canaviais. Em Bananal, o que especialmente lhes chamou a atenção foram os milharais, que, seria então, a principal plantação do distrito. Em Silveiras assinalam, é certo, plantações de cana, mas depois do milho e da mandioca. Em Guaratinguetá destacam sobretudo o tabaco, parecendo-lhes ali o solo singularmente adequado ao seu cultivo, tanto que o fumo local, *tabaco de serra acima*, como era geralmente chamado, só dava primazia ao *tabaco da marinha*, mormente ao que se fabricava na ilha de São Sebastião. Em Taubaté observaram a bondade das esteiras de palha lá fabricadas e que tinham aceitação até na Corte, e da lavoura, sem especificar qual fosse, salvo onde falasse nas uvas de boa qualidade que medravam naquela latitude ainda tropical. Mas o que chamou mais vivamente sua atenção, nos arredores da vila, foram as fazendas de criação. Há muita notícia, pela mesma época, da presença dessas fazendas em toda a extensão do vale do Paraíba paulista e não é muito querer enlaçar esse fato ao crescente influxo de naturais de Minas, que desde fins do século XVIII se vai fazer sentir cada vez mais, não só aqui como no norte verdadeiro da capitania de São Paulo, o norte de Franca, Batatais, e também de Casa Branca, onde também se tentou o estabelecimento de casais de ilhéus, à maneira do que se tinha feito anteriormente no Rio Grande de São Pedro. Essas migrações têm sido frequentemente atribuídas ao declínio da mineração, embora os lugares de procedência (Itajubá, Campanha, Aiuruoca, Pouso Alto, Baependi e outros) não pertencessem sempre a áreas onde a tradição das lavras de ouro e pedras preciosas fosse mais poderosa ou persistente. Por outro lado parece fora de dúvida que a tais migrações, e não só ao crescimento demográfico vegetativo ou às promessas de riqueza fácil oferecidas por alguma lavoura de cunho comercial, como seria mais tarde a do café, se deve atribuir o aparecimento em rápida sucessão de novas vilas numa região que, situada no caminho entre as cidades de São Paulo e do Rio de Janeiro, podia retirar proveito de tal situação. É notório, aliás, que à vaidade pessoal de certos capitães-generais amigos de perpetuar a lembrança de sua administração na toponímia das terras que governaram, se atribuiu o terem dado autonomia municipal a povoados que não mereciam tanta honra, a fim de lhes impor o próprio nome.

Ninguém fez mais por merecer essas críticas, em São Paulo, do que d. Luís Antônio de Sousa Botelho Mourão, o morgado de Mateus (1765-75). A ele se deve a elevação a vila, em 1767, de São José dos Campos, onde não ousou mudar o orago, mas em 1770 mandou erigir pelourinho, condecorando-a com seu onomástico, na localidade que passou a chamar-se São Luís de Paraitinga. Mais sóbrio, mas apenas nesse particular, será o governador seguinte, Martim Lopes Lobo Aires de Saldanha (1775-82) e, em verdade, nem poderia, sem grosseira incongruência, dar-se ao abuso que tão insistentemente critica em seu antecessor. Contudo, Francisco da Cunha Menezes, que exerceu o governo logo depois (1782-6), mas que deve deixar a capitania para ir assumir posto semelhante na Índia, não o fará sem antes criar, em 1785, na antiga freguesia do Facão, a vila de Cunha, assim nomeada por causa de seu apelido. A Francisco da Cunha sucede Bernardo José de Lorena (1788-97), depois do governo interino do marechal Frei José Raimundo Chichorro (1786-8), e já no ano da sua chegada, 1788, eleva-se a vila a freguesia de Nossa Senhora da Piedade de Guaipacaré, com o nome de Lorena. Já em 1781 aproximadamente, começa a povoar-se o sítio de Nossa Senhora da Conceição de Embaú, a futura Cruzeiro. Pelo mesmo ano, ou pouco depois, desenvolvem-se pequenos núcleos nos sítios onde se erguerão as vilas de Bananal, Cachoeira, Areias, Silveiras, e de um aldeamento de índios (puris), criado em 1800, nasce Queluz. Alguns desses núcleos vão conhecer nos anos imediatos notável incremento, a começar por Areias, que a bem dizer ainda não existe em 1800, e já é vila em 1816. De Areias dependera, no eclesiástico, a localidade de Bananal, que se emancipa em 1811 para formar paróquia própria, se torna vila em 1832, e cidade em 1849. Já agora alcançara toda a sua pujança a era do café no vale do Paraíba paulista e começava a conquistar novas áreas.

Quando principiou essa lavoura a ganhar o "norte" da província? O aparecimento do café no rol das exportações paulistas não era novidade. "O mais velho dos documentos da exportação por Santos até hoje desvendado data de 1795", escreve Afonso d'E. Taunay, referindo-se a uma remessa do marechal José Arouche de Toledo Rendon a seu irmão, Diogo de Toledo Lara Ordonhes, então em Lisboa. E em outro lugar, escreve ainda Taunay – "Documentos insofismáveis nos autorizam a crer que a partir de 1797 jamais deixou de se dar a exportação paulista de café, quiçá com intermitências maiores ou menores". O acesso, hoje mais fácil, a antigos mapas de importação e exportação, permite modificar um tanto esses dados. A primeira remessa de café produzido em São Paulo, de que há notícia segura, ocorre, de fato, bem antes em 1792, tendo ido na galera *Nossa Senhora Madre de Deus e São José*

*Belona*, e não é a única do ano. De 1794 é a primeira remessa de José Arouche ao irmão, o que não impede a existência da outra remessa de 1795, a que se refere Taunay. No mesmo ano de 1794, em que foram aquelas amostras, zarparam para Lisboa uma galera, uma sumaca e três navios, todos levando café. Faltam elementos que permitam estimar o montante em arrobas dessas remessas, mas pode-se dizer, se as primeiras saíram em 1792, que coincidiram com as 160 arrobas que na mesma data deixaram a Guanabara com destino a Lisboa. Da capitania de São Paulo, sabe-se, pelos dados que compilou o capitão-general Antônio Manuel de Melo Castro e Mendonça, de um embarque, em 1799, de 1040 arrobas, e nesse total entram 628 arrobas, mais de 60% destinadas ao Rio de Janeiro, e teriam servido, talvez, para engrossar as exportações fluminenses. Fluminenses no sentido em que era usada então a palavra, e que podia abranger os naturais da cidade do Rio.

Aquele total refere-se, porém, a exportações feitas pelos portos paulistas, entre Ubatuba e Paranaguá, então pertencente à capitania de São Paulo. Do vale do Paraíba, se alguma exportação houve, não se pode ter certeza, pois em 1799 ainda não existia nem sequer o registro de Cunha, e se já existisse só forneceria dados bastante incompletos a respeito, já que não incluiriam áreas mais vizinhas da província fluminense. Nem se pode afirmar com segurança que já então houvesse plantio de café em tais áreas. Se fosse lícito aceitar ao pé da letra as informações de Antônio Manuel de Melo Castro e Mendonça, o "Pilatos", como era chamado pelos paulistas, não existia ou era insignificante. "Ele vegeta e produz bem em toda a Capitania", escreve, "mas com especialidade na Marinha, onde o clima, por quente e úmido, concorre sobremaneira para a sua melhor frutificação, de forma que pela grandeza de cada grão se distingue o que há da Marinha ou da Serra acima, sem que este acidente o faça diverso na qualidade." E acrescenta que, não obstante a boa qualidade do solo assim como a facilidade e pouca despesa para o aproveitamento, por isso que o cafeeiro só requer colheita, separação da primeira casca e seca dos grãos, que se fazem com poucos gastos, ninguém cuidara, na capitania, de fazer dele cultivo regular, visando ao mercado. "A cultura deste gênero", diz mais, "não passa de alguns pés, que cada hum dispersadamente planta nas suas fazendas para ornato das ruas e passeios dellas..." O litoral a que provavelmente quer aludir o "Pilatos" é provavelmente a marinha de Santos e a de Ubatuba que, nos mapas de exportação anexos à sua *Memória econômico-política*, são os portos de onde saem as maiores remessas. O café de serra acima descendia talvez das mudas plantadas primeiramente em Jundiaí, segundo consta, já nos fins do século XVIII e que se propagaram em seguida para os municípios vizinhos.

É possível que pela mesma época começasse a penetrar o café na parte paulista do vale do Paraíba, por onde se prolongariam as plantações do planalto fluminense. Segundo a versão mais geralmente acreditada, do café que por volta de 1760 levou do Maranhão ao Rio de Janeiro o desembargador João Alberto Castelo Branco, procedem as plantações do padre João Lopes e depois as do padre Antônio do Couto, na fazenda do Mendanha, situada na freguesia de Campo Grande. Foi do Mendanha que começaram a subir os cafezais para serra acima, na direção de São João Marcos e, finalmente, de Areias, onde chegariam por volta de 1790 ou pouco mais tarde, propagando-se em seguida nos municípios paulistas das proximidades. Estaria nisto uma das causas da prosperidade rápida que alcançaram logo ao início do século XIX, não só Areias como Bananal e Queluz? O fato é que pelo primeiro decênio do mesmo século XIX, não deixa de ser mencionado o café entre os produtos que, de São Paulo, se exportavam para o Rio de Janeiro e Minas pela via terrestre, e a via terrestre, no caso, só podia correr pelo vale do Paraíba, e, mais precisamente, por Areias. De Areias escreve monsenhor Pizarro, nas *Memórias históricas do Rio de Janeiro* (1822), que seu terreno era fértil, "especialmente em caffé, que d'ahi se exporta pelo caminho de terra para o Rio de Janeiro, onde [é] vendido a dois mil-réis cada arroba". Também de Lorena, município de que em 1816 se desmembrou Areias, a que foram adjudicadas as freguesias do Bananal e Queluz, escreve Pizarro que é fértil também em café, "em cujo gênero consiste a principal agricultura dos habitantes...". Nas localidades que se seguem, em direção a São Paulo, também já aparece o café, ao lado, ora da cana-de-açúcar (Guaratinguetá e Pindamonhangaba), ora do açúcar e do fumo (Taubaté e Jacareí). De Jacareí, consta que exporta "por São Sebastião e por Santos abundante café e fumo: e por terra muita porcada". Quanto a Moji, exporta "algum café, algodão em rama, e tecido e porcos".

Seria de data relativamente recente a expansão ou, ao menos, a produção dos cafezais no chamado norte de São Paulo, pois ao publicar em 1817 a sua *Corografia brazílica*, Aires do Casal não chega a arrolá-los ainda entre as riquezas da região, embora registre o algodão, o tabaco, o açúcar (em Taubaté e, principalmente, em Guaratinguetá), mantimentos em geral, além de porcos, galinhas e gado grosso. Seja como for, a grande lavoura cafeeira não começa a afirmar-se aqui senão na terceira década do século XIX, e seu ápice situa-se no período que corre de 1836 a 1886. Em Guaratinguetá, por exemplo, produzem-se, em 1836, 22442, em 1854, 100885, em 1886, 350 mil, seguindo-se um declínio quase vertical. A população local também se desenvolve paralelamente durante esse meio século, se bem que num ritmo mais moderado: de 7658 almas em 1836, sobe a 11482 em 1854 (excluindo-se Aparecida) e a 25632 em 1886. Ao abatimento posterior na produção cafeeira não corresponde, como se poderia esperar, uma sensível redução no ritmo da expansão demográfica, pois em 1920, ao passo que a produção havia caído a 97687 arrobas, menos de um terço dos totais de 1886, a população tivera um incremento de perto de 70% em igual período. E embora sem alinhar as cifras relativas a outros lugares do vale do Paraíba paulista, não parece arbitrário admitir que passaram por um processo semelhante, ao menos os que foram diretamente servidos pela linha da Central do Brasil, que teria agido ali como um condensador demográfico.

É também por volta de 1820 que começam a surgir em toda aquela área as residências senhoriais, que marcam o apogeu da civilização do café em São Paulo, antes de trasladar-se para o oeste da província, e de que alguns dos mais belos exemplares se acham representados neste volume. Segundo presunção de Tom Maia, que fixou em belos desenhos muitas dessas vivendas, uma das mais antigas, senão a mais antiga, seria a sede da fazenda Pau d'Alho, situada em São José do Barreiro, e ora em curso de restauração para nela instalar-se o Museu Nacional do Café. A uberdade do solo, sugerida no próprio nome da fazenda, que é o da árvore própria de terras aptas ao cultivo da rubiácea, além de sua localização no caminho de Areias, mostra talvez uma das portas de ingresso, na província dos cafezais fluminenses. À fazenda refere-se Saint-Hilaire, que nela passou em abril de 1822, a caminho do Rio, e diz que é a maior plantação avistada em sua viagem, até aquele momento. Em agosto do mesmo ano jantou ali o príncipe regente d. Pedro, na viagem em sentido contrário, que o conduziu a São Paulo e à proclamação da Independência. Hoje, apesar dos estragos do tempo, é reconhecível ainda o aspecto do casarão cuja estrutura, segundo os especialistas do IPHAN (Instituto do Patrimônio Histórico e Artístico Nacional), segue as linhas tradicionais dos engenhos fluminenses, assim como a das fazendas mineiras, com seu embasamento de pedra e as paredes de pau a pique, a denunciarem, no conjunto, um "notável amadurecimento do problema rural cafezista".

A ela ainda não se referem Spix e Martius, que, no entanto, aludem à localidade do "Barreiro", por onde passaram, depois de deixar Bananal, situada a coisa de cinco léguas de distância. Não prova essa omissão que a fazenda, ou a sede da fazenda, do Pau d'Alho, cuja presença se imporá tão visivelmente em 1822, ainda fossem inexistentes em 1817, mas sugere ao menos que a casa onde jantou d. Pedro teria sido construída no intervalo. Essa suposição é reforçada pela circunstância de não figurar seu proprietário João Ferreira, ou João Ferreira de Sousa, o mesmo que juntamente com um filho, Francisco, acompanhou o príncipe no resto do percurso, pertencendo ambos à sua guarda de honra, entre os que, de acordo com o tombamento daquele ano, teriam na província de São Paulo mais de trinta escravos, que ainda era um mínimo compatível com tamanha plantação. No município de Areias, onde então se achava o lugar do Barreiro, já havia, no entanto, dois fazendeiros com escravatura relativamente numerosa, e que se acham devidamente arrolados no mesmo tombamento de 1817. Um deles, com cinquenta escravos, é o capitão-mor Domingos da Silva, que tem a fazenda do Ribeirão, entre o Pau d'Alho e Areias, distando desta cerca de uma légua. Ao mesmo proprietário se refere Francisco de Castro Canto e Melo, no passo de sua relação da viagem de d. Pedro, onde se lê: "No dia seguinte, 17 (de agosto), foi o pouso em Areias. Nesse dia, jantou o príncipe na fazenda do coronel João Ferreira, no Pau d'Alho, e seguindo, parou na casa do capitão-mor Domingos da Silva, onde teve o mais franco e generoso acolhimento".

Trata-se de Domingos da Silva Moreira, natural de Pouso Alto, Minas Gerais, e foi dos primeiros povoadores de Areias, onde se estabeleceu seu pai, oriundo de Taubaté ou Pindamonhangaba, por volta de 1796, com toda a família, e viria a ser uma das figuras conspícuas da região, juntamente com o coronel João Ferreira, cujo nome está associado, assim como o do alferes José Gomes dos Santos, às origens da cidade de São José do Barreiro. Consta, com efeito, que ambos, "pelos anos de 1820, pouco mais ou menos", escreve Azevedo Marques, repartiram certa extensão de terra de sua propriedade, ali edificando um templo com a invocação de São José. Em 1836, tornou-se capela curada, e em 1842, sede de freguesia. Do núcleo formado nas proximidades do Pau d'Alho nasceria em 1859 a vila, desmembrada do município de Areias, e em 1885 a cidade de São João do Barreiro. No tombamento provincial de 1817 o outro nome a figurar, com fazenda no mesmo município, é o de Gabriel Serafim, com um total de 43 escravos. Trata-se, com certeza, do futuro capitão-mor Gabriel Serafim da Silva, dono da fazenda Quilombo, que seria senhor de muita terra, muito escravo, muito dinheiro amealhado em casa. Este em tal abundância que, ao morrer o capitão, celibatário e sem filhos, a casa lhe foi saqueada, e quase se pode dizer que dela não ficou pedra sobre pedra. Essa, pelo menos, a tradição, guardada e transmitida pelo historiador e genealogista do vale do Paraíba paulista, Carlos da Silveira.

Entretanto, os três senhores de escravos do município de Areias registrados no tombamento de 1817 ainda estão bem longe de figurar entre os maiores proprietários rurais da província que assinala o mesmo rol. O maior é, de longe, o coronel Luís Antônio de Sousa, que ali aparece com 290 escravos. Esse magnata que, ao seu tempo, foi dos homens mais opulentos de São Paulo e do Brasil, tinha porém suas propriedades rurais em Campinas, não no vale do Paraíba, e cultivava açúcar, não, ou pelo menos não em escala apreciável, café. Dele escreveu Luís d'Alincourt no ano seguinte (1818), que só na área campineira tinha dezessete engenhos de cana, com uma colheita anual não inferior a 30 mil arrobas de açúcar, e que a renda de sua casa andava em 80 mil cruzados, sendo que um só dos engenhos rendera nove contos de réis em 1817. Tirante, porém, o futuro brigadeiro Luís Antônio, nenhum outro proprietário rural tinha em São Paulo maior número de escravos do que o sargento-mor Manuel José de Melo, com 180 cativos em sua fazenda de Guaratinguetá. Português de São João da Foz, Manuel José cedo se estabeleceu na região, onde foi ligado por casamento à família antiga da terra e onde tinha fazenda não nomeada no tombamento. Sua ou de sua gente era a Fazenda dos Barbosa, tão bem representada no presente documentário iconográfico. O apelido era frequente em Guaratinguetá entre a larga descendência de Diogo Barbosa Rego, que viveu na mesma vila e nela faleceu em 1661, apenas quatro anos depois de fundada, e será tetravô da mulher do sargento-mor. Haveria simples coincidência nessa homonímia que parece relacionar a fazenda de Manuel José de Melo à geração de Diogo Barbosa? Note-se, porém, que se a propriedade ainda hoje conhecida como fazenda dos Barbosa é a mesma em que labutavam 180 cativos no ano de 1817 – e duzentos no seguinte, segundo resulta do Recenseamento das Ordenanças de 1818 –, outra é a sede representada nos desenhos às páginas 114-5 do presente volume. Esta, de acordo com pesquisas efetuadas por Thereza Regina de Camargo Maia, foi edificada já nos meados do século passado e deveria ser casa "que durasse sempre" segundo seu proprietário. Pelas mesmas pesquisas fica-se sabendo que cinco anos se consumiram só na socagem das taipas e que – assim o diz a tradição – trabalhavam nesse serviço, durante a noite, os mesmos escravos que de dia tinham estado no eito.

A fazenda de Manuel José não era a única que, na província de São Paulo, tinha 180 escravos em 1817. Outros tantos trabalhavam na Conceição, do alferes Luís Gonçalves, em Bananal. Logo em seguida, vinha com 150 escravos a de Braz Oliveira Arruda, chamada Pouso Seco, também em Bananal. O lugar de Pouso Seco ficava exatamente por onde passou d. Pedro em 1822, antes de alcançar a fazenda Três Barras do "fazendeiro Hilário", que deveria hospedá-lo. Esse fazendeiro, de quem Francisco de Castro, em sua relação da viagem do príncipe regente a São Paulo, só dá o prenome, tinha também fazenda em São João Marcos, na província fluminense, e ali havia pousado, no dia anterior, o futuro imperador. Chamava-se Hilário Gomes Nogueira, e era sogro de Braz Oliveira Arruda, o proprietário de "Pouso Seco". Isso faz presumir que as ditas fazendas poderiam originar-se de uma só e vasta propriedade. A julgar pelo tombamento de 1817 faria pobre figura a "Três Barras" ao lado da "Pouso Seco", já que Hilário não possuía ali mais de 45 escravos, ao passo que Braz, seu genro, tinha, na propriedade contígua, exatamente quatro vezes esse número. Nem por isso Hilário Gomes deixava de ser fazendeiro respeitável na época, mesmo sem entrarem em linha de conta suas terras na província do Rio. O pintor Rugendas, que conhecia bem essa província, escreveu, com efeito, que já podiam então ser consideradas importantes as fazendas com 34 escravos e outros tantos cavalos e bois. Em 1860 esteve Emílio Zaluar em Três Barras, depois de deixar a fazenda do então barão da Bela Vista, mais tarde visconde de Aguiar Toledo, e antes de visitar em Bananal a do comendador Manuel de Aguiar Valin (que também seria titular do Império quando, em 1884, foi feito barão de Aguiar Valin) e admirou vivamente nas paredes da sala e da capela as pinturas do artista espanhol José Maria Villaronga, não Vilarongo como está em seu livro. Todo o edifício que, no estado atual, se acha representado no presente documentário, com o nome de Fazenda Resgate, está sendo restaurado, e uma vez terminadas as obras deverão estar recuperadas as pinturas que tanto entusiasmaram o visitante português.

A ênfase que se possa dar ao papel de Bananal na era do café do vale do Paraíba paulista é plenamente justificada quando se considere a extensão e a produtividade sem par das suas fazendas. Pelo tombamento de 1817, quando a povoação não tinha alcançado a autonomia municipal, havia em suas redondezas, para um total de apenas 84 lavradores, 886 escravos, ou seja, cerca de dez cativos por lavrador, proporção que só encontra equivalente em Cunha. Mas em 1817 ainda estava longe essa área de alcançar a prosperidade que teria mais tarde, principalmente na década que se iniciaria em 1860, quando, com uma arrecadação, em 1864-5, de 36:48$951, e em 1866-7 de 34:281$745, ultrapassa a própria capital que, nos mesmos anos, rende, respectivamente, 26:804$000 e 31:169$000. Por outro lado, a afinidade de interesses e a intimidade de relações com alguns municípios fluminenses e mineiros vizinhos, onde todos os fazendeiros formavam como uma só família, destacavam Bananal do restante da província de São Paulo e até da maior parte do próprio vale do Paraíba paulista, apesar de todo ele ter na Corte o seu escoadouro natural. Isso pode explicar largamente os propósitos autonomistas que já em 1829 surgiram ali e em outras localidades próximas – Rezende, Valença, Parati, São João Marcos, Ilha Grande, na província do Rio de Janeiro; Campanha e Baependi, em Minas Gerais; Areias, Cunha e Guaratinguetá, em São Paulo. Naquele mesmo ano propôs o padre José Marques da Mota, na Câmara de Rezende, para a nova província o nome dessa cidade, que se tornaria sua capital. Seria talvez o primeiro, mas não será o último plano separatista – separatista com relação a São Paulo – que envolve Bananal ou nela se inicia. Os promotores do movimento de 1829 ficaram tolhidos de levá-lo adiante devido às turbulências do fim do primeiro reinado, às agitações do período regencial e finalmente às sublevações de 1842.

Em 1842 não deixaria o "norte" da província de solidarizar-se com os sentimentos liberais que provocaram a rebelião sorocabana e seu correspondente em Minas Gerais. Independentemente de Sorocaba, ainda que estimulados pelo seu exemplo, sublevaram-se sobretudo em Lorena os liberais, com a conivência de alguns chefes políticos e fazendeiros fluminenses, como os Breves, de São João Marcos, e aos poucos foram dominando ou inquietando toda a região que se estende de Taubaté às fronteiras da província do Rio de Janeiro. Como fossem poucos os homens que poderiam distrair Caxias, ocupado em exterminar os outros focos de rebelião em São Paulo, seguiram diretamente da Corte as forças que deveriam agir nessas partes. Não são poucas as dificuldades ali encontradas, de início, pelas tropas legalistas. Em Areias, os permanentes mandados do Rio de Janeiro se viram severamente castigados entre os dias 21 e 24 de junho, e só puderam salvar-se no último dia, graças à chegada de um corpo de fuzileiros navais mandados igualmente da Corte. Ao contrário do que esperava o governo central, a divulgação das notícias do revés dos liberais paulistas e da entrada do comandante-chefe em Sorocaba, longe de acalmar, teria açulado mais ainda, na aparência, as paixões políticas nesse novo foco de rebeldia, de sorte que se impunha a necessidade de reforços. O próprio Caxias foi a Taubaté, onde a 11 de julho, entretanto, declarou que não havia mais rebeldes na província de São Paulo, ou que estes fugiam e se entregavam. A verdade, porém, é que, logo ao dia seguinte, iria ferir-se nas proximidades de Silveiras, o combate mais sangrento de toda a rebelião. O ataque aos liberais, que dominavam a localidade, foi desfechado pelo capitão Manuel Antônio da Silva, procedente do Rio de Janeiro, prolongando-se os combates várias horas, até que, dominado pelos legais um sítio estratégico, se viram forçados os rebeldes a abandonar suas trincheiras junto a Silveiras. Nessa luta, oito soldados do governo foram mortos e catorze feridos, presumindo-se que, dentre os liberais, quarenta teriam caído sem vida.

Seguiu-se uma cena de saques e devastações em que, na ânsia de vingar os soldados da lei mortos pelos rebeldes, não se distinguiu menos a gente do capitão Manuel Antônio do que o contingente de fuzileiros navais chegados ao lugar só depois do combate. Na Corte, será forçado o ministro da Guerra, José Clemente Pereira, a dar explicações sobre as tropelias que teriam cometido os contingentes legalistas: a principal explicação foi de que estiveram de todo alheias a elas as forças do Exército Pacificador. Com efeito, no dia 13 de julho, quando se consumara o saque a Silveiras, ainda se achava Caxias, seu comandante, em Taubaté, distante vinte léguas do local dos acontecimentos. A 15 avançou até Pindamonhangaba, onde permanecerá ainda todo o dia seguinte. Uma semana depois desembarca no Rio de Janeiro, onde se prepara para a missão nova que o aguarda em Minas. Contudo, o movimento sedicioso de Silveiras e de todo o nordeste da província de São Paulo não cessará completamente antes de 28 de julho.

Já a 18 de julho fora decretada a separação da mesma província e incorporação à do Rio de Janeiro dos municípios paulistas de Bananal, Areias, Queluz, Cunha, Silveiras, Lorena e Guaratinguetá. A medida tinha caráter provisório, é certo, só devendo perdurar até serem completamente extintos os núcleos sediciosos, assim como as consequências imediatas do levante. Mais tarde, porém, não cessariam, ainda que por motivo bem diferente, em alguns desses lugares, principalmente em Bananal, reiterados movimentos visando a anexá-los definitivamente à província fluminense. Os motivos prendiam-se sobretudo às estreitas relações comerciais que entretinha toda a parte paulista da bacia do Paraíba, mas principalmente os municípios de Bananal, Queluz, Areias e Silveiras com a capital do Império, bem mais do que com a cidade de São Paulo. Extensão natural da área cafeeira fluminense e dependente, economicamente, da Corte, pouco tinha a ver essa região com a evolução da lavoura comercial do restante da província, que se desenvolveu de preferência no Oeste, o Oeste da maior parte do século passado, que teve seu centro primeiramente em Itu, e depois em Campinas. A princípio todas as atenções se dirigiam nele para o açúcar, que tinha saída relativamente fácil, ainda que nem sempre encontrasse boa aceitação, pois devendo ser transportado sobre longas distâncias em tropas de animais, exposto às chuvas, não raro já chegava a Santos deteriorado.

O bom sucesso da lavoura cafeeira no nordeste da província, que começou a patentear-se já na década de 1820-30, não perturbou a princípio os fazendeiros de Itu e Campinas, que ainda põem toda a sua confiança nos engenhos de cana. Em 1835, o brigadeiro Rafael Tobias de Aguiar já chamava atenção para o incremento das exportações do café, em contraste com o decréscimo das remessas de açúcar pelo porto de Santos. Suas palavras significavam um apelo para a melhoria das estradas, não propriamente um incentivo para a substituição dos canaviais pelos cafezais, mas aos lavradores do Oeste não custava considerar esta última alternativa. O fato é que Campinas, produzindo apenas 8801 arrobas de café, em 1836, e ocupando o nono lugar entre os municípios cafeeiros – todos os outros pertencem ao "norte" da província –, passará a produzir quase quarenta vezes mais em 1854, ou seja, 335 mil arrobas, e já se situa no quarto lugar entre esses municípios, depois de Bananal, Taubaté e Pindamonhangaba. Limeira, por sua vez, que não aparecia em 1836 entre os produtores de café recenseados, situa-se dezoito anos mais tarde, com 121 800 arrobas, no nono lugar, depois desses mesmos municípios e também de Paraibuna, Vila Bela, Moji das Cruzes e Guaratinguetá. A extinção do tráfico vai contribuir poderosamente para a substituição, levando os fazendeiros a desviar para a lavoura mais lucrativa muitos dos braços que ocupavam antes no cultivo e benefício do açúcar. Em escrito de 1860 afirmou Sebastião Ferreira Soares, especialista em estudos de estatística, que, desde 1854, já tinham sido desmontados, no município de Campinas, 44 engenhos de cana, para que se aplicassem os escravos na lavoura do café. E embora muitos ainda procurassem enganar-se, assinalam esses fatos o começo de uma fase nova, de amplas consequências, não apenas para o Oeste da província. Em outra publicação, essa de 1865, o mesmo autor já escreve: "A província de São Paulo, que até 1850 era uma das maiores produtoras de açúcar, abandonou, de então para cá, em grande parte, a cultura da cana para aplicar-se em maior escala à plantação do café, e tão rápida tem marchado esta espécie de cultura, que hoje esta província produz tanto café como a de Minas Gerais, quando ainda em 1850 a sua exportação não excedia de 150 mil arrobas...". Acrescenta, porém: "[...] ainda assim ali se produz muito açúcar e aguardente de cana, e ultimamente o algodão".

A parte do vale do Paraíba paulista nesse progresso não deixara ainda de ser considerável, embora já começassem a surgir, aqui como acontecia na província fluminense, pela mesma época, vozes premonitórias, que contradiziam as previsões mais otimistas. Escrevendo por volta de 1860, assim se manifesta Zaluar: "O Bananal já teve também o seu período de engrandecimento e prosperidade. Quando não tivéssemos outras provas deste fato, aí estão para o atestar tantos prédios elegantes e dispendiosamente construídos que bem provam o tráfego e o movimento que já aqui houve. Hoje, porém, é mais uma cidade sem animação e sem vida". O caso de Bananal pode resumir, de um modo geral, a situação de todo o "norte" da província, a despeito de sua posição quase excêntrica, e que a levava a gravitar econômica e até politicamente para a Corte, muito mais do que para a capital da província de São Paulo. Nesse ponto, entretanto, reproduz em grau eminente o que acontece com o restante do vale do Paraíba. O mesmo Zaluar observa que pela sua posição topográfica, pelas relações de seu comércio, pela índole e usos de sua população, pelas conveniências administrativas e econômicas e, finalmente, "pelo desejo constante que manifestam seus habitantes, seja qual for a sua cor política, de fazerem parte da província do Rio", está deslocado e isolado nos limites de uma divisão territorial que não lhe oferece comodidade alguma e, antes, tolhe a marcha regular de seus negócios. O viajante, refletindo provavelmente uma opinião corrente entre fazendeiros que ali visitou, não deixa de abonar a "justa aspiração" dos bananalenses, manifestada repetidamente na imprensa e na tribuna parlamentar e corroborada com as representações da Câmara Municipal, lamentando que os altos poderes do Estado ainda não tivessem dado sequer um passo para a sua realização.

As observações de Zaluar sobre o declínio de Bananal à época em que a visitou só seriam verdadeiras, no entanto, dez ou doze anos mais tarde. Se o declínio fosse tão manifesto em 1860, como explicar que em 1864-5 ainda seja sua renda maior do que a de todos os outros municípios paulistas, superando até a da capital em 35%, e que o ano de 1867 conserve a mesma supremacia? Ainda no exercício de 1864-5, quando a arrecadação em Bananal é de 36,5 contos de réis, a dos outros municípios paulistas do vale do Paraíba, tomados em conjunto, é, aproximadamente, de cinquenta contos, duas vezes maior do que a das áreas cafeeiras do Oeste – e Oeste de 1865, quando Campinas ainda era "princesa" – e bem mais do que o triplo se incluídas entre aquelas a de Bananal. Cabe notar que, a esse tempo, nem todo o Oeste cafeeiro era só ou era predominantemente cafeeiro. Acreditava-se em geral, e provavelmente com razão, que o novo cultivo só seria compensador, quando muito, até Rio Claro. Por mais produtivas que fossem as novas terras, tudo fazia crer que o custo dos transportes, antes da era ferroviária, desfaria as vantagens alcançadas. E essa crença era embaraço decisivo à tentação que oferecia o exemplo dos campineiros que, antes mesmo de 1850, tinham começado a arrancar os antigos canaviais para plantar cada vez mais os novos cafezais.

A mudança crescente da paisagem econômica de Campinas evidencia-se singularmente se comparadas as cifras de 1835, quando o município ocupava quando muito o oitavo lugar na província como produtor de café, e certamente nem isso, pois ignoram-se para esse ano os dados de Queluz e Paraibuna, com os de 1854, em que passara nitidamente para o quarto lugar, com 335 550 arrobas. Aumentou quarenta vezes mais num intervalo de vinte anos e, agora, só era ultrapassado por Bananal, Taubaté e Pindamonhangaba, todas no "norte". Mas já supera Jacareí, Queluz, Areias, Lorena, Paraibuna, Moji das Cruzes, Guaratinguetá, também a nordeste da capital, além de Limeira, que fica em suas vizinhanças. E o incremento da produção do café iria refletir-se por toda parte nos mais variados setores da vida econômica. Tanto que em 1867, quando Bananal tem ainda (mas pela última vez) renda superior à de todos os mais municípios da província, inclusive a capital, já Campinas passa para o segundo lugar, entre as áreas cafeeiras. Acima de Campinas, ainda que abaixo de Bananal, o mapa das arrecadações só registra a capital e Santos que, sendo o grande escoadouro dos cafés do Oeste, tivera duplicada a sua renda nos vinte anos anteriores.

O ano de 1867 já assinala, porém, o marco divisório que

separa duas épocas. Terminada a construção da estrada de ferro entre Santos e Jundiaí justamente nesse ano, começava a desvanecer-se a velha ideia de que era escusado ampliar cafezais para o oeste de Rio Claro. E a boa esperança suscitada por esse empreendimento autoriza realizações ainda mais ambiciosas. Como a São Paulo Railway desistisse do privilégio que lhe cabia, por contrato, de prolongar a linha para além de Jundiaí, instalou-se em São Paulo, já no princípio do ano seguinte, uma comissão constituída sobretudo de fazendeiros de café. As divergências partidárias pareceram, por algum tempo, dificultar um consenso, mas o novo presidente da província, conselheiro Saldanha Marinho, liberal extremado, já quase às vésperas de fazer-se republicano, aplaina esse obstáculo, congregando todas as facções, inclusive conservadores, em torno do plano que a todos vai beneficiar, e ainda assegura, dentro das possibilidades, os meios que facilitam sua execução. Em março de 1870 começam os trabalhos de construção da linha e menos de dois anos e meio depois é ela entregue ao tráfego até Campinas. Mas já agora tinha nascido e amadurecido o projeto de estendê-la para além da primitiva meta, expressa no nome inicial da empresa, Companhia Paulista da Estrada de Ferro de Jundiaí a Campinas. Passaram-se, com efeito, mais quatro anos, e já os trilhos da Paulista alcançavam Rio Claro (agosto de 1876). Depois, em 1880, atingiam Porto Ferreira, à margem do Moji Guaçu. Não cessa neste ponto sua avançada para o oeste e, já agora, outra companhia, a Mogiana, vai cooperar para a formação do oceano verde que se espraia ao largo do antigo caminho do Anhanguera. Organizada quando os trilhos da Paulista ainda não tinham chegado a Campinas, em 1874 já é levada a linha seguidamente para Moji Mirim e Amparo, e fica assegurada, em seu benefício, uma zona de privilégio que se estende até o Rio Grande, passando por Casa Branca e Franca. Esta extensão é um tanto retardada pela construção do ramal de São Simão e Ribeirão Preto que, concluído em 1883, irá dar numa ampla mancha de terra roxa de feracidade sem precedentes no Brasil e no mundo.

A febre de construção ferroviária que se anuncia sobretudo a partir da década de 1870-80 também aponta para outras direções. Antes mesmo de nascer a Mogiana constituíam-se a Ituana, e também a Sorocabana, e mais tarde a Bragantina. As duas primeiras irão fundir-se para, num prazo mais dilatado, contribuir para o desbravamento de novas áreas cafeeiras, cuja importância se acentuará mais ainda em nosso século. E há a Companhia Rio Claro que se projeta já em 1874; estende-se, na década seguinte, até São Carlos, Araraquara, Jaú, para, pouco depois da proclamação da República, ser absorvida pela Companhia Paulista. Mas no mesmo ano de 1872, em que se constituía a Mogiana, em que a linha da Paulista está em vésperas de completar a etapa inicial, também começa a anunciar-se, como realidade, o velho propósito de estabelecimento da ligação ferroviária entre São Paulo e a corte. Durante mais de meio século, os fazendeiros de café estabelecidos ao longo do curso do médio Paraíba e seus tributários tiveram de contentar-se com o transporte em lombo de burro desde as fronteiras da província do Rio até um dos portos marítimos da Angra dos Reis, de onde o produto era embarcado para a capital do Império. A criação de um sistema viário que permitisse a conexão direta com o Rio, por terra, encontrara problemas que desafiavam aparentemente qualquer solução, mesmo a solução aleatória de uma estrada carroçável para Mangaratiba, que por várias vezes foi tentada e abandonada. Ainda em 1860 um viajante luso-brasileiro assinalava esses problemas, atribuindo a obstáculos topográficos as más condições dos caminhos terrestres que, na província fluminense, poderiam permitir uma ligação entre o Município Neutro e os limites da província de São Paulo.

A construção da estrada de ferro D. Pedro II, de que um ramal seguiria em direção a São Paulo, tinha sido contratada pelo governo geral desde 1855, e ato contínuo começou sua construção, mas lentamente progrediu até a barra do Piraí, alcançada só em 1864, devendo esgalhar-se então nas direções de São Paulo e de Minas. O ritmo vagaroso com que prosseguiam as obras, que, além de estorvadas pelos acidentes naturais, foram interrompidas por uma sucessão de crises administrativas, levando em 1865 à dissolução da Companhia e à encampação da estrada pelo governo, não parecia alentar qualquer iniciativa do lado de São Paulo no sentido de fazer-se a ligação entre a capital paulista e o ponto terminal da D. Pedro II que, segundo as previsões, seria Cachoeira. No momento, porém, em que as obras passaram a ser efetuadas por conta da nação e em que se iam aproximando do término previsto, julgou-se necessário apressar a ligação. E é possível que a importância crescente dos cafezais do Oeste, com as comunicações mais fáceis que lhe proporcionavam o traçado da Santos a Jundiaí e o da Paulista, bem como o outro, já em projeto da Mogiana, tivessem despertado entre fazendeiros e homens de negócio paulistas, mormente os da bacia do Paraíba, um espírito de emulação propício a esse empreendimento. O fato é que, constituída em 1872 a nova Companhia São Paulo a Rio de Janeiro, atacou-se de imediato a construção da linha, e tão aceleradamente se desenvolveram as obras, que mostravam o empenho de recuperação do tempo perdido. A etapa mais difícil, devido às fragosidades do solo, foi vencida em 1875, ano em que os trilhos chegam a Moji das Cruzes. Mas daí por diante nenhum empecilho teria forças para frear o ímpeto dos responsáveis pelo empreendimento. Já em 1876 era inaugurado o tráfego até Jacareí, São José dos Campos, Caçapava, Taubaté, e em 1877, até Pindamonhangaba, Guaratinguetá, Lorena. No mesmo ano de 77, chegam finalmente os trilhos a Cachoeira, onde vai fazer-se a junção com a D. Pedro II, que também atinge a mesma povoação.

A importância econômica dessa linha que um decreto do governo provisório de Deodoro da Fonseca, de agosto de 1890, manda incorporar à antiga D. Pedro II para formar a atual Estrada de Ferro Central do Brasil, ao mesmo tempo em que determina o alargamento da bitola, que tinha sido até então de um metro, não dissipa a ameaça que o desbravamento das terras do Oeste já significava para a primazia econômica do vale do Paraíba. Expressiva do desenvolvimento crescente dos cafezais da área que se estende para o oeste de Campinas é a rápida expansão das exportações de Santos, seu porto natural. Em 1850-1, quando toda a produção era transportada em tropas de animais, as remessas santistas ainda não ultrapassam 103 250 sacas. O desenvolvimento, por volta de 1850, dos cafezais da região de Campinas, onde precisamente nesse ano seu produto começa a ultrapassar o da cana-de-açúcar, faz com que tripliquem essas exportações em dez anos. Mas em 1860 não se iniciara ainda a era ferroviária em São Paulo, e é só nesse ano que vai começar a construção da São Paulo Railway, que, devido sobretudo ao alcantilado da serra do Mar, se prolongará até 1867. Em 1870-1, quando apenas se completa sua construção, e mal começa a da primeira etapa da Paulista, que só no ano seguinte chega a Campinas, o crescimento das exportações pela praça de Santos é apreciável mas não espantoso, tendo alcançado 547 mil sacas, quando em 1860-1, foi de 320 445. A pujança extraordinária dos cafezais do Oeste vai afirmar-se, porém, e cada vez mais, nas décadas seguintes. Em 1880-1 as exportações do café transportado a partir de Jundiaí rumo ao litoral paulista já alcançou 1 204 328 sacas, e em 1890-1, 3 048 327. Em 1894, já no regime republicano, Santos se torna, pela primeira vez, o maior porto exportador do Brasil, superando o do Rio de Janeiro.

Tão estreita era a relação entre a abertura dos novos cafezais do Oeste e do seu escoadouro em São Paulo, que um técnico holandês, C. F. Van Delden Laerne, ao dar conta da missão ao Brasil, onde, por incumbência de seu governo, vinha estudar a lavoura do café nos anos 1883-4, no interesse das culturas das Índias Neerlandesas, não hesita em dar à parte do Noroeste e do Oeste de São Paulo o nome de "zona de Santos", contrastando-a com a zona do Rio de Janeiro, que abrangeria toda a bacia do Paraíba, inclusive no território paulista. Não escapa mesmo ao atilado observador a rivalidade existente entre as duas zonas, e cita o caso de um fazendeiro do Oeste que, em sua presença, procurou desconcertar outro, do vale do Paraíba, dizendo que na primeira zona um só arbusto dá três vezes mais café do que três da outra. "A comparação", observa, "é um tanto... paulista demais, embora o fazendeiro do Rio guardasse silêncio, e deixasse, assim, mais ou menos ganha a partida para o contendor." Mas concorda o viajante em que a zona "de Santos" produzia ao menos quase duas vezes mais do que a "do Rio". É verdade que, a seu tempo, ainda não tinham começado as grandes safras de Ribeirão Preto.

Em favor do Oeste havia mais a vantagem de ser área de onde as plantações eram novas, novos os trabalhadores que se recrutavam cada vez mais entre imigrantes europeus, e onde até a configuração do solo, plano em geral, ou ligeiramente ondulado, em contraste com o terreno montuoso, da bacia do Paraíba, em que os clássicos morros em "meia laranja" se sujeitavam depressa à erosão. E não é preciso insistir na boa qualidade dos solos do Oeste, entremeado de manchas de terra rosa, muito mais produtivas do que o melhor massapé vermelho da bacia do Paraíba. O que mais distinguia, porém, as fazendas do Oeste, era mesmo a presença atuante da mão de obra livre que, no último decênio da monarquia, começa a fazer-se sentir ali cada vez mais, à medida que grandes levas de imigrantes, procedentes sobretudo do Norte da Itália, se vão distribuindo por uma zona que, exceção feita de Campinas, mal havia conhecido o trabalhador escravo. O número desses imigrantes que, a partir de 1883, já excede o total de 30 mil por ano, salta para 55965 em 1887, e já no ano imediato, ano da Abolição, chega a 133255. Bem antes de iniciar-se esse afluxo, dissera o senador Vergueiro, patrocinador do sistema de parceria, onde se utilizavam principalmente alemães e suíços, o rendimento do trabalho de um colono livre era três vezes superior ao de um cativo. Agora, outro lavrador paulista, Martinho Prado Júnior, dos principais responsáveis pela introdução em grandes massas de imigrantes italianos na província, ia mais longe, ao sustentar que o trabalho de um assalariado valia cinco vezes o de um escravo.

Não é preciso aceitar ao pé da letra o valor de estimativas como essas para admitir que a presença do imigrante, coincidente com o desenvolvimento de uma rede viária apta a aproveitar todas as suas potencialidades, era novidade no Brasil, e contrastava notavelmente com o sistema tradicional preservado no "norte" da província. Aqui, a paisagem rural parecia inseparável do escravo, ou melhor, a presença do escravo tornava-a incompatível com o advento do trabalhador livre. Nem todos os fazendeiros do Vale do Paraíba cediam tranquilos ao pessimismo ou ao fatalismo dos que, à maneira daquele lavrador da "zona do Rio" referido por Van Delden Laerne, se davam por vencidos quando ouviam falar nas maravilhas e opulências do Oeste paulista. A inabalada confiança nos recursos permanentes de uma área que, para alguns, ia morrendo de velha, pode estar à origem de iniciativas tais como a da estrada de ferro de Rezende a Areias, cuja construção, iniciada já em 1888, não pôde seguir o primitivo traçado. Ou a da estrada de ferro de Bananal, aberta ao tráfego em 1889, mas com sacrifício também do traçado previsto. Tratava-se, nos dois casos, da recuperação de antigas comarcas cafeeiras que a linha férrea de São Paulo ao Rio deixara a alguma distância. O resultado desse esforço não foi compensador: a primeira ferrovia nunca chegou a Areias, e a Bananalense, depois de passar por vários proprietários, foi encampada finalmente pelo governo da União e passou a entroncar-se na Central do Brasil.

Entre as mais curiosas manifestações de inconformismo suscitado pelo espetáculo de uma paisagem rural que, empobrecida, embora, orgulhava-se ainda da riqueza e pompa de um passado relativamente recente, merece ser citado o renascimento de certas manifestações secessionistas no Vale do

Paraíba paulista. Ditava-as, como em casos anteriores, a impaciência diante das desigualdades econômicas flagrantes. A diferença está, contudo, em que naqueles outros casos o que se pretendera principalmente era libertar o "norte" de uma tutela, a de São Paulo, que parecia, com seu "atraso", cercear a prosperidade e opulência de que desfrutavam as terras da bacia do Paraíba: assim foi em 1829 quando se chegou a levantar a bandeira de uma "província de Rezende" a englobar, entre outros, mais de um município paulista, ou por várias vezes, a aspiração dos de Bananal no sentido de separar-se seu distrito para ser anexado à província fluminense. Agora, ao contrário, é a opulência e prosperidade insofismáveis do novo Oeste que, aos paladinos da antiga preeminência do Vale do Paraíba, se apresenta como fruto de injustiças e opressões, que só o desmembramento poderia sanar. A solução estaria, pois, em formar-se uma "província do Rio Sapucaí", que abrangeria, com o "norte" de São Paulo, boa parte do território sul-mineiro. A paternidade da ideia pertence ao senador Joaquim Floriano de Godói, senador, desde 1872, pela província de São Paulo, que apresentou em 1887 um projeto nesse sentido à Câmara vitalícia, e enfeixou a seguir em volume o projeto, com a justificativa, além da resposta dada às iracundas repercussões do plano na imprensa provincial. Entendia que o relativo atraso do Norte não vinha ali da pobreza do solo e nem da incapacidade do povo, mas da parcialidade do governo da província que, ajudando por todas as formas o incremento do Oeste, negava socorro às partes que, nos bons tempos, haviam sido mais produtivas e ilustres.

Lembra, a propósito, as grandes verbas destinadas aos serviços da imigração, que tinha como objeto a importação em massa de europeus e resultaria em fazer com que o Oeste adquirisse uma fisionomia estranha ao restante do Brasil e em fomentar as veleidades separatistas ou republicanas, inseparáveis "das magnificências da Capital e dos esplendores agrícolas do Oeste". Quanto ao Vale do Paraíba, limitavam-se as

autoridades provinciais a jogar-lhes "umas vitualhas orça-
mentárias, e isto mesmo com o mau humor com que se arre-
messa à sacola do importuno mendigo, esmola de má vontade...". Nessa espécie de separatismo contra o separatismo,
separatismo do Vale do Paraíba contra o vozerio crescente dos
arautos da "pátria paulista" que se fazia ouvir com desusada
veemência justamente naquele ano de 87 e só se amorteceria
ano e meio depois, com o advento da república federal, o senador Joaquim Floriano não pertencia a rigor aos escravocratas, nem era inimigo da imigração estrangeira, contanto que,
ao lado do imigrante, fosse largamente aproveitado o trabalhador nacional livre.

O *laudator temporis acti* mal se dissimula nos escritos desse conservador impenitente, embora conservador da linha do
visconde do Rio Branco, que podia reivindicar para si o título
de abolicionista histórico por ter aprovado a lei do Ventre Livre, ao tempo em que fazendeiros instalados agora no Oeste,
dizia, se mostravam abertamente hostis a toda tentativa de
mudança nas condições do "elemento servil" e só passaram a
favorecer essa mudança quando principiou a grande imigração. Em verdade seu abolicionismo foi marcado constantemente por uma timidez a toda prova, a timidez dos que, jul-
gando já inútil lutar contra a corrente, procuram meios de ver
amenizada a transição para o inelutável. Assim é que em setembro de 1887, ao mesmo tempo em que deblaterava contra
a tolerância com que já se podia desenvolver em todo o país a
propaganda abolicionista que "impaciente e irrefletida, pretende precipitar os acontecimentos, violentando as leis e os
elevados direitos adquiridos", propunha, para o impasse a que
se chegara, uma solução "calma, criteriosa, ditada pelos legítimos interesses da nação". Tal é o significado do projeto que
naquela data ofereceu à consideração do senado do Império,
onde se declarava extinta, em verdade, a escravidão, mas se
exigia também a prestação de serviço dos libertos aos seus
"ex"-senhores. Para melhor assegurar a eficácia desse regime

transitório, de sorte que os libertos continuassem a prestar os serviços a que ficavam sujeitos durante três anos, poderiam ser impostas multas até cem mil-réis e pena de prisão de até trinta dias. Ao mesmo tempo todo indivíduo que tentasse aliciar os libertos para abandonarem os serviços a que estariam obrigados pela lei proposta, seria processado pelo juiz municipal do termo, com recurso para o juiz de direito, devendo ainda pagar multa de quinhentos mil-réis até um conto de réis e sofrer pena de prisão de trinta a sessenta dias.

Nessa, e em outras manifestações, o senador paulista mostrava-se digno representante de uma região que já se preparava para libertar-se dos préstimos do braço escravo ou, talvez, que se resignara à necessidade de precisar sobreviver sem eles. Não faltavam, pela mesma época, os que, decididos a partilhar dos proveitos que proporcionavam as zonas ultimamente desbravadas, deixavam o Vale do Paraíba, em São Paulo, assim como as províncias de Minas e do Rio de Janeiro, e iam, por sua vez, abrir fazendas novas nas terras ultimamente desbravadas do Oeste e do Noroeste paulistas. Uma paisagem desolada instalou-se no lugar das grandes propriedades, agora deixadas meio ao abandono pelos que iam em demanda de um outro mundo, onde já se requeria uma afoiteza já de capitalistas e plutocratas, indiferentes, ou quase, àqueles "ouropéis da realeza" a que tanto se tinham afeiçoado os velhos barões do café. Poucos municípios do vale – Taubaté é um – conseguem resistir ainda por algum tempo ao colapso ameaçador. Moji, que se acha no pórtico do vale do Paraíba, e que antigamente fora notável município exportador, com uma produção, em 1854, de 100 mil arrobas de café, vende os escravos e volta-se para a pequena lavoura de sitiantes, enquanto espera a hora de tornar-se um centro industrial. O relatório que a Comissão Central de Estatística apresenta em 1888 ao presidente da província diz, ainda a propósito de Moji das Cruzes, que o plantio do café ali é feito em pequena escala, sendo poucos os que a ele se dedicam com exclusividade. No outro extremo, de Bananal, no limiar da província fluminense, diz o mesmo relatório: "Quanto à produção agrícola já foi o município, pela sua fertilidade, o mais importante da província; hoje, porém, devastadas as suas grandes matas, ressente-se da decadência geral desta parte da província; não que lhe faltam terrenos de grande uberdade, adaptados a todos os gêneros de cultura, mas unicamente porque os cafezais antigos já não produzem a mesma quantidade de frutos que quando novos".

Aqui, como ao longo de todo o curso do médio Paraíba, já desapareceram vários e, por vezes, admiráveis testemunhos do fastígio que o café lhe trouxe e o café lhe tirou quando se viu chamado a opulentar outras terras. Das antigas vivendas senhoriais que marcaram essa era, algumas, todavia, permanecem eretas, outras estão sendo cuidadosamente restauradas. Num momento em que por tantos títulos, e não só pela posição privilegiada que ocupa, entre as duas grandes metrópoles do Brasil, o "norte" paulista caminha tranquilo para a conquista do futuro, as imagens desse passado morto, que oferece este documentário, podem ter um significado que já não é apenas o das melancólicas e impossíveis ressurreições.

# A cidade de São Paulo[*]

·

**298**

LIVRO
DOS
PREFÁCIOS

·

QUANDO, HÁ POUCO MESES, FUI procurado por meu amigo José Pedro Leite Cordeiro, que andava à procura de sugestões para um documentário histórico a ser publicado pela Academia Paulista, ocorreram-me logo dois ou três escritos dificilmente acessíveis e que me pareceram merecedores de interesse. Um destes seriam as preciosas cartas sobre "a política e tradições" de São Paulo que, por volta de 1856-57, mandou ao então estudante de Direito Francisco Marcondes Homem de Melo, futuro barão Homem de Melo, o dr. Ricardo Gumbleton Daunt, então residente em Itu. A curiosa personalidade desse médico irlandês convertido ao Brasil, que tinha medo de ver a sua São Paulo perder de repente o caráter que lhe asseguravam insignes tradições e ser afinal absorvida pelo cosmopolitismo da "semiestrangeirada Rio de Janeiro"; que se recusou certa vez a visitar Petrópolis, alegando que a cidade serrana estava cheia de alemães, "e eu não gosto de estrangeiros", dizia que era confessadamente um *laudator temporis acti*, avesso aos princípios democráticos, embora avesso também

---

[*] Vieira Bueno, Francisco de Assis. *A cidade de São Paulo; recordações evocadas e notícias históricas*. São Paulo, Academia Paulista de Letras, 1976, pp. 5-8. [Explicação]

ao absolutismo centralizador por amar demais a liberdade (mas, entenda-se, a liberdade ou melhor as "liberdades" e imunidades do feudalismo que ficam no polo oposto à moderna ideia liberal)..., não merece muito menos atenção do que a notável soma de informações que transmitem suas cartas sobre o passado da terra que adotou. Ainda quando essas informações se prestem ocasionalmente a controvérsias e dúvidas, como acontece com os dados que fornecem sobre a ascendência do padre Diogo Antônio Feijó, que hoje se sabe serem infundadas, não deixam elas de ser um estímulo a novos estudos e pesquisas. As cartas guardam-se hoje no Instituto Histórico e Geográfico Brasileiro e, ao que me conste, nunca chegaram a ser publicadas.

Outra lembrança que me veio, em resposta à solicitação de Leite Cordeiro, diz respeito à comédia de costumes intitulada *Na feira de Sorocaba*, de autoria de Franscisco Luís de Abreu Medeiros, professor público de primeiras letras na dita cidade de Sorocaba e, a partir de 1862, escrivão da provedoria de São Paulo. É também de 1862 (janeiro) a primeira, e não sei se única, representação da comédia no teatro de São Rafael, de Sorocaba, e sua publicação no Rio de Janeiro pela Tipografia Universal Laemmert, juntamente com uma "cena cômica" do mesmo autor, intitulada *O distribuidor de gazetas*, em folheto que se tornou extremamente raro. A ideia de reimprimi-lo atenderia menos, provavelmente, ao seu valor literário do que ao de ser um flagrante talvez sem similar do cenário das feiras de animais que pertencem tanto à história de São Paulo quanto à do centro e sul do Brasil, captado por um contemporâneo delas. Do mesmo tema ocupou-se ainda Abreu Medeiros nos dois tomos de sua obra *Curiosidades brasileiras*, igualmente impressa pela Laemmert, em 1864. Dada a prolixidade dessa tentativa de prosa de ficção, bem calcada entretanto no conhecimento do negócio das feiras que todos os anos, a contar de abril e maio, se celebravam na terra sorocabana, sua republicação integral não me parece caber na coleção projetada.

Acredito, porém, que nela, ao lado da citada comédia, poderia incluir-se a Introdução que se encontra entre as páginas 11 a 30 do primeiro tomo da edição original, assim como os glossários de localismos, gauchismos que acompanham os dois tomos. E, se possível, também as duas belas gravuras que a ilustram: um panorama de Sorocaba e uma vista da ponte de pedra e cal acabada de construir em 1855. Em ambas aparecem, em primeiro plano, as infalíveis tropas de "berro grosso" ou "bico arcado", como se dizia nos tempos em que começaram a surgir os *monarcas da coxilha*, orgulhosos de sua *mulada em flor*, que alguns, à procura de *boa fazenda*, iam arrebanhar, até entre os *castelhanos*.

Finalmente lembrei-me ainda destas "recordações" da cidade de São Paulo na primeira metade do século passado, de autoria de Franscisco de Assis Vieira Bueno, que nela nasceu em 1816, e nunca se esqueceu da cena do primeiro encontro do regente d. Pedro, na jornada que levaria à proclamação da Independência e à fundação do Império, com o bispo d. Mateus de Abreu Pereira. De uma das janelas da igreja da Ordem Terceira do Carmo viu, menino ainda de seis ou sete anos, apear o príncipe do cavalo que o trouxera da Penha, onde pernoitara, e depois seguira para a Sé debaixo do pálio, em companhia do bispo e do cabido. O interesse maior das recordações está em terem procurado fixar os aspectos distintivos do comércio de retalho de fazendas, secos, bebidas e mercearia, do artesanato primitivo e da indústria doméstica, principalmente a indústria da fiação e tecelagem que a importação crescente de artigos europeus ainda não destruíra por completo naqueles anos de 1830-40. Publicado em 1903 na *Revista do Centro de Ciências, Letras e Artes* de Campinas, esse escrito, hoje de difícil acesso, ganharia em ser confrontado com os mapas de população correspondentes ao período que vai de 1825, por exemplo, até 1835, que existem no Departamento do Arquivo Público do Estado de São Paulo. Deles hão de constar, com seus nomes civis, os mesmos mercadores que, no trabalho de Vieira Bueno, figuram sob pitorescas alcunhas: Bom Fumo, Boas Noites, Maneco Entrecosto, Domingos Cai-Cai, Maneco da Ferragem, Teco das Louças e Chico Ilhéu... Não pareceu aconselhável deixar de incluir, na presente publicação, além dessas "recordações evocadas da memória", uma segunda parte do trabalho de Vieira Bueno, intitulada "Notícias Históricas", de bem menor interesse porque baseada geralmente em obras conhecidas como as de Manuel Eufrásio de Azevedo Marques e as de Machado de Oliveira, que não deixam de ser indicadas aliás no corpo do trabalho ou em notas de rodapé. Ao menos dessa forma a publicação sai completa.

Julguei preferível a escolha, por ora, desta e não de outra obra do mesmo autor, a *Autobiografia*, impressa em 1899 na Tipografia a Vapor – Livro Azul, de Campinas, por motivos semelhantes aos que pareceram justificar a escolha da comédia *Na feira de Sorocaba* em detrimento das *Curiosidades brasileiras* de Francisco Luís de Abreu Medeiros. Nas quase trezentas páginas dessa autobiografia há um pouco de tudo, desde decretos de nomeação, felicitações, convites, até versos encomiásticos e satíricos ou traduzidos do inglês e do francês. Para o historiador salvam-se melhor as páginas onde se evoca a São Paulo de sua infância, seus tempos de magistrado em Bragança (1844-8), ou de advogado em Sorocaba (1848-56), ou de homem de negócios e também poeta nas horas vagas, na Corte, onde viveu até 1878, tendo sido diretor e, durante algum tempo, presidente do Banco do Brasil.

De sua infância interessam especialmente as páginas sobre a vida escolar em São Paulo, onde a família preferiu matriculá-lo nas aulas particulares do mestre José Antunes para não expô-lo às truculências notórias do mestre régio padre Francisco Rabecão. Antunes, sendo entrevado, não poderia ir aos mesmos excessos. Nem por isso parecia ser de exemplar mansuetude quem, da cama onde vivia sentado, costumava chamar à ordem os alunos, valendo-se de uma longa vara de marmelo com uma bola de cera na ponta, que fazia vibrar com grande agilidade nos cabelos dos meninos em tremendas "caroladas". Os mais rebeldes eram desasnados com a santa-luzia, aplicada por algum aluno mais adiantado, o chamado "decurião". Fala-nos ainda nos tempos em que frequentou o seminário de Santana, numa escola de instrução pública, onde se ensinava, segundo o método lancasteriano, na aula de filosofia, onde aprendeu em 1833 com o padre Francisco de Paula Oliveira, vulgo padre Minim, que fazia preceder infalivelmente o nome de Spinoza de um Maledictus (e não de Baruch ou Benedictus), das aulas de Júlio Frank que introduziu a Burschenschaft em São Paulo e dos seus desencontros com o doutor Brotero já na Academia de Direito, onde o mesmo Brotero foi vice-diretor até a nomeação, para diretor efetivo, de Nicolau Pereira de Campos Vergueiro, que foi um sinal de alívio para Vieira Bueno, já liberal antes de haver Partido Liberal, amigo de Rafael Tobias de Aguiar, o "reizinho" de São Paulo, e de Gabriel Rodrigues dos Santos, o "vice-rei". Das lutas partidárias dá-nos o autor retratos curiosos do que foram, por exemplo, as eleições em Sorocaba, durante a presidência de Nabuco de Araújo, que não se desligara ainda dos conservadores. A propósito de uma de suas visitas a d. Pedro II na época em que, morando já no Rio de Janeiro e dirigindo então uma fábrica de tecidos, precisou tratar de negócios do interesse do estabelecimento, diz que o imperador se mostrou vivamente contrário a qualquer legislação protecionista, achando que as tarifas deviam ser de natureza unicamente fiscal. Pareciam-lhe muito prematuras no Brasil – isso, segundo parece, ao tempo do ministério Rio Branco – empresas como a sua, e mostrando sua pouca fé, perguntava, enquanto esfregava o indicador no polegar: "a sua fábrica rende, rende, rende?". Em todo caso mostrou interesse em conhecer a fábrica e não só prometeu visitá-la como cumpriu a promessa.

# Escravidão negra em São Paulo[*]

AS RESPONSABILIDADES DE CATEDRÁTICO de história da civilização brasileira na Faculdade de Filosofia, Letras e Ciências Humanas da Universidade de São Paulo, que deixei em 1969 por motivo de aposentadoria, permitiram-me acompanhar, desde seus primeiros passos ainda hesitantes, o trabalho da professora Suely Robles Reis de Queiroz, instrutora e afinal assistente da mesma cadeira, na busca de matéria adequada para a tese com que alcançaria o doutorado, agora transformada no estudo que se vai ler. Por satisfação pessoal e, naturalmente, por obrigação de ofício, tentei apresentar-lhe sugestões, acolher ou rebater as suas, até o momento em que ela decidiu embrenhar-se por conta própria no assunto de que trata o presente livro. Confesso que inicialmente encarei com ceticismo as possibilidades oferecidas para o aproveitamento do tema de sua escolha no prazo relativamente breve de que ainda dispunha antes da realização do concurso projetado. Lembrava-me particularmente do muito que custou a outra antiga aluna

---

[*] Queiroz, Suely Robles Reis de. *Escravidão negra em São Paulo; um estudo das tensões provocadas pelo escravismo no século XIX.* Rio de Janeiro, José Olympio, Brasília, INL, 1977, pp. VIII-XVIII. [Prefácio]

e professora na USP, Emília Viotti da Costa, a coleta de documentário sobre assunto semelhante, e a quem me coube também a tarefa de orientar até o momento, pelo menos, em que a possibilidade surgida inesperadamente de poder destinar-se o estudo à disputa, e conquista, brilhantemente conseguida, de título universitário mais alto, dispensou-me de tal mister, que só se faz necessário para o doutorado. Ora, no caso desse estudo, depois convertido na obra que se editou em 1966 com o título *Da senzala à colônia*, a coleta do material, mormente do material manuscrito, não foi cerceada por essa limitação de prazo, e aliás o principal, se não a totalidade da pesquisa necessária, já estava concluído no momento em que me coube ser escolhido para orientador.

O trabalho da professora Reis de Queiroz, ao contrário, ainda não se tinha iniciado e nem sequer estava decidido o seu tema quando tivemos os primeiros entendimentos a respeito. O motivo que primeiramente me incitou a procurar dissuadi-la de explorar um assunto que já entrava de certo modo no terreno de suas preferências não era bem a insuficiência de elementos disponíveis em nossos arquivos, pois tudo fazia crer, ao contrário, que fossem mais do que suficientes, mas a dispersão deles por entre um vasto acervo documental, onde podem aparecer sob rubricas que não permitem pressenti-los. O que à autora competia fazer, uma vez acertado o tema, era tratar de localizar aqui e ali, onde pudessem estar, esses dados miúdos, e às vezes sem nexo plausível, concatená-los, organizar os *disjecta membra* em um contexto homogêneo, dar-lhes, por assim dizer, voz articulada, sem deixar de conferi-los com os resultados de pesquisa paralela no material bibliográfico disponível e partir, em seguida, para a elaboração final do trabalho. Mas além de tudo devia ter sempre em conta que não havia prazo flexível para a entrega.

Meu propósito não era fazer com que ela abandonasse de todo o tema que começava a fasciná-la e que visava ao estudo das tensões produzidas no mundo dos senhores e escravos no

Brasil do século passado. Apenas parecia-me conveniente, mesmo para sua carreira universitária, adiar a realização desse projeto até o momento em que decidisse candidatar-se à docência-livre. Para o doutorado, no entanto, em que maior adiamento podia causar transtornos, era razoável que destinasse outra matéria de igual importância e dentro de seu campo de interesses, mas onde não se apresentassem tamanhos contratempos. Suspeito mesmo, embora não possa afiançá-lo, que terei chegado a sugerir-lhe alguma alternativa, e elas não faltariam no leque de problemas históricos inexplorados ainda ou que mereciam ser vistos sob nova luz. Em minhas recalcitrâncias é possível, porém, que a professora Reis de Queiroz acreditasse discernir um conselho de quem quisesse simplesmente apontar para o caminho mais fácil, e já não teve dúvidas: optou pelo mais custoso. O caso é que, em pouco tempo, sua tenacidade, o atento zelo com que tratou de encontrar os dados que procurava na documentação disponível, e a inteligência com que foi dando forma a elementos que não passam de matéria bruta para chegar ao discurso histórico, puderam triunfar de minha pouca fé, deixando-me ainda do que lisonjear-me depois de uma façanha que não me pertence e que nem esperei fosse tão rápida.

O fato de limitar-se a autora sobretudo à escravidão em São Paulo, onde teria mais ao seu alcance a documentação necessária, poderia, esse sim, justificar a increparão de evitar ela o caminho árduo, caso não pudesse alegar, como alega, condições locais que requeriam um enfoque especial de muitos aspectos do que foi aqui a presença negra, diversa do que ela representou em outras áreas. Na Bahia, de modo particular, essa presença negra pareceu quase sempre confundir-se com a presença sudanesa. Muito mais resistente do que o banto, disseminado pelo restante do Brasil, à assimilação étnica e ao sincretismo religioso, orgulhoso de sua identidade cultural, muitas vezes insubmisso, deixou marca mais funda entre os afro-baianos. E ainda que isso seja atribuível sobretudo às tradições e peculiaridades tribais dessa gente, passou desde cedo em julgado que tudo se devia à preeminência numérica, naquela área, dos sudaneses sobre africanos de diferente extração. Tal opinião pareceu ganhar até certa chancela científica desde que Nina Rodrigues não hesitou em endossá-la em estudo onde se ocupa, entre outras coisas, da participação decisiva de sudaneses, sobretudo de sudaneses que seguiam a fé maometana, e liam o Corão, nas rebeliões de escravos. Foram as pesquisas de Luís Viana Filho, mais recentemente confirmadas pelos notáveis trabalhos de Pierre Verger, que mostraram o infundado de semelhante crença. Sabe-se hoje que, salvo durante algumas dezenas de anos, predominaram sempre os bantos no rol dos africanos importados para a Bahia, tal como aconteceu nas outras partes do Brasil.

Nenhum sentido teria para o historiador procurar demorar-se em investigar por exemplo a origem remota ou próxima dos contingentes de africanos introduzidos em São Paulo, seja nos tempos em que perdurou o tráfico atlântico, seja depois que se apelou para o tráfico interprovincial, e se a autora do presente estudo cogitou no problema, foi de raspão e para abandoná-lo. Em verdade, não acharia ela senão por acaso informações fidedignas acerca dos grupos tribais que, em grande ou pequena escala, se introduziram, através dos séculos, em terra paulista. Depois, como não há termos de comparação possível entre as situações que levaram à importação de pretos africanos e crioulos nas duas áreas, as questões que se podem suscitar para uma delas, ou são inexistentes, ou são diferentes quando se trate da outra. Na Bahia, como é notório, as levas de negros diretamente vindos da África nunca cessaram de ingressar, desde que se iniciou a colonização efetiva, no século XVI, até por volta de 1850, e em muitos casos é conhecida a exata procedência, a rota, a tonelagem e até os nomes dos navios negreiros com aquele destino. Para São Paulo houve alguma importação direta já no primeiro século, de outra forma não se pode explicar facilmente por que Afonso

Sardinha tinha negócios com Angola em navio de um cunhado seu, segundo deixou dito em testamento de 1597, embora não seja escusado pensar que boa parte dos negros eventualmente trazidos naqueles tempos devessem ser mandados a Buenos Aires e, através de Buenos Aires, para Potosí. Depois disso, e durante a maior parte dos tempos coloniais, se até as comunicações com o Rio de Janeiro não eram constantes e por longo tempo dependeram apenas das sumacas dos padres da Companhia, não há lugar para pensar-se em comunicações transoceânicas. Estas recomeçarão, ainda que timidamente, no final do século XVIII e irão prosseguir até meados do seguinte, quando passa a prevalecer o tráfico interprovincial, que se prolongará até pouco antes da Abolição.

Essas considerações necessariamente esquemáticas podem conduzir-nos a algumas precisões acerca do escravismo em São Paulo durante a maior parte desse período. Parece inútil voltar neste ponto à discussão sobre a parte considerável que teriam tido os negros na região. Essa questão, e em particular a participação de pretos e mulatos no bandeirismo, torna-se ociosa quando se sabe que a tese em que se dá maior ênfase a tal participação resulta largamente do significado ambíguo que tinha nos tempos coloniais a palavra "negro", aplicada indiferentemente a indivíduos de procedência africana e ao "gentio" da terra, isto é, ao ameríndio. Também a expressão "mulato" que se relaciona a "mu" ou "mulo", ou seja, à ideia de hibridez, tanto se pode ligar ao mestiço de preto como de índio, e no último caso passa a ser sinônimo de mameluco. Em muitos documentos paulistas, até a era setecentista, sobretudo nos assentos paroquiais de batismo, há menção de mulatos que seriam filhos de pai branco e havidos em mulher indígena. Também o termo "tapanhuno" servia entre os naturais da terra, índios ou mamelucos, senão brancos, sobretudo em São Paulo, para designar pretos de ascendência africana, mas igualmente indígenas de pele mais escura do que o comum deles ou mesmo escurecidos com jenipapo ou outra tintura. Há casos mesmo do emprego da expressão para designar grupos tribais inteiros pela escuridão natural ou postiça da pele. A essas seria mister acrescentar outras razões para sugerir que não era avultada a presença negra na maior parte do período colonial nas capitanias que hoje correspondem à região de São Paulo, e a principal, precisamente a que determinou a expansão bandeirante, prendia-se à ausência pela mesma época de uma lavoura comercial em grande escala, como a que havia em outras partes do Brasil. O remédio de que se valeram os paulistas, "remédio para sua pobreza" segundo consta de um documento, eram as entradas de caça à mão de obra indígena. Tanto que, após os descobrimentos dos primeiros *placers* auríferos nas Gerais, pleitearam os de São Paulo autorização para a compra no Rio de Janeiro de certo número de escravos africanos de que se serviriam nas minas, e alegou-se para a recusa que, se passasse a ter escravos pretos, aquela gente se dispensaria de correr os sertões atrás de seu maior chamariz, que era o "gentio" da terra, e com isso cessariam os descobrimentos de metal precioso, tudo isso em prejuízo da Fazenda de sua majestade.

A situação começa a mudar quando, nos últimos anos do século XVIII, tem início em São Paulo a era dos engenhos de açúcar, assunto de que tratou igualmente a professora Reis de Queiroz em trabalho já publicado. A mudança foi registrada por José Bonifácio em sua célebre *Representação* de 1823 sobre a escravatura, quando diz que a província onde nasceu, "antes da criação dos engenhos de açúcar tinha poucos escravos e todavia crescia anualmente em povoação e agricultura", ao ponto de poder sustentar com gêneros que produzia a muitas outras províncias "marítimas e interiores". É certo que entrava aqui uma evocação deformada e adornada pela nostalgia de quem, tendo deixado sua província ainda meio adolescente, rumo ao Velho Mundo, descobre à sua volta, quase quarenta anos depois, uma paisagem que não reconhecia mais, por causa da crescente invasão dos canaviais e escravos.

Mesmo aquela afirmativa de que a província tinha poucos escravos deve ser recebida de algum modo *cum grano salis*, pois se os negros, em boa parte trazidos das minas quase exauridas, ainda seriam em pequena quantidade naqueles tempos já distantes em confronto com os de províncias onde prosperavam os engenhos, não deveriam ser tão poucos numa terra que, a bem dizer, não os tinha ainda. Não se lembrava o futuro "patriarca" de como em 1783, ano de sua partida para Coimbra, só em casa do pai havia 33 escravos, que é o total assinalado nos mapas de população da vida de Santos? Parece um esbanjamento de escravos quando se sabe que Bonifácio José de Andrade, ainda que pessoa de largos haveres para Santos, e a segunda fortuna da vila, não era, ao que se sabe, agricultor, contentando-se com profissão bem mais modesta, a de "mercador", que assim se registrava e que nos próprios textos oficiais da época era tida em baixa conta.

Quinze anos depois, quando já começara a produção de açúcar na província, um engenho com trinta escravos não se considerava estabelecimento rural secundário. Os maiores chegariam a ter sessenta pretos e um pouco mais, tanto que é extraordinário um caso como o de José Manuel de Mesquita, que em seu engenho de Itu, então o maior centro açucareiro da província, chegou a ter 73 escravos em 1798. O mais notável é que nenhum desses negros tinha mais de quarenta anos de idade, e apenas quatro tinham menos de dez, sendo a média de idade de toda a sua escravatura de dezoito, dezenove anos. O caso se torna mais interessante quando se sabe que, de acordo com as definições legais do que fossem "peças da Índia" ou peças de Guiné, aplicáveis em geral aos escravos pretos de qualquer procedência, cada peça deveria ter, no mínimo, quinze e no máximo 25 anos, que seria assim a época em que seriam eles mais aptos para o trabalho e recebiam maior avaliação. Além ou aquém dessa fase ideal seriam precisos, conforme os casos, três negros para perfazer duas "peças", e até dois para uma peça. Os que tivessem mais de 45 anos não eram sujeitos a qualquer avaliação fixa, devido à presunção de que seriam imprestáveis para o trabalho, de sorte que seu custo dependia de ajuste particular entre comprador e vendedor. Resulta, pois, que a média de idade da escravatura do engenho ituano de Mesquita, em 1798, a saber perto de dezenove anos, se situava exatamente no *optimum* determinado pelas leis que definiam o que fossem as peças da Índia. Se algum escravo alcança quarenta anos, nenhum chega à idade em que pode considerar-se incapacitado para o trabalho, ainda que essa presunção deva ser aceita em termos, pois há sempre onde empregar os que já suportam mal o esforço árduo do fabrico do açúcar e da plantação de cana. Por outro lado, se outros, em pequeno número, têm menos de quinze anos, a idade em que um escravo já basta para representar *uma* peça, todos alcançarão esse limite brevemente, e também não falta, num engenho, trabalho para os de menor idade. Como teria sido possível a José Manuel de Mesquita praticar esse tipo de seleção? A resposta deve estar nisto: além da sua propriedade rural, tinha ele negócio de venda de escravos, que ia comprar no Rio de Janeiro, sem falar na tropa de bestas de carga que sustentava no caminho de Santos. Isso lhe dava a possibilidade de renovar constantemente a escravatura e desfazer-se dos pretos já menos aptos ao trabalho.

Um sinal de que, não obstante os seus exageros, José Bonifácio não deixava de ter boas razões ao relacionar a crescente introdução de cativos em sua província com o desenvolvimento dos engenhos de cana pode encontrar-se, por exemplo, nos dados estatísticos disponíveis sobre o trabalho artesanal. É sabido que, nas províncias brasileiras de numerosa escravatura, os ofícios manuais, chamados "mecânicos", eram exercidos exclusivamente, ou quase sem exceção, por negros e mulatos; e em Pernambuco, por exemplo, segundo o testemunho de Loreto Couto, ser branco era o mesmo que ser nobre. Em tais condições, não admira que os brancos ou que se presumem brancos fugissem de exercer um ofício que, pela legislação portuguesa, derrogava a nobreza, de sorte que os trabalhos manuais ficavam confinados a indivíduos de cor. Ora, segundo os recenseamentos de 1765, data em que José Bonifácio completa dois anos de idade, os maços de população da cidade de São Paulo mostram como 75% dos "mecânicos" ali existentes ainda eram "brancos", e 18% negros e mulatos, ao passo que os restantes, isto é, 7%, figuram como "bastardos", palavra que, então, servia para designar mestiços de índio com branco. Passando-se para o ano de 1822, no limiar da Independência, quando a lavoura canavieira entrara em seu apogeu, quase se invertem as proporções; 60% dos "mecânicos" recenseados nos maços de população constituem-se agora de pretos e pardos. Os "bastardos" já não são mencionados nos arrolamentos, talvez porque tenham sido assimilados aos "brancos", ou porque se confundiam com os pardos.

Nas décadas seguintes passa a ser contínua a introdução de africanos e pretos crioulos em São Paulo, e eram trazidos ora do Rio de Janeiro e outras províncias mais ao norte, ou importados diretamente da África, e há mesmo notícia de desembarques clandestinos de africanos em portos paulistas, mesmo depois de decretada, em 1850, a extinção do tráfico negreiro. Como quer que seja, a incipiente lavoura cafeeira na bacia do Paraíba, que repete e prolonga as condições reinantes na província fluminense, e os engenhos de cana, que se disseminam principalmente numa área que, para oeste, chega pouco além de Campinas, não são suficientes para dar a São Paulo um lugar de maior eminência entre as áreas onde prevalece o emprego do braço escravo. E é muito provável que, como atividade econômica, a lavoura, tanto do açúcar como do café, ainda não tivesse meios de desafiar a importância, como fonte de lucros, do comércio de animais, que os tropeiros iam buscar no Rio Grande e mesmo entre os "castelhanos" do Prata, para negociá-los nas feiras de Sorocaba. O tráfico interprovincial, que nunca deixou de ser praticado, não se torna, contudo, o veículo único para a introdução em escala maior de escravos, senão depois de 1850. É a época em que os cafezais começam a avançar largamente para oeste, onde as manchas intermitentes de "terra roxa", singularmente aptas para essa lavoura, se vão descortinando. O processo, entretanto, é lento, enquanto a construção de estradas de ferro naquela direção não permitir o abandono do transporte do produto em tropas de muares, que torna antieconômico o cultivo do café para além de Rio Claro. A substituição começa com a linha da São Paulo Railway, entre Santos e Jundiaí, concluída em 1867, e prossegue, a partir de 1870, com a da Companhia Paulista, seguida quase imediatamente da Mogiana. Em 1883, os primeiros trilhos alcançam em Ribeirão Preto uma área excepcionalmente fértil, mas já então está para iniciar-se a introdução em massa de imigrantes assalariados, geralmente procedentes da Itália, e pouco depois, em 1888, vem a Abolição, num momento em que a importação de novos escravos já estava sendo cerceada pela supressão do tráfico interprovincial.

A quem procurasse discriminar segundo a procedência o elemento negro introduzido nas diferentes épocas em São Paulo pareceria verossímil supor que, enquanto prevaleceu o tráfico transoceânico, a situação ali não tinha por que ser diversa da que se deu nas demais províncias onde, salvo por algum tempo a Bahia, os bantos forneceram os maiores contingentes de escravos. A partir de 1850, no entanto, quando o suprimento de negros passa a depender exclusivamente do tráfico interno, o afluxo da escravatura de procedência baiana ajudou aparentemente a engrossar a proporção de sudaneses. Que perspectivas, porém, ofereceria um estudo de tal problema, mesmo se dispuséssemos de informações estatísticas a respeito? A verdade é que o infortúnio comum tende cada vez mais a irmanar a multidão de cativos pertencentes aos grupos tribais mais heterogêneos, triunfando sobre a cordura e passividade dos mais timoratos, e em todos despertando o sentimento de revolta latente no escravo. É significativo que os apelidos de boa parte dos cabeças de motins de escravos que se assinalam em São Paulo – Congo, Angola, Monjolo... – permitem acreditar que aquele sentimento de revolta se generalizou também entre elementos que, segundo opinião corrente, se distinguiam pela mansuetude e docilidade. Foi essa verificação o que levou felizmente a autora a desviar sua atenção para um tema bem mais fecundo, o da suposta resignação do escravo diante de um regime alicerçado na injustiça e na violência, e assim a denunciar um clichê em que ainda se comprazem muitos historiadores.

Em suas origens, que remontam no Brasil aos tempos da colônia, essa mitologia do negro resignado e dócil parece surgir como imagem invertida da idealização, e idilização, dos antigos naturais da terra, que ganha corpo sobretudo quando o índio, já dizimado, ou mesclado ou afugentado para brenhas longínquas, deixa de representar presença incômoda nos centros urbanos mais europeizados. Essa nova atitude desenvolvida num momento em que se vão tornando mais raras as ocasiões de contato dos brancos atraídos para o meio citadino com as populações indígenas, e que corresponde bem ao horizonte mental da Era das Luzes, leva ao querer descobrir nos primitivos habitantes da América certas virtudes varonis que, somadas a uma caprichosa e distante altanaria, à indômita aversão a todo trabalho continuado, ao gosto pronunciado pela vida solta, à suscetibilidade sempre à flor da pele, ao ponto de honra, são tanto mais decantadas quanto mais se assemelham aos padrões ideais de comportamento dos fidalgos de boa cepa.

Para o negro que, mal ou bem, tinha de submeter-se à vontade arbitrária dos seus senhores, restavam, quando muito, qualidades capazes de tocar corações bem formados e piedosos, mas que se antepunham, num contraste quase simétrico, às virtudes senhoriais: aptidão para o trabalho físico, sujeição e exemplar fidelidade ao amo, resignação inquebrantável ao mau destino que tanto o rebaixou e humilhou, devotamento amoroso da "mãi preta"... Para aqueles que, situados nos degraus mais altos da hierarquia social, satisfeitos com o reconhecimento que possa ser tributado às virtudes gloriosas que pertenciam por definição ao corpo da nobreza, não custaria apreciar devidamente as qualidades prestimosas, ainda que prosaicas, atribuídas aos que ficaram nos degraus inferiores, e mesmo condoer-se delcs. Só seria verdadeiramente intolerável, num mundo que se formou à sombra de venerandas desigualdades, que uma pessoa de serviço acabasse por assumir comportamentos que pertencem mais naturalmente a gente de alto coturno, pois assim como não existiriam cavaleiros onde não existissem peões, é de esperar que uns e outros guardem os lugares que previamente lhes foram demarcados.

Tal situação não é, aliás, apanágio dos negros brasileiros, nem pertence unicamente a sociedades altamente hierarquizadas. Sobre as virtudes dos pretos escravos (virtudes, naturalmente, do ponto de vista dos senhores), e também sobre alguns de seus defeitos, que são como defeitos dessas virtudes – dócil, mas irresponsável; fiel, mas preguiçoso; humilde, mas inclinado à mentira e ao furto... –, não faltam notícias, por exemplo, nos relatos acerca dos Estados Unidos de antes da Guerra Civil. Um sociólogo dos nossos dias, Stanley M. Elkins, chegou mesmo a reunir esses estereótipos num personagem fictício, o "Sambo", que tem raízes na literatura inglesa do século XVIII, e reflete os gostos de uma era marcada por arrastamentos sentimentais. Desde então, isto é, desde 1959, que foi quando se imprimiu pela primeira vez o livro de Elkins, o "Sambo" se tornou figura quase inevitável nos estudos históricos e sociológicos acerca do escravismo norte-americano, e é encontrado tanto na obra monumental de David Brion Davis sobre o problema da escravidão na cultura ocidental, publicada em 1966, como no mais recente estudo baseado em critérios cliométricos com que Robert William Fogel e Stanley L. Engerman procuraram em 1974 submeter a completa revisão o estudo da economia do trabalho do escravo na América do Norte, nos dois volumes de um livro que vem sendo dos mais controvertidos da historiografia contemporânea.

Para alguns desses autores, a figura do "Sambo" seria o estereótipo forjado para explicar o tratamento ora paternalista, ora áspero a que são sujeitos os cativos. Por isso cuidou-se de ver no escravo uma eterna criança, com qualidades e vícios próprios de crianças e que não se pode deixar de querer corrigir com os castigos convenientes. Castigá-los, pois, como se hão de castigar meninos ou também bichos, até bichos de estimação, é dever indeclinável de quantos os tenham aos seus cuidados. Não pensava diversamente o autor de um tratado seiscentista da economia cristã dos senhores de engenho no Brasil. Nesse tratado, o padre Jorge Benci, da Companhia de Jesus, afirma peremptoriamente que de vara e de castigo mesmo é que precisam os negros, assim como o ginete precisa de espora e o jumento de freio, contanto que usados bondosamente. Para Elkins, que adere de bom grado à tese que chegou a encontrar larga aceitação entre os estudiosos de seu país, depois da tradução de obras de Gilberto Freyre e da ampla repercussão de um pequeno livro do professor Frank Tannenbaum, de Colúmbia, sobre o negro como "escravo e cidadão", o tratamento dado ao negro nas plantações norte-americanas seria mais desumano do que o recebido pelos escravos nos engenhos do Brasil. De modo que a pretensa humildade, a irresponsabilidade, a fidelidade, a infantilidade, tudo quanto se resume no "Sambo" constituem no seu entender peculiaridades norte-americanas inexistentes em outros países e que explicam – justificam? – o tipo de tratamento a que o escravo era sujeito nos Estados Unidos. Para dar mais força a esse argumento chega a afirmar, e frisa muito esse ponto, que esses estereótipos não existiram na América Latina, particularmente no Brasil, onde eles seriam tratados com mais humanidade, e acrescenta que em vão eles seriam procurados na literatura desses países. De tais afirmativas só se pode concluir que Elkins mal conhece, ou de todo desconhece pelo menos a literatura brasileira, nos diferentes sentidos que possa ter a palavra "literatura".

Como contrapartida do "mito do escravo submisso", que seria o nosso "Sambo", não deixa a professora Reis de Queiroz de denunciar outro mito, o do "senhor benévolo". É preciso notar, em ambos os casos, que sua contribuição se distingue menos pela originalidade como pela riqueza admirável de material coligido numa pesquisa direta nas fontes, sobretudo fontes manuscritas, e que a levou independentemente a conclusões comparáveis às de outros estudiosos e não apenas no Brasil. A abundância de dados por ela coligidos e que dão suporte a tais conclusões é tanto mais notável quanto se referem a uma região, a São Paulo, em que a escravidão e o escravismo não deixaram marcas tão fundas como em outras províncias brasileiras; situa-se bem na linha revisionista dos estudos afro-brasileiros iniciados no Brasil, a bem dizer, com os trabalhos sociológicos de Roger Bastide e Florestan Fernandes e, no campo da história, com o estudo de Emília Viotti da Costa sobre a escravidão. A mesma tendência revisionista desenvolveu-se paralelamente em outros países e sobretudo no mundo anglo-saxão, em grande parte numa reação contra as teses de Freyre e Tannenbaum. Frequentemente plácida e bem documentada, como se pode verificar à leitura de Charles Wagley, C. R. Boxer, David B. Davis, a polêmica nesse sentido pode assumir ocasionalmente um timbre áspero, e é o caso dos trabalhos de Marvin Harris, cuja agressividade nem sempre o ajuda a tornar mais convincentes suas boas razões. A propósito do mesmo Harris, que se diz materialista, o historiador Eugene D. Genovese, que se diz marxista – o que não o impede de secundar as posições mais conservadoras de Gilberto Freyre –, é levado a pensar em pessoas que "confundem zelo ideológico com maus modos".

No livro que se vai ler, um dos passos que, em minha opinião, merece algum reparo é aquele onde se sugere uma aproximação entre o mito do senhor benigno e a ideia insistente de que o Brasil se distinguiria por sua história incruenta. Em primeiro lugar a discussão sobre se tal ou qual país teve ou não uma história cruenta já é por si o que pode haver de mais estéril, e pertence, além disso, ao reino dos falsos problemas, que mais servem para turvar do que para clarear a inteligência do passado. De todas as histórias nacionais pode ser dito que são cruentas e a do Brasil naturalmente não forma exceção. E pretender que o tenha sido – a do Brasil – em menor ou maior grau do que as de outros povos já é matéria dependente de critérios de mensuração e naturalmente de termos de comparação, que até o momento ainda não se descobriram. Nem cabe afirmar que à índole pacata ou à bondade inata de um povo se deva o ter ele atravessado de modo relativamente pacífico certas crises ou transformações que às vezes se revestem, no restante da humanidade, de extremos de crueza, pois sempre haverá alguém, mais pessimista, para chamar de apatia, por exemplo, ao que os mais complacentes chamam de bondade. O menos que se pode dizer de tais qualificativos é que provêm de juízos éticos, quando não de efusões sentimentais, totalmente estranhos ao ofício de historiador. Em segundo lugar, o que em tais debates se quer dissimular, turvando nossa visão histórica, é o fato, este verificável, de ser a camada realmente atuante na vida pública brasileira demasiado rala, e isso faz com que, mesmo para as mais graves crises, existam, como existem não raro em brigas de família, soluções que prescindem da violência ou de manifestações cruentas muito ostensivas ou públicas (é evidente que nem sempre são evitáveis as manifestações mais encobertas, mas o próprio empenho em deixá-las encobertas não confirma o que foi dito?). No caso das relações entre senhor e escravo a situação é diferente. Aqui já deixam de existir os mesmos estorvos ao exercício da crueldade pela simples razão de que não há interesses comuns que possam irmanar um ao outro. O escravo *não pertence* à família.

Para concluir lembrarei que há trinta anos e mais, resenhando os estudos africanistas que então se faziam entre nós, referi-me à tendência corrente para encarar-se o papel do negro sobretudo pelo que oferecesse de pitoresco, anedótico, folclórico e, em outras palavras, por tudo quanto parecesse ter o sabor e o encanto do exótico. Fazia questão de frisar na resenha, que depois reuni com algumas outras em volume, na esperança de insuflar-lhes vida menos efêmera do que na imprensa diária onde primeiramente saíram, que não me pareciam, aliás, inteiramente desprezíveis aqueles aspectos, mas pensava que seu enfoque exclusivo ou quase resultava numa variante disfarçada do modo tradicional de se considerarem as questões relacionadas com o negro, e em última análise com o escravo, que consistia em fazer por esquecê-la ou igno-rá-la. Desde o momento em que a influência deles deixou de ser inconfessável para se tornar apenas *interessante*, afastamo--lo naturalmente de nós, sem truculência e sem humilhação, mas com uma curiosidade erudita e sobranceira. Encarado com curiosidade científica ou festiva, em suas danças, suas superstições, sua religiosidade, seus costumes civis ou domésticos, o preto podia ser ostentado até vaidosamente a estrangeiros. Era um modo de procurar mostrar que nós também éramos diferentes dele. Mas considerando o caso em seus verdadeiros e obscuros motivos, não haveria aqui a recusa a considerá-lo no que ele realmente é para nós, para a nossa nacionalidade e para toda a nossa cultura mais ou menos branca. E para finalizar, dizia: "A limitação que a meu ver encerra esse interesse recente pelos estudos em torno do negro brasileiro vem do fato de encararem a questão não como problema, mas antes como espetáculo". Hoje pode dizer-se que essa limitação foi em boa parte superada por obra de alguns autores, no campo da sociologia e no da história. Com a publicação deste livro a professora Reis de Queiroz tem um lugar de realce assegurado entre esses autores.

# A milícia cidadã*

.

"DOMINGO, 6 DO CORRENTE, REUNINDO-SE o corpo da Guarda Nacional para a revista, apenas apareceram os caixeiros de meu amigo (e preciso dizer que tanto o meu amigo como os seus caixeiros são brasileiros, o que é um pecado mortal na cartilha dessa gente) e logo os Guardas Nacionais descarregaram sobre eles uma descompostura em sotaque português, chamando-os anarquistas, farroupilhas, rusguentos etc." À denúncia, assinada por "um Caiapó, amigo do ofendido", e impressa no número de 12 de novembro de 1831 da *Astréa*, a gazeta de João Clemente Vieira Souto que ajudou a *Aurora Fluminense* de Evaristo da Veiga a formar o pensamento liberal brasileiro vitorioso no 7 de abril e predominante durante boa parte da Regência, segue-se uma crítica acerba às cabalas nas eleições da Guarda Nacional que tenderiam a excluir das posições de mando e responsabilidade os naturais do Brasil em proveito dos naturais do Reino europeu.

Queixas como essa, que aparecem com frequência nos jornais da época, podem refletir, até em seus possíveis exageros,

___

* Castro, Jeanne Benance de. *A milícia cidadã; a Guarda Nacional de 1831 a 1850*. São Paulo, Companhia Editora Nacional, 1977, pp. XIII-XXVI. [Prefácio]

o clima de desconfianças e animosidades mútuas que separam, naqueles dias turbulentos, filhos da antiga colônia de filhos da antiga metrópole. Afinal não deviam parecer muito distantes, passados oito meses desde a queda do Primeiro Reinado, espetáculos como aqueles em que comerciantes portugueses do Rio haviam dado folga a empregados ansiosos por manifestar sua afeição ao monarca no primeiro dia em que este devia deixar o paço de São Cristóvão depois das "garrafadas": com efeito, a 17 de março, uma quinta-feira, foi visto d. Pedro sair da Quinta da Boa Vista precedido de algumas centenas de indivíduos "de baixa condição", escreve Armitage, calçados muitos deles de tamancos. Alguns – por debique? – não punham dúvida em exibir as folhas verdes e amarelas e cobrir-se com chapéus de palha de taquaruçu, distintivos que em outras ocasiões tanto irritavam os pés de chumbo mais animosos. Como é, perguntava o jornal de Evaristo, que esses senhores, que na noite de 13 diziam injúrias a quem trazia o tope nacional, procuram hoje acobertar-se com ele e não hesitam em usar a insígnia dos *cabras*? E responde: "Na verdade a sua insolência é-lhes toda soprada de cima, atrevem-se porque contam com a proteção poderosa; fora daí são eles os mais humildes escravos. Consta-nos que alguns dos senhores que vieram depois da *independência* se dispõem para trazerem o tope brasileiro. Estes senhores devem desenganar-se de que são estrangeiros, de que o Brasil não é propriedade dos portugueses, e que eles não têm que envolver-se nas nossas questões e negócios políticos. Sejam neutros se querem ser respeitados".

Se diz verdade a carta de "um Caiapó" à redação da *Astréa* sobre os pés de chumbo que tentam infiltrar-se na Guarda Nacional, diz em suma que as incandescências de março e abril, longe de se aplacarem, ameaçam ainda corroer o arcabouço interno da nova ordem de coisas que tivera em mira, acima de tudo, nacionalizar a Independência. E isso em novembro, quando a ameaça já não vinha "soprada de cima" nem se presumia contar com a proteção poderosa. A nova ordem havia sido decidida em abril no Campo de Sant'Ana, ou Campo da Honra como chegou então a ser batizada, graças em grande parte à ação oportuna dos Lima e Silva e à inação cúmplice de Barbacena, mas graças, sobretudo, à impaciência longamente sofreada do elemento popular. É possível que d. Pedro ainda pudesse contar com algumas forças capazes de sustentar o trono cambaleante, mas as forças não se achavam à vista nem apareceram. Em 1823, quando ainda estava em lua de mel com a nação, o monarca pôde contar com soldados, até com soldados brasileiros, para o golpe de Estado que dissolveu a Constituinte. Um brasileiro, o general José Manuel de Morais, comandou então as tropas que cercaram aquela assembleia. Mas em 1831, o mesmo general, feito ministro da Guerra, foi assistir no dia 25 de março às comemorações do aniversário da Constituição promovidas pelos liberais, que de propósito deixaram de convidar o imperador, e disse: "Pois eu vou porque sou um homem do povo".

Não parecia difícil associar a grande redução ocorrida ultimamente nos efetivos do exército à má vontade dos homens que subiram ao poder com a Regência, onde o brigadeiro Francisco de Lima e Silva, figura de proa do regime, tinha um irmão na pasta da Guerra, contra numerosos oficiais nascidos no Reino europeu. A imputação é pelo menos exagerada, porque a maioria dos cortes resultou de iniciativa reclamada e devidamente aprovada já ao tempo do imperador, como remédio para a situação calamitosa das finanças públicas e por ser desnecessário insistir em grandes despesas nesse particular depois de encerradas as campanhas do Sul. Seja como for, ninguém perdia de vista a necessidade crescente do que poderia chamar-se a nacionalização das forças armadas como complemento daquela nacionalização da Independência. Durante as agitações de 1830-1, segundo resulta das pesquisas desenvolvidas pelo jovem historiador John Schultz, em dissertação ainda inédita que preparou para doutorar-se na Universidade de Princeton, mais da metade dos 44 generais do Exército brasileiro, isto é, exatamente 26, eram naturais de Portugal, e havia ainda dois outros europeus, um inglês e um francês, quando os brasileiros natos não passavam de dezesseis, quer dizer, pouco mais da terça parte do total. Em 1830 foi morto um dos adotivos portugueses e dois "resignaram", um quarto acompanhará d. Pedro ao exílio e oito resignarão ou se verão forçados a tanto durante os dois anos subsequentes. Contudo, ainda ficaram catorze generais nascidos no Reino para dezesseis brasileiros natos, além do francês, que continuou a serviço do Império, ao passo que seu colega inglês se retirou.

É possível que os adotivos que não se viram afastados, e sabe-se de vários que foram promovidos com o tempo, tivessem abraçado sinceramente a nacionalidade brasileira. Na opinião, todavia, dos chapéus de palha mais intransigentes, a continuada presença lusitana nos altos postos militares, e que tão cedo não irá desaparecer, tende a ser encarada como um perigo para a situação. Desse ponto de vista, os resultados da série de reformas processadas àquele tempo, e que não tinham em mira unicamente expurgá-las de partidários reais ou supostos da volta do imperador, mas também prevenir a formação de focos de opinião republicana ou federalista, não deixavam de ser muito magros, uma vez que se equiparavam quase, numericamente, os generais nascidos no Brasil e os naturais de Portugal. Aliás, mesmo entre brasileiros natos, não eram poucos os que, por se inclinarem ao conservantismo, ou por temerem o atrevimento de inovações que mergulhariam o país no desconhecido, pareciam fazer coro com os pés de chumbo. Não é por acaso que, em 1833, quando circularam boatos da próxima volta de d. Pedro I, a vanguarda da campanha restauradora na Corte se chamou Sociedade Conservadora e nela, segundo foi voz corrente, se abrigaria, além do estado-maior dos caramurus civis, cerca de três centenas de militares, ou que, logo depois, o núcleo mais atuante do movimento restaurador tomou o nome de Sociedade Militar.

A paisagem política sofrerá algumas mudanças a partir de

1834, o ano do Ato Adicional, mas o ano, também, da morte do antigo imperador, o que tira naturalmente qualquer sentido ao movimento restaurador. É certo que o "regresso", nascido pouco depois, e para o qual o regente Feijó, disfarçado embora pela capa da moderação, não passa de um *sans-culotte*, vai absorver boa parte dos caramurus, mas não é menos exato que ele deixa pouco lugar para uma posição de hostilidade aos grandes princípios nacionais. Todos sabem que os mentores do regressismo, convertido agora em Partido Conservador, e que se chamam Bernardo de Vasconcelos e Honório Hermeto, também foram homens do 7 de abril. Seja como for, já ninguém mais acreditava seriamente na perspectiva de algum 7 de abril às avessas, de sorte que o desaparecimento do antigo monarca pôde servir paradoxalmente à reação monárquica em preparo, segundo notou um publicista da época, sem machucar aqueles irascíveis melindres de nacionalidade que em fins do Primeiro Reinado e nos primeiros tempos da Regência andaram na ordem do dia.

Para situar bem e melhor entender a nossa Guarda Nacional, isto é, a nossa primeira Guarda Nacional – porque outras houve durante a vida longa dessa corporação, ou antes dessa denominação, até ir desmanchar-se melancolicamente na "Briosa", que este século ainda conheceu –, é preciso considerar que em 1831, o ano de seu nascimento, tudo levava a crer que seriam eternos e inexpugnáveis aqueles melindres brasileiros. Quando a professora Jeanne Berrance de Castro me convidou para orientador no concurso de doutoramento que devia realizar, tratamos de passar em revista primeiramente várias questões históricas mal sabidas ou inexploradas que permitissem a elaboração de uma tese original. Ao fixar-se no tema da milícia cívica ou milícia "cidadoa", como a nossa Guarda Nacional também foi chamada, não creio que ela tivesse bem em vista o clima de opinião dominante no país já durante a terceira década do século passado e que serve como de pano de fundo da instituição. Pensávamos, eu ao menos pensava, e foi minha afinal a sugestão aceita, entre outras que também fiz, num estudo que abarcasse principalmente as formas que assumiu durante o Império o mandonismo local com suas consequências que ainda perduram em grande parte. Seria, em suma, um estudo a mais, além dos muitos que já existem, dos setores rurais dominantes na paisagem social brasileira.

A existência desse tipo de potentados não é aliás uma especialidade nossa. Para procurar outro exemplo, ocorre logo a lembrança daqueles "coronéis" do Kentucky e de outros lugares dos Estados Unidos, onde o símile é manifesto até na patente assumida pelos personagens. E isso leva a pensar nos possíveis modelos estrangeiros da Guarda Nacional brasileira de 1831, que tanto podia ter tirado sua inspiração da Garde Nationale como da National Guard. A questão há de parecer irrelevante à primeira vista, dado que uma e outra, a francesa e a norte-americana, procediam das mesmas matrizes revolucionárias, mas o certo é que, a partir desse ponto, a pesquisa podia levar a rumos imprevistos. Porque, se os princípios que as hão de reger são fundamentalmente semelhantes, parece fora de dúvida que a maior ou menor ênfase dada a tal ou qual princípio tem muito a ver com a estrutura das sociedades que irão suportá-las.

Assim, numa terra onde eram pouco pronunciadas relativamente as barreiras de classe ou, segundo um dito de Stuart Mill, onde toda gente pertencia à classe média, e é o caso dos Estados Unidos, muito embora fosse um país que admitia o trabalho escravo (mas os escravos, por isso mesmo que não tinham o estatuto de cidadãos, ficavam naturalmente excluídos da milícia cívica), o problema da composição das guardas nacionais ou o da sua distribuição entre comandantes e comandados, segundo o critério da aptidão para o serviço, independentemente de considerações relativas à linhagem ou ao prestígio social dos indivíduos, não devia esbarrar em imensas dificuldades. Outro tanto não parecia suceder na França, onde se fazia sentir vivamente, ainda em 1830, a presença de pesadas hierarquias e onde, apesar da Revolução, o sonho da sagrada Égalité estava mais nas aspirações do que nos costumes. A esse propósito lembro-me de um Du Bousquier, personagem de Balzac em uma das *Cenas da vida de província*, o qual, sendo secretamente republicano, saudava, não obstante, no advento de Luís Filipe, a vitória dos ideais da Revolução. Para ele, a bandeira tricolor que revivia a Montanha já simbolizava a liquidação final das ordens privilegiadas através de processos mais eficazes, porque menos violentos, do que a guilhotina, como se podia esperar das várias invenções legislativas de agosto de 30: supressão do Senado hereditário, abolição dos morgados, mas, particularmente, criação da nova Guarda Nacional, que acabaria por juntar, sob a mesma tenda de campanha, o vendeiro da esquina com o marquês.

Que o modelo francês aparecesse em primeira linha nos figurinos a que recorreram os criadores da nossa Guarda Nacional de 1831 era plausível. Numa época em que o sistema parlamentarista, ou melhor, as exterioridades do parlamentarismo, ainda não se tinha imposto na política imperial, era a França, sobretudo, que ditava normas tanto aos donos do poder como à oposição no Brasil. Já os nossos constitucionalistas de 1824 se deixaram guiar largamente pelo modelo da Restauração, atenuado, embora, pelas ideias do franco-suíço Benjamin Constant. E os que se opunham ao regime tinham quase sempre em mente a cartilha da oposição liberal francesa ao regime de um Luís XVIII e principalmente de Carlos X. Ninguém ignora que a revolução de julho produziu aqui forte impressão e que a queda, na França, dos Bourbon do ramo primogênito aponta o caminho que levará, no ano seguinte, à abdicação de d. Pedro I.

Esses fatos hão de importar certamente para quem se proponha estudar a gênese de nossa milícia cidadã. Uma estada que se prolongou por vários meses no estrangeiro privou-me de acompanhar essa fase da pesquisa da professora Berrance de Castro, mas tenho certeza de que ela não se fiou muito nas primeiras aparências. Suspeito mesmo que a bibliografia estrangeira sobre o assunto, com que se ia rapidamente familiarizando, enquanto desenvolvia suas aturadas pesquisas nas bibliotecas e principalmente nos arquivos do Rio e de São Paulo, a teria levado, por momentos, a hesitar entre as fontes francesas e as norte-americanas. E uma hesitação, neste caso, seria explicável quando se sabe que na fermentação política dos anos que se seguem à Independência, aos influxos do liberalismo monárquico francês andavam confusamente mescladas certas aspirações federais e republicanas. Que o próprio Feijó, um exaltado entre os moderados, e cujo nome, mal ou bem, tem sido associado à criação da milícia cidadã, sempre se comportou muito menos como um parlamentarista do que como um presidencialista, e presidencialista à americana, no resistir constante à preeminência da câmara temporária na ação executiva, de que dará mostras eloquentes quando regente do Império, e no favorecer as autonomias provinciais que queria ainda mais amplas do que o estabelecido no Ato Adicional.

Aos poucos, porém, a autora teve de abandonar as hesitações e inclinar-se para o modelo francês. Não o francês de 1789, que definhara progressivamente sob a monarquia legitimista até que em 1827 foi finalmente extinta a corporação, e sim o da nova Guarda Nacional, a do reinado de Luís Filipe, que surge no rescaldo da revolução de julho, como a nossa aparece como um prolongamento do 7 de abril. O que chama atenção nesse caso é a rapidez quase inverossímil com que os nossos legisladores tomaram conhecimento da cartilha francesa e trataram de adaptá-la às nossas peculiaridades nacionais. Na França, a lei da Guarda Nacional foi promulgada a 22 de março de 1831, e já a 9 de maio do mesmo ano o projeto oferecido ao Legislativo será em linhas gerais o aprovado em agosto, também de 1831. Ora, a distância de um mês e dezoito dias entre a aprovação de um texto de lei na Europa e sua chegada ao Brasil já requeria uma navegação de velocidade excepcional para a época, e isso sem considerar que o texto devia ser ainda assimilado, estudado e discutido antes de chegar à sua redação definitiva. Só posso supor que as comissões incumbidas, no Rio, de estudar a organização, puderam examinar os sucessivos projetos franceses – e foram nada menos do que quatro entre outubro e dezembro de 1830 –, assim como a lei votada em Paris pela Câmara dos Deputados em janeiro de 1831 e que, emendada e homologada pelos pares, se converteria no texto de março. A dificuldade do prazo para absorvê-la e adaptá-la no Brasil continuava a existir, mas se era uma dificuldade, não era uma impossibilidade.

O exame, ainda que sumário, das raízes exógenas da milícia cidadã (e seria preciso acrescentar que elas se imbricam na velha tradição das milícias e ordenanças coloniais, mas não se explicam só por elas) não é ocioso quando se intente compreender os encontros e desencontros a que dá lugar sua implantação num meio estranho e, ao cabo, a evolução que irá sofrer mais tarde. O que ela encontra no Brasil é uma nação que chegou a emancipar-se de sua metrópole europeia sem ter passado, a rigor, por uma revolução e sem a ter desejado. Apesar de algumas aparências ilusórias, faltava-lhe o sentimento igualitário exigido naturalmente por uma corporação que, devendo reunir em suas fileiras indivíduos de várias camadas sociais, não pode respeitar muito as formas de convivência tradicionais nem, sobretudo, as venerandas hierarquias, capazes de distraí-la de sua missão. Nos Estados Unidos, canonizado de certo modo pelos *Founding Fathers*, esse sentimento era, ao contrário, suficientemente poderoso para sobrepor-se, em caso de necessidade, a quaisquer barreiras, mesmo nos tempos da chamada "dinastia da Virgínia" e, sem embargo, dos *brahmins* de Boston, por exemplo, onde há Cabots que só costumam falar com Deus. Não seria bem esse o caso francês, mas é mister não esquecer que a França de Luís Filipe, do "rei cidadão", se chamou com razão a "monarquia burguesa", e mais não seria necessário para situá-la no polo oposto ao do Império sul-americano que, além de não ter conhecido uma revolução, também não comportava o que se poderia chamar uma burguesia.

Um dos distintivos de nossa Guarda Nacional de 1831, pode-se dizer desde já, está nisto que, apesar de deparar aqui com uma sociedade eminentemente inigualitária, nasce sob o signo da democracia numa época em que essa palavra, "democracia", e o que ela significa, não tinha entre nós bom conceito. Um tribuno liberal como Teófilo Ottoni, que pertencia então aos "exaltados", ao dizer-se afinal um democrata se sente no dever de explicar que a sua é uma "democracia da classe média, democracia da gravata lavada". O escandaloso na organização de nossa milícia cívica está em que se fez questão de agregar em suas fileiras, numa promiscuidade destoante dos costumes nacionais, o "fidalgo" ao lado do tendeiro e, mais ainda, em admitir que um ex-escravo pudesse ser comandante de seu antigo senhor. Sabe-se que a ocorrência desses casos de subordinação de pessoas livres e bem-nascidas a libertos por elas mesmas alforriados será motivo alegado mais tarde para reformá-la, o que se dará especialmente a partir de 1850, quando o ministério conservador Olinda-Monte Alegre estabelece em definitivo a competência exclusiva do poder central para a escolha dos oficiais que, de início, tinha caráter eletivo, e que inaugura verdadeiramente a Guarda Nacional eleitoreira das últimas décadas da monarquia.

Essa reforma corresponde bem à mentalidade dos chamados "regressistas", a mesma mentalidade que havia levado à supressão da eleição popular dos juízes de paz. E quando se tenha em conta que o sistema de 1831 entrava em choque com hábitos fundamente arraigados, é forçoso convir em que semelhante reforma não podia ser evitada. Menos fácil de explicar é a situação que anteriormente se introduzira. A admissão de libertos na Guarda Nacional tem correspondente no disposto na Carta constitucional, onde os libertos podem ter acesso às urnas nas eleições primárias, o que não obrigava todavia ao convívio diuturno de pessoas de diferentes estratos sociais como acontecia na nova milícia. Era preciso, em todo caso, que os votantes pertencessem à massa dos "cidadãos ativos", e é certamente discutível a explicação dada de que o limite mínimo de renda exigido para um indivíduo ser qualificado desse a medida justa de sua independência, embora publicistas como Justiniano José da Rocha o julgassem tão baixo que excluía apenas mendigos e vadios. Seja como for, essa qualificação pela renda era sensivelmente menos discriminatória do que a célebre definição de "cidadão ativo" oferecida por Sieyès e, sobretudo, do que o sistema censitário francês da *Charte* da Restauração, em que largamente se inspiraram os constitucionalistas de 1824, e que a monarquia de Luís Filipe não alterou senão superficialmente. Mantinha-se nesta a exclusão da massa popular, dando realce ímpar à burguesia pecuniosa, ou seja, a uma verdadeira aristocracia burguesa.

Não quer isto dizer que a Carta brasileira de 1824 – o nome de Constituição só lhe coube de fato depois que a legislatura eleita para o Ato Adicional tacitamente a endossou – se inspirasse em sentimentos mais democráticos ou fosse mais apta para a construção de uma democracia. Os juristas que a elaboraram tiveram consciência do difícil problema de assegurar a legitimidade do sistema político e, em suma, da própria independência nacional, fazendo apelo aos privilégios derivados da linhagem, quer dizer, da nobreza chamada natural, que era inconsistente no país, ou de uma burguesia triunfal, que era inexistente. Uma e outra coisa requeriam, para formar-se, tempo de sobra e tempo a perder não havia. Mais fácil, na aparência, seria mostrar que o regime tinha a seu favor a vontade popular expressa em um número apreciável de sufrágios. Era preciso, entretanto, retirar do nada, ou do quase nada, os eleitores e elegíveis e, para tanto, recorreu-se principalmente a uma farta distribuição de empregos públicos. O empregado público passava a ser, aqui, um correlativo, em vários sentidos, do que, em outros países, se chamou burguesia. Na França de Luís Filipe, segundo mostrou Adéline Daumard em seu admirável estudo sobre o burguês parisiense no século XIX, os representantes da burguesia sabiam-se burgueses, viviam como burgueses, reagiam como burgueses, consideravam-se burgueses e como tais eram julgados por toda a sociedade. No Brasil as mesmas coisas podiam dizer-se dos funcionários nomeados pelo Executivo, dado que dentre eles é que saíam quase necessariamente as notabilidades políticas, e para que não fosse inexpressivo o seu número convinha alargar a capacidade de voto e não restringi-la como aconteceu na França.

O resultado é que não só os responsáveis pela direção dos negócios públicos, mas também os que se presumiam representantes do povo, se constituíam em clientes naturais dos cofres do Estado, e muitos são os casos de câmaras de deputados totalmente formadas de empregados do Estado. Instala-se assim na monarquia brasileira, desde o início, um sistema *sui generis* em que, para salvar-se a fachada parlamentarista, o governo há de depender, ao menos teoricamente, da vontade dos representantes da nação, mas onde os representantes da nação vão depender por sua vez da vontade do governo. A câmara eletiva, principalmente, torna-se verdadeiramente um corpo de fiscais fiscalizados, e nenhuma das tentativas posteriores de reforma eleitoral corrige ou sequer procura corrigir o círculo vicioso. Passado mais de meio século depois da outorga de nossa carta política, um governo liberal pretenderá abolir a distinção aparentemente discriminatória entre os participantes das eleições primárias ou paroquiais e os que a lei capacitava para escolherem deputados gerais, senadores e membros das assembleias de províncias, quer dizer, para recorrer à terminologia então corrente, entre votantes (ou votantes de eleitores) e eleitores propriamente ditos. Era de supor que, elevados à condição de eleitores os votantes de antigamente, estaria naturalmente eliminada uma clivagem odiosa. Contudo, a Lei Saraiva de 1881 procurou alcançar o pleito direto de modo mais complicado, como seja, o de elevar o nível de renda requerido para o acesso às urnas, e sujeitá-lo, além disso, a uma comprovação difícil, quando não impossível. Não é de admirar depois disso quando, já à véspera da República, uma publicação de propaganda do Brasil e de suas instituições, organizada para a Exposição Universal de Paris, em 1889, anuncia aos quatro ventos, como quem canta vitória, que a grande monarquia sul-americana conta com um dos menores corpos eleitorais do mundo.

A verdade é que, segundo opinião largamente difundida na época e que sem dúvida presidiu a elaboração da Lei Saraiva, impunha-se a formação de um eleitorado suficientemente seleto para poder distinguir o bom do mau candidato e isso naturalmente requer luzes que estão fora do alcance da grande maioria. E como nunca se descobriu o modo bom de medir tais luzes, resolveu-se a quadratura do círculo decretando que uma das condições preliminares a exigir de um eleitor está no saber este ler e escrever. Ora, essa condição não figurava na Constituição do Império, e quando a sugeriu um ministério anterior que, por esse motivo, entre outros, propôs-se efetuar a reforma através de uma constituinte, ainda que com poderes muito limitados, sem o que o regime sofreria talvez um sério abalo, levantou-se uma oposição que contribuiu de certo modo para a queda do gabinete. Argumentaram os opositores, entre outras coisas, alegando que os maiores vícios das nossas eleições não eram atribuíveis aos iletrados ou analfabetos, já que ninguém os podia responsabilizar pelas qualificações fraudulentas, duplicatas imaginárias, apurações indecorosas, ou ainda pelos contratos administrativos. Nem ficaria bem a uma câmara eleita pelo povo, relegar, de repente, ao hilotismo político a maioria imensa desse mesmo povo que a elegeu. Para esquivar-se a tais críticas, não se cuidou, na Lei Saraiva, de impor diretamente a exclusão dos analfabetos, mas foi para excluí-los, de soslaio, que se elevou o nível de renda a ser exigido dos que devessem votar, reclamando uma prova de renda. Acreditavam os autores e os partidários da lei, e disseram-no, que, segundo muitas probabilidades, os que pudessem satisfazer as novas exigências saberiam ler e escrever. Mais não seria preciso para concretizar-se, entre nós, uma aristocratização do eleitorado, justamente no momento em que outros países, tomando caminho oposto, iam adotando até o sufrágio universal, ao estipular que o operário assalariado, o criado estipendiado e, com maiores razões, o liberto, que labutou no eito, não podiam votar a não ser excepcionalmente. Tudo porque, na expressão de Rui Barbosa, um dos reformadores, o "censo pecuniário" já supõe, na prática, o "censo literário". Afinal, com a primeira Constituição republicana, e pela primeira vez na história, aos analfabetos será expressamente negado no Brasil o direito de voto.

Tais considerações, se fogem um pouco ao tema deste livro, ajudam, em todo caso, a entender por que uma sociedade como a nossa, de raízes populares, mas de timbre aristocrático, pôde, em dado momento, comportar uma instituição como a Guarda Nacional de 1831, onde tão manifestos são os traços populares e mesmo plebeus. Não é crível que essa sociedade se democratizasse tão subitamente apenas com o 7 de abril, e o exemplo lembrado de Teófilo Ottoni, um dos logrados daquela *journée des dupes*, serve para indicar o contrário. O que acontece é que, numa milícia onde a bravura pessoal e a sujeição à disciplina hão de valer decisivamente, sejam estas de preferência as virtudes exigidas em um comandante, e não a ilustração, a abastança ou a eminência social, por exemplo, que pareciam qualidades adequadas de um legislador ou homem de Estado. De qualquer modo, e mesmo com tais limitações, o cunho democratizante da milícia cidadã dificilmente encontraria melhor ocasião para surgir do que aquela em que uma transformação quase radical nos nossos quadros dirigentes acabava de operar-se. De nenhum dos homens que subiram ao poder com o 7 de abril e que contavam entre seus guias um pequeno livreiro, e entre seus chefes mais acatados um padre de origem obscura, pode-se dizer que vinha de ilustre linhagem. Além disso não é apenas um exagero, é positivamente uma inverdade, dizer-se, como já se tem dito, que esses homens representavam bem o latifúndio e a grande lavoura. Em 1831 andava em declínio no Brasil a grande lavoura tradicional, que era a do açúcar, e nem ela, nem a do algodão encontravam boa colocação nos mercados consumidores. É verdade que a do café começava a alastrar-se sobre a bacia do Paraíba, mas o portentoso reinado do café ainda era, para a maioria, apenas uma esperança, não era já uma certeza. Nenhum daqueles homens tinha fortes razões para representar os interesses dos grandes fazendeiros e, em realidade, nenhum os representou. Uma exceção irá mais tarde oferecer Bernardo Pereira de Vasconcelos, que será, por sinal, o grande campeão do "regresso", quando cunha a célebre fórmula: "a África civiliza o Brasil". É significativo que a lei de 7 de novembro de 1831, declarando livres todos os escravos que depois dessa lei fossem introduzidos no Império, teve o patrocínio e o aplauso de um governo onde figurava o próprio Vasconcelos como ministro da Fazenda. E é muito provável que o fato de a lei ter sido afinal descumprida se prenda largamente ao progresso cada vez maior que teve logo a lavoura cafeeira na província fluminense.

Mas é antes disso, antes sobretudo do desaparecimento de d. Pedro I, matando a ameaça da restauração, que ganha incremento a ideia de criar-se uma nova milícia, formada de gente popular, não comprometida com os restauradores, nem com um radicalismo tão indefinido que não hesitava em ligar-se, muitas vezes, com os primeiros, movendo-os a ambos igual desamor a uma situação ainda malsegura. Armar aquela gente popular para melhor garantir essa situação era um ato comparável àquela mobilização do povo que dez anos antes resistira às tropas de Avilez. E procurar consolidar perenemente a existência dessas levas por meio de uma qualificação que as fosse buscar entre as massas ativas da população, com o sentido lato que lhes dava a Carta de 1824, não é ceder a inspirações elitistas. Seria mais democrático o recurso às "caçadas humanas" que, com o nome de recrutamento militar, existiram até os últimos tempos da monarquia, apesar do sistema da conscrição, outra lei descumprida, adotado sob o ministério do visconde do Rio Branco? Caçadas onde a vítima, quando não pudesse fugir a tempo, passaria a ser conduzida comumente por meio de pranchadas "disciplinadoras". Seria lícito chamar de *povo em armas* às levas formadas por um tal processo? Pois *O povo em armas; a Guarda Nacional (1831-1850)* foi o título primeiramente dado à presente obra, quando apresentada, como tese de doutoramento, à Universidade de São Paulo. O nome agora adotado, embora menos sugestivo, é igualmente válido, pois "milícia cidadã" também se chamou nossa primeira Guarda Nacional, por lembrança, se não me engano, de um dos seus mais ativos propugnadores, Evaristo da Veiga.

Não se pode negar, é certo, que à sua oficialidade se deram desde o começo certas honras e distinções, mas não significava isso a criação de um privilégio especial e de uma hierarquia nova, pois resultou da necessidade de equipará-la à oficialidade das forças de linha, que, além disso, sempre teria sobre ela a vantagem de poder ascender na carreira até o generalato. Por essa equiparação se pronunciaram expressamente militares como o brigadeiro Francisco de Lima e Silva, que se manterá constantemente fiel ao liberalismo abrilista, como também seu filho mais ilustre, que se irá ligar aos conservadores. Esse fato serve para desfazer a versão de que a Guarda Nacional foi criada para contrapor-se ao exército e, se possível, para tomar o seu lugar. É este mais um mito que agora cai por terra. Surgida sob um governo liberal, a milícia "cidadoa" não deixará de guardar ainda por algum tempo essa marca de origem, a mesma marca de muitas das sedições que chegaram a ameaçar a unidade nacional. Mas o próprio Caxias, lembrado talvez do tempo em que foi um dos instrutores da corporação ainda incipiente, apelará, no entanto, para ela, sempre que lhe tocar combater várias dessas rebeliões provinciais, e assim reivindica a presidência das províncias sublevadas. Mesmo quando convidado por um governo liberal para comandante-chefe das operações contra os paraguaios no Rio Grande do Sul invadido, ainda insiste em tal exigência, porque só assim poderia exercer autoridade sobre uma instituição que não dependia do Ministério da Guerra. A exigência não foi atendida da primeira vez, porque os donos do poder não queriam dar essa presidência a um conservador. Mais tarde, quando convidado por outro governo liberal para general-chefe contra os mesmos paraguaios, já não apresenta essa condição, que se torna prescindível desde que a guerra se trava agora em solo inimigo. E sabe-se do notável papel que teve a Guarda Nacional nessa parte da luta, quando chegou a formar, com o voluntariado nela incluído, mais de 70% das forças brasileiras de terra.

A esse tempo, já a milícia se transformara, é certo, numa entidade poderosamente dominada e cerceada pelo poder central. Essa fase de nossa Guarda Nacional será, creio eu, matéria de outro livro da professora Berrance de Castro. No que agora se vai ler, se não foi lido, como eu gostaria que o fosse, sem esta apresentação, ela já nos oferece toda uma série de questões, se não de soluções, altamente estimulantes para a inteligência da formação do Brasil de hoje.

# Livro do tombo do Mosteiro de São Bento da cidade de São Paulo*

•

ANTIGO ALUNO DO GINÁSIO DE SÃO BENTO, em São Paulo, além de estudante obstinado, até hoje, das histórias do Brasil, é provável que o gosto por esses estudos me viesse das eras já remotas em que menino, ainda de calças curtas, se estou bem lembrado, comecei a ouvir ali as aulas de Afonso d'E. Taunay, então nosso professor no mesmo ginásio. Teria sido esse um dos motivos que moveram agora os responsáveis pela publicação do *Livro do tombo* do mosteiro beneditino a querer associar meu nome, de algum modo, a tão benemérita iniciativa. Pensei logo no modelo que, com o *Livro velho do tombo do Mosteiro de São Bento da cidade do Salvador*, impresso em 1945 pela Tipografia Beneditina da Bahia, forneceu Wanderley Pinho numa apresentação onde nos abre caminho para a boa inteligência daquela documentação copiosa e singularmente valiosa sobre o passado de sua terra. Não pertencia mais aos vivos quem se achava naturalmente indicado para empreender em São Paulo trabalho dessa altura. Amigo da grande e da pequena história, apto a penetrar e a clarear todos

---

* *Livro do tombo do Mosteiro de São Bento da cidade de São Paulo*. São Paulo, Mosteiro de São Bento, 1977, pp. xv-xxx. [Prefácio]

os desvãos do passado paulista, Taunay conhecia como poucos, e deles se serviu sempre que necessário, os documentos ainda inéditos – códices da mordomia, atas das Juntas Gerais, Pastorais e Ordens, Registro, Dietário, sentenças cíveis etc., além do *Livro do tombo* que agora se publica –, guardados no arquivo beneditino.

Por menos que se tente buscar algum termo de comparação entre a história da cidade que foi, desde o nascedouro, sede do governo geral e residência dos vice-reis do Brasil até 1763, e o modesto vilarejo que, no campo de Piratininga, surgiu e cresceu ao redor de um colégio dos padres da Companhia de Jesus, parece claro que não se pode medir pela pequenez física e a pobreza da São Paulo colonial o significado que ela assume, quase desde o primeiro momento, para a vida brasileira. E embora o estabelecimento paulistano dos beneditinos ou "padres bentos", como é costume nomeá-los na documentação municipal, não se possa datar exatamente daqueles "primeiros tempos", sua presença é inseparável dos sucessos e personagens que terão papel da maior importância no núcleo bandeirante. Por outro lado, até o acaso que determinou o irmão Frei Mauro Teixeira, natural de São Vicente, segundo se lê em crônica anônima atribuída a frei Ângelo do Sacramento, a levantar sua capelinha na parte norte da vila e à mão direita dos que nela entravam pelo caminho do Guarepe ou de Nossa Senhora da Luz, que é hoje a rua Florêncio de Abreu, não parecia enlaçá-la às mais remotas origens do povoado de mamelucos? Pois era aquele o sítio onde estivera o tejupar do principal Tibiriçá, que uniu uma das filhas a João Ramalho, o Patriarca.

Esses começos da capela ou ermida de frei Mauro, começos também da igreja e mosteiro de São Bento, que mais tarde se construirão no mesmo local, situam-se, ainda conforme a crônica citada, na era de 1598. Contudo, se o frade fundador chegou na comitiva de d. Francisco de Souza, e é o que resulta das aturadas pesquisas de d. Clemente da Silva-Nigra, seria preciso avançar de um ano a efeméride. Com efeito, o sétimo governador geral do Brasil entrará na vila de São Paulo do Campo em 1599 ou, para ser mais preciso, pouco depois dos 10 de abril de 1599, e vem cheio de projetos grandiosos e opulentas fantasias. Por aqui vai permanecer alguns anos, até depois de ter sucessor no governo geral, e voltará segunda vez em 1609, sempre empenhado em converter a capitania que foi de seu primo Martim Afonso num segundo Potosí, tendo chegado a encomendar um rebanho de 2 mil lhamas ou, como dizia, "ovelhas do Peru" que nunca vieram. No meio desses cuidados colheu-o subitamente a morte, durante cruel epidemia que grassou na terra, e apagou o seu sonho transbordante de gemas e metais preciosos.

Alguma coisa vai ficar, em todo caso, da generosa sementeira que lançou. Refere-nos frei Vicente do Salvador como, antes de sua chegada, só se cobriam os paulistanos, homens ou mulheres, de panos de algodão tinto, e se alguma capa de baeta ou manto de sarja havia, eram emprestados aos noivos e noivas, a fim de poderem entrar na igreja com decência. Depois de chegado o governador, o exemplo de suas galas e de seus criados tudo mudou, de sorte que principiaram a haver logo "tantas librés, tantos periquitos e mantos de soprilho", que era maravilha. Em sua comitiva apareceram engenheiros, mineiros práticos, ensaiadores de metal, físicos, gente de nacionalidades várias. Deu incremento, com a ajuda desses homens, à exploração das aluviões auríferas existentes nas redondezas da vila de São Paulo. Se os frutos imediatos desse esforço não foram esplêndidos, parecem ter desenvolvido entre muitos o gosto e o bom aproveitamento dos *placers* auríferos, que se tornariam na colônia uma quase especialidade de paulistas. Aos poucos a exploração estendeu-se sobre áreas mais apartadas, como as de Iguape, Paranaguá, Curitiba, e não é talvez por casualidade que Antônio Rodrigues Arzão, neto de um mineiro flamengo, vindo com ele, Cornélio de Arzing, vai figurar menos de um século depois entre os primeiros descobridores do ouro das Gerais. Alentou o estabelecimento, em

Santo Amaro de Ibirapuera, de um engenho para fundir ferro que funcionou com forno catalão e foi seguramente o mais antigo do continente americano, e muitos presumem que mandou fazer outro nos lados de Araçoiaba, mas quanto a esse ponto não há certeza. Promoveu várias entradas no sertão, dando organização às expedições bandeiristas. Fez vir bacelos de uva e sementes de trigo do rio da Prata: o resultado foi que logo se cobriram de trigais certas áreas do planalto que antes só davam grãos para hóstias e alguns mimos. É possível que tivesse vida para ver as primeiras safras, mas não viu com certeza os primeiros moinhos, moinhos de água, que começam a armar-se na terra em 1614, três anos após seu desaparecimento. Em rápida sucessão vão aparecer agora o de João Fernandes Saavedra, no caminho de Jerobatuba, o de Cornélio de Arzão (ou Arzing) junto ao Anhangabaú, os dois de Manoel João Branco para as bandas de Pinheiros, o de Amador Bueno, no Mandaqui...

Há motivo para pensar-se que o nome de Nossa Senhora do Monte Serrate dado à capela de frei Mauro Teixeira se devesse a sugestão de d. Francisco, o qual nunca se cansou, nas terras que percorreu, de semeá-las de topônimos evocativos de sua particular devoção à mesma Senhora. Certo é que, ao tempo de sua residência nestes lugares, apareceu, por obra sua, um Monte Serrate no Araçoiaba, outro em Pinheiros e mais um no outeiro da vila de Santos, que fora chamado sucessivamente de São Jerônimo e de Brás Cubas, antes de receber o nome que ainda hoje perdura. E a devoção parece ter tido certa força de contágio porque um quarto Monte Serrate surgirá depois com o povoado de Cotia, que vai ter mais de um assento com o mesmo orago. Não se podia esperar menos da influência de quem, ao lado da lábia que lhe valeu ser chamado "d. Francisco das Manhas", tinha o dom raro de cativar vontades, chegando a ser "o mais benquisto dos governadores do Brasil", ainda nas palavras de frei Vicente do Salvador. Assim é que, durante sua segunda estada em São Paulo, a contar de 1609, agora como governador das "capitanias de baixo" (Espírito Santo, Rio de Janeiro e São Vicente), sem sujeição a d. Diogo de Menezes (que governa o Norte, de sua sede na Bahia), e além disso com a superintendência das minas de todo o Brasil, empenha-se junto aos três religiosos da ordem que ele próprio trouxe em sua companhia para a nova fundação, no sentido de conservar-se para o mosteiro a invocação de Nossa Senhora do Monte Serrate. Não havia como resistir aos apelos de um fidalgo de tão boas partes e que sabia pedir com tanta graça e gentileza, de sorte que os frades – um destes vinha, aliás, como primeiro prior e chamava-se frei Matheus da Ascensão Quaresma de Paiva – fizeram sua vontade. É bom notar que a denominação adotada, e que vai prevalecer até 1720 para o mosteiro paulistano, estava longe de representar inovação caprichosa e inusitada, já que esse associar-se dos "padres bentos" à devoção da Senhora do Monte Serrate encontrava precedentes na Catalunha, em Castela e em outros lugares da Europa. Mesmo na vila de Santos, porto da capitania, será ele um dos argumentos que darão ganho de causa ao mosteiro beneditino da mesma vila, no pleito que irá sustentar para garantir-se a posse e administração da ermida do Monte Serrate, que lhe era anexa.

O bom conceito em que eram tidos os novos frades e seus sucessores no mosteiro junto aos personagens mais ilustres da vila parece atestado pelas várias doações que, aos poucos, foram enriquecendo o patrimônio da casa, permitindo sua sustentação. Ocupam elas, naturalmente, boa parte deste *Livro do tombo*, formando, só por si, um dos admiráveis subsídios para o conhecimento da história paulista. Do trabalho de explorar devidamente esse material e numerosos outros aspectos aqui abordados da mesma história, que requereriam demoradas pesquisas, ocupou-se com zelo verdadeiramente beneditino d. Martinho Johnson, nas eruditas notas que o acompanham. Ao prefaciador, que foi assim poupado de tentar, sequer, trabalho semelhante, só restou o de procurar glosar, de modo um pouco atabalhoado, este ou aquele ponto que mais vivamente lhe chamaram a atenção, durante a leitura do documentário.

Chama atenção, por exemplo, o nenhum lugar que nele se deixa às famosas querelas de famílias que tão acirradamente dividiam os paulistas. É de presumir que, no seu constante esquivar-se a ter parte ativa em assuntos que dividiam os povos, só intervindo, quando possível, no trabalho de apaziguá-los, timbrassem os padres bentos em observar as regras e leis a que se obrigavam na profissão, afastando-se de toda humana conversação que os deixasse distraídos do serviço divino. Não se queira, no entanto, que cheguem a extremos tais na observância daqueles preceitos, que se apartem de quaisquer cuidados ou negócios terrenos, pois bem sabiam como, na cidade dos homens, o "ora" não é separável do "labora". Para a generalidade dos contemporâneos leigos, mas também eclesiásticos, e neste caso nem os jesuítas abriam exceção, o emprego do braço escravo nada oferecia de escandaloso aos corações bem formados, e nossos beneditinos não hesitariam em socorrer-se largamente dos "negros de Guiné", como o faziam seus confrades de outras capitanias, se não fossem durante muito tempo raros e caros os pretos para uma terra pobre como São Paulo. O remédio estava nas peças indígenas, que os moradores saíam "a buscar pelos sertões desertos em que os colhiam e recolhiam tanto para o grêmio da igreja como para se servirem deles".

Pela simples leitura destas últimas palavras, tomadas ao manuscrito de frei Ângelo do Sacramento, nota-se que o cronista está longe de encarar com reprovação a atividade predatória daqueles moradores, ainda quando a exercessem em benefício próprio, e só animados pela cupidez de bens materiais. Assim pensavam, salvo poucas exceções, os mesmos predadores de índios e nem faltou quem se desculpasse, entre eles, pretendendo que, reduzido ao serviço de cristãos, o gentio bárbaro e comedor de carne humana melhor aprenderia aquele trato racional e humanidade que o encaminharão, com certeza, à vinha do Senhor. De tais palavras serviu-se com efeito um Domingos Jorge Velho em carta endereçada em 1696 a el-rei de Portugal, acrescentando, em tom patético, a propósito dos índios, "que em vão trabalha quem os quer fazer anjos antes de os fazer homens". Parece fácil hoje discernir o fundo de hipocrisia que entrava nesses argumentos dos que procuravam amenizar assim a própria cobiça, tingindo-a de colorido piedoso e até humanitário, mas seria presunção anacrônica julgar-se hoje que os homens dos séculos XVII e seguinte vissem o problema com igual clareza. A objeção aparentemente mais plausível às caçadas humanas vinha do fato de não obedecerem rigorosamente aos preceitos da "guerra justa", que permitem o cativeiro. Mas se tal objeção era utilizada com frequência em favor da liberdade do ameríndio, deixava de sê-lo com relação aos pretos introduzidos pelo tráfico. Como defender em sã consciência um sistema de dois pesos e duas medidas que consente em sacrificar o africano para salvar o americano? Não haveria também aqui um fundo de hipocrisia? Sustenta-se mal, em todo caso, a opinião de que não podendo saber-se ao certo se o apresamento dos pretos na costa d'África, que ficava longe, obedecia rigorosamente às leis da guerra justa, melhor seria fugir a uma indagação que podia ferir poderosos interesses. Assim, enquanto a escravidão dos negros e o tráfico interoceânico eram consentidos, na melhor hipótese por um silêncio complacente e cômodo, todas as baterias se descarregavam contra a maldade dos que se aplicavam aos "resgates" dos pobres índios.

Os padres da Companhia, em particular, que tinham por ofício próprio, quase como quem dissesse privativo, de sua milícia, assegurar-se a sujeição, caminho da conversão, dos brasis, começaram por congregá-los em aldeamentos onde pela manhã rezavam as ladainhas em coro, à tarde cantavam a salve-rainha, saíam às sextas-feiras em procissões, disciplinando-se até o sangue, e aos domingos compareciam à missa.

Isso no tocante às devoções, sem contar a obrigação de cuidarem todos de suas roças, além das artes ou ofícios necessários ao sustento. Não seria naturalmente com discursos suasórios e palavras maviosas que era possível desprender esses índios de sua agreste soltura e de costumes ancestrais que tanto destoavam das virtudes cristãs. Para defendê-los das ruindades dos colonos, mister era tratá-los com rudeza, para não dizer com ruindade, desculpável em todo caso pela santidade dos fins. A prova está em que o próprio Anchieta, com toda a sua mansuetude e cordura, refere-se aos catecúmenos na carta de 1565 ao padre Diego Laynez, dizendo que "para este gênero de gente não existe maior pregação do que a espada e vara de ferro, na qual, mais do que em qualquer outra, que se cumpra o *compelle eos intrare*". E num momento de exasperação não duvida em comparar os índios aos brutos animais, ao explicar como se viu na necessidade de servir de veterinário ("alveitar") para "aqueles cavalos, isto é, aos índios". Não admira que o mesmo padre ou antes "irmão", pois escreve isto no ano da fundação do colégio de São Paulo, possa ver nas guerras ao gentio – mas talvez fossem "guerras justas" – um modo lícito de encaminhá-los à conversão. "Há muitas nações", são palavras suas, "já domadas pela força das armas, das quais é certo se recolherão frutos muito copiosos, se for espalhada entre eles a palavra de Deus."

Os frades de São Bento (e outras "religiões" como franciscanos e carmelitas) não mostravam a solicitude dos padres da Companhia em reduzir os indígenas para convertê-los e estavam longe de considerar essa a missão "principal" que os trouxe ao Brasil. Não deixaram, é certo, de preservá-los em aldeias para os defender, se necessário, das tiranias dos brancos e mamelucos. É o caso, para ficar nas redondezas da vila de São Paulo, da aldeia de Pinheiros, onde tiveram durante decênios sua capela com a invocação da Senhora do Monte Serrate. Não consta que isso perturbasse a boa paz entre os frades e os moradores. E se os primeiros foram muito favorecidos por d. Francisco de Sousa, o que não seria custoso, tratando-se de fidalgo que deixou fama de dadivoso e amigo de fazer amigos, também o foram por um personagem como Manuel Preto, de quem não se costumavam dizer as mesmas amenidades. O célebre bandeirante paulista andou associado, com efeito, a sucessivas correrias predatórias, que culminam no assolamento das reduções jesuíticas ao sul do Paranapanema. Formam essas ações o principal do que se sabe sobre sua vida. Sabe-se ainda que tinha sítio em Nossa Senhora da Expectação de O' nas redondezas da vila de São Paulo, com mais de mil índios de serviço, e colhem-se a seu respeito outros informes nas atas e registro geral da Câmara paulistana, em algum inventário ou em datas de sesmaria. E é tudo. Por uma ata de 1626 verifica-se que, saindo vereador no pelouro, foi impedido de entrar em exercício visto estar "em causa crime". Não seria tamanho o crime que o impedisse de se ver designado, em 1628, para acompanhar pelo caminho dos rios, com o título de mestre de campo, o novo governador espanhol do Paraguai, d. Luís de Céspedes Xeria, que preferiu essa via fora do comum para ir a Assunção. A honra era tanto mais insigne quanto o dito governador acabava de casar no Rio de Janeiro com d. Vitoria de Sá, filha do administrador português das minas de São Paulo e prima coirmã de Salvador Correia de Sá e Benavides.

Ao bandeirante não cabia guiar d. Luís em todo o percurso; obrigava-se mesmo a deixá-lo na primeira povoação encontrada em terras da Coroa de Castela regressando imediatamente a São Paulo. Não se sabe se regressou imediatamente, se aproveitou a chegada a Loreto, pouco distante de Santo Inácio, um dos alvos das bandeiras devastadoras que pela mesma época percorrem o Guairá, para reconhecer melhor o terreno de futuras investidas ou para, eventualmente, encontrar-se com alguns de seus companheiros ou subordinados que já andariam por aquelas partes. Se voltou logo, de acordo com as instruções recebidas, sua chegada a São Paulo, de onde saiu a expedição de Céspedes a 16 de julho de 1628, não se dá senão nos primeiros dias de novembro, supondo-se que veio de Loreto pelo mesmo caminho da ida e gastando o mesmo tempo na viagem. Provavelmente se demoraria mais, porque devia navegar ao arrepio das águas. Em todo caso em começos de novembro já andavam pelas missões do Guairá as quatro companhias de sertanistas (uma delas encabeçada por Antônio Raposo Tavares), que compunham a grande bandeira de 1628 e praticamente esvaziaram a vila de homens de armas. O fato de achar-se em parte ausente Manuel Preto não desmente forçosamente sua posição de comandante, ao menos nominal, de todas essas expedições, posição expressamente afirmada, aliás, na "relação dos agravos" que farão no ano seguinte os jesuítas das missões assoladas. Nela se diz, com efeito, que "por Mestre de Campo de todas estas (quatro) Companhias, foi Manuel Preto, o autor de todas estas malocas". E ainda que "Manuel Preto, grande fomentador, Autor e Cabeça de todas essas entradas e malocas, que toda vida passou nelas, levando a outros muitos Portugueses e Tupis para trazer índios e força de armas [...]". Tudo faz supor que as "malocas" – palavra de procedência araucana que se generalizou entre as populações platinas para designar as pilhagens de índios – obedeceram a um plano bem concertado, antes mesmo da viagem de Céspedes. O comportamento bastante equívoco do governador espanhol em toda essa sucessão de episódios não ajuda a defendê-lo das denúncias contra ele assacadas pelos jesuítas das missões guairenhas.

Seja como for, não permaneceu Preto ocioso na vila de São Paulo e sem comunicação com seus companheiros ou subordinados que haviam seguido para o Sul. Há notícia mesmo, na dita *Relação dos agravos*, de que em dado momento, possivelmente já em 1629, reaparece na vila em companhia de um dos quatro cabos de tropa chegado do sertão, ou seja, de Pedro Vaz de Barros, outro grande potentado em arcos. Deveria aguardar, em todo caso, a nomeação, pelo donatário conde de Monsanto, para governador das ilhas de Santa Catarina e Sant'Ana. Isso significa que sua jurisdição chegava a alcançar o rio da Prata, já que Sant'Ana era nome dado entre os portugueses à atual ilha de Martin Garcia. Todavia não irá esperar sequer pela provisão que nomeia o sargento-mor das mesmas ilhas, que é de 15 de julho de 1629, porque já a 1º de maio, enquanto uma das companhias seguia por terra, partiu ele por via marítima com destino ao Sul, à frente de numerosíssima tropa onde não faltava sequer capelão, na pessoa de um frade carmelita. A partir desse momento vão desenvolver-se suas atividades num ritmo vertiginoso. Não se sabe se chegou até Santa Catarina. Se chegou, não se deteve na ilha, porque seu verdadeiro intento, diz a relação dos padres, não era povoar aqueles lugares, mas capturar índios, e afirmava que estava disposto a morrer de armas nas mãos. O fato é que pouco depois é assinalada sua presença no Guairá. Mas em 1630, provavelmente em começo do 1630, morre ali "con muy buenos flechassos que le dieron los yndios contra quienes yva", escreve o padre Justo Mansilla. E acrescenta: "Praza ao Senhor não tenha povoado o inferno com morte tão desgraçada e crua". Outros cronistas inacianos fornecem mais alguns pormenores sobre o epílogo trágico da belicosidade do célebre caçador de índios. Assim é que, durante sua última incursão ao Guairá, teria sido ele profundamente acutilado na cabeça e nos braços por uma onça traiçoeira, com o que se viu atordoada sua gente, deixando escapar o gentio aprisionado, diz Francisco Jarque. Foi esse, diz ainda, apenas o princípio das desgraças que sobre ele se abateram: "princípio do castigo que completou depois uma frechada". Outro jesuíta, Nicolas del Techo, também se refere, aparentemente, a Manuel Preto onde fala de certo capitão de paulistas, sem citar-lhe o nome, a quem um jaguar arrancou o couro cabeludo.

No presente *Livro do tombo*, os dados que se oferecem a respeito do principal cabeça das entradas arrasadoras de 1628-30, se pouca coisa acrescentam ao que já se conhece de sua biografia, servem para mostrá-lo de um prisma que entretanto está longe de desaboná-lo. O caso é que, tendo aceito a escolha feita por frei Mauro para procurador dos interesses da futura abadia, tudo faz crer que o mesmo homem pintado pelos jesuítas castelhanos como um pavoroso "corsário e ladrão de índios" se houve sempre com honesto zelo no cumprimento desses deveres. Tanto que os frades do convento do Rio de Janeiro, ao qual se subordinava a capela paulistana Senhora do Monte Serrate, julgaram desnecessário mandar visitá-la, enquanto viveu Manuel Preto, para provimento das suas necessidades, pois tinham nele quem de tudo cuidasse, apesar de suas frequentes ausências da vila. E que em 1630, sabedor do desaparecimento do bandeirante nos sertões do Sul, frei Máximo Pereira, administrador do Rio de Janeiro, enviou a São Paulo, mais do que depressa, frei João Pimentel da Rocha para tomar posse do mosteiro beneditino em favor da Ordem e pedir à Câmara nova escritura, que se lavrou, com efeito, a 9 de julho do citado ano. Essa data permite situar a morte de Preto em princípio de 1630 ou mesmo em fins de 1629, considerando que vários meses seriam necessários para chegar a notícia por terra a São Paulo e, ainda mais, ao Rio de Janeiro. Para o Rio podia ter ido contudo pela mesma via marítima de que se serviu o bandeirante na jornada de maio, feita em sentido inverso, rumo a Santa Catarina: isso explica a possibilidade de se ter tornado conhecida dos beneditinos fluminenses antes de ser divulgada entre paulistas.

Pouco durou a presidência de frei João no mosteiro de São Paulo, pois veio a falecer três anos depois, mas ainda teve tempo de ver acrescido aqui o património de sua Ordem, graças a doações de dois sítios no lugar do Tijucuçu. Dez anos mais tarde parecia bastante consolidado o prestígio dos beneditinos na vila para assegurar-lhes lugar de relevo numa das páginas mais notáveis de nossa história seiscentista, quando uma vociferante chusma de cidadãos aclamou "rei de São Paulo" a Amador Bueno, homem morigerado e de grande prestígio, que, depois de protestar fidelidade a d. João IV, foi abrigar-se justamente no mosteiro dos "padres bentos". Não faltou quem procurasse relacionar o acontecimento ao fervor das paixões nacionais, que inclinaria castelhanos e castelhanistas, tão poderosos em São Paulo, a não aceitar tranquilamente o alçamento do duque de Bragança ao trono do Portugal restaurado. Esse último ponto parece hoje bem claro com a divulgação, no essencial, da devassa do ouvidor João Velho de Azevedo, que todavia há de ser lida com certas reservas devido à parcialidade notória do dr. João Velho, que ouviu apenas, durante suas diligências, aos da facção dita "portuguesa". E há também quem veja na aclamação de Amador Bueno um simples episódio da acerba pendência entre o partido dos Pires e o dos Camargos, que, por sua vez, também teria origem nos mesmos ciúmes de nacionalidade. Mais recentemente, o historiador da Companhia de Jesus no Brasil, padre Serafim Leite, que aceita integralmente essa explicação "étnica", vislumbra em tais fatos, acima de tudo, um aspecto da agitação antijesuítica ocorrida igualmente em São Paulo, e que terá sido, em seu entender, obra do partido espanhol e escravista. Parece-lhe que a própria luta de Pires e Camargos – prefere dizer "dos Garcias e Camargos" – começou exatamente com o tumulto de que resultou, em 1640, a expulsão dos padres.

Segundo a versão tradicional, e nada impede de admitir sua veracidade, o primeiro ato da querela dos Pires e Camargos, posterior à aclamação de Bueno e bem posterior à expulsão dos jesuítas, teve lugar no pátio da matriz quando, por algumas diferenças havidas entre Pedro Taques e Fernão de Camargo, o Tigre de alcunha, desembainharam ambos suas espadas e adagas, e travou-se tão rija contenda que, acudindo logo muita gente a favor de um e outro, passou o duelo a combate de guerra viva, que se espalhou pelas ruas e praças de toda a vila. Apesar de saírem muitos mortos durante essa escaramuça inicial, nada sofreram então os principais combatentes. Passados meses, porém, achando-se Taques em conversa com um amigo no mesmo largo da matriz, feriu-o Camargo de morte instantânea. E feriu-o aleivosamente, segundo a versão mais conhecida, mas convém lembrar que essa versão foi divulgada pelo linhagista homônimo e parente chegado da vítima que não seria talvez pessoa apta a falar com isenção do caso. Natural de São Paulo, como aliás seu contendor, só não se podia dizer de Taques que fosse português dos quatro costados porque tinha um avô paterno flamengo de nação. Quanto a Camargo, se teve pai castelhano, prendia-se por outro lado a um dos mais antigos troncos do planalto paulista, descendente que era de João Ramalho e do principal Tibiriçá. Que o ter pai castelhano e ser casado com filha de espanhol lhe valesse a simpatia dos castelhanistas é provável. Por outro lado é preciso não esquecer que gente de estirpe e apelido lusitanos aparece largamente entre seus afeiçoados, sem falar em sua vasta parentela: neste caso hão de figurar, para começar, todos os seus cunhados, sem exceção, e mais cedo ou mais tarde seus genros e noras. Ciúmes nacionais ou dinásticos teriam exercido sem dúvida certo papel na áspera contenda, mas um pouco à maneira de palha deitada no braseiro de uma disputa pessoal.

Como Fernão de Camargo, também Amador Bueno tem pai espanhol, nascido em Sevilha, mas pelo lado materno é neto do português Salvador Pires, patriarca da família desse apelido, e pertence igualmente à inumerável progênie de Ramalho e de Tibiriçá. Contudo, nem a ascendência paterna, nem a circunstância de figurarem entre os que o aclamaram dois genros espanhóis, que se chamaram d. Francisco Mateus Rendon, um, e o outro d. João Mateus Rendon, o arredaram do intento de prestar vassalagem a seu soberano. A escolha do lugar sagrado onde se acolheu pode prender-se até certo ponto a um acaso, por achar-se o templo mais a mão para quem tinha casas de morada justamente na rua que se chamará depois de São Bento. Mas acontece, além disso, que das três "religiões" que tinham então casas na vila – sem contar a dos jesuítas, lançados fora dela no ano antecedente –, a de frei João da Graça, dom abade de São Bento, tem lugar destacado, sendo o seu o primeiro nome de clérigo a figurar na lista dos que firmam a ata solene de "juramento e obediência, eterna vassalagem e sujeição ao [...] senhor rei dom João, o quarto de Portugal". Tal solicitude contrasta vivamente com a atitude de aparente alheamento durante a luta civil entre duas famílias que dividiu o povo em facções intransigentemente opostas, ao longo de meio século e mais. Quanto a outro tumultuoso movimento que naqueles tempos agitou a vida do planalto e de toda a capitania, a luta antijesuítica, e culminou com a expulsão dos padres da Companhia, a documentação disponível é singularmente omissa no que diz respeito à posição tomada pelos beneditinos. É possível que simpatizassem com a causa dos religiosos perseguidos, mas seria essa uma posição quase insólita. E se acompanharam o sentimento mais generalizado, sobretudo no planalto paulista, não o fizeram com a publicidade e acrimônia a que chegaram por exemplo os franciscanos, principalmente frei Francisco dos Santos, prelado do recolhimento deles e fundador do convento de São Francisco, em São Paulo, que chegará a ser excomungado no Rio de Janeiro pela parte capital que teve na perseguição aos da Companhia, e só a muito custo conseguirão, ele e seus confrades, seja relaxado tão duro castigo. Se o próprio silêncio dos textos conhecidos parece sugerir que os beneditinos não assumiram, no assunto, uma atitude radical, sabe-se, por notícia certa, que formarão mais tarde entre aqueles que abertamente irão favorecer a volta dos padres expelidos em 1641, e bater-se pelo congraçamento entre eles e os moradores.

Em realidade, nos treze anos que vão desde a saída forçada dos jesuítas ao seu regresso, muito dos ódios velhos se tinham esfriado em São Paulo. Antes, a oposição que se levantara contra os padres havia congregado pouco menos do que a unanimidade do povo e é por isso que se sustenta mal a teoria de que os tumultos antijesuíticos foram obra sobretudo do partido castelhano, que via com maus olhos a guerra movida por aqueles religiosos aos caçadores de índios. Escravistas, a bem dizer, eram uns e outros indiscriminadamente, tanto portugueses como castelhanos, e os primeiros com maior realce talvez. Pelo menos não se encontram na história das bandeiras nomes castelhanos que se emparelhem em audácia com os "portugueses" de André Fernandes, Pero Vaz de Barros, Antônio Raposo Tavares ou, entre os que já eram mortos em 1640, Manuel Preto. Todavia chama atenção o não aparecerem no rol dos 226 vizinhos, praticamente todos os homens de armas da vila, que a 12 de julho de 1640 levaram sua solidariedade à Câmara pela decisão tomada de "botar fora os reverendos padres..." para quietação e bem do povo, o nome de Pedro Taques, o mesmo que no ano seguinte será morto por Fernão de Camargo, nem os de seus irmãos Lourenço Castanho Taques e Guilherme Pompeu de Almeida. Essa ausência poderia abonar, em parte, as conjecturas de Serafim Leite, onde esse historiador pretende ver na rivalidade entre famílias que durante longo tempo agitou São Paulo um simples episódio da luta contra os jesuítas. É de notar, porém, que até um Fernão Dias Pais, tão estreitamente ligado à facção dos Pires e dos que mais vivamente pelejarão mais tarde pela reintegração dos padres ao seu colégio, não se escusa então de dar seu apoio ao movimento antijesuítico.

Dado o papel decisivo que, no sentido de se promover a volta dos padres, vai ter o futuro Governador das Esmeraldas, prontificando-se mesmo a ir trazê-los do Rio de Janeiro, era inevitável que pudesse contar com a ação apaziguadora dos monges de São Bento sobre o ânimo dos que mais recalcitravam em não querer mais admitir na vila os inacianos. Desde 1650 constituíra-se Fernão Dias em protetor e benfeitor solícito da Ordem. Foi então que se prontificou ele a mandar fabricar-lhe mosteiro e igreja nova no lugar da antiga, tão apertada que nela mal cabiam vinte pessoas, segundo notícias da época. À sua custa foram feitos os três altares, continuando o do centro devotado à Senhora de Monte Serrate, agora com retábulo de madeira pintada. Mandou ainda assentar um púlpito, acrescentando-lhe todos os paramentos indispensáveis, assim para o ouro da igreja como para ornato dos altares. Também determinou a construção de dormitório contíguo, de taipa de pilão, e nele se alojaram os religiosos, transferidos do recolhimento primitivo. Nessas obras e em seu revestimento trabalharam afincadamente seus numerosos índios de serviço, de sorte que se chegou a um resultado compatível com a dignidade da Ordem. E não cessou aqui a munificência do benfeitor, que ainda ajustou contribuir anualmente para a manutenção, em boa decência, da igreja e mosteiro, e cumpriu o ajustado enquanto viveu. Conhecendo, porém, que eram onerosas e inseguras essas anuidades, pois poderiam faltar por sua morte, comprou em praça, para patrimônio e renda certa da casa, um sítio no Tijucuçu, anexo às terras que por aquelas bandas já possuíam os beneditinos, e que tudo junto constituiria a fazenda de São Caetano.

De sua parte obrigaram-se os monges a destinar para o mesmo benfeitor um jazigo perpétuo na igreja nova, em frente ao altar-mor. E tão à risca foi cumprida a cláusula que, morrendo Fernão Dias Pais no sertão do rio das Velhas, vítima das febres palustres ou "carneiradas", como se chamavam, cuidou logo o filho primogênito, Garcia Rodrigues Pais, de fazer embalsamar seu corpo e, entre mil dificuldades, trazê-lo do lugar do Sumidouro, onde se encontrava, para vir sepultá-lo no jazigo que lhe foi designado na capela-mor de São Bento. A morte do Governador das Esmeraldas situa-se, de acordo com presunções bem apoiadas, entre fins de março e junho de 1681. Não há de ser por mera coincidência que, entre os velhos livros de despesas do mosteiro, aparecem, para o mês de outubro do dito ano de 1681, gastos com umas exéquias tão avultados que os frades se viram na contingência de satisfazê-los em prestações. De ordinário, não costumavam as despesas com tal rubrica exceder de 1500 réis para sepultura e cera.

Dessa vez subiram a 7500 réis, sendo 6 mil para o sepulcro e quinze tostões para a cera. Não consta dos documentos o nome do defunto, mas devia tratar-se de pessoa julgada digna de tão grande homenagem, e acontece que nenhum mortal, na vila de São Paulo, merecia tanto dos monges beneditinos como o seu benfeitor Fernão Dias Pais. E a distância de cerca de um semestre entre seu desaparecimento e essas exéquias bem pode corresponder à do trajeto a partir do sertão do Sumidouro. Com a construção da igreja e mosteiro atuais, foram encontrados em 1910 no lugar correspondente ao de seu túmulo um fêmur de pessoa de proporções agigantadas, duas ou três vértebras, partes do parietal e do occipital com um chumaço de cabelos ruivos encanecidos e muito finos. Na cova ao lado foram achados uns ossos de mulher e seriam os de Maria Garcia Betim, casada com Fernão Dias e falecida em 1691 na vila de Parnaíba. Exumados de onde haviam sido sepultados, os despojos foram em 1922 novamente enterrados, por diligência do abade d. Miguel Kruse, e o nome do bandeirante ainda pode ser lido na lápide ali colocada, diante do altar-mor.

Com o tempo foi encontrando o mosteiro outros benfeitores, devendo distinguir-se entre estes, pelas muitas reformas que mandou fazerem-se à sua custa, um dos homens mais abastados de São Paulo, já entrado o século XVIII, que foi José Ramos da Silva, pai do moralista Matias Aires e de Tereza Margarida da Silva Horta, autora das *Aventuras de Diófanes*, que alguns críticos consideram o mais antigo romance escrito por brasileiro. O patrimônio da Ordem foi se ampliando com a aquisição de várias casas no perímetro urbano além de bens rústicos, entre os quais sobressaía a fazenda de São Caetano. Desta e de outras partes costumavam ser transportados pelo rio Tamanduateí mantimentos para serviço do mosteiro e dos moradores. Vinham em canoas monóxilas, isto é, feitas de um tronco escavado, muito longas e estreitas, até um desembarcadouro que se chamou por muito tempo o porto de São Bento ou porto geral de São Bento, de onde os produtos eram levados em ombros de índios ou negros por uma rampa muito íngreme que terminava no largo do Rosário, hoje praça Antônio Prado. Parte dessa rampa, que vai ter à atual rua da Boa Vista, subsiste ainda com o nome de ladeira do Porto Geral. Do casario que o mosteiro possuía na cidade na segunda metade do século XVIII dá conta um códice intitulado "Aluguéis de Casa – 1769-1778" existente em seu arquivo e que utilizou Taunay ao escrever a história antiga da Abadia de São Paulo. Ao todo eram 32 prédios, mas alugados a preço baixo davam uma renda mensal de 27 mil-réis correspondentes a um juro anual de cerca de 8%, e sujeitavam-se ainda a gastos vários com impostos e conservação. Desses prédios, os mais rendosos eram uma morada de casas de sobrado numa esquina que dava para a Sé, mas havia mais nove casas na rua de São Bento, perto do largo do mesmo nome; uma no próprio pátio do mosteiro; três ali perto, na rua da Boa Vista, duas na rua Direita, sendo uma em frente à igreja de Santo Antônio, por conseguinte no quarteirão demolido quando se tratou de abrir a praça do Patriarca, e outra entre a Misericórdia e a Sé; duas na rua do Rosário que é a atual 15 de Novembro; uma no pátio de São Gonçalo, que, depois de muito alargado por sucessivas demolições, ficou sendo praça João Mendes...

Iria longe demais a enumeração, abrangendo ruas que se espalhavam por toda a extensão do núcleo urbano de São Paulo em fins do Setecentos. A mais apartada do sítio do mosteiro e mesmo do Triângulo ficava "por detraz do jogo da bola, no campo da Forca", onde os de São Bento possuíam três casas. Mais vizinha era a do próprio Jogo da Bola, e no entanto rendia uma ninharia: apenas uma pataca por ano, quer dizer, 350 réis. Lembro essas por encerrarem um problema que tem desafiado mais de um estudioso. Não quero, evidentemente, aludir ao campo da Forca, o qual sofreu, como é sabido, uma estranha metamorfose para converter-se, ao cabo, na praça da Liberdade atual, mas à rua do Jogo da Bola. Ou melhor, não à rua que assim se chamou, e que se chamou também do Ferrador, e recebeu muito depois o nome de Benjamim Constant, que ainda conserva, e sim ao mesmo jogo da bola, tão importante, aparentemente, que conseguiu até ser nome de rua e não apenas em São Paulo, mas também em outras cidades brasileiras. Neste *Livro do tombo* pode encontrar-se ainda o "Auto da posse" onde se garantem como pertencentes ao patrimônio dos religiosos do Mosteiro de São Bento três moradas de casas de um lanço cada uma, cobertas de telhas, e um lanço por acabar no mesmo andar das ditas três moradas, um lanço no princípio do jogo da bola, e o mesmo jogo da bola e a outra morada no fim do jogo, só de um lanço com corredor, não havendo então, isto é, em 1766, quem lhes opusesse embargo. Mas afinal em que consistia esse jogo da bola? Confesso que também eu me sentiria incapaz de resolver o caso, não fossem os préstimos de um amigo dileto, Paulo Mendes de Almeida, dono de uma biblioteca onde se encerram recônditas surpresas. Eu mesmo já me havia socorrido dela quando, ao estudar as nossas "monções de comércio" do século XVIII e seguinte, deparei com a informação documentada de que já em 1727, ano em que ganhou insígnias de vila, o lugarejo do Senhor Bom Jesus do Cuiabá comportava a existência de duas "casas de truque de taco", as quais pagaram então 128 oitavas de ouro de capitação. De fato, entre as raridades da biblioteca de meu amigo, encontrei um livro, herdado, se não me engano, de seu avô João Mendes, erudito notável e político do tempo do Império, o mesmo de onde tirou seu nome atual, em São Paulo, a praça antigamente chamada pátio de São Gonçalo, que explica em minúcias aquele "truque de taco", parente muito próximo do bilhar. Intitula-se o livro, sem nome de autor, *Academia dos jogos*, que trata do voltarete, do mediador, do whist, do boston, do cassino, da banca, das damas, do xadrez, do dominó, do gamão, do passo de Roma e de outros muitos jogos de cartas, e de dados, tem perto de 1200 páginas ao todo em seus cinco tomos, e publicou-se "com licença de Sua Alteza Real" na Impressão Régia de Lisboa, em 1806.

Não me custou apelar agora, e com igual proveito, para essa mesma fonte, quando quis elucidar o que seria o jogo da bola: a explicação lá está, de fato, no tomo quinto e último às páginas 225 e seguintes da obra. É suficiente observar que se tratava de um jogo de arremesso, e se fazia sobre uma espécie de tabuleiro que teria, em medidas atuais, cerca de 24 a trinta metros de comprido por três a 3,5 metros de largo; pelo tabuleiro e por uma laje que fica a uma das suas extremidades, de cerca de sessenta centímetros quadrados, distribuem-se paus de trinta centímetros de altura cada um. Os jogadores colocam-se a um dos extremos do tabuleiro, podendo ser dois, quatro, seis ou oito, porém o mais comum é jogarem dois ou quatro, sendo, em todo caso, dois de cada vez. O jogo é de cem pontos, contados segundo o valor dado aos paus, e faz-se com bolas de madeira de aproximadamente dez a 12,5 centímetros de diâmetro cada uma. Quando acerta num pau a que se dá o valor de vinte, o jogador ganha vinte pontos. Por outro lado, quem não conseguir lançar a bola para além de uma parelha de estacas, plantadas no tabuleiro, ou quando, na ação de "bolar", não acerta nenhum pau, perde cinco pontos, e diz-se então que o jogador deu "cinca". Significativo da popularidade alcançada pelo jogo da bola é o terem permanecido no vocabulário luso-brasileiro, até hoje, expressões tais como "dar no vinte", que é como quem dissesse "ganhar na sorte grande". Ou ainda como "cincar" e "cincada" equivalentes a erro e errar, falha ou falhar.

A partir de tais explicações tive a curiosidade de investigar o problema por outros aspectos. Pude verificar que o jogo da bola, assim como o jogo de pela, tem suas origens já na Idade Média, onde o primeiro sobretudo era particularmente violento e seria mais próprio de fidalgos, ainda que não o louvasse el-rei d. Duarte, por ser praticado em detrimento dos exercícios de cavalaria. Um dos mais notáveis medievalistas portugueses, A. H. de Oliveira Marques, lamenta não "possuirmos descrição dele". Entretanto, em Bluteau, no verbete "pela", lê-se que era jogado por seis parceiros, sendo três de cada lado, com pela de couro, que se enchia por meio de uma seringa. Resta saber se persistia, nesse caso, a tradição medieval. A dúvida é permitida quando se sabe que o nome de "jogo de pela" continuaria ou voltaria a ser usado mais tarde para designar exercício totalmente diverso, tanto que existe parecer de Rui Barbosa, com data de 1898, onde se discute e reconhece a legitimidade do "jogo de pela" no contexto da legislação brasileira. É fácil verificar, no entanto, que o parecer não se refere aqui à pela das antigas tradições, mas sim à pelota basca ou frontão. O verdadeiro jogo de pela desapareceu, o que não aconteceu, segundo parece, com o da bola, se é certo que ainda se conhece pelo menos em certos lugares de Portugal. No Brasil, pelo que rezam as *Constituições do arcebispado da Bahia*, impressas primeiramente em 1719, não se proibia aos clérigos a prática de qualquer dos jogos "lícitos e honestos", entre os quais são expressamente mencionados a bola e a pela, desde que praticados com outros clérigos ou leigos honrados, nas suas casas, para sua recreação e alívio. No entanto em ruas, roças, quintas ou outros lugares públicos não deviam jogar nem esses jogos lícitos. E os que jogassem o jogo da bola em hortas e lugares públicos com seculares deveriam ser presos e condenados a pena superior a seis tostões.

# Cultura e sociedade no Rio de Janeiro
## (1808-1821)*

·

COM O PRESENTE VOLUME Maria Beatriz Nizza da Silva abre horizontes novos e a meu ver altamente sugestivos para boa inteligência da sociedade brasileira na etapa singularmente importante de sua formação, que principia no ano da chegada da corte portuguesa e se estende até o ano do embarque de d. João VI e sua comitiva. É o período, aliás, a que se vem ultimamente devotando com atento zelo. Lembre-se, a propósito, o livro que lhe inspiraram as ideias e a personalidade de Silvestre Pinheiro Ferreira, o ministro do "rei velho" que tenta retê-lo no Brasil num momento em que quase todos, a começar pelo governo da Grã-Bretanha, que animara e protegera outrora seu estabelecimento no aquém-mar, pelejam por convencê-lo de que é urgente seu regresso a Lisboa: publicado em Portugal, este livro ainda não pôde ter entre nós a repercussão que certamente merece. Lembrem-se ainda seus dois trabalhos sobre a "Transmissão, conservação e difusão da cultura no Rio de Janeiro (1808-1821)" impressos em 1974 na benemérita *Revista de História*. E sua "Análise de estratificação social

---

* Silva, Maria Beatriz Nizza da. *Cultura e sociedade no Rio de Janeiro (1808-1821)*. São Paulo, Companhia Editora Nacional, INL, 1977, pp. IX-XIX. [Prefácio]

(o Rio de Janeiro de 1808 a 1821)", que ocupa todo o boletim nº 7 (nova série) da Faculdade de Filosofia, Letras e Ciências Humanas da Universidade de São Paulo, saído em 1975.

Os estudos históricos e filosóficos a que a autora cedo se dedicou em Portugal, onde nasceu, e que apurou depois na Alemanha, na Inglaterra e sobretudo na França, em contato assíduo e direto com algumas das correntes mais fecundas do pensamento contemporâneo, ainda que não bastem para explicar a originalidade de seu enfoque, habilitaram-na melhor para a eleição dessa área de nossa história. Porque o período que lhe corresponde, embora abranja, ao menos em grande parte, um processo que hoje se chamaria de descolonização, não é dirigido por brasileiros natos. Portugueses europeus são, além do soberano e todos os ministros de Estado, a grande maioria dos que compõem a burocracia local, quase todos os magistrados e praticamente toda a oficialidade militar de mais alta patente. É como se a mãe-pátria pretendesse vincar fundamente de sua presença atuante uma terra que logo depois terá de abandonar à sua sorte. Com efeito, 1821, que representa o *terminus ad quem* desta pesquisa, ainda é nitidamente, no Brasil, um ano português, assim como 1822 já é em todos os sentidos o ano brasileiro, se aceitarmos conhecida observação de Oliveira Lima. De modo que um contato igualmente íntimo com as duas histórias, a da antiga metrópole e a da antiga colônia, parece da maior importância, não só para quem busque apreender o que foi a vida brasileira durante os anos que antecedem de perto a Independência, mas também, e sobretudo, para quem tente desvendá-la nos esconderijos menos acessíveis aos instrumentos da historiografia tradicional.

Naturalmente, a abordagem do que foi a vida brasileira num momento em que já se iam forjando algumas das precondições da emancipação nacional, mas em que a própria ideia de emancipação ainda está no casulo, há de visar mais diretamente o que constitui, de um ponto de vista político, seu palco maior, pois é dali, é do Rio de Janeiro, que o processo de mudança, depois de ganhar forças, irrompe e transborda, afinal, sobre o restante do país, acarretando novos usos, novos princípios e impaciências novas. O processo, esse efetivamente de radical subversão, e que começa a ganhar corpo, embora timidamente, quando principia o período estudado neste livro, já se pode prenunciar num momento em que a presença da corte portuguesa, no Brasil, e antes de sua instalação no Rio, torna inevitável a carta régia de 28 de janeiro de 1808, assinada na cidade de Salvador, mal se tinham passado quatro dias depois do desembarque do príncipe regente. Por ela admite-se o ingresso nas alfândegas da colônia americana de todos e quaisquer gêneros, fazendas e mercadorias, transportados em navios de potências que se conservam em paz e harmonia com a Coroa portuguesa, ou em navios de vassalos da dita Coroa. Pela mesma ocasião, isto é, antes de seguir viagem rumo ao sul, concede licença o príncipe para a instalação de fábricas e indústrias, além de determinar a criação de uma escola médico-cirúrgica, entre outros benefícios de que há por bem dotar o novo império que vem criar.

De fato significava tudo isso o começo não apenas de um desvio, e sim de uma inversão deliberada dos critérios de cunho mercantilista adotados até então por Lisboa na administração das possessões e senhorios de sua majestade fidelíssima. Esses critérios, que aliás estavam longe de representar especialidade lusitana, pois formavam como um corpo de doutrina, seguindo com maior ou menor coerência por todas as potências colonizadoras da época, chegaram entretanto a assumir feições quase caricaturais em Portugal nos anos que se seguiram imediatamente à *viradeira*. A célebre proibição, em 1785, de manufaturas no Brasil, que não fossem além das "grosserias" de algodão para os escravos, cujo alcance e efeito têm sido com frequência exagerados, conseguiu sempre inflamar brios nativistas entre nós. Mais significativa, porém, é a mentalidade que, em certos círculos oficiais de Lisboa, principalmente logo depois da queda de Pombal, se acha à base de medidas semelhantes. Como exemplo pode lembrar-se um documento de 8 de julho de 1779, que encontrei na Biblioteca e Arquivo Público de Cuiabá, em que o marquês de Angeja, presidente do Real Erário, diretor supremo dos negócios públicos e ministro assistente ao despacho, sob d. Maria I, anuncia em nome da mesma senhora a Luís de Albuquerque, capitão-general de Mato Grosso, que se reduzirão ao mínimo os subsídios que se destinavam a guarnecer as fronteiras daquela capitania com as possessões de Castela, alegando que – são palavras suas – as "Collonias he que devem dar auxílio à Capital, e não esta às Collonias". Observa que tais subsídios, tirados às rendas de Goiás, em prejuízo, por conseguinte, do real fisco, já tinham tido tempo suficiente de atender aos fins a que se destinavam. Dois meses depois, a 10 de setembro do mesmo ano de 1779, em instruções dadas ao governador da Bahia, manda-se de Lisboa que em tudo se dê ali a preferência aos portugueses, "da mesma sorte que a Capital e os seus Habitantes e devem ter em toda parte sobre as Collonias e os Habitantes dellas".

A crueza de manifestações como essas, em que se exacerba o velho sistema colonial, vai mitigar-se aos poucos, em parte por obra da própria rainha e depois de d. João príncipe e rei, mas também por influência de ministros como Luís Pinto de Sousa, que residiu longamente no Brasil, ou de d. Rodrigo de Sousa Coutinho, o futuro conde de Linhares, afilhado de Pombal e que sempre se mostrou interessado na promoção do desenvolvimento da América portuguesa, embora o fizesse com um afinco de onde repontam, não raro, tendências megalomaníacas. Nenhum desses homens se aparta, contudo, da mentalidade que ditou a política mercantilista com relação às colônias, e o próprio Linhares, tão preocupado com os meios de fazer prosperar o Brasil e tão afeiçoado a coisas inglesas, se mostrou cético, pelo menos antes de 1808, quanto à vantagem de se adotar nas colônias lusitanas o liberalismo econômico, que na Inglaterra vai ganhando terreno. Num escrito de 1800, chega a duvidar, a propósito do termo "liberal", que em português seja "lícito adoptar esta palavra no sentido que os Ingleses lhe attribuem". Com efeito, num dicionário português da época, ou seja, o de Morais, em sua edição de 1813, a mesma palavra tem apenas o sentido de generoso, dadivoso, munificente.

Ao chegar a corte portuguesa, nem os fidalgos que acompanharam a rainha e o príncipe regente cogitavam em mais do que um estabelecimento provisório que só deveria durar o pouco que faltava, com a ajuda de Deus, para a vitória sobre os franceses. A própria palavra "império", empregada no manifesto de maio de 1808 para que ficasse a Europa ciente da conduta do governo de Portugal em face da agressão de Bonaparte, estava longe de ter o significado que, com referência ao Brasil, assumirá em 1822, e parece trair ali, mesmo com semelhante reserva, os sentimentos de Linhares, que redigiu a minuta, muito mais do que do príncipe timorato que devia endossar o texto definitivo. Ainda assim, submetido o papel à apreciação do Conselho de Estado, há quem, como o marquês de Angeja – que já não é o antigo presidente do Real Erário e sim um sucessor seu no título –, queira vislumbrar alguma coisa de ominoso na expressão. Lê-se, com efeito, em seu parecer, que seria conveniente omitirem-se "na primeira página as palavras *do novo império que vai criar*", pois isso, quando menos, "denota pouca esperança em sua alteza real de tornar a possuir Portugal". Tudo leva a crer que aqueles fidalgos adventícios se comportariam à maneira dos colonos seiscentistas de que falava frei Vicente do Salvador, os quais já então ensinavam os papagaios da terra a dizer – papagaio real para Portugal! – porque, segundo o frade, só sabiam pensar no torna-viagem.

Quanto aos naturais do país, como reagiriam diante daquela invasão maciça de forasteiros? Naturalmente entre a suspicácia ou até a hostilidade mal dissimulada e a vaidade de conviver, mesmo a conveniente distância, com personagens da Casa Real e com tantas figuras de alto coturno, podem imaginar-se mil cambiantes. Consta que o elemento feminino especialmente tratou logo de vestir-se e toucar-se como as fidalgas europeias, mas isto haveria de ocorrer porém entre as que se podiam dar ao luxo de seguir ou julgar seguir modas civilizadas, e estavam certamente longe de ser a maioria. Mais universal, porque mais espontâneo, seria o contágio das maneiras de falar e até pronunciar dos adventícios, dando talvez lugar ao abandono daqueles *ss* ciciados que, ainda pela passagem do século, tanto gabou o violeiro Caldas Barbosa nas ruas fluminenses. A grande maioria continuava geralmente pouco permeável às inovações e mudanças, pelo menos a mudanças intempestivas, tanto que era possível reconhecer pela vestimenta, de que não se desembaraçavam nem na corte, a província de origem de tal ou qual indivíduo. Do príncipe d. Pedro dizia-se que, para disfarçar-se, saía vestido em grande capa, tal como as usavam os paulistas, e tão bem conseguia enganar que, na noite e na estalagem onde veio a conhecer o Chalaça, um incauto, sem adivinhar com quem falava, provocou-o com uns versos que diziam:

*Paulista é pássaro bisnau*
*sem fé, nem coração...*

A grande capa podia ser um poncho, ou era um daqueles capotões em xadrez de lã com gola alta, que arrebitava para trás a larga aba dos infalíveis chapéus "de Braga", e eram mais próprios em São Paulo de gente graúda. Tamanha foi a resistência a mudanças neste particular, que, ainda em 1844, ao introduzir certa personagem em uma de suas comédias de costumes cariocas, Martins Pena veste-o à paulista, isto é, de botas brancas e "ponche de pano azul forrado de vermelho". A mesma indumentária, em suma, que aparece em velhos documentos iconográficos deixados por viajantes, como um homem de São Paulo em Debret, ou os soldados paulistas da Banda Oriental no álbum londrino de R. E. Vidal.

Mesmo a entrada em grandes quantidades de mercadorias estrangeiras, importadas sobretudo pelos atacadistas ingleses, que se estabeleceram no Rio de Janeiro a partir de 1808 e 1810, só afetaria até certo ponto o trem de vida das pessoas mais abastadas, visto que lhes deixava mais ampla margem de escolha. Em regra eram as mesmas mercadorias que, antes da vinda da corte, já entravam no país por intermédio das firmas portuguesas, se não de contrabando, e não era pouco. Mas nessa fase expansiva da indústria e comércio britânicos, parece ter havido a preocupação de se fabricarem na própria Grã-Bretanha até artigos que, no Brasil, constituíam peculiaridades locais. Confiados tradicionalmente à mão de obra artesanal, já agora não se achavam em condições de competir com os similares importados. Assim é que, ao visitar o Rio Grande do Sul, se admirou Saint-Hilaire de que os ponchos gaúchos fossem agora *made in England*. Na *Pauta das avaliações de todas as mercadorias que se importão ao Império do Brasil*, impressa em 1826 na Imperial Tipografia de Plancher, aparecem "ponches grossos de lã ou algodão, a dois mil-réis, e ditos de pano a oito mil-réis", e páginas adiante "redes de São Paulo ou à semelhança" avaliadas cada uma em quatro mil-réis, sendo de algodão colorido, e a três mil-réis as de algodão branco. Deviam ser "redes de Sorocaba" também *made in England.*

É possível que fazendas, perfumes e artigos de luxo franceses, ausentes do comércio desde os tempos da Revolução e principalmente durante as guerras napoleônicas, tivessem sabor de novidade quando novamente aparecem com os primeiros pacotilheiros dessa nacionalidade, que invadem o Rio de Janeiro com seus topes brancos em 1815 e pouco a pouco se instalam com suas lojas pela rua do Ouvidor, que a Horace Say dará a ideia de uma sucursal da *Rue Vivienne*. É significativo, como se vai ler neste livro, no capítulo sobre a morada carioca, como, em matéria de mobiliário e decoração, as modas europeias não se impõem no Rio antes de 1816, mas só se impõem entre a gente rica: o grosso da população mal chega a ser tocado pela sua presença. Uma dificuldade que encontrou a professora Nizza da Silva em seu estudo resulta da escassa documentação existente sobre os usos da gente rústica e também da gente pobre, que morava em casas térreas no centro da cidade e não quer, nem pode, trocar hábitos velhos por modernas estrangeirices. São os inventários opulentos e anúncios de quem pode anunciar quase os únicos que *falam* ao historiador de hoje e a ausência dessa base documental só em parte pôde ser suprida, ao menos em um caso, pela avaliação dos bens de Elias Antônio Lopes. Trata-se em realidade de negociante excepcionalmente rico, mas que, falecido em 1815, antes que se impusessem as modas inglesas e francesas mesmo entre *beati possidentes*, os trastes existentes tanto em sua casa da cidade, como em sua chácara, podem ser considerados tradicionais.

Mas, embora para Spix e Martius o Rio de Janeiro de 1817 só oferecesse de exótico e chocante a grande abundância de negros escravos pelas ruas, aos olhos de quem, como eles, conhecia as cidades da Europa central ou da Itália, pode dizer-se que só depois de 1827, por conseguinte numa época que não chega a ser abrangida no presente estudo, a penetração de mercadorias diversas das que tradicionalmente vinham de Portugal, ou da Inglaterra via Portugal, se torna mais acentuada em virtude da extensão a outros países, com a cláusula de nação mais favorecida, do privilégio das tarifas aduaneiras de apenas 15%. O comércio francês, segundo parece, foi facilitado pelo aparecimento das primeiras mulheres balconistas e modistas, coisa nova que contrasta, e é claro que nem sempre desfavoravelmente, com os hábitos de uma sociedade onde prevalecia o sistema de reclusão quase mourisca do sexo chamado frágil. Mas até nos casos em que a confecção de vestimentas cabia a mãos francesas e femininas, os tecidos vinham não raro do comércio por atacado que, por muito tempo, foi quase um monopólio britânico, e de onde, pagos à vista, eram, depois de trabalhados, vendidos a prazo nas lojas da rua do Ouvidor, um quase monopólio francês. Em outros casos, no caso dos vinhos, vai ser mais difícil romper a crosta formada de antigas usanças, que recomendavam de preferência um vinho que podia ser do Douro ou da Estremadura, mas era chamado "de Lisboa"! Só muito aos poucos principiam a vender-se os de outras procedências, mormente do Mediterrâneo, e estes, quando franceses, são ditos "de Cette", porque saem desse porto. E mesmo depois que o casamento de d. Pedro II com uma princesa de Nápoles pareceu favorecer, num primeiro momento, a possibilidade de maior disseminação de produtos da Itália meridional, a correspondência dos cônsules napolitanos no Rio está cheia de queixas sobre a pouca aceitação no Brasil dos vinhos pesados da Sicília devido à forte concorrência lusitana.

Queixas semelhantes aparecem na documentação dos representantes diplomáticos hanseatas, quando se referem aos obstáculos que se ofereciam à aceitação dos panos de linho da Silésia num mercado onde imperava o *King Cotton*. O contrário sucedia na América de língua espanhola, onde os tecidos ingleses de algodão ou mesclados de algodão esbarravam na preferência ancestral dada aos de linho puro, importados da Alemanha. É de notar que, no Brasil, a forte pressão do comércio britânico pareceu enlaçar-se nos interesses mercantis portugueses em tudo quanto não dissesse respeito ao tráfico negreiro. Em 1836, por exemplo, foi apresentado projeto, por onde os artigos importados de Portugal em navios brasileiros ou portugueses teriam reduzidos de um terço os direitos cobrados nas alfândegas do Império: isto é, pagariam apenas 10%, em vez dos 15% que incidiam sobre os dos demais países. Contra o tratamento discriminatório logo se ergueram franceses, principalmente, e norte-americanos, ao passo que a representação diplomática britânica guardou um silêncio que a muitos pareceu suspeito. Em verdade as reclamações dos demais países não se dirigiam tanto contra a discriminação em favor de Portugal e sim contra o fato de o tratado proposto não oferecer garantias suficientes de que, no meio da mercadoria portuguesa, não viessem muitos produtos da indústria inglesa, que só ela se beneficiaria com essas vantagens. Isso mesmo observou o ministro norte-americano William Hunter ao regente Feijó, acrescentando que aumentaria assim a dependência do Império com relação à Grã-Bretanha e se agravaria o déficit em sua balança comercial. O projeto afinal foi derrotado na Câmara, por pequena diferença, apesar de todos os esforços do representante diplomático de s. m. fidelíssima, Joaquim Antônio de Magalhães, que não se cansava de brindar os legisladores com a magnificência de seus banquetes, bailes e recepções, que repercutiram muito na imprensa.

É certo que tais assuntos fogem aos limites cronológicos fixados para o estudo de Maria Beatriz Nizza da Silva, mas não me parece muito tentar um relance sobre os fatores que vão provocar uma continuada erosão na paisagem social espelhada em seu livro, correspondente a uma época em que o Brasil, elevado afinal a Reino, deixará de ser nominalmente colônia, mas sem alcançar rigorosamente o estatuto de nação soberana. Dessa forma se patentearia melhor o que oferece de estimulante e fecundo o tipo de abordagem dos problemas históricos adotado no presente livro. Também não creio que seja ilícito querer explorar, no terreno das ideias, daquilo a que a autora, interpretando livremente uma sugestão de Clyde Kluckhohn, denominou "cultura explícita", um aspecto que não cabe estritamente entre as "Áreas do Saber – Ciências e Artes" e, menos ainda, nas "Belas Letras" tratadas na segunda parte da obra, ou seja, as palavras e obras dos homens que construíram o Brasil independente. A matéria, contudo, mal poderia ser desenvolvida dentro do espaço tolerável de um simples prefácio, nem é meu desejo comprometer a autora numa tese controversa e que de há muito me é particularmente cara. Ou seja, a de que, no Brasil, o processo de emancipação não chegou em nenhum momento a ser um processo revolucionário, e de que nenhum dos homens, mesmo os mais atrevidos, que forjaram o clima de sentimentos propício à nova ordem de coisas pensou, então, em termos de autêntica revolução.

Seja como for, não parece fácil descobrir um autêntico revolucionário nas palavras onde até Cipriano Barata, nos manifestos dirigidos à Bahia contra as cortes, alude aos "princípios anárquicos" de seus perseguidores portugueses, fala na "nova nomenclatura de liberalismo, que em outros tempos se chamava jacobinismo", e expressamente se proclama "inimigo de revoluções quase sempre fatais". No mesmo documento chega a declamar contra os efeitos da "fatal experiência da França", pois acha que o homem só deve procurar sua felicidade "na obediência às leis, aos imperantes e autoridades legitimamente constituídas" e, "sem temer de ser tachado de servilismo, de que eram notados os que se propunham pugnar pelas pessoas de grande hierarquia". Não admira que ainda afirme sua inconcussa fé monárquica, seu respeito ao decoro da "sereníssima e real família de Bragança", e sua glória de ter sido o primeiro deputado, nas cortes, a votar contra as humilhações a que se procurava sujeitar a rainha d. Carlota Joaquina. E em vários dos seus pronunciamentos, até em muitas omissões nas cortes, não se mostra Barata menos conservador do que Antônio Carlos, por sinal o mais imoderado dos Andradas, cujo manifesto, redigido em Falmouth contra a "canalha jacobina" bem poderia ser escrito por um fervoroso adepto do antigo regime. E que dizer de frei Caneca, o mártir de 1824, duas vezes rebelde, que não hesita em dar a vida por suas convicções liberais mas que combina esse liberalismo com um fundo desapreço pela gente popular e sobretudo com seu acentuado preconceito racial. Numa província como a sua, onde a população era composta largamente de homens de cor, parece própria essa atitude de um adepto da soberania do povo?

No próprio movimento de 1817, em Pernambuco, é difícil vislumbrar aliás conteúdo verdadeiramente revolucionário.

Tratando-se, em suma, de uma rebelião de magnatas, por estes dirigida ou acalentada, fórmulas sediciosas, até republicanas, de que abusa, servem apenas para mascarar uma realidade velha, de mais de cem anos, do tempo das lutas contra os "mascates". Por mais de um aspecto, até pela farsa montada para simular uma escolha democrática dos governantes e pelo medo de precisar admitir participação ampla das massas, mormente da gente de cor, seus chefes parecem antes de tudo empenhados em dar apenas cor nova às antigas tiranias e opressões. E o resultado seria antes um retrocesso do que uma antecipação. Mais verdadeiramente radical, a agitação ocorrida vinte anos antes na Bahia, com a chamada conjura dos alfaiates, não surge entre *elites*, mas entre artesãos pobres e mestiços. Provocado em grande parte por esperanças mentirosas, reflexo de aspirações ainda mal articuladas, o movimento baiano representa uma revolução natimorta. Mostra, entretanto, como até o mundo da "cultura implícita" de que trata este livro não é um mundo inerte, simplesmente folclórico, mas tem olhos fitos no futuro, quando menos no fantasma do futuro, e pode ser um fator letárgico de mudanças maiores.

A possibilidade de partir da distinção entre as culturas implícita e explícita, de que trata Maria Beatriz Nizza da Silva para diferentes territórios, inclusive o território da política, indica a riqueza e variedade de perspectivas sugeridas por sua abordagem da matéria histórica. Lembra-me muito aquela história em dois níveis, ou em duas formas rítmicas, que descreveu Otto Hintze, um dos historiadores mais notáveis de nossos dias, semelhantes aos três ritmos que definiria Fernand Braudel. Hintze, que morreu em 1940 e cujas obras completas saíram nos dois anos seguintes, em plena guerra, o que, segundo escreveu o mesmo Braudel, o impediria de alcançar a repercussão que merecia, distingue, com efeito, um ritmo histórico que se passa sobretudo no domínio do inconsciente, e que seria o ritmo evolutivo. O outro ritmo, a que chama dialético, prende-se antes a fatores conscientes. Enquanto o primeiro se caracteriza por um movimento mais vagaroso, porém coerente e constante, o segundo se manifesta em contrastes ríspidos, que reiteradamente vão emergindo e imergindo. E assim como Braudel apela para a analogia das águas fundas e águas de superfície, para marcar a diferença entre uma história lentamente ritmada, onde cabem as estruturas e a longa duração, ou o prazo longo, e outra, feita de acontecimentos instantâneos, imprevistos e vibráteis – a *história événementielle*, em suma –, Hintze vai buscar os termos de comparação na geologia antiga, onde se destacam as teorias divergentes dos netunistas e vulcanistas. "Aqui", escreve, "opera a força lenta e constante das águas, a produzir as estratificações sedimentares, ali agem os efeitos súbitos, explosivos, das forças vulcânicas, com suas formações eruptivas e cristalinas."

É certo que entre a distinção que neste livro se marca da cultura implícita e da explícita, e as duas formas rítmicas de Hintze, há diferenças importantes, apesar das similitudes de aparência. E se a primeira, a cultura implícita e *não verbalizada*, pode de certo modo relacionar-se com o ritmo evolutivo do autor alemão, que é assimilado por ele à geologia netunista, a segunda, que se refere mais particularmente às várias áreas do saber, ao mundo cuja voz articulada é mais acessível à pesquisa histórica, se distancia da definição do ritmo "dialético" de Hintze, que envolve não só, ou não precisamente, essas áreas do saber, mas o mundo da história fatual ou eventual, da definição de Simiand, que muitos autores, particularmente os historiadores da "escola" dos *Annales*, tendem a relegar a um segundo plano. O mesmo Hintze não se mostra menos desdenhoso, aliás, dessa história atenta quase só às exterioridades que se podem manifestar nas ações, não só no pensamento, dos homens públicos, quando não venha lastreada pela história que se passa no nível do inconsciente, no ritmo vagaroso e coerente que corresponderia aqui ao da cultura implícita. O ter chamado a atenção para esses problemas e, sobretudo, o ter apontado através deles para novos caminhos da pesquisa histórica é contribuição valiosa deste estudo de Maria Beatriz Nizza da Silva, que eu me lisonjeio de apresentar.

# LITERATURA

# Suspiros poéticos e saudade[*]

.

AO LADO DE NOSSO ROMANTISMO e inseparável dele existiu no Brasil todo um cortejo de formas e de ideias que convém pôr em relevo para a boa inteligência desse movimento, mas que não pertence, em verdade, à história da literatura. Houve uma política, uma sociedade, um clero obedientes à mesma inspiração que animou aquela escola de poetas, e é explicável assim que tratassem de conformar aos seus ideais o nosso povo, enquanto este foi matéria plástica e maleável.

A imagem que assim fabricaram ainda vive conosco e está vinculada ao que prezamos por mais nosso, mais isento dos contatos de fora. Na própria alma popular, como se manifesta através das expressões líricas de nosso folclore, foi de tal modo intensa a penetração do romantismo brasileiro, que se poderá com o seu exemplo reforçar aquela tese, tão corrente hoje, de que os cantos do povo se criam em grande parte com os resíduos da obra dos artistas cultos e dos letrados. Com efeito, um estudo atento e não prevenido mostrará sem gran-

---

[*] Magalhães, D. J. G. "Suspiros poéticos e saudade". In *Obras completas*. Rio de Janeiro, Ministério da Educação, 1939, vol. 2, pp. IX-XXXI. [Prefácio]

de trabalho as origens nitidamente eruditas de muita coisa que nos parece mais característica do nosso lirismo regional.

Já é hoje difícil dizer da literatura romântica se foi ela que, em muitas das suas formas, veio a coincidir com a espontaneidade nacional, ao ponto de se identificarem, ou se exerceu uma função pedagógica de primeira importância anexando ao seu espírito algumas das modalidades típicas da nossa cultura e do nosso ambiente social. Seja como for, travaram-se tão bem entre si as várias manifestações da inteligência nacional em uma época bem decisiva de nosso desenvolvimento – a época em que floresceu o romantismo –, pareceram, por outro lado, tão adequadas a exprimir certos aspectos da vida brasileira, que o exame de uma só dessas manifestações envolve uma consideração de todo o conjunto delas e pode fornecer dados excelentes para um estudo mais ambicioso.

Comemorando o centenário do romantismo com o centenário da publicação dos *Suspiros poéticos*, é uma data puramente literária a que celebramos. É possível dizer que mesmo no domínio das letras esse acontecimento, se possui um valor cronológico bem assente, não foi a rigor um começo, não teve seguidores imediatos, não criou discípulos pressurosos, não fez escola. Salvo em um ou outro ponto, que por isso mesmo se deve precisar, nada nos trouxe de novo que poetas bem-dotados não descobrissem, sem o seu auxílio, dez ou quinze anos mais tarde.

Mas não é difícil encontrar na obra de Domingos José Gonçalves de Magalhães uma zona onde a literatura confina com a política, sem que as separe uma linha muito nítida. Frequentando a obra dos mestres franceses, ele quer compensar desse modo o rompimento literário com Portugal. Seu comércio com os clássicos lusitanos não parece ter sido escasso; seu entusiasmo pelos modelos portugueses deixou sinal em muito do que escreveu; no entanto a vontade de traduzir em literatura o mesmo ideal de independência que em política já se realizara com antecipação de catorze anos é nele tão intencional, tão agressiva mesmo, que Gonçalves Dias, a seu lado, passará por um restaurador, verdadeiro "caramuru" das letras. Não é o maranhense quem, no prólogo às suas "Sextilhas de frei Antão", chegará a pleitear o maior estreitamento das literaturas brasileira e portuguesa, comparando-as a duas irmãs que trajam os mesmos vestidos? Linguagem que, em termos de política, é a daqueles moderados do tempo da Regência, empenhando-se em amortecer os duros choques entre jacobinos e recolonizadores. Situado a igual distância entre os dois extremos, Gonçalves Dias sabe manter-se em um justo e sereno equilíbrio, ao passo que Magalhães se inclina ostensivamente para os jacobinos. Nisso – mas só nisso, é verdade – ele justifica melhor do que o cantor de "Y-juca-pirama" a designação de romântico, se é exato que o romantismo coincidiu em quase toda parte com certa exaltação das paixões nacionais.

Os *Suspiros poéticos* quiseram ser a um tempo o nosso prefácio de Cromwell e o grito do Ipiranga da poesia. O manifesto que no mesmo ano publicava Magalhães em sua revista *Nictheroy* intitulado "Discurso sobre a história da literatura no Brasil" reflete em um só movimento as duas aspirações. O fato de surgirem, livro e revista, em Paris, tem, por outro lado, um aspecto simbólico. Daí por diante será a França, não Portugal, o país que vai ditar as regras e modas que seguirão os nossos homens de cultura. Com o aparecimento de Magalhães enunciam-se assim três sucessos da maior importância para o desenvolvimento ulterior de nossa literatura. É ele, a um tempo, o pioneiro do nacionalismo literário entre nós (teoricamente do próprio indianismo romântico), o arauto do romantismo brasileiro e finalmente, mas *not least*, da orientação francesa de nossa vida espiritual, orientação que ainda prevalece nos dias atuais.

É preciso acentuar que esse nacionalismo de Magalhães não fica simplesmente em programa e não morre com a revista *Nictheroy*, que durou dois números, e com os *Suspiros poéticos*. Ainda aqui o paralelo com Gonçalves Dias é instrutivo. Os temas épicos que iriam mais tarde escolher os dois cantores conformam-se às duas posições bem distintas. *Os timbiras* surgem como a evocação de uma raça extinta, a respeito da qual a imaginação pode criar asas, e ao mesmo tempo como hino à natureza esplêndida e agreste. Um quadro onde o selvagem convencional que já se tinha estereotipado nos poemas de Durão e Basílio da Gama, o "bom selvagem", já cantado nas odes de padre Caldas, destaca-se sobre o fundo soberbo da terra virgem...

*Donde, como dum trono, enfim se abriam*
*Da cruz de Cristo os piedosos braços...*

O índio brasileiro, de quem Gonçalves Dias foi um estudioso apaixonado, e não por nacionalismo, mas antes por curiosidade erudita, é um tema que está quase a exigir a atenção dos nossos românticos, e essa a explicação de seu êxito excepcional. Pode dizer-se que foi a maneira natural de traduzir em termos nossos a temática da Idade Média, característica do romantismo europeu. Ao medievalismo dos franceses e portugueses opúnhamos o nosso pré-cabralismo, aliás não menos preconcebido e falso do que aquele. Seguíamos ainda nesse ponto, com liberdade, os modelos do Velho Mundo. Tanto mais quanto já existia o trabalho preparatório de Chateaubriand. E é significativo que Fenimore Cooper, tendo pretendido ser o Walter Scott da América, seguiria os mesmos roteiros praticados mais tarde pelos que, entre nós, quiseram fazer do índio o herói nacional por excelência.

As palavras tupis que Gonçalves Dias enxertou em seus poemas parecem propositalmente desfiguradas e despidas de sua natural bruteza, para criarem uma impressão semelhante à da nomenclatura de um arsenal da Idade Média. *Canitar* por *acanga tara* foi um achado nesse gênero. Muitas das poesias americanas narram, em realidade, simples tenções de cavaleiros transpostas em novo ambiente e com personagens novos.

Uma arte desinteressada, onde as paixões valem pelo que são e pela beleza de seus contrastes. O poeta não é lidador, mas antes sabe libertar o mundo que cria do mundo das suas ideias e de seus anelos. Tabira peleja e exalta-se, mas é Tabira que peleja e não Gonçalves Dias.

Em Magalhães, ao contrário, a escolha do tema de sua epopeia obedece claramente a uma intenção polêmica. A oposição que se desenvolve na *Confederação dos tamoios* não é ao menos a da antítese romântica e literária entre o civilizado e o selvagem, mas a que pode inspirar um nativismo estreito e prosaico. Em seus opúsculos históricos e literários, Magalhães faz mais do que insinuar a vontade de ver liquidada a herança portuguesa, herança de que o Brasil não se pode orgulhar muito, pensa ele. No seu discurso sobre a história da literatura, levanta pela primeira vez a suspeita de que os cantos dos nossos indígenas poderiam influir sobre a poesia brasileira, "como os cânticos dos bardos influíram na poesia do Norte da Europa".

Quando o bravo Jagoanharo, guiado em sonho por são Sebastião, contempla, como em maravilhoso diorama, as cenas do futuro de sua terra, escuta ao mesmo tempo a voz do santo, que assim lhe fala:

> *Vê dos tupis as descendentes tribos.*
> *Um só povo formando, unidas todas,*
> *Como ali se recordam que pelejam*
> *Contra os filhos de seus perseguidores...*

Para o autor da *Confederação dos tamoios* essa ideia de que a luta pela independência do Brasil apenas prolonga até os tempos modernos a resistência do selvagem contra o conquistador luso não surge como simples licença poética. É convicção, que insinua em uma grave memória oferecida ao Instituto Histórico, onde se defende a tese de que os brasileiros descendemos sobretudo dos indígenas do tempo da conquista. Seu raciocínio não é complicado. Partindo da ideia de que teriam sido introduzidos uns 5 milhões de africanos no Brasil desde o início do tráfico, o que deduz de uma referência de Balbi, e declarando que, no momento em que redigia o seu estudo (1859), não tínhamos sequer 1 milhão de negros, diminuição que lhe parece contrariar todas as regras de estatística, supõe ter sucedido o mesmo aos europeus. Restavam os índios, crescendo e multiplicando-se livremente. Só não adverte que, se as leis de estatística falharam no caso dos adventícios, não há razão para que se tenham cumprido em favor dos aborígines. Daí a conclusão surpreendente de que o elemento indígena, muito maior do que o branco e o negro ao tempo da conquista, "será o que mais avulta em nossa população".

Essa tese quer dar um sentido histórico ao pensamento de que a independência do Brasil foi apenas a rebelião triunfante dos antigos donos da terra contra os seus opressores de três séculos. Vista sob essa luz, a nossa campanha pela liberdade quase poderia sustentar comparação com um dos grandes episódios de que o poeta foi contemporâneo, os brasileiros fazendo o papel da Grécia sublevada contra a tirania turca. Segundo esse pensamento, a geração que surgiu com Magalhães recupera energias que não nasceram com ela e não deveriam morrer com ela. Existe, sem dúvida, uma grande força de sugestão e um convite ao otimismo nessa ideia: não admira que pudesse seduzir muitas imaginações românticas. Ela é bem típica dessa geração que tinha dez anos ao proclamar-se a nossa independência, e que se educou num ambiente de repulsa à tradição portuguesa e na ânsia de aprender com as nações mais cultas a boa polícia nas artes de governo e nas outras artes: a geração que acompanha os *livreiros* e os *chapéus redondos*.

Não seria sem propósito uma aproximação entre a evocação dos tamoios, contrários aos portugueses e aliados dos franceses, dos *maïrs*.

> a raça branca de cabelos louros,
> e de olhos cor do céu, tão nossa amiga,

que lhes ensinara o "segredo do raio", com essas novas e ambiciosas gerações de que faz parte o autor dos *Suspiros poéti-*

*cos*, e que já não vão buscar o segredo da ciência em Coimbra ou em Lisboa, mas em Paris.

Gonçalves de Magalhães nasceu na cidade do Rio de Janeiro em 13 de agosto de 1811. Recebeu uma educação doméstica e zelosa, como convinha à sua compleição pouco sadia. Cresceu com a cidade, depois da chegada da Corte, entre novidades estrangeiras e aparatosas, num tempo em que se elaborava definitivamente a nacionalidade, e em que as coisas da cultura e da inteligência ganhavam um prestígio inédito. Não tinha cinco anos de idade, quando nos chegaram os artistas franceses que mandou vir d. João VI. Lebreton, Debret, os Taunay, Ferrez e Grandjean de Montigny iam lançar os germes do ensino artístico no país. Mais tarde ingressaria como Porto Alegre, seu êmulo em poesia, na Academia de Belas-Artes. Chegaria mesmo a concorrer à segunda exposição realizada por esse instituto, em 1830.[1] Mas quando, após uma infância mofina e amargurada, nele despertou uma vocação, foi a de poeta. Entre os quinze e os vinte anos escreveu versos em quantidade, muitos deles compostos "às pressas e algumas vezes a pedido, para satisfazer ideias e paixões momentâneas". Parece que a poesia foi, na verdade, sua única vocação real em toda a vida, posto que se tenha mostrado homem esforçado em outras atividades. Além das belas-artes, que estudou com Debret, dedicou-se à filosofia no curso instalado por Mont'Alverne, à medicina e mais tarde ao direito. Aos 21 anos, antes de partir para a Europa, publicou seu primeiro livro, intitulado *Poesias*.

De algumas delas depreendemos que se interessou também pelas lutas políticas e que tomou partido constantemente pelos representantes dos princípios liberais. É provável que não tenha sido um combativo: ao menos as suas odes e aplausos, quando não são para os amigos, são para os vitoriosos. Os seus dons de satírico, onde se revela mais interessante, exerceu-os principalmente contra a sociedade e em particular contra as modas de vestuário importadas do estrangeiro e que já começavam a fazer furor no tempo de sua mocidade. De uma delas dizia, com certo pitoresco, que consistia

*em dar formas que a bolas se assemelham*
*unidas entre si por pescocinhos.*

Em 3 de julho de 1833 (não em 1832 como se lê em Inocêncio) partiu para a Europa no navio *Dous Eduardos*. Por essa época já estariam mudadas as suas ideias sobre poesia. Na carta que, apenas chegado ao Havre, escreveu a seu amigo Cândido Borges Monteiro insurge-se contra "as campanudas odes recheadas de Apolo e de Minerva, e de um sem-número de mentiras".

Manifesta-se por uma nova poesia despida dos ouropéis clássicos. A mitologia lhe parece então uma alegoria cediça, e o politeísmo compõe-se, a seu ver, de velhas metáforas. "Outro" – diz – "deve ser o maravilhoso da poesia moderna, e se eu tiver forças para escrever um poema, não me servirei dessas caducas fábulas do paganismo, custe-me o que custar: apesar da autoridade do grande Camões, que enchendo os seus *Lusíadas* com essas figuras alegóricas, põe na boca de uma delas a negação de sua própria existência, fazendo-a dizer:

*Eu, Saturno, e Jano,*
*Júpiter, Juno fomos fabulosos,*
*Fingidos de mortal e cego engano:*
*Só para fazer versos deleitosos*
*Servimos...*

"E eu creio que já nem para isso servem hoje, exceto em alguma composição jocosa, ou de assunto grego, e romano. Talvez te pareça que este juízo sobre a mitologia vem aqui encaixado a martelo; pois te enganas; vem muito a propósito: porque nisso penso, por causa do maravilhoso do meu futuro poema que é uma das dificuldades com que luto, e sabe Deus como me sairei dela."[2]

Nessa revolta contra o formalismo clássico já está a essência da revolução anunciada mais tarde com o manifesto da revista *Nictheroy* e que foi na realidade uma revolução mais formal do que outra coisa. Nas poesias iniciais de Magalhães nota-se frequentemente a influência dos árcades; nas seguintes, o abuso dos antigos modelos leva-o a acercar-se de um "novo maravilhoso". Nisso está o ponto de partida de seu romantismo. A influência dos poetas franceses fez o resto.

É bom destacar essa influência, que se exerceu em detrimento da que poderiam ter os poetas portugueses do tempo. Quem conheça o esforço extraordinário que realizaram alguns destes, e sobretudo Garrett, para aclimar o romantismo ao seu país, afeiçoando-o principalmente à língua portuguesa, há de sentir bem por que nos parece malogrado o empenho de Magalhães, querendo ser um poeta da nova escola sem cuidar de criar, ao mesmo tempo, uma linguagem nova. O que ainda hoje nos parece artificioso em sua obra não vem tanto de ter querido ser um romântico à força – como dele já disse –, mas antes da falta de ajustamento entre a linguagem de que se servia e o lirismo do tempo. É possível avaliar-se essa tragédia da inadaptação observando que a palavra "sensível", por exemplo, que tanta importância teria no desenvolvimento ulterior do romantismo, só muito a custo, e apesar dos mentores da boa linguagem, começava a ser empregada nos escritos dos autores de responsabilidade. Filinto Elísio a tinha repelido como um crime contra a pureza do idioma.

A função de Garrett foi, pois, extraordinária, contribuindo para modelar a linguagem segundo as exigências do gosto imperante em sua época. Aqueles, dentre os poetas brasileiros, que receberam sua influência ganharam com isso uma naturalidade de expressão, que os distingue à primeira vista no cenário romântico. José Veríssimo disse com justeza que, se Magalhães ficou estranho a essa influência, foi talvez por mal dele. O que não importa em afirmar que o fundador do nosso romantismo se achasse imunizado de todo contra o prestígio comunicativo do lirismo de Garrett. Já tem sido notado que o trecho dos *Suspiros poéticos* onde se clama às "castas virgens da Grécia" para que guardem seus louros:

> *Guardai-os sim, que eu hoje os renuncio...*
> *Adeus ficções de Homero!*

é uma reminiscência dos versos do autor de *D. Branca:*

> *Gentil religião, teu culto abjuro*
> *Tuas aras profanas renuncio...*
> *Disse adeus às ficções do paganismo...*

"Apenas" – afiança um crítico nosso contemporâneo, poucas vezes tão amável para com Magalhães – "os versos de *D. Branca* estão para os dos *Suspiros* como a lagarta para a borboleta."[3] É infundada, por outro lado, a suspeição, expressa pelo próprio José Veríssimo, de que Magalhães tivesse lido as palavras de Garrett quando este disse, e não sem um estreito e injusto exclusivismo, estimar que os brasileiros escolhessem temas nacionais para os seus versos e abandonassem o rouxinol pelo sabiá, a lebre pela cotia e as rosas e jasmins pelas "alvas flores dos vermelhos bagos do lustroso cafeeiro". A verdade é que o conselho de Garrett aparece somente em 1846 no *Bosquejo da história da poesia e língua portuguesa*, publicado dez anos depois do *Discurso* de Magalhães. E aparece a propósito não dos autores do seu tempo, mas de alguns poetas da Escola Mineira, em cujos versos ternos e melodiosos houve quem vislumbrasse aliás um prenúncio do nosso romantismo.

Este último ponto é interessante sob muitos aspectos, e entre outros por isso, que toca a questão das origens mais distantes do nosso movimento romântico. Sílvio Romero considerou francamente o romantismo brasileiro, em certos traços, como uma prolação do espírito da Escola Mineira. E, efetivamente, há muito onde apoiar essa ideia de que a obra dos poetas mineiros dos fins do século XVIII constituiu entre nós como uma preparação para o romantismo. A verdade é que foi uma preparação sem continuidade, mais ou menos no mesmo sentido em que se diria que entre nós a Regência foi uma preparação para a República. Em Magalhães, conquanto tenha sido inicialmente um discípulo de alguns árcades, é contra estes precisamente que reagirá o "seu" romantismo. Só mais tarde se fundiriam as duas correntes distintas, a que vem pronta da Europa e a que prolonga, talvez inconscientemente, uma tradição mais remota em nossa poesia.

Mas essa tradição dataria realmente da Escola Mineira? Não seria, ao contrário, a mesma que vamos encontrar, através dos séculos, expressa nas obras mais típicas, mais intensamente representativas do lirismo lusitano? Com efeito, jamais se conformou a poesia portuguesa a esse despojamento de todo acidente, de todo transbordamento natural, de toda inocência, tão característico de qualquer arte verdadeiramente clássica. Ela não se aventura a *criar*, nem aspira ao rigor e à lucidez, mas antes a exprimir singelamente a vida pessoal de cada um, com um mínimo de vontade disciplinadora. Não lhe apraz muito uma arte que pretende abolir os aspectos anedóticos, passageiros, tudo quanto seja movimento, gesticulação, suspiros, lágrimas, por uma transfiguração abstrata e incolor da vida. Não há nela o menor esforço para a simplificação intelectual ou para a *escolha*. Nenhum lirismo é tão passivo, tão feminino quanto o lusitano, e não admira, pois, que seja excessivo o número de cantigas de mulheres (quinhentas, mais ou menos, afirmam os eruditos) que se assinalam nos cancioneiros portugueses, cantigas de autoria masculina, onde o trovador muda de sexo para melhor exprimir as suas queixas.

Uma atenção exata e dócil acompanha toda a sinuosidade dos sentimentos; as efusões do coração, as evocações ternas e sombrias, as aspirações malogradas, os cuidados, as imaginações e os desenganos acham-se compostos não como na arte clássica, em uma construção pura e impessoal, mas antes em uma paisagem agreste de emoções individuais. O anedótico não é deliberadamente omitido em proveito de um conjunto, de um esquema: nada chega a ser acessório. Nisso a poesia lírica portuguesa recorda um pouco as frontarias prolixas em ornamentos e arabescos que exibem certos edifícios da Índia e do Iucatã, onde o artista não se teria deixado levar tanto pelo *horror ao vazio*, como sugeriu alguém, quanto pela renúncia a sujeitar o mundo das formas a uma estrutura simplificada, imposta pelo raciocínio ou às vezes pelo mero bom senso. E não é acaso, certamente, se na Europa o espírito engenhador dessa espécie de monstros, em que a arquitetura quase se converte em música, nunca esteve tão perto de realizar-se como em Portugal, no *manuelino*.

Na poesia é a égloga que exprime melhor, em um quadro rústico, o desenho caprichoso das complicações sentimentais, com os seus diálogos extensos de que participam autor e personagens. Não seria grande exagero dizer que ela é a forma onde melhor se manifesta um dos aspectos mais típicos do lirismo português, naturalmente derramado e sem continência. Mas, por isso mesmo que contrário aos largos esquemas, onde a razão discursiva impõe o seu jugo, essa poesia prima no particular nas *nuances* de sentimento, em estados momentâneos e únicos. Prolixa, ao mesmo passo que minuciosa, ela admite e até impõe uma compressão dos sentimentos em quadros singularmente concisos. A trova popular lusitana e a luso-brasileira ilustram de modo extraordinário esse pendor para a miniatura, que em Portugal não caracteriza apenas a poesia. Se com o advento do classicismo – que em vão tentou destruir essas peculiaridades do lirismo português – o soneto desalojou a égloga e conformou-se tão bem ao temperamento nacional, deve-se isso ao fato de ter alimentado, posto que em menor grau, esse mesmo pendor.

O romantismo veio dar um relevo a tendências semelhantes, estimulando em alguns casos a formação de uma arte que, segundo nota um crítico moderno, consiste em ver a vida em um único plano, de modo não evolutivo, porém estático: visões de um só momento ou de séries de momentos independentes e distintos. Nisso casava-se bem com o gênio português, onde, ademais, já vinha encontrar uma terra amanhada por um sentimentalismo lacrimoso e pelo culto tradicional à saudade. Não faltou nos portugueses, em alguns deles, uma intuição exata dessa convergência, e é significativo que tenham entrado a reavivar formas antiquadas, parcialmente abolidas durante os séculos de cultura clássica, para apresentá-las aos contemporâneos como se foram textos originais de um palimpsesto.

Em um outro ponto estavam os portugueses mais aptos do que outros povos a receber a influência do romantismo: em sua aversão permanente contra todas as formas de artifício que se opõem à expansão livre da personalidade. A poesia que exprime uma dissonância trágica entre o indivíduo e o mundo aparece como uma *constante* de toda a literatura portuguesa, mesmo na época do classicismo. Já se disse que o romantismo é uma consciência de soledade (soledade-saudade) como o classicismo é uma consciência de companhia,[4] e em verdade nunca se exprimiu mais intensamente essa "consciência de soledade" do que em algumas velhas trovas e églogas portuguesas.

Dificilmente encontraríamos em outras literaturas uma expressão mais absoluta desse sentimento de solidão que é tão peculiar a todo romantismo do que, por exemplo, nestes versos de Bernardim Ribeiro:

> *Queixar-me-ei a grandes brados*
> *mas que aproveita bradar,*
> *que trago os olhos quebrados,*
> *quebrados já de chorar*
> *todos os gostos passados?!*
> *Aquele que vem bradando*
> *se se queixará de alguém?*
> *Com seu mal ou com seu bem*
> *virá consigo falando*
> *sem se queixar de ninguém.*

Essa espécie de não conformismo complica-se e agrava-se às vezes por uma complacência mórbida, um quase deliciar-se na dissonância com o mundo e a vida:

*que às vezes o desejado,*
*alcançado, dá pesar,*

como diz Fauno a Pérsio, o inconsolável pastor.

Mas é certo que o lirismo português, embora comprazendo-se nesses estados, nunca os levou ao ponto de uma dissolução total de personalidade, nem sequer depois do romantismo – ao contrário do que sucede com frequência entre os poetas nórdicos – e nisso revela bem que ainda pertence ao galho latino e mediterrâneo. Também não se perde nos transes místicos ou nos desvarios metafísicos, que são, ao cabo, uma solução para as desconformidades com o mundo. O poeta canta as suas desilusões, mas não quer atrair tempestades, invocar o demônio ou fabricar o ouro. Perde-se na vida como ela é, e se a vida lhe traz cuidados não trata de ajustá-la a uma ordem mental. A ordem que aceita não é a que os homens compõem com esforço, mas a que fazem com desleixo e abandono, a ordem do semeador, não a do ladrilhador. É também a ordem em que estão postas as coisas divinas e naturais, pois que – já dizia Antônio Vieira – se as estrelas estão em ordem, "é ordem que faz influência, não é ordem que faça lavor, não fez Deus o céu em xadrez de estrelas...".[5]

Se o romantismo adaptou-se tão bem ao nosso gênio nacional, a ponto de quase se poder dizer que nunca a nossa poesia pareceu tão legitimamente nossa como sob a sua influência, deve-se ao fato de persistir, aqui como em Portugal, o velho prestígio das formas simples e espontâneas, dos sentimentos pessoais, a despeito das contorções e disciplinas seculares do cultismo e do classicismo.

É certo que em suas primeiras manifestações o nosso romantismo pareceu encaminhar-se por outros rumos. Em Gonçalves de Magalhães, sobretudo, a inspiração pessoal é pobre e pouco natural. Quando muito dá expansão ao seu pendor para o entusiasmo, que foi sempre fácil e sincero no poeta carioca. Nesse caso estão, sem dúvida, algumas das suas peças mais felizes, entre outras o "Napoleão em Waterloo", que lembra antes certos poemas de Victor Hugo – como "L'Expiation", escrito, aliás, dezesseis anos depois – do que o "Cinque Maggio" de Manzoni ou a "Ode" de Byron, aos quais tem sido aproximado.

Dirigindo-se a Mont' Alverne, depois de evocar os Bossuets, os Caldas, os Vieiras, e também os Demóstenes "e os Cíceros facundos", ele exclama:

*Ávido eu bebo tuas puras frases*
*Mais doces para mim que o mel do Himeto;*
*E jamais de as beber os meus ouvidos*
*Por cansados se deram.*

Em Roma, ao visitar os templos, não o emocionam os oradores sacros, porque lhes falta a eloquência do brasileiro:

*— Quem me dera inda ouvir o grande Alverne!*

Referindo-se a Salles Torres Homem, diz:

*Ainda joven, da Pátria és já um astro*
*Que no horizonte alto rutila.*

O mais aquinhoado é naturalmente Porto Alegre, seu amigo íntimo:

*Sinal em tua fronte tens do Gênio.*
*Não pertences a ti, tu és da Pátria.*

Entre os cacoetes do romantismo não faltou, sem dúvida, em Magalhães o do medo do amor, que tão claramente estudou o sr. Mário de Andrade em nossos românticos. E ao lado dos exemplos que o escritor paulista mencionou em sua tese ficariam bem estes versos do autor dos *Suspiros*:

> *E eu, ó Destino! se de Amor intento*
> *Temo o nome entoar, rebelde a lira*
> *Só suspiros exala, e as cordas gemem*
> *Ao toque de meu dedo.*

São relativamente raros, porém, os momentos em que assim se exprime. Dir-se-á mesmo que nesse romântico a inspiração amorosa é pouco profunda, pouco sincera. Mais tarde vencerá a doença do "amor e medo"; em *Urânia*, livro de quinquagenário, prefere ceder "os louros do amoroso cantar"

> *..................a quantos queiram*
> *Na lira modular ternas blandícias.*

e acrescenta, triunfante:

> *Mas na força do amor supero a todos.*

Não há motivo do romantismo europeu que não tenha explorado o nosso primeiro romântico. Ao par das invocações ao anjo da poesia, das odes aos amigos e às notabilidades, das composições sobre a "tristeza", a "consolação", a "infância", o "vate", a "poesia" etc., que ainda ocupam talvez a maior parte dos *Suspiros* e prolongam o espírito dos seus poemas anteriores à revelação romântica, encontramos nesse livro alguns dos temas favoritos dos poetas europeus do tempo. Passeando em um cemitério, lembra que "mal não fazem os mortos, só entre os vivos o temor é justo", e exclama:

*Aqui, sim, ó minha alma, aqui te exalta;*
*Solta as prisões do barro que te oprime,*
*E vaga sem horror na imensidade.*

Quase todo um volume de poesias, das últimas que escreveu, é dedicado aos temas fúnebres.

Extasia-se também entre os destroços da antiga Roma, que para tantos românticos foram uma escola de melancolia:

*Oh pó erguido! ó pedras! ó ruínas!*
*Que sublimes lições estais ditando*
*Nessa muda linguagem dos sepulcros!*

Aos motivos sepulcrais e à sedução das ruínas acrescente-se o êxtase ante as paisagens, que inspiram várias peças dos *Suspiros*, os "noturnos", que já aparecem entre as primeiras produções de Magalhães, mais tarde reunidas nas suas *Poesias avul*sas, e teremos uma teoria perfeita de temas românticos. E para completá-la acrescente-se ainda que na sua obra, como na dos poetas franceses que admirava, a revolução literária surge como um complemento necessário da revolução política, e que, um decênio antes das "Vozes da África" e do "Navio negreiro", esse homem, apesar de tudo respeitoso das instituições, ousava escrever versos como estes, que aparecem nos *Cânticos fúnebres*:

*Maldições sobre vós, ímpios senhores*
*Desta raça de Cam, curvada ao jugo*
*Pela vossa cobiça e sede de ouro!*
*Maldições sobre vós, que entre manadas*
*De Africanos adustos meditáveis*
*Tiranos dominar o livre solo,*
*Regando-o co'o suor de vis escravos!*
*Maldições sobre vós, que os vossos peitos*
*Endurecestes nesse trato infame,*
*Que conculca a Moral, e a Deus ofende.*

Mas a verdade é que, se nos trouxe os temas do romantismo europeu, e até insinuou os principais motivos que mais tarde inspirariam um Gonçalves Dias, um Álvares de Azevedo, um Casimiro de Abreu, um Fagundes Varela, e um Castro Alves, ele parece não ter encontrado, nem sequer quando começou a escrever e a publicar, um acolhimento espontaneamente benévolo da parte do nosso público. Seu êxito, sem dúvida considerável, foi principalmente bafejado por um grupo de admiradores que não derivavam o próprio prestígio tanto do valor intelectual e da argúcia crítica, como da influência na administração do país. Esses admiradores pensavam transformar o poeta em uma espécie de instituição nacional, sublime e intangível, o que, se não fez positivamente grande mal a Magalhães, retirou-lhe essa auréola de desproteção e de má sorte, que em época de romantismo faz parte da glória de um autêntico poeta. O próprio imperador é dos primeiros que vêm à liça, defender o autor da *Confederação dos tamoios*, quando este é atacado por Alencar.

Não há exagero em dizer-se que a esse prestígio pessoal, não menos do que às suas múltiplas capacidades, deveu Magalhães uma carreira feliz de político e diplomata. E fez boa figura nesses misteres, pois, apesar de poeta romântico, soube aparentemente guardar, em toda a vida, uma gravidade melancólica e solene, e um alto senso de dignidade – virtudes que no Brasil imperial eram excelentes. Para o nosso romantismo oficial não havia contradição em ser poeta de gênio e visconde de Araguaia ao mesmo tempo: Magalhães conseguiu conciliar impunemente os dois títulos.

Faltou-lhe, porém, como faltou a Porto Alegre, a verdadeira consagração popular que obteriam entre nós os outros românticos: nesse ponto a missão literária que se impôs veio a falhar em grande parte. E seria absurdo buscar-se a origem desse malogro do poeta apenas na boa fortuna do homem público. A sua causa principal deve estar em que, representando verdadeiramente uma sensibilidade romântica, ele não chegou, todavia, a afinar o timbre de sua voz pelo latente "romantismo" de nosso povo. Para um poeta de seu tempo e de sua escola é uma falta grave.

A verdade é que o romantismo entre nós como em Portugal teve um sentido particularmente importante quando contribuiu para reavivar uma sensibilidade que caíra em desfavor, e desse fato tiveram consciência alguns portugueses, Garrett entre outros. Nossos maiores românticos chegaram sem o saber, e conduzidos talvez por uma secreta afinidade, a descobrir o filão perdido. As formas e convenções que importaram do estrangeiro foram subordinadas em grande parte a esse descobrimento. A força da simpatia entre a nova sensibilidade e uma forma de sentir, que, ao cabo, era espontânea em nosso povo, explica largamente a atração que de pronto exerceram esses poetas. Em Magalhães não chegaram a confluir as duas correntes afins, e daí o engano dos que enxergam em seu romantismo um simples ornamento oratório. Foi um lírico de espécie inferior todas as vezes em que quis ser poeta lírico, e isso é tanto mais notório se o compararmos aos demais românticos. É possível salientar na evolução de nosso romantismo – tomando a palavra com os limites que lhe dão os compêndios de história literária – uma intensidade progressiva na inspiração pessoal e uma crescente naturalidade na expressão. Tendo cessado de exercer um papel decisivo na literatura culta, o espírito que presidiu o romantismo brasileiro não morreu com ele: ao contrário, foi alimentar a inspiração anônima do povo. Como se a espontaneidade, ao menos aparente, a que tendia, só lograsse plena expansão entre os mais humildes. Casimiro de Abreu exerceu provavelmente tanta influência sobre a nossa poesia popular quanto foi influenciado por ela. Quem o lê hoje poderia dizer, como disse Joaquim Nabuco de um escritor político, que tinha a "arte do lugar-comum escolhido"; mas é preciso recordar que a maior parte do que consideramos hoje como lugares-comuns da poesia popular deve-se em verdade ao romantismo, e no romantismo sobretudo a Casimiro de Abreu. A fortuna extraordinária de termos tais como "visões douradas", "céu de safira", "bosques verdejantes", "celestes devaneios", "terno enlevo" etc., alguns tão assíduos nos cancioneiros do povo, data em grande parte da divulgação das *Primaveras*, o livro que maior número de edições já teve no Brasil.

O singular da trajetória do romantismo no Brasil está em que, partindo de uma arrecadação confusa e erudita de fórmulas exóticas, ele se apurou, lenta mas seguramente, despindo-se de todo o acessório, para ir dar um vigor novo às expressões mais genuínas de nossa alma popular. É fácil censurá-lo por consequências às vezes funestas que terá tido, não apenas na literatura, mas em outras manifestações de nossa vida social. Discriminam-se sem esforço os vícios dessa atitude contagiosa que ele representa, e pela qual os homens se extasiam ante a própria fraqueza, triunfam com a própria derrota, descansam nos desejos não satisfeitos, conhecem a vontade apenas como apetite ou como programa, o entusiasmo como grandiloquência, o amor como renúncia ou como fantasia. Mas seria superficial e falso fixar em nosso romantismo, nascido em 1836 com a publicação dos *Suspiros poéticos*, unicamente os seus aspectos negativos. Eles não explicariam, por si sós, como esse movimento literário chegou a atingir e a definir tão exatamente algumas das realidades mais profundas e das riquezas mais autênticas de nossa vida emocional.

# Poesias*

·

A PRESENTE EDIÇÃO DAS *Poesias de Américo Elísio*, que formam o primeiro volume das *Obras de José Bonifácio de Andrada e Silva*, reproduz o texto da edição Laemmert de 1861 com as modificações consignadas e justificadas em notas finais. Nela se inclui toda a obra poética até agora conhecida de José Bonifácio, pela primeira vez reunida na mesma edição Laemmert, pois a precedente, publicada em Bordéus no ano de 1825, ainda não abrange algumas das peças que mais contribuíram para sua nomeada como poeta. Nesse caso podem citar-se, por exemplo, a "Ode aos gregos", as "Cantigas báquicas" e sobretudo a "Ode aos baianos", de todas, talvez, a que mais se popularizou.

José Bonifácio nunca deixou de cultivar e de prezar a poesia, ainda quando outras atividades, a política ou a ciência, atraíam o melhor de seu esforço. Antes de partir rumo a Coimbra, onde se bacharelou em filosofia natural e direito civil, já tinha ele produzido alguns poemas que não renegaria mais tarde. Desse tempo seriam pelo menos três sonetos, dois dos

395
LIVRO
DOS
PREFÁCIOS

·

---

\* Elísio, Américo (pseudônimo). *Poesias*. Rio de Janeiro, Instituto Nacional do Livro, Imprensa Nacional, 1946, pp. VII-XIV. [Prefácio]

quais afirma ter composto aos dezesseis anos de idade. Seu *idílio* intitulado "A primavera" é publicado em 1816, no mesmo ano em que sai a *Memória mineralógica sobre o distrito metalífero entre os rios Alve e Zézere*, quando já prepara a *Memória sobre a mina de ouro da outra banda do Tejo*. Exercia então as funções de secretário-geral da Academia Real das Ciências de Lisboa. Mais tarde, os sucessos políticos de 1823 forçam uma pausa em sua atividade pública e é ainda na poesia que busca recreação. Pode dizer-se, assim, que a vocação poética foi a primeira a manifestar-se no grande Andrada e que essa vocação deveria acompanhá-lo toda a vida. Não há erro, pois, nem sequer de um ponto de vista rigorosamente cronológico, em iniciar a publicação de suas obras completas pelas *Poesias de Américo Elísio*.

Se, apesar de tudo, essa produção poética representa apenas uma face e não a mais brilhante de um talento tão rico e tão vário como o de José Bonifácio, é indiscutível que, ao lado das numerosas notas pessoais e fragmentos manuscritos a serem publicados pelo Instituto Nacional do Livro, ela ajuda a compor melhor a fisionomia moral e espiritual de um dos grandes personagens de nossa história, fornecendo-nos traços peculiares que sua ação política e seus trabalhos científicos não deixam transparecer.

Formando sua cultura no comércio dos clássicos e dos antigos, José Bonifácio não se conservou alheio às correntes literárias que mudavam na época o panorama intelectual do Velho Mundo. "O sistema da admiração exclusiva dos clássicos produziu um montão de regras arbitrárias e prejudicou a literatura com sua má influência", diz-nos ele em uma das notas avulsas. Triunfante na Europa, o romantismo ainda não metrificava no Brasil ao tempo em que o santista escreveu e publicou suas poesias. E se alguém poderia talvez preceder a Gonçalves de Magalhães na glória de trazê-lo para nossa terra, foi sem dúvida aquele que se assinou academicamente, arcadicamente, Américo Elísio. Sempre informado de todo o movimento literário dos países mais cultos – e não apenas de França e de Portugal –, leitor insistente de Byron, como o denunciam numerosas notas manuscritas de seu próprio punho, e também de Scott, de Schiller, de Wieland, de Ossiã, ele parecia armado como poucos para refletir em nosso país as tendências que revolucionavam a poesia europeia. Frequentando, por outro lado, os mestres antigos, conhecendo perfeitamente o latim e o grego – o latim já aos catorze anos de idade, quando partiu de Santos para São Paulo a fim de fazer o curso preparatório de filosofia, retórica, línguas e literatura –, José Bonifácio retirava das disciplinas clássicas energias para resistir à avalanche romântica. Contemplava-a de longe, curioso, interessado, seduzido talvez, mas jamais conquistado. Suas afinidades de espírito e educação estariam muito mais com os homens da chamada "época das luzes" e isso serviria para temperar o que nele houvesse de tradicionalista e ortodoxo. "Querem os portugueses que escreva novenas de santa Rita, e porque não faço *des petites capucinades*, chamam-me herege e querem-me assar devotamente", anotava ele antes de voltar pela primeira vez ao Brasil. E logo depois: "Devemos saber ignorar em paz muita coisa grande".

Avesso a várias modalidades do espírito de seu tempo, fiel sob tantos aspectos ao setecentismo, ao clássico, ao antigo, tudo o convidava a meditar melhor sobre os erros e preocupações estéreis dos contemporâneos e o servia mais do que poderia prejudicar. Arrebatado e rebelde de temperamento, praticou alguns erros em sua vida pública, pois era homem do primeiro arremesso, mas salvou-o continuamente um realismo sadio e severo, bem raro no tempo. Ambicioso de ação prática, seus escritos têm quase sempre um sentido utilitário e algumas das soluções que propôs para problemas do momento ainda hoje não perderam atualidade. Foi inimigo mortal de tudo quanto perturbasse uma visão nítida e isenta das realidades e ainda nisso se distanciou e se distinguiu consideravelmente de sua época, do Brasil de sua época. Na produção literária que deixou, essa atitude se exprime pelo horror constante ao subjetivismo romântico em todas as formas. "Não sou feliz e falo a verdade, porque nunca amei a falsa *sentimentabilidade* [*sic*] dos romances modernos", escreveu em uma das suas notas, grafando mal a palavra de importação recente, que o romantismo iria prestigiar.

Enriqueceu-lhe o espírito não só a cultura que se aprende nos livros e nas escolas como também o contato direto, em todos os centros civilizados, com os problemas que desde cedo o absorveram. Dois anos depois de terminado o curso em Coimbra, teve a ventura de poder realizar, por iniciativa da Academia Real das Ciências, uma longa viagem de estudos pela Europa. Em Paris, onde se dedicou a pesquisas minuciosas sob a direção de alguns mestres da ciência do tempo; na Escandinávia, onde teve convite para dirigir as minas norueguesas; na Alemanha, onde ouviu as sábias lições de Gottlieb Werner e travou relações com Alexandre von Humboldt, Leopoldo von Buch e Lampadius; na Boêmia; na Hungria; na Itália, em todas essas terras e durante dez anos a fio, o futuro Patriarca da Independência teve ocasião de limar e aprofundar seus conhecimentos teóricos e ao mesmo passo adquirir a experiência que pode proporcionar a vida nos grandes meios cultos. De regresso a Portugal foi nomeado intendente geral das minas e metais do Reino e em Coimbra criou-se para ele a cadeira de geognosia e metalurgia, concedendo-lhe a universidade o título de doutor em ciências naturais. Entre outros empregos e postos honoríficos que teve durante sua estada em Portugal podem citar-se os de membro do Tribunal das Minas, administrador das minas de carvão de Pedra de Buarcos, administrador das fundições de ferro de Figueiró dos Vinhos e Avelar, diretor do Real Laboratório da Casa da Moeda de Lisboa, organizador da sementeira de pinhais no litoral desde Couto de Lavos, desembargador ordinário e efetivo da Relação e Casa do Porto, superintendente do rio Mondego e Obras Públicas de Coimbra, diretor das obras de encanamento do mesmo rio e provedor da Finta de Maralhais.

Eschwege, que o conheceu por esse tempo, descreve-o como homem de estatura pouco inferior à média e muito magro. Em seu rosto pequeno e redondo ressaltava um nariz descarnado e ligeiramente curvo. Os olhos negros e brilhantes eram pequeninos, mas vivíssimos. Os cabelos pretos e lisos formavam atrás um trançado ou chicote, pendente à nuca, e que se ia esconder sob a gola. Seu vestuário constava ordinariamente de um longo casaco pardo e calças igualmente compridas. Do terceiro botão do casaco descia uma fita com as insígnias da Ordem de Cristo, e sobre o bolso direito ostentava-se o emblema de seu cargo. Usava chapéu redondo, enfeitado de um penacho com as cores nacionais portuguesas. De temperamento colérico, extremamente cioso de suas funções, irritava-se ante o menor desleixo dos subordinados. Aos alemães que compunham com Eschwege a missão científica, parecia estranhável o fato de Andrada fazer-se acompanhar constantemente de um soldado armado e quase maltrapilho. Mas o regime dominante em Portugal era o de despotismo e convinha impor prestígio a qualquer preço.

A par de tudo isso José Bonifácio sabia ser amável e obsequioso. De sua energia os membros da missão montanística alemã tiveram abundantes provas. Em Foz d'Alge, onde foram recebidos com generosa cordialidade por parte da população, muitos adoeceram gravemente, inclusive Eschwege. Tratados a princípio com grande carinho pelos camponeses, nada lhes faltava do necessário para se manterem. Como porém não costumassem ir à missa, espalhou-se logo entre os habitantes do lugar a crença de que eram hereges estrangeiros. O resultado é que os negociantes passaram a recusar sistematicamente qualquer trato com eles, a cozinheira despediu-se e os alemães se viram de um momento para o outro reduzidos a pão e laranja. Sabedor do fato, José Bonifácio, que não se encontrava em Foz d'Alge, interveio em pessoa para resolver a situação. Forneceu vinhos de sua adega e aos soldados ordenou que tratassem de obter galinhas e que as requisitassem dos camponeses, se estes insistissem em não fornecê-las. Nessa e em outras ocasiões José Bonifácio soube mandar e fazer-se obedecer, dando todas as facilidades indispensáveis aos cientistas estrangeiros, que viram nele um protetor solícito, não só junto ao povo como junto aos poderes públicos.

De todas as emoções por que passou durante esse tempo, de todos os inimigos que enfrentou, pois não os poupava sua agressividade, de todas as intrigas e injustiças que procurou desfazer com um zelo sempre vigilante, não lhe vieram apenas dissabores, mas também o hábito da vida pública e o ânimo de lutar e vencer. Em vão, nas cartas aos amigos, falava em fadiga, quando ainda não tinha começado a grande obra de sua vida, e pensava em cultivar tranquilamente suas plantas "nos sertões do Brasil". "Já saberá v. exª", dizia em 1806 ao conde de Linhares, "que me preparo para isso desde longe; pois já estou lavrador, tenho arrendado aqui uma grande quinta por 600$000 por ano, que me tem enriquecido de conhecimentos práticos, e empobrecido a magra bolsa."

Ao lado dessa atividade incessante, que se exercitava, como vimos, nos mais diversos setores, José Bonifácio nunca deixou de cultivar as boas letras. Sua correspondência revela uma curiosidade insistente por tudo quanto se relacionasse com a ciência, a filosofia, a literatura, principalmente a poesia. Era leitor incansável, conforme o denuncia a mesma correspondência. E não aceitava passivamente o que lhe diziam os livros. Criticava-os, corrigia-os, e algumas vezes com uma argúcia que ainda hoje poderia ser admirada. Há sinal em sua obra poética de que jamais considerou definitivas as primeiras versões, jamais cedeu romanticamente à inspiração e nunca fez da facilidade, da espontaneidade, uma virtude. Sem embargo disso escreveu numerosas "peças de circunstâncias", posto que nem todas tenham sido incluídas entre as poesias de Américo Elísio. De algumas conhecemos trechos reproduzidos nas *Anotações à biografia de Antônio de Meneses Vasconcelos de Drummond*. Há motivos, aliás, para se duvidar da fidelidade absoluta dessas reprodução, ditadas de memória e sem que o próprio Drummond pudesse ao menos conferir as cópias. Dessas poesias podem ser citados para exemplo os seguintes versos relativos à dissolução da Assembleia Constituinte:

*No mesmo dia em que se dissolvera*
*Com autômatos azuis postos em fila*
*A Assembleia Geral inepta e fraca,*
*Eu vi sobre um andor que fatigava*
*Becas e fardas e os toutiços gordos*
*De cônegos e frades, o Despotismo*
*Carregado de faixas e veneras*
*E das ventas fumando orgulho e sanha,*
*Para fazer alardo às Domitilas*
*E as Fendingas reles.........................*

Do mesmo gosto satírico são os versos do "Sonho", em forma de epístola dirigida a Drummond, que nos conservou os seguintes, a respeito da festa dos frades:

*Tinham postas as mesas, e sentados*
*Vi cônegos e frades, irmãos e camaradas,*
*Que se vendem por fitas e chocalhos,*
*Devotos esperarem a pitança,*
*Agigantados mulatões robustos,*
*Cabeça erguida ombros arqueados,*
*Fumantes tabuleiros conduziam*
*Atulhados de postas e tassalhos*
*Do fresco lombo, de perus e patos,*
*E dos quitutes que as Marfisas mandam.*
*O Dom Abade um cântico entoava*
*Em som nasal desconcertado e alto,*
*Que na vida fradesca e nos palácios*
*Comilão que mais berra, mais digere.*

De "Amores da mocidade", que também se perdeu e onde "o poeta parecia ter voltado aos anos risonhos" de sua juventude, oferece-nos Drummond a seguinte amostra:

*Satânico teria o férreo peito*
*Quem amor não sentiu nos verdes anos,*
*Só feitos para amar e ser amado:*
*De amor nas ondas arde o mudo peixe,*
*Impelidas de Amor as aves cantam,*
*Nos matos o leão segue a leoa,*
*Corre após a novilha furioso*
*O bravo touro com bramantes roncos,*
*E os cornos rompe sobre os duros troncos;*
*Do feroz Listrigão ao Cita frio,*
*Do Cafre nu ao bárbaro Tapuia,*
*Crava no peito Amor farpada seta,*
*Que assim o mandou Jove e o quer Natura.*

Rememorando os dias que passara em Talence na companhia de seu venerando amigo, durante o exílio, assim se manifesta Drummond: "Fora do tempo da recreação e do descanso trabalhávamos, ele a ditar e eu a escrever. Que de belos versos se não perderam por descuido ou por preguiça minha. Sempre que deles me recordo e do fim que levaram sinto-me ainda angustiado".

Apesar dos entusiasmos que puderam inspirar ao fiel admirador de José Bonifácio, nada existe nas amostras apresentadas que revele o valente poeta da "Ode aos baianos". De seus dons de satírico há exemplos nas *Poesias de Américo Elísio*. Outros aparecerão, porventura, quando se elucide a parte que lhe teria cabido, ao lado de Francisco de Melo Franco, na composição do *Reino da estupidez*. Compreende-se que, quase ao termo de uma vida de lutador, José Bonifácio se ocupasse muito vivamente dos acontecimentos políticos de sua terra e que nele chegassem a confundir-se o poeta e o homem público. Mas a poesia purificada de todos os aspectos acidentais e anedóticos, a poesia impessoal, que pede o silêncio das paixões momentâneas e exige certo descanso de espírito – coisa que José Bonifácio nunca teve –, essa poesia ele a compreendeu e a admirou ainda quando não a pudesse cultivar. Em sua arte poética, tal como aparece expressa em notas manuscritas que nos deixou, destaca-se sempre uma preocupação de rigorosa harmonia e severo equilíbrio, que são apanágio da poesia verdadeiramente clássica. Os poetas, como os demais artistas – diz-nos ele em uma dessas notas –, ao mesmo tempo em que procuram não enfastiar pela fria monotonia, "evitarão, quando puder ser, a despropositada variedade que se opõe à simplicidade e ordem poética, que em vez de subministrar o proporcionado alimento à curiosidade, mãe do gosto, mata-a com imaginações e vem a não conseguir seu devido fim".

A esses preceitos, talvez um pouco exclusivos para o gosto moderno, procurou conformar-se José Bonifácio em muitas composições que formam o presente volume.

# Fausto*

404
LIVRO
DOS
PREFÁCIOS

A PROPÓSITO DE UMA TRADUÇÃO DO *Fausto* nunca é demais recordar o que pensava Goethe da arte de traduzir. O assunto foi versado muitas vezes em seus escritos e nem sempre do mesmo ponto de vista. Vale a pena, contudo, destacar o que lhe ocorreu dizer em uma das conversas com Eckermann a propósito de reproduções de quadros famosos. Novos recursos técnicos tinham tornado possível fazê-las com grande esmero e exatidão, e no entanto não refletiam o sentimento profundo da obra original que se denunciava em cópias antigas e mais toscas. O mesmo sucedia a respeito de traduções. Voss realizara uma versão magistral de Homero, e contudo era possível imaginar alguém que com uma compreensão mais simples e mais direta do texto grego fosse capaz de ultrapassá-lo, transmitindo essa compreensão ao leitor moderno.

É inevitável aproximar semelhante ponto de vista das ideias tão frequentemente manifestadas por Goethe sobre o próprio processo de criação artística. Processo que, no seu entender, devia ser como o de uma obra da natureza, isto é,

---

\* Goethe, Johann Wolfgang von. *Fausto*. Instituto Progresso Editorial, 1949, pp. 7-15. [Prefácio]

sem lógica humana e sem cálculo. Na elaboração artística, um excesso de cálculo parecia-lhe pernicioso e contraproducente, e em suas memórias conta-se como preferia escrever a lápis, pois o simples ranger da pena podia estorvar aquela pausa de consciência de onde muitas vezes brota a genuína poesia. E numa conversa com Riemer chegou a dizer que "o ser humano não pode permanecer por muito tempo no estado consciente; há de buscar sempre novo apoio no inconsciente, porque é onde estão mergulhadas as suas raízes".

Essa noção relaciona-se, por sua vez, com a particular sedução que sempre despertaram nele as nascentes da vida, aquela escura e misteriosa região das "Madres" – "de onde ascende à superfície da Terra tudo quanto tem figura e vida" –, e ao mesmo tempo sua aversão ao pensamento especulativo, que tanto seduzia aos seus conterrâneos e contemporâneos.

É justamente desse ponto que parte sua principal divergência com o criador do *Wallenstein*. "Schiller", dizia, "não era capaz de agir com certo grau de inconsciência e segundo o instinto; precisava, ao contrário, refletir previamente sobre tudo quanto ia fazer." Prejudicavam-no particularmente as tendências filosóficas de sua poesia, as mesmas tendências que levaram tantos autores alemães a uma linguagem complicada, pretensiosa, incompreensível. "Quanto mais perto estão de certas escolas filosóficas, tanto pior escrevem. Os alemães que escrevem melhor são os que se dedicam a atividades práticas; comerciantes e mundanos." Assim também, observa, "entre mulheres alemãs existem naturezas verdadeiramente geniais, que escrevem num estilo admirável, superando, nesse ponto, a muitos dos nossos escritores mais afamados".

Essas manifestações incessantes contra a proeminência exclusiva da especulação abstrata, a repulsa ao formalismo exacerbado, que o faziam preferir a naturalidade de um Rafael às preocupações técnicas de um Leonardo, que já nos últimos meses de vida o levariam a lamentar o fato de não ser nem bastante moço, nem bastante ousado para violar deliberadamente todos os preconceitos formais e recorrer às aliterações, assonâncias, falsas rimas, a tudo enfim quanto condenavam gramáticos e retores do tempo, fez com que muitos críticos passassem a julgá-lo por um aspecto parcial de sua obra. E parece claro que, no caso de obra tão complexa, semelhante julgamento teria de ser não apenas incompleto, mas sobretudo falso.

Reagindo muitas vezes contra a influência de certas doutrinas filosóficas sobre a literatura, Goethe teve de acentuar em demasia um dos matizes de sua personalidade. Mas não parece inteiramente plausível tentar recompor com esses elementos fragmentários uma figura integral, dissociando-a, por um lado, do pensamento da Era das Luzes e por outro erigindo-o em profeta da divina inspiração e da ignorância criadora ou em antepassado espiritual dos modernos irracionalismos.

Precisamente a significação sem par dessa obra está na ambição que a domina de captar a realidade viva em sua unidade e totalidade. Goethe não se opõe ao racional, na medida em que o racional esteja intimamente vinculado às demais formas de saber e às atividades mais generosamente criadoras, mas na medida em que proclama sua independência e se transforma, desse modo, em força estranha e desagregadora da realidade.

Assim também, em harmonia com toda essa concepção, o tradutor ideal deve ser capaz de viver profundamente a obra para poder captar e transmitir sua essência verdadeira. Tão primordial era para ele tal capacidade, que chegava não só a superar, mas ainda, de certo modo, a suprir a atenção exata a todas as minúcias. Não se pode pretender, entretanto, que quisesse excluí-las ou que tal exclusão devesse ser constituída, para ele, em lei genérica e abstrata.

A prova do contrário pode ser encontrada em mais de um passo de sua obra. Quando, ainda nas conversas com Eckermann, acentua a dificuldade de transposição para o alemão de certas poesias inglesas, devido ao fato de as expressões incisivas, monossilábicas, do inglês não poderem verter-se sem prejuízo completo de sua intensidade, o que se revela é uma convicção íntima de que a fidelidade e o zelo pelo pormenor hão de pertencer necessariamente às obrigações tácitas do bom tradutor. E pode-se lembrar como, ao empreender certa vez algumas breves e fragmentárias traduções de Byron, quis de modo expresso que fossem tidas como simples tentativa ou exercício, não destinado à publicação.

Uma tradução de Goethe, realizada conforme o pensamento goethiano, e não poderíamos neste caso aspirar a nada de melhor, há de atender sem dúvida, e em primeiro lugar, ao espírito do autor, mas também, e necessariamente, às circunstâncias de seu texto. Existirá quem argumente que, em proveito da fidelidade absoluta a esse texto, é de toda conveniência que a tradução de uma poesia se faça na linguagem talvez mais maneável da prosa. Mas como, se justamente a condição básica de toda tradução fiel está em conservar-se fiel a essa coerência íntima, e de fato indissolúvel, que há entre o que um texto exprime e o como o exprime? Um filósofo de nossos dias recorreu a uma fórmula metafórica para manifestar o que considera a "unidade do corpo e da alma", dizendo que o corpo é a expressão da alma e esta o "sentido" do corpo. Pode-se também dizer, talvez em traço muito grosso, pois que nem sempre é evitável o uso de termos imprecisos, mas já estereotipados pelo costume, que numa obra de poesia a "forma" é verdadeiramente a expressão do "conteúdo" e este o sentido da forma. E quem pretenda ser mais rigoroso, este dirá abertamente que todas estas discussões sobre conteúdo e forma, em poesia, são supérfluas e em verdade ociosas.

Ao próprio Goethe jamais sucedeu tentar traduzir em prosa aquilo que encontrara escrito originariamente em verso, certamente porque não imaginava essa hipótese e tinha como evidente que a tradução de uma poesia, se quiser ser razoavelmente fiel, há de fazer-se no idioma da poesia. Quando pareceu sumamente difícil dar na tradução uma ideia aproximadamente exata dos méritos da obra original, preferiu renunciar ao intento e confessar sinceramente o malogro, como o fez no caso do *Conte di Carmagnola*, embora sem deixar de admitir que a tragédia manzoniana era mais traduzível talvez do que os poemas de Byron.

Uma vez que se admita o ponto de vista de que a tradução de uma obra de poesia deve ser feita na linguagem da poesia, resta considerar que para isso existem dois caminhos alternativos: ou o tradutor seguirá todos os aspectos formais do texto, inclusive ritmo e metro, ou procurará interpretar esse ritmo segundo as próprias inclinações e segundo o gênio e as convenções familiares da língua da tradução.

Na tradução do *Fausto*, que se vai ler, foi adotada a primeira das alternativas citadas. Quer dizer que a sra. Jenny Klabin Segall seguiu aqui o caminho mais penoso. Sua concepção de fidelidade e honestidade na interpretação da obra original é admiravelmente absolutista e intolerante. E como a aproximação entre qualquer tradução e o texto nunca poderá ser definitiva e sempre há de comportar várias gradações, note-se que é um autêntico prodígio a soma de trabalho que ela desenvolveu para alcançar essa proximidade ideal a que deve tender qualquer tradução.

Tive ocasião de examinar atentamente o volume cujo texto, muito melhorado, serviu para esta segunda edição. Não há quase página em que as margens e entrelinhas não tenham ficado marcadas por sua impaciência de alcançar aquele ideal de exatidão. Em alguns casos, como no do colóquio entre os arcanjos, do Prólogo no Céu, as modificações atingem praticamente todos os versos. Por vezes visam a uma simples *nuance* apenas perceptível, mas cumpre dizer que essas modificações não só revelam a preocupação de aprofundar-se sempre mais no espírito do autor, mas ainda obedecem constantemente à ambição de melhor respeitar o texto.

Ao seu zelo pela fidelidade acrescente-se que, artista ela própria e esposa de um artista, do grande pintor Lasar Segall, a autora desta tradução tem além disso aquela sensibilidade bem feminina que, segundo Goethe, apreende e transmite espontaneamente muita coisa que à maioria dos homens, em particular dos homens cultos, só é acessível à custa de imenso esforço. Essas virtudes dão singular realce ao serviço que vem prestando a sra. Jenny Klabin Segall às letras e à cultura brasileiras.

A tradução que agora se imprime pela segunda vez vem acrescida de uma versão ainda inédita do quinto ato do segundo *Fausto*. Quero crer que seja o prenúncio de uma versão completa de obra tão necessária para quem deseje bem compreender o mundo goethiano. O fato de ter sido iniciada é entretanto de bom augúrio e já constitui empreendimento à altura do centenário que se vai celebrar este ano.

# Clara dos Anjos*

·

NÃO SEI SE É LÍCITO ESCREVER SOBRE os livros de Lima Barreto sem incorrer um pouco no pecado do biografismo, que tanto se tem denunciado em alguns críticos. No caso do romancista carioca, não só as circunstâncias de sua vida pessoal, tão marcada pelo desmazelo e a intemperança, parecem inseparáveis de sua obra literária, como afetam certamente muitos dos juízos, benévolos ou desfavoráveis, que pôde suscitar.

O contraste entre essa vida e uma obra que figura entre as mais admiráveis de nossa literatura de ficção não é realmente de natureza a estimular a boa e justa medida nos julgamentos críticos. Entra, com efeito, naquela oposição, alguma coisa de extraordinário, de quase insólito, e que parece, por isso mesmo, provocar reações imoderadas. Não duvido até que seja ela a causa principal de certa tendência compensatória para sobre-exaltar-se o valor dos seus romances. A verdade é que Lima Barreto não foi o gênio que nele suspeitam alguns dos seus admiradores e nem é possível, sem injustiça, equipará-lo ao autor de *Brás Cubas*.

---

* Lima Barreto, A. H. de. *Clara dos Anjos*. 5ª edição, São Paulo, Brasiliense, sd., pp. 3-8. [Prefácio]

Há contudo outros motivos, frequentemente extraliterários, para essa exaltação, e quando leio, por exemplo, que meu amigo Caio Prado Júnior considera a obra de Lima Barreto a de "um dos maiores, sob muitos aspectos, do maior romancista brasileiro", tenho a certeza de que estes "muitos aspectos" não são precisamente os que se devam estimar em primeiro plano no trato da literatura de imaginação.

A obra deste escritor é, em grande parte, uma confissão mal escondida, confissão de amarguras íntimas, de ressentimentos, de malogros pessoais, que nos seus melhores momentos ele soube transfigurar em arte. É essa espécie de refundição artística o que realmente importa ou importa antes do mais no estudo de tal obra, o que de fato vai valorizar as ideias nela expressas ou a crítica social, onde apareça. Dizer isso não é dizer que uma obra literária deva julgar-se segundo padrões formais, uma vez que estes não são absolutos e não se podem reduzir a peso e medida. Mas independentemente da presença de semelhantes padrões, a apreciação literária, ou seja, o discernimento de valores estéticos, irredutíveis embora a fórmulas rígidas, não precisa e não deve ser desdenhado em benefício de outros valores que, permitindo uma falsa impressão de objetividade, transcendem, no entanto, a esfera da literatura.

E creio que é aquele tipo de apreciação o que se há de aplicar à obra de Lima Barreto e melhor atende ao espírito em que presidiu sua elaboração. Pois não foi ele mesmo quem, a propósito de seu *Isaías Caminha*, se irritou certa vez contra os que enalteciam em seu romance a crítica e sátira social, o *potin* agressivo e malicioso, sem dar maior atenção às virtudes da realização novelística?

O que talvez se possa afirmar em detrimento de parte da sua obra e muito especialmente do romance *Clara dos Anjos*, impresso agora, pela primeira vez, em volume (Editora Mérito, Rio de Janeiro, 1948), é que nela a refundição estética não se fez de modo pleno. Em outras palavras, os problemas íntimos que o autor viveu intensamente e procurou muitas vezes resolver através da criação literária não foram integralmente absorvidos e nela ainda perduram em carne e osso como corpo estranho. Ou ainda: Lima Barreto não chegou a triunfar nesses casos, sobre a "reflexão agitada" de que fala Henry James no prefácio a um dos seus romances, reflexão que a genuína criação artística abomina tanto como a natureza abomina o vácuo.

Em *Clara dos Anjos* relata-se a história de uma pobre mulata, filha de um carteiro de subúrbio, que apesar das cautelas excessivas da família é iludida, seduzida e, como tantas outras, desprezada, enfim, por um rapaz de condição social menos humilde do que a sua. É uma história onde se tenta pintar em cores ásperas o drama de tantas outras raparigas da mesma cor e do mesmo ambiente. O romancista procurou fazer de sua personagem uma figura apagada, de natureza "amorfa e pastosa", como se nela quisesse resumir a fatalidade que persegue tantas criaturas de sua casta: "*A priori*", diz, "estão condenadas, e tudo e todos parecem condenar os seus esforços e os dos seus para elevar a sua condição moral e social". É claro que os traços singulares, capazes de formar um verdadeiro "caráter" romanesco, dando-lhe relevo próprio e nitidez, hão de esbater-se aqui para melhor se ajustarem à regra genérica. E Clara dos Anjos torna-se, assim, menos uma personagem do que um argumento vivo e um elemento para a denúncia.

A sra. Lúcia Miguel Pereira, que, embora em outras palavras, tão bem assinala esta circunstância, notou como as tintas são frequentemente carregadas na narrativa, de modo talvez desnecessário e menos convincente, quando o autor procura fazer ainda mais patente a ignomínia do sedutor: "Até os animais da predileção de Cassi, os galos de briga, são apresentados com visível má vontade: 'horripilantes galináceos' de 'ferocidade repugnante'". E poderia notar mais, se quisesse sublinhar este ponto, que o sedutor, em contraste com a vítima, pertence à raça privilegiada, raça muitas vezes irresponsável perante a sociedade e a polícia: tem pele branca e, como se fosse preciso acentuar melhor o contraste, é sardento e de cabelos claros.

De passagem cabe observar como Cassi, vicioso até à medula, não tem todavia o vício que Lima Barreto admitiria com complacência nos próprios inimigos: ao contrário do que ocorre com alguns dos personagens realmente "simpáticos", como o velho Meneses, por exemplo, ou como Leonardo Flores, é avesso à bebida e nunca foi visto embriagado. A propósito lembra-me nitidamente, dentre as poucas e confusas recordações que me ficaram de Lima Barreto, quando o conheci pessoalmente, no último ano de sua vida, este comentário bem expressivo, apesar de toda a reserva irônica que comporta:

– Poeta era o Verlaine. Bebia como uma cabra...

Outra lembrança que conservo vivamente é a de seu desapreço, em mais de uma ocasião manifestado, pela obra de Machado de Assis. Achava-a ou ao menos pretendia achá-la muito inferior à de Aluísio Azevedo, que afirmava ser o nosso maior romancista. É muito possível que entrasse em tais manifestações menos uma convicção firmada do que o ressentimento de quem, zeloso ao extremo da própria originalidade, não tolerava de bom grado as filiações literárias que esboçava a crítica do tempo. Não é talvez descabido, a esse respeito, notar que num inventário dos livros da biblioteca de Lima Barreto, organizado em 1917, quando já tinham sido publicados ou ao menos redigidos todos os seus principais romances (o próprio *Gonzaga de Sá*, impresso somente em 1919, fora redigido muitos anos antes), não consta nenhum livro de Aluísio Azevedo, ao passo que lá estão as obras mais conhecidas de Machado e mais um trabalho intitulado *A psicologia mórbida na obra de Machado de Assis*, tese de concurso apresentada naquele mesmo ano à Faculdade de Medicina do Rio de Janeiro pelo dr. Luís Ribeiro do Vale, natural de Minas Gerais.

O certo é que, apesar de tudo quanto podiam ter de comum, os dois romancistas cariocas se separavam num ponto essencial. Enquanto os escritos de Lima Barreto foram, todos eles, uma confissão mal disfarçada, conforme se disse acima, os de Machado foram antes uma evasão e um refúgio. O mesmo tema que para o primeiro representa obsessivo tormento e tormento que não pode calar, este o dissimula por todos os meios ao seu alcance. E afinal triunfa na realização literária, onde a dissimulação cuidadosamente cultivada irá expandir-se até ao ponto de se converter no ingrediente necessário de uma arte feita de vigilância, de reserva e de tato. Machado de Assis aristocratizou-se por esforço próprio e da disciplina que para isso se impôs, ficou em seu temperamento e em sua obra uma vertente inumana, que deveria desagradar a espíritos menos capazes de contenção. Desagradaria, como se sabe, a um Patrocínio, e desagradou certamente a Lima Barreto.

Deste pode-se dizer que não conseguiu forças para vencer, ou sutilezas para esconder, à maneira de Machado, o estigma que o humilhava. Antes de abordar francamente um dos aspectos do problema do mestiço, o que faria em *Clara dos Anjos*, já o deixa transparecer em vários escritos. Em *Isaías Caminha*, por exemplo, o episódio onde um caixeiro atende mal o personagem que lhe pede troco, ao passo que recebe prazenteiramente a reclamação de outro freguês, este alourado, e não mestiço como ele, Isaías, marca um contraste suficiente para transtornar suas relações com o mundo que o cerca. "Curti durante segundos uma raiva surda, e por pouco ela não rebentou em pranto. Trôpego e tonto embarquei e tentei decifrar a razão da diferença nos dois tratamentos. Não atinei: em vão passei em revista a minha roupa, a minha pessoa..."

Há nessa humilhação, sem dúvida, o eco de muitas outras que o romancista padeceu pessoalmente e registrou em seu diário, ainda inédito. Nesse precioso documento, que me foi dado percorrer graças a uma obsequiosidade do sr. Francisco de Assis Barbosa, possuidor de uma cópia, encontram-se pormenores que dão bem a medida das suscetibilidades de Lima Barreto a esse respeito. Suscetibilidades que parecem ter-se agravado nos anos seguintes ao primeiro acesso de loucura de seu pai, ocorrido em 1903. Assim é que, numa entrada correspondente ao mês de novembro de 1904, ano em que trabalhava na versão primitiva de *Clara do Anjos*, consta como, de volta da ilha do Governador, onde fora pagar uma dívida do pai, encontrou um desafeto, que passeava "como me desafiando", diz, ao lado da esposa. "O idiota", prossegue, "tocou-me na tecla sensível, não há negá-lo. Ele dizia com certeza: 'Vê, seu negro. Você me pode vencer nos concursos, mas nas mulheres não. Poderás arranjar uma, mesmo branca como a minha, mas não desse talho aristocrático'."

Em outra ocasião, quando pretendera ir ver uma esquadra americana de visita ao Rio de Janeiro, notou que, na prancha de embarque, a ninguém pediam convite: a ele pediram. E conclui: "É triste não ser branco". E no Ministério da Guerra, onde servia como amanuense, alguém o tomou por contínuo. Isso lhe sucedeu por três vezes e precisava de "muito sangue-frio para que não desmentisse com azedume". O fato inspirou-lhe logo considerações onde se denuncia o desengano de quem pretendera ver, talvez retificada pelo apuro externo, a boa compostura e a cultura intelectual, sem o conseguir, a pobre impressão que parecia suscitar nos outros a sua condição de mestiço: "nisso creio ver", comenta, "um formal desmentido ao professor Broca (de memória). Parece-me que esse homem diz que a educação embeleza, dá enfim outro ar à fisionomia".

Haveria absurdo certamente em procurar nesses desajustamentos a explicação para toda a arte de Lima Barreto. Eles explicam, no entanto, mais de um dos seus distintivos e não sei se alguma coisa de seu sabor. Ao oposto de Machado de Assis, que saído do morro do Livramento procuraria os bairros da classe média e abastada, este homem, nascido nas Laranjeiras, que se distinguiu nos estudos de humanidades e nos concursos, que um dia sonhou tornar-se engenheiro, que no fim da vida ainda se gabava de saber geometria contra os que o acusavam de não saber escrever bem, procurou deliberadamente a feiura e a tristeza dos bairros pobres, o avesso das aparências brancas e burguesas, o avesso de Botafogo e de Petrópolis. Não, talvez, por vocação natural, pois os seus mesmos desenganos sugerem que não fora de todo insensível ao feitiço daquelas aparências, nem pelo gosto literário das coisas pitorescas, mas por adoção e, ao fim, com desvelo confrangido. E também com muito de orgulho, daquela espécie de orgulho que o faria referir-se ao próprio desmazelo de hábitos e indumentária, dizendo que era essa a sua elegância e a sua *pose*.

Em um dos excelentes estudos que reuniu em *Interpretações*, o sr. Astrojildo Pereira diz de Lima Barreto que pertence à categoria dos "romancistas que mais se confessam", isto é, daqueles que menos se escondem e menos se dissimulam. Relendo casualmente essas palavras depois de escrito e publicado meu artigo anterior sobre o mesmo tema, alegra-me notar uma coincidência de opiniões e, até certo ponto, de expressões que me deixaria na boa sociedade de quem estudou o romancista carioca, não com a preocupação de rigor analítico, ou não só com ela, mas sobretudo com inteligência amorosa, que é frequentemente o caminho da justa compreensão.

Mas essa coincidência é, em verdade, menos completa do que pode parecer à primeira vista. Tratando especialmente de *Vida e morte de M. J. Gonzaga de Sá*, o sr. Astrojildo Pereira se impressionara, e com razão, diante das numerosas alusões e indicações de natureza autobiográfica encontradas a cada passo na narrativa. E teve o cuidado de conferi-las com as que vêm em outros escritos do autor e até com as próprias reminiscências e os depoimentos de amigos e companheiros, obtendo resultados que corroboram amplamente a conclusão a que chegou.

As confissões a que alude surgem abertamente, "com um mínimo de disfarce, às vezes disfarce algum", pois não são contidas por nenhum sentimento de frustração. E é indiferente que se exprimam ora diretamente pela boca do autor, ora pela palavra e até pela figura dos personagens. Quem, entre os que se recordam de Lima Barreto, não reconhecerá imediatamente muitos dos seus traços no retrato do poeta Leonardo

Flores, personagem de *Clara dos Anjos*? E mesmo no empolado das frases em que o poeta repele indignado a encomenda de uns versos, que lhe é feita por intermédio do amigo Meneses, entraria realmente alguma intenção irônica? "Nasci pobre, nasci mulato...", diz Leonardo. E, num longo desabafo, onde se fala na fidelidade à própria vocação, no sacrifício das coisas proveitosas, como o dinheiro, as posições, a respeitabilidade, nas humilhações padecidas e enfim no sofrimento resignado, exclama: "Pairei sempre no ideal; e se este me rebaixou aos olhos dos homens, por não compreenderem certos atos desarticulados da minha existência, entretanto elevou-me aos meus próprios, perante a minha consciência, porque cumpri o meu dever, executei a minha missão, fui poeta! Para isso fiz todo o sacrifício. A Arte só ama a quem a ama inteiramente, só e unicamente; e eu precisava amá-la, porque ela representava não só a minha redenção, mas toda a dos meus irmãos, na mesma dor".

É desnecessária uma excessiva argúcia para sentir que essa noção da arte, da Arte, como forma de compensação e de redenção, era própria de Lima Barreto, e que a ênfase convencional com que a exprime neste caso é talvez uma tênue caricatura, não é um disfarce. Sua suscetibilidade às pequeninas mas reiteradas humilhações constitui motivo de revolta contra os outros, mas sobretudo contra a própria condição. E de revolta que não quer traduzir-se abertamente nos escritos destinados ao grande público, mas de que o diário íntimo, ainda inédito, exprime em mais de um passo.

E esta outra confissão, que não surge de modo ostensivo, mas é algumas vezes entrevista, apesar do autor, a que no meu entender mais importa para o estudo de sua obra, a que determina muitas das suas reações pessoais, entre outras a singular e renitente ojeriza contra todos aqueles que (como João do Rio e talvez o próprio Machado de Assis), tendo razões para partilhar das mesmas amarguras, tudo fazem, no entanto, por parecer insensíveis a elas, por enganar-se a si mesmos e tentar iludir aos outros. E é esta dupla revolta o que podemos discernir em mais de um aspecto de sua obra.

Sei que uma tentativa de interpretação psicológica pode encerrar seus perigos, e não é provavelmente a mais indicada, onde tantos outros temas relacionados à arte novelística estão a reclamar atenção. Mas justamente a presença do fato assinalado e apesar de tudo tão tangível em Lima Barreto, que sem encará-lo não é fácil abordar sua arte. Além disso, embora muito mais consciente e governada do que parece, e mais condicionada por influências estranhas, resultado de leituras numerosas, essa arte não denuncia a menor preocupação com as técnicas que servissem para enriquecê-la ou renová-la. Lima Barreto limita-se, quase sem exceção, a pôr em prática, fiado no talento que Deus lhe deu e que os desenganos da vida apuraram, as tradicionais convenções da novela realista, criar "caracteres" individuais convincentes e reproduzir com plausível fidelidade as circunstâncias em que se movem esses caracteres.

É efetivamente nessa criação que ele foi poucas vezes superado entre nós. Não raro o senso da caricatura leva-o a engrossar em demasia os traços, mas a verdade é que poucas vezes o inclina, nestes casos, a adotar diante dos personagens a atitude de enfatuação irônica, pobre substituto, entre alguns autores, da dificuldade de exprimir objetivamente uma situação dramática.

Um dos seus traços típicos está em que, apesar da alta missão que para ele representa a arte, soube não obstante conferir dignidade estética às mais humildes aparências. Se, como seu personagem Leonardo Flores, tem de renunciar à fortuna, às posições, à respeitabilidade, não é certamente para fugir à realidade penosa, mas para aferrar-se cada vez mais ao pequeno mundo que erigiu em retiro. "O subúrbio", diz, "é o refúgio dos infelizes. Os que perderam o emprego, as fortunas; os que faliram nos negócios, enfim, todos os que perderam sua situação normal vão se aninhar lá; e todos os dias, bem cedo, lá descem à procura de amigos fiéis que os amparem, que lhes deem alguma coisa para o sustento seu e dos filhos."

Essa humanidade, despojada da "situação normal", exilada do seu verdadeiro mundo, é que representa a matéria-prima de toda a obra de ficção de Lima Barreto. Não deixa de ser característica de uma parte considerável dos seus personagens ter ou julgar ter origens elevadas. Embora tal presunção sirva admiravelmente, em alguns casos, para realçar o que há de antipático em certas figuras, como sucede ao vilão de *Clara dos Anjos*, que descenderia de um suposto lorde Jones, antigo cônsul inglês em Santa Catarina, na verdade não é só por si e obrigatoriamente um traço negativo. Do contrário estaria condenado sem apelo todo o mundo suburbano, pois todos ali se gabam, mais ou menos, de suas origens insignes, todas as famílias, diz o romancista, "se têm na mais alta conta, provindas da mais alta prosápia; mas são pobríssimas e necessitadas. Uma diferença acidental de cor é a causa para que uma se possa julgar superior à vizinha; o fato de o marido desta ganhar mais do que o daquela é outro".

Se essas vaidades servem ao menos de vago consolo para os que curtem tamanhas misérias, para o observador distante elas representam uma nota irônica, que torna ainda mais sombria a tragédia. A sedução exasperada que exerce sobre Lima Barreto essa paisagem humana de vida declinante é comparável e sem dúvida idêntica, no fundo, ao enlevo com que ele se detém no descrever os velhos casarões imperiais, já carcomidos pelo tempo e pelo abandono, onde a sombra que ficou da grandeza perdida aviva pelo próprio contraste a extensão das ruínas.

No volume ultimamente publicado pela Editora Mérito, onde se incluem, além de *Clara do Anjos*, alguns dos seus melhores contos, encontra-se mais de um exemplo dessa sedução. Há a casa dos "bíblias", com sua longa fachada que se casa bem com as mangueiras, as jaqueiras, os coqueiros da antiga chácara; com os vestígios do velho jardim, onde se erguem, já mutiladas e quase irreconhecíveis, as estatuetas de louça portuguesa, representando a Primavera e a Aurora; com o gradil de ferro, coberto de hera, que o envolve "como um severo manto de outras épocas e de outras gentes: a provocar saudades e evocações, *animando a miséria*". Há também a casa do barão de Jacuecanga, com suas paredes descascadas e os beirais do telhado "desguarnecidos aqui e ali como dentaduras decadentes ou malcuidadas". E há a pensão Boa Vista, instalada num solar do Flamengo que, embora estragado e reformado para servir a fins prosaicamente modernos, ainda conserva, nos corredores e nos aposentos, "uma luz especial, uma quase penumbra, esse toque de sombra do interior das velhas casas, no seio da qual flutuam sugestões e lembranças".

Essa grandeza alquebrada é como a imagem de muitas vidas humanas que povoam a ficção de Lima Barreto e encontram sua moldura própria no subúrbio. A pobreza, na imaginação deles, e muitas vezes na realidade, é concomitante do esbulho e da decadência. Mas esse quadro tem um avesso, e o romancista não raro se volta, embora já sem o mesmo enlevo, para o mundo dos que pairam dessas realidades medíocres. Há naturalmente os ricos, e há os prósperos e os triunfadores.

Na verdade, porém, estes indivíduos tranquilos e satisfeitos são apenas o polo contrário, inevitável, dos outros e formam com eles um contraste em tudo simétrico. Assim como a penúria resulta quase sempre de um acidente da sorte, a riqueza e o poder também têm, e ainda com mais frequência, causas da mesma natureza. Se o subúrbio é o lugar próprio dos desterrados, desterrados de uma existência mais alta e mais feliz, cujas maravilhas perderam nas imaginações, enchendo-lhes de um arrepio nostálgico, assim Botafogo e Petrópolis pertencem aos que lograram subir de uma condição originariamente humilde e degradante. Não certamente pelo mérito pessoal, mas por meios duvidosos e menos confessáveis.

Os aspectos particulares desse processo transparecem sobretudo nos contos de Lima Barreto, onde a economia natural do gênero permite seu melhor aproveitamento. Aqui a riqueza nunca é fruto do trabalho honesto e lento, que este só serve para entreter a miséria, mas em geral de um inesperado. Em

"Nova Califórnia", as experiências de um misterioso alquimista, que descobriu o jeito de tirar ouro dos ossos dos defuntos, acaba precipitando sobre o cemitério toda a população do vilarejo, certa de que profanando os túmulos encontrará a opulência cobiçada. Em "O homem que sabia javanês", a posição e a consideração social são conquistadas a um simples golpe de esperteza. Em "Um especialista" conseguimos saber, por acaso, como principiou a fortuna do comendador: roubando a herança de uma mulata que iludira e metendo-se depois num negócio de moedas falsas.

O dinheiro e o prestígio andam sempre associados a alguma insondável burla, de modo que são os mais desprezíveis, os menos dominados por escrúpulos de ordem moral, aqueles que de fato sobem e vencem. Todas as coisas andam, assim, fora dos seus lugares e não há meio de concertá-las. Resta o recurso supremo à Arte, onde os humildes podem entrar no reino dos Céus, sem largar o seu subúrbio, e os orgulhosos são fustigados como merecem.

Essa filosofia projeta-se de algum modo sobre todos os aspectos da obra de Lima Barreto, e porque ele a viveu intensamente nem sempre pôde distanciar-se o bastante para dar lugar a uma verdadeira perspectiva artística. Dessa ausência de perspectiva decorrem certamente algumas qualidades e muitos defeitos dessa obra. Pode-se dizer que em *Clara dos Anjos* temos um compêndio desses defeitos. Mas é também, de todos os seus romances, aquele onde ele menos se oculta, aquele, talvez, onde deixa melhor entrever os caminhos de seu espírito e de sua arte. Para os que verdadeiramente estimam a obra do romancista carioca, os próprios defeitos tornam-se, neste caso, uma virtude incomparável.

# Poesia e prosa*

•

## 422

LIVRO
DOS
PREFÁCIOS

•

TRAJETÓRIA DE UMA POESIA

I

Desde *A cinza das horas*, publicado em 1917, Manuel Bandeira perturba nosso concerto literário. Dois anos depois, em *Carnaval*, sua voz faz-se satirizante com "Os sapos", poema que seria uma espécie de hino nacional dos modernistas. Quando estes surgem, por volta de 1921, já lá encontram o poeta em seu perau profundo. Muitos procuram afinar a voz pela dele e todos lhe reconhecem o mérito da primazia. Atraído quase insensivelmente pelo movimento partido de um grupo de moços de São Paulo, e que logo repercutiu no Rio e em alguns estados, conserva-se essencialmente a mesma figura singular. Seu esforço de renovação, sua "mensagem", como então se dizia, não obedece a nenhum programa definido e não se prende a compromissos.

E se esse esforço se distingue, por alguns aspectos mais notáveis, das concepções ortodoxas e correntes da época em

---

\* Bandeira, Manuel. *Poesia e prosa*. Rio de Janeiro, Nova Aguilar, 1958, pp. XV-XXX. [Prefácio]

que saiu *A cinza das horas*, isso não quer dizer que se conciliasse em todos os pontos com a que propugnavam muitos "modernistas". A popularidade atual da sua poesia não se fez, aliás, rapidamente, pois sujeita, embora, a uma técnica extremamente cultivada, ela não visa ao efeito exterior, e muitas vezes não se dirige tanto ao sentimento, ao "coração", como a regiões menos exploradas da alma.

Por esses traços, Bandeira aproxima-se, em particular, de algumas tendências do simbolismo francês – e do romantismo alemão –, precisamente das tendências que menos influíram em nossa poesia. Não é a riqueza verbal, a profusão lírica, a prestidigitação, o pitoresco, a imagem rara, o que mais o seduz entre os simbolistas. Nem é a simples procura de ritmos novos e revolucionários o que marca suas afinidades com alguns daqueles autores, pois apesar de ter sido ele quem, pela primeira vez entre nós, empregou o verdadeiro verso livre, não se tornou necessário o abandono das cadências tradicionais para que nos desse algumas das suas criações mais audaciosas.

É ilusório, aliás, julgar que as preocupações técnicas sejam opressivas em sua obra. O lirismo de Manuel Bandeira não é produto de laboratório, mas vem, como toda verdadeira poesia, de fontes íntimas, exigindo, para realizar-se, condições que não se podem forjar arbitrariamente. Apenas é forçoso acentuar a simples presença de tais preocupações e o papel que chegam a assumir em sua obra, surgida, não obstante os influxos simbolistas, após um contato assíduo com a venerável tradição lírica de Portugal.

E nada ajuda a melhor caracterizar as qualidades específicas dessa obra do que o confronto com a de outro poeta, como ele educado na tradição clássica e tanto quanto ele atraído pelos novos ritmos. Em ambos a vontade de reagir contra os moldes correntes tem raízes na aspiração romântica de liberdade total, embora em Ronald de Carvalho esse desejo não exclua uma composição amigável com o gosto, o "bom gosto" parnasiano.

> *Cria teu ritmo e criarás o mundo!*

exclamou ele em um dos seus *Epigramas irônicos e sentimentais*. Na realidade a sedição que apregoava em face da poética oficial traduz-se quase toda em tal verso. A coisa menos "poética" que nos apresenta seu primeiro livro de poesias "modernistas", o célebre "cheiro de capim-melado", foi o extremo de ousadia a que chegou nesse terreno, e deveria marcar, para ele, o limite do a que era plausível chegar-se em matéria de gosto.

Em Manuel Bandeira a mesma ambição libertadora não conhece as fronteiras do "bom gosto" e sua arte poética exprime-se, em dado momento, nestes versos:

> *Estou farto do lirismo comedido*
> *Do lirismo bem-comportado*
> *Do lirismo funcionário público com livro de ponto, expediente,*
> *    protocolo e manifestações de apreço ao Sr. Diretor.*
> *Estou farto do lirismo que para e vai averiguar no dicionário o*
> *    cunho vernáculo do vocábulo.*
>
> *Abaixo os puristas*
> *Todas as palavras sobretudo os barbarismos universais*
> *Todas as construções, sobretudo as sintaxes de exceção*
> *Todos os ritmos sobretudo os inumeráveis*
> *Estou farto do lirismo namorador*
> *Poético*
> *Raquítico*
> *Sifilítico*
> *De todo o lirismo que capitula ao que quer que seja fora de si*
> *    mesmo*
> *De resto não é lirismo*
> *Será contabilidade tabela de cossenos, secretário de amantes*
> *    exemplar com cem modelos de cartas e as diferentes manei-*
> *    ras de agradar as mulheres etc.*
> *Quero antes o lirismo dos loucos*
> *O lirismo dos bêbedos*

*O lirismo difícil e pungente dos bêbedos*
*O lirismo dos* clowns *de Shakespeare*
*Não quero mais saber do lirismo que não é libertação.*

Mas essa maior ou menor ênfase na revolta contra as formas consagradas, as formas convertidas em formas ou fórmulas, não é o suficiente para estabelecer a distinção entre os dois autores, marcando a posição particular de Manuel Bandeira mesmo entre os seus companheiros de ideias. A própria concepção de poesia diverge radicalmente de um para outro. Para Ronald de Carvalho, poesia é principalmente estilização. Ele estiliza a natureza, de preferência a natureza já domesticada, já "estilizada", dos parques, das quintas, das praças ajardinadas. Um besouro passa zunindo, uma araponga canta, um raio de sol cai reto sobre a relva, tudo providencialmente, tudo no instante exato em que tais coisas se fazem necessárias ao espectador para provocar o ambiente poético. A surpresa provocada, se assim se pudesse dizer, é um dos principais elementos com que joga esta arte. Tudo é preparado para o momento decisivo, tudo "posa" como diante de um fotógrafo.

O nome de outro poeta ilustre ocorre insensivelmente neste passo, de um poeta que utiliza algumas vezes os mesmos processos. Mas a semelhança é apenas superficial e aparente: Guilherme de Almeida compõe musicalmente; o ritmo interior de sua poesia é uma caprichosa melodia, que a dança das palavras acompanha. Ronald, ao contrário, é antes um colorista. E entre ele e o mundo exterior intervém apenas a vontade de estilização, pura obra da inteligência discriminadora. A parte do artifício e deliberação é empolgante, a do acaso, pouco mais do que nula. Nos intervalos de uma poesia que quer ser matinal e inocente, que busca ferir o gosto como a polpa adstringente de uma fruta verde, deparamos com meditações requintadas, de sabedoria maliciosa e asiática.

De Manuel Bandeira pode dizer-se seguramente que está nos antípodas dessa arte. Seria interessante, talvez, ampliar o confronto, estendendo-o a outros autores igualmente expressivos de sua geração, a geração que se manifestou mais ativamente com o modernismo. Mas com esses Manuel Bandeira apresenta, em geral, divergências menos pronunciadas. Em todo caso menos importantes para quem tente caracterizá-lo. Ele é tudo menos um fotógrafo. O mundo visível pode fornecer as imagens que hão de animar sua poesia, mas essas imagens combinam-se, justapõem-se, de modo imprevisto, coordenadas às vezes por uma faculdade íntima cujo mecanismo pode escapar-nos. E escaparia, não raro, ao próprio poeta. Essa faculdade, resistente a qualquer análise meticulosa, ajuda-o a abordar os temas vulgares e até prosaicos, conservando-se, no entanto, inconfundível e só aparentemente imitável. É o que explica muitas vezes sua obscuridade, principalmente quando as imagens que o ferem nos parecem distantes e sem relação perceptível entre si, como, por exemplo, as do "Noturno da Parada Amorim".

É explicável, pois, que não sejam os cenários simplesmente decorativos, as paisagens fotogênicas, aquilo que ostentam com maior frequência as suas poesias, mesmo as de caráter descritivo. A célebre "Evocação do Recife" é mais evocação do que descrição e aparenta-se por esse lado a algumas das suas peças de fundo mais subjetivo e íntimo, como "Profundamente" ou "Noite morta". Muitas vezes a matéria fornecida pela realidade tangível tem como fundo de quadro um país mítico e ausente, que tanto pode ser a maravilhosa Pasárgada como o mundo das suas insistentes lembranças, o mundo que refletiria, se fosse mágico, o honesto espelho de "Véspera de Natal".

2

Mas a acentuação do caráter eminentemente pessoal dessa poesia não nos ajudaria a distinguir sua singularidade enquanto não fossem fixados os esforços contínuos que empreende

Manuel Bandeira para superar o puro momento lírico, predominante ainda nos primeiros livros que publicou. Pode-se dizer sem exagero que sua trajetória se resume, toda ela, nessa insistente luta para transcender-se. E a publicação de suas *Poesias completas* justifica a tentativa de nela discernirem-se e interpretarem-se alguns dos traços aparentemente contraditórios que apresentam: unidade íntima que não exclui variedade, e espontaneidade lírica, que inclui consciência artística e rigor.

Lirismo pessoal e espontaneidade aparecem em estado quase simples na primeira etapa da trajetória. Para o poeta de *A cinza das horas* tudo existe em função da própria experiência. A natureza, que celebra em versos de nítida entoação romântica e simbolista, é uma réplica, um cortejo, nos melhores momentos um consolo: o bálsamo que cicatriza velha ferida. Em "Poema roto", a névoa batida na praia pelo vento do mar largo torna-se como um reflexo dos dias de infância, que o mau vento distanciou e tingiu de cor idílica. O sol a pino, em "Plenitude", traz, ao contrário, na sua imagem de força nova e vida estuante uma sensação de esperança radiosa e febril exaltação. Em "Oceano", o mar oculto atrás da noite tem a voz de seu destino, má sina desconhecida.

*Voz do oceano que não vejo*
*Da praia de meu desejo...*

E em outro poema, o cantar da água a escorrer dos beirais é "brando acompanhamento" à canção de seu desencanto.

Essa transfiguração dos acidentes do mundo visível nas imagens da vida íntima e pessoal pode adquirir, não raro, um timbre monótono, e não é para admirar se o poeta chegou quase a desenvolver um verdadeiro sistema de referências simbólicas, cujo sentido se alterna segundo os estados de alma que procura refletir.

Justamente a imagem do movimento e queda d'água, que

sobrevive longamente à fase inicial, é a esse respeito característica. Em algumas ocasiões, seu canto – mágoa da água da fonte, água do oceano, água do pranto, água do rio, água de chuva, água cantante das nevadas – é apenas uma companhia docemente nostálgica para o desencanto do poeta, e então pode tornar-se seu "afável refrigério". Assim, no poema "Enquanto a chuva cai" serve para embalar a dor, e em "Murmúrio d'água", que já pertence a *O ritmo dissoluto*, chega a ter "consolos de acalanto". Contando a eterna história, "sem começo nem fim", torna-se em *sob o céu todo estrelado... a boa* mensageira da paz e do sossego e, em "À beira d'água", exprime "não sei que mágoa inconsolável" e a ouvi-la a alma "se nos escapa" e vai perder-se na solidão tranquila.

Em horas mais sombrias, entretanto, se não chega a traduzir o sentimento da vida declinante e a resignação ao mau destino, que são sugeridos, de preferência, por outras analogias, como a da folha que se abandona "ansiosa pelo mar" ou que – em "Voz de fora" – vai derivar à flor do arroio fugidio, representa claramente a própria transitoriedade e a fugacidade da existência. Assim, em "A estrada", onde o murmúrio d'água lembra, pela "voz dos símbolos",

> *Que a vida passa! Que a vida passa!*
> *E que a mocidade vai acabar.*

Ou em "Noturno da Mosela":

> *Se fosse só o silêncio!*
> *Mas esta queda-d'água que não para! que não para!*
> *Não é de dentro de mim que ela flui sem piedade!*
> *A minha vida foge, foge, e sinto que foge inutilmente.*

Tanto quanto o ritmo da água a correr ou a cair, a noite também encerra um duplo significado simbólico, podendo ora trazer as ideias de simples repouso, de abrigo, de consolo, de libertação dos cuidados ou sofrimentos da vida presente, ora a de descanso absoluto e eterno. E pode suceder que as duas imagens, a da noite escura e a da água que corre cristalina, cheguem a fundir-se para reforçar pensamentos momentaneamente convergentes:

*O córrego chora*
*A voz da noite...*
*(Não desta noite, mas de outra maior).*

Essa absorção dos acidentes da vida exterior no próprio mundo íntimo exprime-se reiteradamente em toda a obra poética de Manuel Bandeira, mas é sobretudo típica do primeiro livro. Aqui a manifestação das próprias desesperanças se faz mais livre de disfarces, através da arte considerada uma forma de libertação, e de purificação ou de apaziguamento:

*A afeiçoar teu sonho de arte,*
*Sentir-se-ás convalescer.*

*A arte é uma fada que transmuta*
*E transfigura o mau destino.*

Já em *Carnaval*, porém, revela-se insuficiente essa espécie de catarse artística. À complacência na amarga solicitude, a um tempo física e espiritual, ao "gosto cabotino da tristeza", conforme dirá mais tarde, sucede a avidez de abandonar-se ao ritmo da existência corrente, que se apresenta agora em suas aparências mais tumultuosas e convulsas. Nesse mundo frenético, onde o sofrimento parece estrangeiro, a vertigem geral e impessoal deveria reduzir ao silêncio as queixas do coração solitário.

Pouco importa se o esforço resulta numa conclusão negativa e irônica, se a tortura íntima surge mesmo avivada pelo contraste com o desvario do mundo – o mundo dos "outros". O fato é que esse primeiro passo de uma consciência irremediavelmente isolada para deixar seu confinamento revela não já a direção, mas seguramente a possibilidade de uma existência nova e diferente. E a consciência dessa possibilidade – fato da maior importância para a boa interpretação dessa obra – evolui simultaneamente com o aperfeiçoamento progressivo e o enriquecimento da técnica poética.

A solicitude e o recolhimento íntimo não constituem para Manuel Bandeira uma condição estranha, à qual ele devesse tender com todas as suas energias, mas uma realidade normal, ou que se fez normal e, se assim se pode dizer, natural. É ela, verdadeiramente, o momento originário, o ponto de partida, talvez a razão necessária de sua criação poética; não, como em tantos outros, uma aspiração muitas vezes vã e caprichosa. A condição estranha e, no seu caso, desejável é justamente o que lhe proporciona a vida circundante em suas formas aparentemente mais tangíveis e manifestas. É compreensível, pois, se contemplada do mundo solitário e melancólico a que se achou condenado, que a vida se apresente, por instantes ao menos, com o aspecto de uma promiscuidade paroxística.

O primeiro esforço decisivo para ultrapassar aquela condição inicial termina, com efeito, por uma derrota:

*O meu carnaval sem nenhuma alegria!...*

Daí por diante, esta simples palavra – alegria – vai conjugar-se muitas vezes ao constante intento de superar a própria situação particular. Intento equívoco, sem dúvida, e ilusório, pois que a alegria não há de significar, neste caso, mais do que posição provisória e passageira – ocasional refúgio, embriaguez, delírio, êxtase, avesso de desenganos:

*Eu já tomei tristeza, hoje tomo alegria.*

Mas o triunfo permanente talvez seja uma utopia, e por isso é preciso aceitar resolutamente a realidade de um mundo extravagante e exótico. Realidade que só se deixa captar, por sua vez, de modo pleno, mediante um recurso à deliberada dissolução dos compassos e medidas tradicionais, à ruptura de todas as convenções formais e estéticas, ao aproveitamento sistemático de quanto, até então, passara por definitivamente antipoético; o prosaico, o plebeu, o desarmonioso.

De tudo o que lhe propunha o modernismo foram, assim, as soluções mais nitidamente libertárias o que lhe pareceu corresponder, ao menos por algum tempo, à sua forma de expressão poética. Liberdade e objetividade tornaram-se termos rigorosamente correlatos. Manuel Bandeira jamais se deixou seduzir muito pelos hermetismos e pelos estetismos, que constituem formas aristocráticas de reclusão, intoleráveis para quem aspira a vencer, através da poesia, sua própria reclusão e seu confinamento.

É certo que o diálogo entre seu mundo íntimo e a vida circundante não pode ser definitivamente abolido com a simples supressão de uma das personagens e a exaltação correspondente da outra. Apenas a noite silenciosa, que se concebe aqui como uma libertação

*Mas para que*
*Tanto sofrimento*
*Se o meu pensamento*
*É livre de noite!*

— ou alguma realidade remota e mitológica, que a imaginação tornou presente, podem oferecer a solução cabal.

A esse propósito não me parecem, entretanto, especialmente felizes certas tentativas de filiação do seu famoso "Vou-me embora pra Pasárgada" à ideia mais generalizada que se faz da chamada literatura de evasão. É bem possível que nessa peça Manuel Bandeira não tenha atingido um dos pontos mais altos de sua criação lírica (conforme o pretendem alguns), e é verdade que toda a sua poesia é essencialmente poesia de evasão, se a considerarmos de outro ponto de vista. De "evasão" que anda intimamente associada à sua maneira peculiar de exprimir-se e que, no caso, vale antes por um ato de conquista e de superação do que propriamente de abdicação diante da vida.

Também não acredito, como o acreditou Mário de Andrade, num dos seus admiráveis ensaios críticos, que represente simplesmente uma cristalização superior do vou-me-emborismo popular e nacional, cujos traços podem ser discernidos através de nossa literatura folclórica. Em Bandeira ela tem sentido profundamente pessoal para se relacionar a uma atitude suscetível de tão extraordinária generalização. Seria talvez preferível ir buscar seu paralelo em exemplos singulares que pode proporcionar de preferência a literatura culta. E ocorre-me, no momento, o de uma peça das mais célebres de um grande poeta que viveu ainda em nossos dias: William Butler Yeats.

Todavia a aproximação, mesmo aqui, não pode ser feita sem extrema cautela. Em *Sailing to Byzantium*, o poeta, resignado à própria velhice, busca um mundo distante, onde os monumentos sem idade do intelecto não foram e não poderiam ser contaminados pela febril agitação ou pela música sensual das gerações presentes, e onde a própria vida se desgarra das formas naturais para assumir a feitura das criações dos artesãos da Grécia e assegurar a vigília do imperador:

> *such a form as Grecian goldsmiths make*
> *Of hammered gold and gold enamelling*
> *To keep a drowsy Emperor awake...*

Bizâncio é sagrado asilo, "artifício de eternidade", inacessível aos tumultos vãos da humanidade mortal. Pasárgada é, ao contrário, a própria vida cotidiana e corrente idealizada de longe; a vida vista de dentro de uma prisão ou de um convento.

Ainda aqui persiste, de qualquer modo, a atitude definida em *Carnaval* e, com mais abandono ou menos ironia, em muitas peças ulteriores. O mundo visível, em sua precariedade e impureza, guarda todo o antigo prestígio, e na tensão com a vida íntima e pessoal do poeta é esta, em realidade, que parece reduzir-se quase ao silêncio.

É certo, no entanto, que os acentos de puro lirismo que distinguem seus primeiros versos nunca adormeceram por completo, nem sequer durante a fase mais aguda da experiência modernista. A expansão dos sentimentos mais íntimos, de um lado, e de outro essa vontade de anular-se diante do fato exterior, essa evasão "para o mundo", continuam a subsistir ao longo de toda a sua obra. O contraste é aparentemente invencível entre as duas tendências, e no entanto elas se mantêm lado a lado, unidas entre si pelas origens comuns fertilizando-se e completando-se.

Pode mesmo acontecer que, na aquiescência plena e ativa do poeta à sua condição particular, o mundo deixe de ser o reino distante dos seus anelos, para se tornar uma realidade palpável e sempre presente. E que a alegria, exprimindo seu resoluto intento de vencer-se a si mesma, já não seja a da agitação anônima e pública, mas talvez a "profunda e silenciosa alegria" de uma das suas composições antigas, ou aquela de que poderia dizer, parodiando outro poeta: "Dá, Senhor, a cada um, sua alegria própria". Neste caso, as prisões e os naufrágios da vida deixam de ser uma limitação para se transformarem em um motivo de enriquecimento. E a poesia pode jorrar em sua liberdade infinita:

> *O vento varria tudo*
> *E a minha vida ficava*
> *Cada vez mais cheia*
> *De tudo.*

Em *Mafuá do malungo*, reúnem-se composições de diferentes épocas e que tinham sido omitidas nos volumes destinados a mais ampla divulgação. As razões aparentes dessa omissão vêm sugeridas no próprio subtítulo: jogos onomásticos e outros versos de circunstância. São as mesmas razões que asseguram, aliás, unidade relativa a esta obra, impressa originariamente por um amigo e para os amigos do poeta.

Não parece, todavia, que a insistência demasiada em semelhantes razões nos ajudaria a interpretar melhor este livro e por contraste – contraste que julgo de todo arbitrário – o restante de sua obra. Nenhum motivo de ordem estritamente literário e nenhum critério específico de valor hão de ter prevalecido na decisão adotada pelo autor, de reunir esses exercícios em volume independente.

Presumir outra coisa será, creio eu, compreender imperfeitamente uma obra que se distingue acima de tudo por sua unidade intrínseca e onde os elementos, talvez discordes, se ajustam entre si em polifonia admirável. Será, além disso, desconhecer que as formas mais manifestamente lúcidas, apenas predominantes no *Mafuá do malungo*, se o compararmos aos outros livros do autor, representam complemento obrigatório e mesmo fundamental de toda a sua criação poética e não, como, por exemplo, nos versos de circunstância de Mallarmé, um extravio episódico ou uma espécie de aparte frívolo, nem, e muito menos, elemento isolável, capaz de organizar-se em conjunto autônomo. Considerar esses jogos um produto nitidamente secundário, assim como um arrabalde pobre de sua obra central, equivaleria a distinguir em Manuel Bandeira o poeta "sério" do "frívolo", partindo de uma antítese em realidade alheia e indiferente à esfera da poesia.

Referi-me à unidade superior de toda a sua obra. Tão importante e decisivo me parece esse ponto que tentaria explicar o aparente virtuosismo de seu autor, de que precisamente este volume nos dá tantas amostras, seu gosto de traduzir, parafrasear, parodiar, sua tendência para suscitar e procurar vencer toda sorte de obstáculos técnicos, como um fruto da ambição de ultrapassar-se a si mesmo. E acrescentaria ainda que a variedade e multiformidade não constituem uma aquisição gratuita, um dom do céu, mas resultam de um combate assíduo, o combate de um "poeta menor", no bom e verdadeiro sentido da expressão, contra as limitações impostas por tal circunstância.

Desse combate ficou, entretanto, um vinco ainda visível nas realizações do artista vitorioso. É ele o que dá à sua obra aquela vibração pessoal e tão constante que, embora pouco acessível às simples determinações conceituais, nenhum leitor familiarizado com seus diferentes aspectos deixará de reconhecer logo ao primeiro contato.

Como sucede com frequência a todos os autores de personalidade fortemente acentuada, ele não se adapta sem grande esforço aos malabarismos que requerem certas extralimitações. Por isso, e porque a intenção expressamente jocosa não reclama aqui semelhante esforço, parecem-me pouco convincentes, por exemplo, tentativas tais como os "À maneira de..." incluídos em *Mafuá do malungo*. Acho difícil que em uma delas, ao menos, possa alguém, em sã consciência, deixar de reconhecer, sob a máscara diáfana de Augusto Frederico Schmidt, a sombra do "poeta magro" de *Estrela da manhã*.

Já quando procura ajustar-se às medidas dos velhos cancioneiros e mesmo às formas quinhentistas, o que sucede numerosas vezes, desde seu livro de estreia, composto quando imperavam onipotentes entre nós os acordes inexoráveis do verso alexandrino, é como se a expressão lírica de Manuel Bandeira tivesse de súbito encontrado um instrumento congenial. A razão está em que, não obstante a influência decisiva que recebeu dos simbolistas franceses e, em grau bem inferior, de alguns românticos alemães, as raízes profundas de sua poesia vão mergulhar na tradição do lirismo português.

Mas justamente essa boa hospitalidade de sistemas rítmicos onde sua linguagem lírica não encontra estorvo, antes pode derramar-se à vontade, num doce fluir de ondas musicais, está longe de constituir ideal definitivo para esse poeta exigente. Ele não aspira a enlevar por meio de suaves cadências, cujo encanto está em que tudo fazem por provocar no leitor um estado de inércia receptiva. Sua arte consiste, muito ao contrário, em forçar-nos constantemente a uma vigilante atenção. Mas não necessita, para isso, recorrer ao fogo de artifício das deslumbrantes metáforas, nem ao hermetismo sabiamente dosado. Em grande número de casos, uma atitude de discreta e quase imperceptível recusa em face dos clichês vocabulares ou rítmicos é perfeitamente suficiente para assegurar os resultados que deseja.

Não foi o desprezo, foi justamente o desvelo pela forma, a *sua* forma pessoal, que levou esse poeta àquele "ritmo todo de ângulos, incisivo, em versos espetados, entradas bruscas, gestos quebrados, nenhuma ondulação", nenhuma "cadência oratória", nenhum "enfeite gostoso", para falar como Mário de Andrade. E não foi por desleixo e abandono, mas, ao contrário, uma aturada meditação sobre certos problemas, que chegou a uma poesia inteiramente despida da "euritmia" convencional: pobre algodão de açúcar, que, por certos epígonos, ainda constitui a essência de toda arte poética.

Manuel Bandeira não precisaria, com efeito, desdenhar a métrica para mostrar sua aversão ao "bom gosto" canônico. Um estudioso atento dos problemas poéticos, Onestaldo de Pennafort pôde notar, já em 1936, em trabalho de notável lucidez, como a partir das primeiras peças reunidas mais tarde em *A cinza das horas* já se revela nele essa mesma e constante preocupação de não lisonjear os preconceitos e os padrões de gosto oficiais. Considere-se, por exemplo, o fecho da poesia intitulada "Desesperança", pertencente àquele livro de estreia:

*Como é duro viver quando falta a esperança*

O que salva este verso da banalidade, dando-lhe até uma certa beleza de realismo cru, observa o mesmo crítico, são o adjetivo *duro* e o verbo *faltar*. Quem não verá imediatamente que um poeta vulgar, por passividade à mais corriqueira das associações de ideias, escreveria logo:

*Como é triste viver quando morre a esperança!*

Verso, este, que não calharia mal em alguma antologia de "chaves de ouro" ao gosto parnasiano, no sentido que essa designação veio a adquirir entre nós. Mas se existem associações de palavras e ideias que parecem fabricadas sob medida a fim de atenderem às preferências convencionais e estereotipadas, não sucederia outro tanto com certos recursos prosódicos ou rítmicos?

Foi talvez o que sentiu o poeta Manuel Bandeira quando, ao acolher mais tarde, em uma das edições de sua poesia completa, a peça que inclui o verso assinalado, não o fez antes de uma refusão que visaria justamente a maltratar ainda mais o convencionalismo formal. Em sua forma definitiva o verso ficou assim:

*Ah, como dói viver quando falta a esperança!*

Aos que preguiçosamente se atêm àquela espécie de convencionalismo parecerá inevitável pensar que a antiga versão, com seu movimento anapéstico, capaz de embalar como um compasso de valsa, sofreu aqui lamentável prejuízo. Creio, no entanto, que, ao abandonar uma forma impessoal e já amaciada pela usura, o poeta quis, em realidade, tornar mais flexível seu ritmo para corresponder à emoção expressa no poema. O que veio a prevalecer na última versão, mais do que o empenho de agradar àqueles leitores e ouvintes preguiçosos, foi, claramente, o ideal da "forma significante" ou do "ritmo semântico".

À medida que assim se apuram, no entanto, as possibilidades técnicas de Bandeira, sua recusa em atender aos padrões bem aceitos evolui para uma impaciência quase agressiva ante certos processos gastos e fáceis. Impaciência que o levará primeiro a estranhas dissonâncias e também à desarticulação metódica de algumas rimas clássicas, e neste caso realiza, desde 1918 e talvez antes, experiências que um Aragon irá preconizar em 1940, no posfácio ao *Crève-Coeur*, como caminho de inesperadas riquezas, aos poetas de hoje. Depois, e finalmente, irá até às formas coloquiais e prosaicas e à transgressão voluntária dos preceitos rítmicos e dos preconceitos temáticos longamente consagrados.

Acompanhando esta linha aparentemente singela de desenvolvimento, podemos melhor apreender as equações que Manuel Bandeira se formulou. Ao oposto de tantos artífices de nossos dias, ele não tem e jamais teve a ambição de objetivar as efusões líricas em alguma construção totalmente independente e bem equilibrada. Sua poesia não quer ser um artefato. Exige a presença viva e permanente do autor, não apenas à sombra de uma inteligência eficaz; nisto denuncia bem sua qualidade lírica, no sentido pleno da palavra.

Muitas das complicações técnicas em que se compraz não são decididas, na obra desse engenheiro malogrado, pelo apego ao espírito de geometria, e sim, talvez, pelo pudor das próprias emoções, espécie de inteligência da sensibilidade. De onde certa dureza de timbre bem característica e, por vezes, certa rispidez deliberada, equivalente, de algum modo, à concepção estética representada na figura daquele cacto "belo, áspero, intratável", que um dia caiu atravessado na rua, quebrando os cabos elétricos e interrompendo por 24 horas a vida da cidade.

Compreende-se como no verso livre, que foi ele, aparentemente, o primeiro a empregar entre nós, tivesse encontrado um instrumento bem adequado à sua expressão lírica, mais adequado, sem dúvida, do que muitas das formas canônicas. Esse instrumento estava no caminho natural de sua evolução poética, embora procedesse da influência imediata do pós-simbolismo francês. Mas ainda assim não o empolgaria por completo, nem sequer na coleção que traz expressamente o título de *O ritmo dissoluto*.

Desde há algum tempo nota-se mais certa inclinação para a volta às medidas mais regulares, e é bem significativo que em *Mafuá do malungo* se possa aproximadamente determinar a data em que teriam sido escritas certas peças, pela frequência com que, entre as mais recentes, vão prevalecendo aquelas medidas. Seja qual for, porém, o rumo a que o levam essas novas tendências, conviria insistir em que o repúdio aos processos tradicionais representou neste caso o oposto do relaxamento. Representou, isto sim, a realização mais apurada das próprias exigências que seu lirismo se impusera desde o início.

O poeta inglês W. H. Auden afirmou ultimamente que a posição de quem escreve em versos livres é semelhante à de Robinson Crusoe na ilha deserta: há de ser ele próprio seu cozinheiro, sua lavadeira, seu alfaiate, sua cerzideira... Os resultados podem ser felizes em alguns casos excepcionais, mas em regra são deploráveis: garrafas vazias no assoalho que ninguém varreu e lençóis sujos na cama desfeita.

O símile não parece de todo justo, ou teríamos de estendê-lo – e por que não? – aos demais acessórios da linguagem poética e mesmo da linguagem, de modo geral. Então poderia alguém perguntar ao mágico de *The orators* o que não teria ele lucrado de positivo quando despediu esses criados talvez ainda prestimosos, embora um tanto envelhecidos e arrogantes, que são as formas usuais e "naturais" de dicção, para ir buscar na ilha deserta de uma linguagem pessoal, metafórica e simbólica, a liberdade de movimentos que de outra forma lhe teria sido recusada.

Pode-se justificar, aliás, de certo ponto de vista, a censura endereçada, já hoje com significativa insistência, aos poetas que, procurando formas mais livres e pessoais de exprimir-se, acabaram abandonando todos os terrenos comuns e os critérios de validez objetivos e universais. A poesia, como qualquer outro jogo, há de ter suas regras de antemão traçadas e que não pode infringir impunemente. Foi por menoscabarem tais regras que alguns poetas de nosso tempo, e dos mais dotados, caíram num desesperado solilóquio, engendrador de solidões e de monstros.

A reação normal contra uma lei que cumpria aceitar automaticamente, como um colegial que decorou a lição, tinha de ser o culto à espontaneidade irresponsável e sem limites. Mas a preservação dessa atitude simplesmente negativa, quando já não existe bem o que negar, é caminho para a facilidade e o desleixo, pobres substitutos da rotina formal. O modo de se ultrapassar semelhante alternativa está, aparentemente, numa opção livre e consciente àquelas regras, de modo a que se transfigure o que era universal e anônimo em uma criação pessoal incessante. Foi o que compreenderam alguns poetas, entre eles Manuel Bandeira, nos seus melhores momentos. Desse Crusoe, o menos que se pode dizer é que teve sua casa sempre limpa e arrumada.

# Tudo em cor-de-rosa[*]

.

Yolanda amiga.

Li, como se diz, de uma assentada os seus preciosos originais, e bem se pode imaginar o empenho com que os li, quando se saiba, e você sabe, do sem-número de obrigações de ofício a que andei ultimamente acorrentado e que tinha de cumprir, sem falta, no prazo escassíssimo de que dispunha antes de ausentar-me por uns meses de São Paulo e do Brasil. Escrevo agora quando me falta menos de uma semana para pôr o pé no estribo, digo, no avião, para me dirigir a longínquas plagas, e tudo no meio de mil apressados afazeres e imprevistos de véspera de viagem, só para tentar enfim a carta-prefácio prometida. Tentação daquelas a que dá gosto aceder, porque tentação de amizade – e eu ia dizer de amor –, mas que a mim também me dá uns calafrios de susto. Sim, porque para sair-me a contento, eu bem que precisaria ter vivido também na esfera maravilhosa do tudo em cor-de-rosa, que tem sido a sua, não a minha. E para portar-me como con-

441

LIVRO
DOS
PREFÁCIOS

.

---

[*] Penteado, Yolanda. *Tudo em cor-de-rosa*. Rio de Janeiro, Nova Fronteira, 1976, pp. 9-21. [Introdução]

vém a um espectador e afinal cronista diligente, não direi que me falte pretensão, pois até que eu sou um bocado pretensioso, como você com certeza não ignora, mas me falta creio que exercício, e só dizer isto já não é querer dar-se importância demais? Pois não é como se alguém dissesse que tudo tem, que nada lhe falta, sobretudo que não lhe falta o principal, que é talento de bem fazer e quanto ao mais só precisa de prática? É isso coisa que se haja de pensar? Ou pior, que se haja de dizer, mesmo nas entrelinhas?

Você se embala no pensamento de que sua vida foi como uma valsa vienense e se compraz em comunicar ao leitor esse doido pensamento, e só aqui e ali deixa escapar de modo fugitivo alguma coisa do outro lado, do lado não valsa, como quem cuida de esconder – por modéstia? – os avessos da costura. Voltarei aqui mesmo a esse ponto, mas antes quero dizer em voz baixa como num confessionário para mal dos meus pecados de pretensão e vanglória, que não sou e principalmente não fui, em tempos idos e vividos, insensível de todo aos atrativos daquele suave compasso de três por quatro que ritmou e ainda há de ritmar por longo tempo sua residência na terra. Alguma coisa dele me tocou e me invadiu, ainda que muito de raspão. Afinal vivemos por um bom tempo na mesma cidade – eu até completar os vinte anos, quando principiou meu longo interlúdio carioca – e São Paulo, você sabe que era pequena, uma quase aldeia, menos do décimo do que é hoje, e numa aldeia tudo a gente sabe e muita gente vê, mesmo sem curiosidade bisbilhoteira.

A verdade é que suas evocações daquele tempo vieram pôr à mostra de novo alguns recantos que andavam meio perdidos bem no fundo de minha memória. O caso é que entrei de novo no Cinema Royal da rua Sebastião Pereira, em frente à casa de d. Eponina, sua prima, e dos filhos, que todos os dias alvoroçavam a cidade, enfurecendo os irascíveis e alegrando os amenos, com mil e uma artes malasartes.

De um deles, o Joaquim, fui colega no São Bento, mas acho

que não era com esse e sim com dois irmãos seus – o To? o Pipa? não sei –, no meio de mais alguns colegas ou contemporâneos, que me acontecia ir cabular as aulas no Jardim da Aclimação, onde havia bichos esquisitos e um lago enorme, com canoas que a gente alugava para remar. Foi no meio de tão piedoso exercício que nos surpreendeu um dia o professor de alemão, apelidado, não sei por que, Tibério, mas creio que não nos denunciou no ginásio, pois do contrário a falta seria severamente punida por d. Bernardo, o Truculento. Também entrei muitas vezes no Central, que ficava num vasto prédio do Anhangabaú, junto à avenida São João, e há muito destruído. Havia nele um Salão Vermelho e um Salão Verde e, se não me engano, o primeiro, do lado esquerdo de quem entrava, é que passava por *chic* – naquele tempo se usava essa palavra – e nele algumas famílias tinham frisa cativa. Às vezes ficava cheia a plateia, porque toda gente queria pertencer aos *happy few* e então não havia remédio senão ir para o Verde, mais "cafajeste". Creio que frequentamos o cinema pela mesma época, porque acompanhei também todas as Últimas Aventuras do Judex.

Para não ir mais longe só digo que não perdia matinê do Paulistano e me lembro do domingo em que tudo ali pareceu ir abaixo, com gente de pé nas cadeiras, até em cima do bar, desde que caiu de repente, como um raio, a notícia de que o Edu Chaves acabava de completar o primeiro voo entre o Rio de Janeiro e Buenos Aires. O regozijo tumultuoso era tanto mais explicável quanto o competidor argentino havia levantado voo para o percurso em sentido contrário e já voava em céus paulistas quando, por algum motivo, se viu forçado a baixar, mas com tão pouca sorte que o aeroplano – só se dizia aeroplano em vez de avião – foi esbarrar em um patriótico cupim, pelas bandas, creio eu, de Itapetininga. O brasileiro entretanto não quis perder tempo: antes que o rival pudesse consertar o aparelho, tocou às pressas para o Rio, de lá conseguiu voar até Buenos Aires e alcançar a primazia numa competição acirrada. O notável feito foi festivamente celebrado em todo o Brasil, em São Paulo e, com brio especial, naquele clube perdido num fim da rua Augusta, à beira do descampado onde só mais tarde se plantaria o atual Jardim América, dado que até o herói era pessoa da casa.

Do que não guardei saudade foi da Caetano de Campos, onde você também esteve por menos tempo. Era então um casarão de dois andares, o terceiro lhe acrescentaram depois, mas confesso que não derramaria lágrimas se realizassem o projeto de deitar aquilo abaixo, para no lugar se construir estação de metrô. De qualquer modo, mesmo que nos conhecêssemos, eu não teria meios de avisá-la. As meninas ficavam na banda que olha o jardim da praça da República, separadas, como numa clausura, dos marmanjos, que tínhamos de nos contentar com o lado que dá mais para a Vila Buarque. Só uma vez tivemos o privilégio de ser encaminhados ao reduto das meninas e foi na ocasião solene em que o então presidente do estado, Rodrigues Alves, foi fazer sua visita muito anunciada à escola. A alegre curiosidade que esperávamos poder satisfazer, mas não tanto pelo presidente, que conhecíamos de retrato nos livros de aula, de nada adiantou, porque um bom espaço nos separava das colegas, e era ocupado quase todo pela banda de música. Além disso éramos vigiados por d. Catarina, a professora, que não deixava ninguém olhar nem desafinar nos hinos. D. Catarina andava sempre de blusa branca e tinha por mim uma birra toda especial, não sei se com razão. Ainda havia um professor chamado Zenon Cleantes, de queixo bipartido, como o dos retratos do cáiser. Esse era inofensivo, salvo nas ocasiões em que lhe vinham ganas de interromper com seu comentário zombeteiro algum dos meus colegas que disparateava na lição, mas tenho a impressão de que não pertenci ao rol das (suas) vítimas. A grande vedete, porém, era, e sem comparação, "seu" Carvalho, o mesmo a quem o Oswald de Andrade se refere num dos seus livros, chamando-o "o grande professor seu Carvalho". Não sei se a Caetano de Campos já tinha nascido quando o Oswald cursou o primário, mas o adjetivo ia bem com a figura muito heroica e que sabia tonitroar bem quando discursava sobre Tiradentes, Benjamin Constant ou Floriano Peixoto, personagens favoritos do mestre sapientíssimo. Com tudo isso ele não dava para incomodar os alunos, pois se ocupava demais com o bom efeito que causava seu mérito indiscutido, dentro e fora da escola, que muito lhe devia do renome que conquistou.

Essas divagações, despertadas pela notícia de que afinal podemos ter sido colegas no mesmo colégio, embora sem nos vermos, sem nos conhecermos, serve para reconciliar-me um pouco com a lembrança dessa fase, a mais ingrata, suponho, de minha meninice paulistana. Depois viriam os bons tempos que tive de interromper já crescido, quando se abriu para mim o parêntese carioca. Já a esse tempo começava você a desabrochar para verdadeiramente viver aquela Belle Époque prolongada no Brasil, sobretudo em São Paulo, até 1930, ano da grande crise, e ano da revolução. De como pôde e soube vivê-la, seu livro dá alguns depoimentos valiosos, pois não sei quem a tenha mais intensamente vivido para dar o testemunho que nos dá seu livro. Apenas posso imaginar como coisa fora do meu mundo o que você conta dos seus tempos de São Paulo, do Empyreo, da Europa. Sei que ao menos a vi bem, e bem ciente de quem se tratava, numa roda em Copacabana onde havia amigos meus e até um parente, o Palmeirinha, mas nem pensei em chegar perto, porque a esse tempo, em que eu me havia ligado ao movimento modernista e até representei no Rio a Klaxon, o primeiro mensário desse movimento, já eu tinha bons amigos, que também eram amigos seus. Mas durante esse tempo todo, a única vez em que nos falamos e nos conhecemos, e de que não sei se você tem lembrança, foi quando um amigo e eu próprio fomos convidados por sua tia, d. Olívia Penteado, para ouvir Stravinsky, num concerto de Rubinstein, e então ficamos na mesma frisa do Lírico. Meu amigo Prudente de Morais, neto (que se tornou anjo da gnomonia do Jaime Ovalle, e apesar do nome do avô ilustre passou a assinar-se Pedro Dantas, e é hoje o grande presidente da Associação Brasileira de Imprensa), ainda me fala com entusiasmo de sua presença naquela noite. Presença de uma alegria que só pareceu perturbar-se um pouco no momento em que da plateia subiu qualquer coisa como um grito lancinante, no auge do concerto, que continuou entretanto, depois de ligeira hesitação. Só no fim pudemos saber que a quase interrupção foi produzida pelo poeta Murilo Mendes, que só mesmo ele era homem de derramar seu calor em tais estridências.

Achei ótimo você ter adotado a ideia, que eu próprio lhe sugeri, de entremear lembranças várias, uma puxando outra, em vez de apelar para uma ordem cronológica que começaria com o João Ramalho, mas que haveria de comportar brancos que nem você, nem ninguém teria como preencher. Num relato impressionista como o seu, que se recusa a pôr ordem na desordem da vida, não há mal em dar lugar para esses remotos avoengos, mesmo depois de contar suas andanças com o Alberto Santos Dumont, de quem eu tinha notícia desde quando, na sala que o Museu Paulista dedica ao inventor, identifiquei, graças à obsequiosidade do Amadeu Saraiva, certa meninazinha que fingia esquiar ao lado do primeiro, acho que em St. Moritz ou coisa parecida. Pois não se tratava da *nièce à Santos,* que eu chamava a esse tempo ainda de d. Yolanda, mas depois aportuguesei (o nome) para d. Violante, a sem par, apesar dos protestos de um dos "filhos" seus? A mesma, em suma, que por outro nome seria a *Pink of the Pink* dos tempos chaplinescos. De repente, me reaparece um pouco mais amadurecida a garotinha do *sky* balançando-se dentro do *renault* que um incauto – malicioso? – *chauffeur* fez embrenhar pelas bandas das ruas Ipiranga (do lado escuso), Timbiras e adjacências, olhando de soslaio, mas sabendo de tudo, umas damas polonesas ajaneladas. Não sabia é que, ali por perto, carros de chapa oficial derramavam varões impolutos que se iam aconchegar a verdadeiras e falsas senhoras francesas, onde entre mansões de nomes intrigantes, como Palais des Fleurs, Palais Elegant, Pavillon d'Armenonville, podia pontificar uma certa Ida Pomerikowska, nome rebarbativo resumido por um sutil cronista pelo outro, esse espoucante, borbulhante e louro, de *madame* Pommery. Pois não havia muito que a menina deu de querer ficar gripada, e então molhou com esponja o lençol, e acabou mesmo daquele jeito, sendo preciso chamar o dr. Adriano, pai de meu sempre lembrado Antônio Carlos Couto de Barros, criador da mulher que se tornou infinita ($\infty$) logo Klaxeaada. Não foi do tempo em que ela teve prêmio de beleza no Des Oiseaux?

Quando menos se espera, aponta por aí o João Ramalho, seu multiavô insigne, que em 1562 não quis ser vereador nesta vila, por se achar homem velho, para lá dos setenta anos. Isso combina mal com outro dito do mesmo João, quando em 1570 afirma ter mais de oitenta anos de assistência nesta terra, e pessoas menos avisadas têm concluído daí que chegou ele a São Vicente antes de Cristóvão Colombo descobrir a América. Deviam saber que naquelas eras todas as contagens eram na base do mais ou menos. Ninguém sabia a própria idade, e quando se falava em setenta anos, por exemplo, era para indicar um longo tempo, que vagamente podia significar cinquenta, noventa, ou até mesmo setenta mesmo, mas só por acaso. Quero crer, mas sem muita certeza, que Ramalho pertenceu à companhia de certos "homens brancos" que teriam naufragado junto a uma ilhota à distância de poucas léguas do porto de São Vicente, por volta de 1510, e depois foram a povoar o dito porto. Tudo aqui é confuso, e assim não vou bater o pé onde seus dados não conferem com os meus. Pelos meus, não se sabe que ele tivesse estado em Santa Catarina. Quem lá andou seriam náufragos de outro navio, em 1515, trazidos uns doze anos depois para São Vicente, num tempo em que Ramalho já por lá andava. E também não sei que tivesse ido para os lados da Inglaterra. Quanto ao romance tão badalado com a filha do cacique Tibiriçá, o que me chegou ao conhecimento é que ela tinha, em língua de índio, um nome muito difícil, dizem alguns que Mbici, que na pronúncia dos portugueses soaria mais ou menos como Embci, pois da mesma forma o nosso Mboy virou ultimamente Embu. Os padres batizaram-na com o de Isabel, e só os pósteros voltariam à forma indígena, destravando-a, porém, para um Bartira, que já é palavra pronunciável e não sei se poética. Hoje se sabe, aliás, que o genro de Tibiriçá já era casado, tendo deixado a mulher em Portugal quando veio para o Brasil. Se veio realmente em 1510, e já casado, teria no mínimo seus dezoito a vinte anos quando desembarcou em São Vicente. Significa isto que já será mais do que sessentão por volta de 1553, quando costumava andar a pé nove léguas todo santo dia.

Se é certo que navegou por tantos mares na juventude, haveria de parecer-se muito com a gente de outro remoto antepassado ou colateral ou apenas meio xará seu, que, esse sim, pode ter viajado pela Inglaterra, e em verdade só se equilibraria bem a bordo de alguma caravela. Penteado chamava-se, com efeito, o capitão que trouxe o aventureiro Hans Staden ao Brasil, e que, de passagem, não deixou de bater piratas mouros e intrusos franceses, antes de chegar a Pernambuco: na grafia do alemão, aparece ele ora como Pintiado, ou Pintyado, com y na segunda sílaba. Isso na era de 1547, Staden não dá o prenome. Penteado, isto é, Pinteado, como está escrito, também se chama um capitão português, que em 1553 estará a serviço da Inglaterra, e seu nome todo é Antônio Anes Penteado. Diferente de seu compatriota Magalhães, não seria português só no valor, mas também na lealdade, pois só deixou o serviço da Coroa de Portugal quando, caluniado por inimigos, o alvitre que lhe restava era imigrar para não sofrer castigo injusto e mortal. Tanto que, verificada a falsidade do que imputaram ao bravo marinheiro, natural do Porto e filho de um João Anes (neste, Penteado seria alcunha por amarrar bem os cabelos como o Caio Furtado, por exemplo, o que aliás foi de família), apressou-se el-rei em isentá-lo de toda culpa e o fez, além disso, fidalgo da casa real. Chegaram tarde porém, tanto as respectivas cartas-patentes como certa mensagem do infante d. Luís, remetidas para a Inglaterra, pois Antônio Penteado morreu sem as receber, na costa da Guiné. Suponho que seria esse o capitão que trouxe Hans Staden ao Brasil poucos anos antes, pois parece difícil que pudesse haver duas pessoas distintas, ambas marinheiros, ambos com um mesmo sobrenome, que não seria muito comum.

Nada haverá de espantoso que no intervalo entre Ramalho Pintyado possam acontecer casos recentes e vividos. Não sei bem quais sejam, porque vou escrevendo um pouco de memória, mas pode dar-se um, seja, por exemplo, a história incrível, que eu não consegui entender bem, e não é mesmo para entender, em que entra um avião todinho de pano azul, uma taça partida, o revólver pequeno mas que dá muitos tiros, gente que corre assustada, procurando esconder-se, e no chão, como tela de Salvador Dalí, a poça de sangue em volta de uma dentadura. Ou então a da visita de Juscelino Kubitschek no Empyreo, com o lauto banquete e conversas joviais, por entre os acordes do "Peixe vivo". De madrugada, no trem de volta, que trazia os convidados de Leme a São Paulo, fazia frio embora fosse em outubro ou novembro, dado que era tempo de jabuticabas, e quase toda gente dormia, e dormia às vezes descalça à moda do presidente. Acordado estava o cônsul da França, que se divertiu todo o tempo a esconder os sapatos dos passageiros.

Essa história já é das que levam um pouco para o outro lado da valsa, de Yolanda grande fazendeira e admirável hospedeira, a quem propus certo dia que recebesse um bando de professores estrangeiros vindos para um simpósio que organizava o Instituto de Estudos Brasileiros da Universidade de São Paulo, e ela marcou a visita para onze horas da manhã. E como eu ponderasse que, nesse caso, não teriam tempo de voltar e almoçar, respondeu: Pois se convido é para almoçarem. Mas não se pode, são 76 pessoas. Que fossem cem, venham todos. Para o almoço havia muita coisa além do cuscuz paulista, porque não se sabia se aquela gente vinda, quase toda, da Europa ou dos Estados Unidos se habituaria bem com um prato da culinária local, mas nisso havia engano, pois o que havia logo se consumiu. Dentre os estrangeiros, quase nenhum conhecia aquilo, uma especialidade da fazenda desde os tempos de Izulina, a cozinheira devidamente mencionada nestas memórias. Havia quem tivesse provado o cuscuz da Bahia, que é doce e se faz com tapioca e coco ralado. Ou então aquele que se serve em restaurantes argelinos de Montparnasse, onde entra semolina de arroz e lombo de carneiro. Iguaria de mouros, é muito possível que se assemelhasse ao da Argélia o que se conheceu em Portugal no século XVI e é citado pelo menos três vezes em autos de Gil Vicente. Trazido ao Brasil, variaram os ingredientes, conforme a região, e só se conservou o uso de prepará-lo no vapor, que parece ser o traço comum das diferentes subespécies. A imaginação dos cozinheiros paulistas levou-os a preferir a farinha de milho da terra, muito diversa do fubá de que se faz a polenta, introduzida em São Paulo pelos primeiros colonos venetos, pois não é moído o milho mas pelado e pilado. De noite, alguns dos convivas dormiram no Empyreo, e, assim, o Richard Morse, de Yale, ficou tomando whisky, à falta do martini, que é o seu forte, a contemplar um extraviado, que no escuro dos corredores, pois quase toda gente se havia recolhido, inclusive a dona da casa, descobriu não sei onde uma vassoura, e se pôs a varrer um assoalhado impecavelmente limpo. Enquanto isso, um outro professor, Frederico Mauro, de Nanterre, na França, que não se cansou de correr canaviais e engenhos, sonhava em voz alta no seu quarto de dormir, um sonho quantitativo, onde desfilavam às toneladas açúcares de diferentes preços e tipos.

Quando se fala na hospitalidade de Yolanda, é bom não esquecer que o tudo em cor-de-rosa pode enlaçar-se nela com uma energia mansa, mas que pode tornar-se severa e inflexível, quando necessário. Os que frequentaram o Empyreo sabem que às cinco, no máximo às cinco e meia da manhã, ela já percorria as plantações, atenta ao que reclamasse cuidados. O fato é que a fazendeira, filha e neta de fazendeiros, incrivelmente madrugadora, até na cidade, ela soube sustentar e aumentar a produtividade da terra que muito moça ainda teve entregue à sua responsabilidade. E quando os cafezais deixaram, com a crise geral, de prosperar com fácil abundância, não duvidou em mandar derrubar o que restava deles e substituí-los pelos algodoais. A mudança exigia, contudo, enormes despesas, levando-a a introduzir o sistema de meação, que alguns estavam ensaiando em Campinas, mas de que foi ela a pioneira na região do Leme. Apesar da opinião contrária de todos os vizinhos e dos amigos do pai, que achavam absurdo vê-la convertida em sócia dos colonos, não teve dúvidas em inteirar-se de todos os pormenores do sistema. Entre os próprios colonos, houve quem relutasse a princípio diante da novidade, mas acabaram, um a um, por tomar o caminho da estrada, rumo ao cartório, para assinarem o contrato, desde que lhes foi mostrado, lhanamente, que, para a fazenda, não havia outra solução à vista. Igual espírito de iniciativa mostrou quando, por ocasião da Segunda Grande Guerra, houve falta de trigo, e decidiu fabricar na fazenda farinha de raspas de mandioca. A falta era, em todo caso, momentânea, de sorte que, restabelecida a paz, seria preciso desmontar a fecularia com as máquinas correspondentes. Mas tudo foi previsto e prevenido de sorte que o negócio altamente proveitoso pôde cessar sem dar prejuízo.

A marca de um espírito jamais satisfeito com as práticas rotineiras, ela deixou não só na fazenda, onde manteve escola primária, gratuita e obrigatória, para os filhos dos colonos, e instalou um centro de saúde na antiga casa do fiscal do estabelecimento, e também na sede do município quando, provedora da Santa Casa, conseguiu projeto e levantou verba para se construir o hospital regional. E assim como, de súbito convertida em assistente social, não deixa que lhe escapem os segredos da enfermagem nem os da medicina preventiva, também resolve registrar-se até no sindicato dos padeiros, familiarizando-se logo com os novos "colegas" que em vão tentam dar-lhe o lugar de maior realce. Ela está ali para aprender, ao lado dos outros e como de igual para iguais, sem querer mandar, mas disposta a participar das reivindicações gerais e conseguir sua cota de farinha para a padaria do rancho na beira da estrada. A disposição de aprender tudo soma-se à capacidade de vencer e convencer os descuidados, os céticos, os recalcitrantes, e ainda mais ao calor humano de que se envolvem seus menores gestos, o que lhe permite ganhar boa vontade prestativa das pessoas certas, nas horas certas. Foi assim quando precisou que a instruíssem, instruindo também os colonos sobre os segredos da meação na lavoura algodoeira. E também quando, aproveitando a oportunidade que, durante a guerra, se oferecia à sericicultura, matriculou-se no curso de especialização criado pelo Instituto Agronômico de Campinas, fundou um estabelecimento de fiação na fazenda, recorrendo a casulos que criava ou comprava, e logo achou quem vantajosamente se ocupasse de comercializar o produto. Ou depois de 1967, quando passou a desenvolver no Empyreo a lavoura açucareira e julgou conveniente repartir responsabilidades.

Casada agora com um extraordinário brasileiro, Ciccillo Matarazzo, surgiu-lhe a ocasião de mostrar outra e imprevista faceta de sua personalidade. Graças ao seu esforço próprio e ao mundo de relações que soube pôr em movimento no aquém e no além-mar, superou os difíceis começos do primeiro Museu de Arte Moderna, em São Paulo, e muitos dos estorvos que embaraçaram as primeiras Bienais. Em certo passo de seu livro está dito que "Sérgio Buarque de Holanda, o [...] historiador, procurou sempre auxiliar Ciccillo". Pois procurou mesmo, porque historiador, não apesar de [...] sabe que história é movimento e é mudança, não recuperação do passado já morto que pertence aos antiquários. Mas ajudou mesmo? Como vice-presidente do antigo MAM, de onde foram brotando as bienais, quando Ciccillo era presidente, a verdade é que se julgou às vezes incompetente para bem ajuizar da bondade de tais ou quais manifestações estéticas, e então se consolava, magro consolo, com a ideia de que a presença de um diretor artístico na casa dispensava naturalmente qualquer participação mais atuante de quem se achava em posição administrativa e, melhor, "vice"-administrativa. O principal é que já encontrei ali tudo em andamento, os alicerces prontos e o bom êxito assegurado. Eu ainda não trabalhava nem sequer já vice-trabalhava para o museu, quando se abriu a primeira bienal e durante a segunda eu andava na Itália, dando e frequentando cursos de minha especialidade, e foram em verdade os dias heroicos da iniciativa gloriosa.

Este seria o lugar para dar realce ao papel de Yolanda Penteado que foi, de fato, o braço direito de Francisco Matarazzo Sobrinho nos preparativos da bienal. Mas seria preciso deter-me naquilo que toda gente conhece? Lembrarei, no entanto, que, ao mesmo tempo em que Ciccillo tratava por aqui todas as minúcias da organização, dividindo o tempo com o que tomava suas tarefas na presidência da Comissão do IV Centenário de São Paulo, sem falar no que reclamavam suas responsabilidades à testa da Metalma, dirigia-se ela à França, onde se entendeu pessoalmente com a repartição adequada do Quai d'Orsay para tudo quanto dizia respeito à representação oficial francesa. Além disso soube granjear a boa vontade de André Malraux, que não tinha ainda situação oficial, mas soube ajudá-la com sugestões ditadas pela sua experiência e sua inteligência em coisas de arte e de museus. Obtida essa cooperação, dirige-se à Itália, onde procura Giulio Andreotti, subsecretário de Estado para a presidência do Conselho, e procura também o presidente da Bienal de Veneza. Vi-a poucas vezes em Roma, e em uma das vezes, quando almoçamos no seu hotel, o outro comensal era diretor-geral das Belas-Artes, um senhor magro e alourado, com quem me aconselhei sobre a identificação de certo desenho do Morandi, que um amigo comprou na via del Bambino. Sua grande vitória, durante essa viagem pela Europa, ela a obteve na Holanda, quando sua presença e a cooperação de amigos diletos venceram todas as resistências opostas a uma valiosa adesão. A notícia da participação holandesa pareceu milagre em São Paulo, onde só se sabia que ela fora recusada num primeiro momento. Bem firmadas essas adesões, mais fáceis foram, depois, os contatos proveitosos com as autoridades e meios artísticos, na Bélgica, Suíça, Inglaterra, Alemanha... E bem mais suave será agora o caminho do sucesso para as bienais seguintes, a começar pela número dois, com a grande retrospectiva de Picasso. Um passeio – por acaso? – até Antibes aproximou-a aos poucos do artista difícil e caprichoso e, manhosamente, foi você vencendo as primeiras e mais árduas barreiras. Seguindo conselhos amigos e usando dos bons préstimos do Cícero Dias, do círculo dos íntimos do pintor, conseguiu que viessem para a retrospectiva 52 telas representativas de diferentes fases. Muitas iam atravessar o Atlântico pela primeira vez. E como se isso ainda não bastasse, conseguiu autorização para figurar na exposição a *Guernica*, onde se resume a barbárie que foi a guerra civil da Espanha e que está, em custódia, no Museu de Arte Moderna de Nova York.

Ausente todo o tempo do Brasil, não pude assistir ao magnífico espetáculo que deve ter sido essa bienal de 53, excepcionalmente prolongada para, em 25 de janeiro do ano seguinte, alcançar o IV Centenário da cidade que a abrigava. E o empenho que fazia em conhecer a própria *Guernica* só seria satisfeito doze anos mais tarde, nos Estados Unidos. Mas quem podia ignorar, mesmo fora do Brasil, a imensa repercussão internacional, creio que sem precedentes, que o certame obteve e que deu a São Paulo? Depois de tamanha proeza, "a caipirinha de Leme" não cessou de desdobrar-se, enquanto foi possível, ora por conta própria, ora justamente com Ciccillo, em benefício das bienais, do museu e de outras manifestações artísticas memoráveis, em São Paulo e no Brasil. E isso só lhe foi dado realizar, em grande parte, porque ela conseguiu manter, conforme disse ultimamente Jacques Lassaigne, uma "constante corrente de relações e de amizade que, desde a primeira Bienal, formou como uma aliança fraternal a que nos sentíamos todos muito encadeados...".

E é nesse espírito que ainda revejo a procissão interminável das antigas e novas lembranças. Reparem ali no Judex, no *Judex de Braziliaan*, que empunha seu revólver miudinho, mas que dá muito tiro, querendo, numa derradeira aventura, deitar fogo em Mauritzhuis. O salão vermelho? Façam o obséquio (*messieurs dames bonbon, chocolat glacé, achetez messieurs!*) entrada do lado esquerdo, à direita não:

> *Agnelet à droite,*
> *Va Falloir te battre;*
> *Agnelet à gauche,*
> *La maison est suave*

E em *Antibes*, ou seja, *Antipolis*, ali mesmo a duas quadras do Sheraton, mais carregada de hortênsias do que Petrópolis, e tudo em cor-de-rosa. Como pensar então em *Guernica*, coberta de luto e de sangue. Veja porém que a pouca distância, distância de um grito, se levantou Niké, a deusa grega da Vitória, que a Zeus aprouve metamorfosear numa cidade azul-marinho, com o bordado de copadas palmeirinhas que desfilam pelos canteiros da Promenade des Anglais. Olhem bem para Yolanda, a pequenina e a grande. Primeiro nas lições de mme. Poças Leitão que ensinava o maxixe, mas também o ragtime, com o infalível Oh Johnny! Oh Johnny! que sai arrastando os pés numa reta de um lado a outro da sala... E o fox, que talvez se chamasse *Hindustan*, e era um pouco mais saltitante. Ou o tango argentino – *Ciseaux! Balancez!* –, milongueiro como só ele, a desmunhecar-se em um paletó muito cintado, calças que se estreitam para baixo, sapato de ponta muito fina e os cabelos reluzentes de gomina. Bem Valentino, o que foi filho do sheik, mas como não? No entanto um francês, cofiando os bigodes, se põe naturalmente a ruspetar: "*A mon temps on faisait ça au lit*". Das valsas ainda não tinha chegado a vez de Valencia, mas não era ela a que dava azar, era a Ramona (fazer figa ou bater na madeira, e o colarinho também serve). Depois surge Violante, contra a vontade de um dos "filhos", e não obstante Violante assim mesmo, Violante do Céu, Orai por nós, que recorremos a vós! E aquelas bienais que eram, que não são? E o telefone que sabe repetir: "Isto é uma gravação...", que implicante! E os bons amigos que se vão indo embora? – E o Empyreo? – órfão. E Leme, sem leme? E no fim a gente vai querer dormir, um pouquinho que seja, só para pensar depois que tudo foi sonho. Boa noite a todos e até logo. *Ma bada! Ricordare, prego, ma senza malinconia. Proprio como fa la Iolanda,* Yolanda, a de hoje, a de ontem, a de sempre, *per omnia seculi seculorum.* Assim seja.

# O operário em construção e outros poemas*

·

Vinicius, o bem-amado

457

LIVRO
DOS
PREFÁCIOS

·

Não sei se a palavra constrangimento, no meu entender uma das mais feias desta nossa língua inculta e bela, diz bem da dificuldade que sinto ao rabiscar este pobre acompanhamento para aquilo que *is supposed to be o* melhor de sua obra poética. Outra coisa talvez fizesse, se dado me fosse voltar àquelas eras já remotas em que da vez primeira nos encontramos e nos falamos, sem haver ninguém que nos apresentasse. Há quanto tempo!? Trinta anos? Quarenta? Desceu-me de súbito uma inspiração do Céu. Fui dar uma rebusca no meio de meus livros antigos e tive o gosto de ali achar, muito bem encadernado, um exemplar de seu *Forma e exegese*, com dedicatória datada: novembro de 1935. Mal contados já lá vão 44 anos, mas a dedicatória, pelo jeito, é de quem já me conhecia bem. Lembro-me de que o encontro aconteceu na José Olympio – ou não teria sido na Garnier, ali bem em frente? –, você pouco mais do que *teenager*, mas já autor de um ou dois livros

---

* Moraes, Vinicius de. *O operário em construção e outros poemas*. Rio de Janeiro, Nova Fronteira, 2ª edição, 1979, pp. 7-11. [Prefácio]

publicados, e eu apenas meio contador de histórias do Brasil, além de esforçado crítico, um tanto bissexto, e sem livro publicado. Sei também que a partir daquele dia nos fizemos amigos. Amigos, pois, de há perto de meio século, vale dizer quase amigos de infância, de amizade que nunca sofreu pausa, e que ainda guarda nítida a marca da boniteza espontânea e sem-cerimoniosa do encontro primeiro, em algum lugar da rua do Ouvidor, ali a dois passos da Avenida. Nada nos separou mais, nem, a rigor, sua itinerância em longes terras, ao tempo em que você melancolicamente seguia aquela carreira, de que foi salvo graças ao malquerer de um imaginoso burocrata, mais imaginoso do que gostaria de o ser.

O fato é que, quando menos esperávamos, nos encontramos entre suas andanças. Foi assim em Roma, onde juntos tratamos com a marquesa misteriosa sobre o serem abertas as portas de um Open Gate Club, como se chamava o segundo lar da dita senhora, para uma semana de música popular brasileira. A Roma das noitadas em meu apartamento do Quartiere Nomentana onde, entre boas prosas e canções napolitanas, ressoavam os tchin-tchins... Ou a daquele bar do hotel da Vittorio Veneto, em que o fui surpreender em ditoso pappo com a Irene Pappas, e foi essa a minha primeira viagem à Grécia... Ou a da Osteria del Orso, que em idos tempos hospedou Rabelais e Montaigne, mas no nosso também abrigava um músico francês louco por aprender sambas. O qual, de muito desmunhecar, transformou-o Jove em colibri, de sorte que saiu adejando, adejando, adejando, até ir pousar, tão mimoso, no lugar que tomou o nome de Caracas, por mal de seus pecados. Depois foi Genebra, onde, como já me ocorreu dizer e até publicar, redigimos um telegrama em sueco, pois não estávamos para menos, com o endereço de Estocolmo, propondo o nome de Ungaretti para o Prêmio Nobel. O qual Ungaretti, presente à nossa mesa, fingia desaprovar a ideia, mas bem que estava gostando, e a murmurar sorridente: *questi sonno pazzi da legare.* Ou então: *Ils sont fous ces brrrrésiliens... ils se soúlent comme des...* e o resto não se ouvia. Também em Paris, onde assisti à primeira execução de sua feijoada que até música parecia e em música se tornará. E quase em Los Angeles, quase porque, achando-me a caminho e detendo-me em Chicago, lá me avisou Josias Leão que o poeta havia ido para o México. Los Angeles, afinal, não vale San Francisco, e sem Vinicius nem vale Los Angeles. É tão somente aquele Jardim América de não acabar mais.

Ainda poderia contar coisas do Rio (à noite no terraço do Alcazar) e de São Paulo. Vou contar coisa de Belo Horizonte, do tempo em que havia lá um prefeito chamado Juscelino Kubitschek. Você havia ido a Oxford para estudar poesia inglesa. Entrementes o curso foi interrompido por causa da Segunda Grande Guerra, mas o Juscelino que, além de prefeito, era o presidente em Belô da Cultura Inglesa, promoveu uma conferência sua, dando-lhe a obrigação de levar tantos convidados quantos lhe aprouvesse. O poeta, contudo, foi modesto. Formamos apenas um trem de catorze pessoas, a "embaixada" como éramos chamados. Lá chegando, uniu-se ao bando alguma gente da terra: Fernando Sabino, Otto Lara Resende, Paulo Mendes Campos e outros visitantes. Criou-se, pois, naquela Belo Horizonte, já sem Bar do Ponto, mas com Pampulha etc., uma verdadeira Frente Ampla onde ao lado do Juscelino não faltava sequer o Carlos Lacerda. Faltava o Jango, mas podia fazer-lhe as vezes o nosso Astrojildo Pereira, que a cada descarrilamento da embaixada não fazia senão comentar escandalizado: Cambada de malucos! A turma, sob a batuta do Osvaldinho Penido e do próprio Juscelino, esbaldou-se o quanto pôde durante uma semana. Ao voltar aos penates, ainda telegrafamos gratos ao nosso anfitrião, dizendo lamentosos: Como poderemos viver sem a tua, sem a tua, sem a tua companhia! No dia imediato chegou-nos, também em telegrama, a resposta, na mesma toada de Diamantina: "Os pastores desta aldeia já me fazem zombaria, por me ver assim tão triste, sem a vossa, sem a vossa, sem a vossa companhia (assinado) Juscelino Kubitschek, prefeito municipal".

E haveria outras histórias de Juscelino para contar, mas estou devendo a você uma explicação, porque não ouso alongar mais esta missiva. O caso é que, quando fazia meus exercícios de crítica um tanto bissexta, conforme já foi dito, nenhum livro seu saiu do prelo, homem preguiçoso. Se saísse, eu não deixaria de escrever sobre, e menos mal do que o faria hoje, se possível me fosse. O certo é que perdi já o hábito, e não creio que o recupere, desde que, em mim, o contador de histórias do Brasil se profissionalizou, tudo avassalou e acabou por devorar o crítico. Verdade é que a imagem do poeta, meu irmão mais moço e já hoje irmão mais velho de meus filhos, com eles formando a álacre família dos Buarque de Moraes, continuo a tê-la tão presente, que a vou encontrar, não raro, nos próprios livros que minha profissão me leva a consultar. Quantas vezes me surpreendo a tentar descobri-la até naquele retrato de seu tetravô Mello Moraes (A. J. de) que tenho, junto à portada de sua *História do Brasil-Reino e Brasil-Império*! E você me perdoe se eu jurar, como juro, que até encontrei alguma parecença entre os dois por trás das barbas mais que patriarcais do velho. (Não tanta, é verdade, como a que achei entre o nosso Tom e o retrato, que também tenho comigo, do conselheiro Jobim, o qual foi médico de sua majestade o imperador, que Deus guarde. Pois apesar das muitas rugas do conselheiro, ou mesmo com ruga e tudo, o que ali há, como se diz, é cara de um, focinho do outro.) Também travei algum conhecimento, menos do que com o tetravô, com um dos filhos dele, o que foi folclorista ou coisa parecida, mas tive muitas notícias, contadas ao Prudente e a mim pelo velho Alberto de Oliveira. Sim, pelo mesmo Alberto de Alma em Flor, que costumava chamá-lo de "seu" Mellinho da Gávea. Creio que não é bisavô, mas já que falo em flor direi que é Mello Moraes também.

Em compensação tive o prazer de deparar, no elenco de seus avoengos, com um nome que sempre me intrigava muito, quando lia que foi o ouvidor desta capitania de São Paulo, já antes da Independência e que pertenceu à junta de governo desta dita capitania que substituiu o capitão-general Marquez de Alegrete. Chamava-se apenas d. Nuno Eugênio Lossio e Seiblitz, e parece que, com esse nome solene e positivamente impronunciável, como convém a personagem de tão subida categoria, acabou indo parar em Alagoas, ou melhor, "nas Alagoas", como então se dizia. Naturalmente com muita honra para o venerando A. J., delas natural, conforme não deixa de advertir-nos. E eis como, do mesmo Seiblitz, que outrora só conhecia de nome – e que nome! –, de súbito me fiz íntimo, por artes de quem recebe esta carta.

Não podendo, como não posso, escrever de autores ou, se teimasse em escrever, o resultado ficaria muito abaixo do homenageado, contentei-me aqui em contar um punhado de lembranças, que sempre guardarei, daquele que consegue sentir, e compor, e cantar e viver uma poesia das mais altas desta terra e deste tempo.

# Toda poesia (1950-1980)*

.

DE FERREIRA GULLAR PÔDE ESCREVER Vinicius de Moraes que é o último grande poeta brasileiro. E é a última voz significativa da poesia, atalhou o nosso Pedro Dantas. Parece-me a mim, além disso, que, exceção feita de algumas peças de Mário de Andrade e também de Carlos Drummond de Andrade (mormente em *Rosa do povo*), é o nosso único poeta maior dos tempos de hoje. Mas em Gullar a voz pública não se separa em momento algum de seu toque íntimo, de seu timbre pessoal, de esperanças e desesperanças, das recordações de infância numa cidade azul, evocada no meio de triste exílio portenho. Longe dos tempos em que o exercício regular da crítica me punha em dia com o melhor – e o pior – de nossas letras, absorvido inteiramente, desde então, por outras ocupações, foi recente meu primeiro contato pessoal com sua obra poética. Veio-me pela mão amiga de Oscar Niemeyer, no meio de outros volumes de sua Avenir Editora. Ao percorrê-los dei, de repente, com a pequenina grande obra-prima que se chama *Uma luz do chão*, e a surpresa diante desse descobrimento

---

* Gullar, Ferreira. *Toda poesia (1950-1980)*. Rio de Janeiro, Civilização Brasileira, 1980, p. 5. [Introdução]

casual foi o começo de uma exploração sem pausa do universo de Ferreira Gullar. Hoje, sinto-me tão familiarizado com todos os seus recantos que, para a singularidade e a importância de sua contribuição, só encontro de comparável, no Brasil, a prosa de Guimarães Rosa.

# Notas

•

## Memórias de um colono no Brasil [pp. 13-49]

465

LIVRO
DOS
PREFÁCIOS

•

1. V. José Vergueiro, *Memorial acerca da colonização e cultivo do café*, Campinas, 1874, pp. 17 e 18. Sobre Burlamaque e suas opiniões, Afonso de Taunay, *História do Café. IV. 96*, Rio de Janeiro, 1939.

2. V. "Parceria – Carta de J. J. Tschudi", em *Correio Mercantil*, Rio de Janeiro, 25 de outubro de 1858; Carlos Perret-Gentil, *A Colônia Senador Vergueiro*.

3. Cf. Dr. Ernest Wagemann, *Die Deutschen Kolonisten im Brasilianischen Staate Espírito Santo*, Munique-Leipzig, 1915, p. 123.

4. Dr. Ernest Wagemann, *op. cit.*, p.129; dr. Hans Porzelt, *Der eutsche Bauer in Rio Grande do Sul*, Ochsenfurt a. M., 1937, p. 99.

5. Parzelt, *op. cit.*, p. 18.

6. V. "A colonização na província de São Paulo", por Um Lavrador. Sorocaba, 1875, p. 44. Um Lavrador era pseudônimo de Joaquim Bonifácio do Amaral, o fundador da colônia Sete Quedas e futuro visconde de Indaiatuba.

7. William I. Thomas e Florian Znaniecki, *The Polish peasant in Europe and America*, 2ª ed., Nova York, 1927, I, 197 n.

8. V. dr. Karlheinrich Oberacker, *Die Weltpolitische Lage des Deutschtums in Rio Grande do Sul*, Jena, 1936, p. 58.

9. Teófilo Benedito Ottoni, *A colonização Mucuri – Memória justificativa, em que se explica o estado atual dos colonos estabelecidos no Mucuri, e as causas dos recentes acontecimentos naquela colônia*, Rio de Janeiro, 1859, p. 34.

10. Câmara dos Deputados, sessão de 26 de agosto de 1857. *Jornal do Commercio*, Rio de Janeiro, 7 de setembro de 1857.

11. Anais do Senado, 1858, 4º, sessão de 26 de agosto, p. 253.

12. Assinalando esse fato em um estudo excelente sobre as consequências da expansão da cultura do café em São Paulo, assim se exprime o sr. Sérgio Milliet: "Os lucros da

lavoura cafeeira levam ao abandono das outras fontes de riqueza, à fome dos cereais, ao encarecimento dos gêneros todos. Na zona central o próprio açúcar se despreza. De 558 mil arrobas em 1854, a produção desce em 86 a 218 504, em que se vai fixar desde então...". Sérgio Milliet, *Roteiro do café e outros ensaios*, São Paulo, 1939, p. 24.

13. Sobre o histórico da casa Vergueiro convém ler a obra do sr. Djalma Forjaz, *O senador Vergueiro — sua vida e sua época*, São Paulo, 1924, além do livro de Carlos Perret--Gentil, *A Colônia Senador Vergueiro*, Santos, 1851. Para o conhecimento dos processos de colonização adotados na província durante o século passado é interessante o relatório apresentado ao Ministério da Agricultura, Comércio e Obras Públicas por João Pedro Carvalho Morais, Rio de Janeiro, 1870. Depois de redigido e já composto o presente estudo tive a oportunidade de conhecer o volume oitavo, ultimamente publicado, da *História do café* do sr. Affonso d'E. Taunay, onde o assunto é tratado de forma exaustiva.

14. Daniel P. Kidder, *Sketches of residence and travel in Brazil*, Filadélfia, 1845, II, pp. 144 ss.

15. Johann Jakob von Tschudi, *Reisen durch Südamerika*, III, Leipzig,1867, p. 234.

16. Richard Thurnwald, *Koloniale Gestaltung. Methoden und Probleme überseeischer Ausdehnung*, Hamburgo, 1939, p. 368.

17. J. J. v. Tschudi, *op. cit.*, III, p. 265.

18. S. Gottfried Kerst, Über Brasilianische Zustaände der Gegenwart, Berlim, 1853, p. 30. Sobre as opiniões do conde de Colloredo, cf. José Maria do Amaral, *Notícia dos diplomatas em publicações do Arquivo Nacional*, XIX, Rio, 1919, p. 81.

19. Leôncio de Oliveira, *Vida roceira*, São Paulo, 1919, p. 46.

20. Assim se exprime Carvalho Morais a propósito da colônia Nova Lousã: "E com efeito [...] é mais uma família do que uma colônia e separa-se dos outros estabelecimentos da província por esse lado como pelo sistema de trabalho que adotou". C. Morais, *op. cit.*, p. 85. A mesma comparação era retomada anos depois por um viajante estrangeiro, que assim se exprimia: "Havia ordem e disciplina, e apesar disso o todo formava uma só família, cujo chefe, como um pai, dirigia tudo com critério". Maurício Lemberg, *O Brasil*, trad. do alemão por Luiz de Castro, Rio de Janeiro, 1896, p. 233. Os colonos de Nova Lousã eram em sua maioria portugueses e, como todos os imigrantes do Sul da Europa, mais suscetíveis de se acomodarem ao regime de locação de serviços nas grandes fazendas do que os suíços e alemães.

21. No relatório do presidente Fernandes Torres, de que foi extraído o presente mapa, escreveu-se, por engano, Luciano Ferreira Nogueira.

22. No relatório lê-se Joaquim Leite de Moraes Cunha.

23. "Soledade" era o nome exato (V. Estêvão Leão Bourroul, *Hércules Florence*, São Paulo, 1900, p. 494), que não aparece nem no mapa do presidente Fernandes Torres, nem no folheto já citado do dr. Heusser. O primeiro consigna simplesmente "Florence" como nome da fazenda, enquanto o segundo escreve "Hafen", palavra que em alemão traduz mal o termo "soledade".

24. "Documentos com que o ilmo. e exmo. sr. senador José Joaquim Fernandes Torres instruiu o relatório da abertura da Assembleia Legislativa Provincial no dia 2 de fevereiro de 1858. São Paulo, 1858". Doc. nº 24.

25. Júlio de Arouce, "Teatro de São João na cidade de Rio Claro", *Arquivo pitoresco*, vol. IX, Lisboa, 1866, p. 239.

26. José Vergueiro, "Memorial acerca da colonização e cultivo do café apresentado a

s. exa. o sr. ministro e secretário de Estado dos Negócios da Agricultura", Campinas, 1874, p. 6.

27. João Elisário de Carvalho Monte-Negro, "Colônias Nova Lousã e Nova Colômbia – Relatório apresentado ao exmo. sr. dr. presidente da província", São Paulo, 1875.

28. V. Campos Sales, "Colônia Sete Quedas", em *Almanaque de Campinas para 1872*, ano II, Campinas, 1871, p. 91.

29. V. *Anuário da província do Rio Grande do Sul para o ano de 1888*, Porto Alegre, 1887.

## Diários de viagem [pp. 50-6]

1. F. R. C. [Frank R. Caná], "Portuguese East Africa", na *Encyclopaedia Britannica* (11ª ed., de 1911), XXIV, p. 167.

## Obras econômicas de J. J. da Cunha de Azeredo Coutinho (1794-1804) [pp. 57-102]

1. Cf. biografia por J. J. P. Lopes, em *Revista do Instituto Histórico e Geográfico Brasileiro*, t. 7, Rio de Janeiro, 1845, p. 106 e Alberto Lamego, *A Terra Goitacá*, t. II, Bruxelas-Paris, 1920, pp. 370 e ss., nota 509, e t. V, Niterói, 1942, p. 429. Outros biógrafos, inclusive Inocêncio e Sacramento Blake, depois de Januário da Cunha Barbosa (*Revista* cit., t. 1º, 3ª ed., Rio de Janeiro, 1908, p. 272), datam, por engano, de 1743 o seu nascimento.

2. O texto do requerimento vem em A. Lamego, op. cit., pp. 501 e ss.

3. Clement Brandemburger, *Brasilien zu Ausgang der Kolonialzeit*, S. Leopoldo-Cruz Alta, 1922, p. 139.

4. *Copia da Carta que a Sua Majestade o Senhor Rey D. João VI (sendo Príncipe Regente de Portugal) escreveo o Bispo de Elvas em 1816*, Londres, 1817.

5. Além dos dois folhetos contendo esses estatutos, publicara-se, ainda em 1798, e em francês, a primeira versão de sua *Análise sobre a justiça do comércio do resgate dos escravos da costa da África*. O texto português será impresso em 1808.

6. M. de Oliveira Lima, *Pernambuco. Seu desenvolvimento histórico*, Leipzig, 1895. Seria preciso, contudo, retificar a observação, notando que o cartesianismo do Oratório tende a ceder lugar, entre os ecléticos portugueses, ao decisivo influxo da filosofia experimental. A observação é sobretudo válida para o caso de Verney, em quem é bem nítida a marca do empirismo inglês e do interesse pelas ciências da natureza. É por esse aspecto que a obra do barbadinho pode ter agido sobre as ideias pedagógicas de Azeredo Coutinho, situando-o frequentemente no polo oposto ao racionalismo "de gabinete".

7. *Defeza* de d. José Joaquim da Cunha de Azeredo Coutinho, Bispo de Elvas, em outro tempo Bispo de Pernambuco [...], Lisboa, Anno de M. DCCC. VIII., pp. 41 a 60, e *Copia da Carta* [...] cit., pp. 8 a 14.

8. As peças da devassa acerca da chamada "inconfidência" pernambucana foram pu-

blicadas integralmente, pela Biblioteca Nacional do Rio de Janeiro, em *Documentos Históricos*, vol. CX, 1955. Aos outros depoimentos lembrados no prefácio a esse volume, todos de segunda mão e fundados em tradições orais, podem acrescentar-se o testemunho de Azeredo Coutinho, que melhora e em alguns casos corrige as informações reproduzidas. Encontra-se em *Defeza*, cit., pp. 33 a 41.

9. A obra intitula-se *Alegasão jurídica, na qual se mostra que são do padroado da Coroa e não da Ordem Militar do Christo as igrejas, dignidades e benefícios dos bispados do cabo de Bojador para o Sul, em que se compreendem os bispados de Cabo Verde, São Thomé, Angola, Brasil, Índia até China*, Lisboa, na Of. de Antonio Rodrigues Galhardo, 1804. A ordem régia que condena sua circulação tem a data de 20 de junho do mesmo ano de 1804.

10. A discussão foi ultimamente revivida em notável tese de láurea defendida perante a Pontifícia Universidade Gregoriana de Roma, intitulada: *Os dízimos eclesiásticos do Brasil nos períodos da Colônia e do Império*. Auctore: Sac. Anscharius de Oliveira (pe. Oscar de Oliveira). Dissertatio ad Lauream in Facultate Iuris Canonici Pontificiae Universitatis Gregorianae (Juiz de Fora, 1940). O A., segundo parece, não teve conhecimento das principais peças da polêmica entre Azeredo Coutinho e os juízes da Mesa de Ordens. Ao bispo apenas se refere rapidamente, através de escrito impresso em Londres no ano de 1818, e mesmo seu contendor, d. Dionísio Coutinho, só vem citado em texto de segunda mão (pp. 85 e ss.). É preciso ressalvar, aliás, que o conhecimento direto da *Alegação jurídica, do comentário para a inteligência das bulas* ou da apologia de 1816, além da *Refutação* de d. Dionísio, não seria indispensável em seu trabalho, não invalidaria suas conclusões, nem, provavelmente, serviria para mudar o parecer a que chega de que os reis portugueses, senão em casos excepcionais, e em caráter precário, não estavam autorizados a receber os dízimos eclesiásticos *como reis*, independentemente da dignidade que revestiam de grão-mestres das ordens militares. No passo em que mais largamente trata de opiniões de d. José, à p. 106, escreve: "O argumento de que se serve o bispo d. Azeredo Coutinho, de que foram secularizados os bens das Ordens Religioso-Militares pelo fato de terem sido seus Grão-Mestrados incorporados perpetuamente à Coroa, carece de todo fundamento. Com efeito, a incorporação da administração e governo dos bens eclesiásticos a uma entidade local, de nenhum modo implica secularização". Não deixa de notar, porém, que a Mesa da Consciência e Ordens, cujos juízes licitamente podiam conhecer e definir mesmo decisivamente quaisquer processos, como delegados da Sé Apostólica, se converteu, afinal (pp. 75 e ss.), em "instrumento de humilhações e perseguições feitas aos prelados, e desrespeito às leis eclesiásticas".

11. Intitula-se *Refutação da alegação jurídica* [...] *Lisboa*. Na Impressão Regia, 1806.

12. *Comentário para a inteligencia das bulas e documentos, que o reverendo doutor Dionysio Miguel Leitão Coutinho junto à sua refutação contra a alegação jurídica sobre o padroado das igrejas e benefícios do cabo Bojador para o Sul; sobre a jurisdição dos excellentíssimos bispos ultramarinos; sobre o senhorio e domínio das conquistas e sobre a jurisdição do Conselho do Ultramar*, por d. José Joaquim da Cunha Azeredo Coutinho, bispo de Elvas, em outro tempo bispo de Pernambuco, bispo eleito de Miranda e Brangaņca, do Conselho de sua majestade, Lisboa. Na Of. de Antonio Rodrigues Galhardo, Anno M. DCCC. VIII. Com licença do governo.

13. *Cópia da carta* [...], cit.

14. *Analyse sobre a justiça do commercio do resgate dos escravos da costa da África, novamente revista, e acrescentada por seu author*. Lisboa, Anno M. DCCC (pp. III e IV).

15. *Memorias históricas do Rio de Janeiro e das provincias anexas do vice-reinado do Estado do Brasil*, dedicadas a el-rei o senhor d. João VI, por Jozé de Souza Azevedo Pizarro e Araujo, tomo VI, Rio de Janeiro, 1822, p. 153.

16. *Cópia da carta* [...], cit., pp. 20 e ss.

17. *Discurso sobre o estado actual das minas do Brasil* [...] *das minas, que, aliás, he já perdido para o oiro*. Por José Joaquim da Cunha de Azeredo Coutinho. Lisboa. Na Imprensa Regia. Anno M. DCCC. IV.

18. José Carneiro da Silva, nova edição da *Memória topográfica e histórica sobre os campos dos Goitacazes*, Rio de Janeiro, 1907, pp. 10 e 11.

19. *Ensaio economico sobre o commercio de Portugal e suas colonias* [...], 2ª edição corrigida, e acrescentada pelo mesmo auctor. Lisboa. Anno M. DCCC. XVI. A *Memoria sobre o Preço do Assucar* vem em apêndice às várias edições do *Ensaio*, pela primeira vez publicado em 1794. Para o presente estudo utilizou-se o texto da edição citada, de 1816.

20. *Memória* [...], p. 191 [180].*

21. Op. cit., p. 200 [184/5].

22. Op. cit., p. 198 [183].

23. Op. cit., p. 199 [184].

24. Op. cit., p. 200 [184].

25. Cf. *Brazil and Portugal in 1809. Manuscript Marginalia on a copy of the English translation of bishop Joze Joaquim da Cunha de Azeredo Coutinho's Ensaio economico sobre o comercio de Portugal e suas colonias*. Edited with an introduction and notes by George W. Robinson. Cambridge, 1913.

26. *Ensaio económico*, pp. 14 e ss. [76 e ss.].

27. Op. cit., p. 19 [79].

28. Op. cit., p. 152 [156].

29. Op. cit., p. 151 [156].

30. Op. cit., p. 44 [93].

31. Op. cit., p. 45 [94].

32. Op. cit., p. 47 [95].

33. Op. cit., p. 56 [101].

34. Op. cit., p. 63 [105].

35. Op. cit., p. 60 [103].

36. Op. cit., p. 63 [105].

37. Op. cit., p. 62 [92].

38. Cf. José da Silva Lisboa, *História dos principais sucessos políticos do Império do Brasil*. Parte I, p. 19, Rio de Janeiro, 1826.

39. *Ensaio económico* p. 7 [71].

40. Op. cit., p. 146 [153].

41. Op. cit., p. 148 [154].

42. Op. cit., p. 150 [155].

43. João Francisco Lisboa, *Obras*, vol. III, p. 493, São Luís, 1865.

44. *Ensaio económico*, p. 157 [159].

45. Só a publicação, pois o texto estava parcialmente redigido ou esboçado alguns

(*) O número entre colchetes indica a página desta edição. (Nota da editora.)

anos antes. É sem dúvida um exemplar desse esboço o que existe com o mesmo título, sem data e sem nome de autor, entre os manuscritos da Biblioteca Municipal do Porto – Cód. 464 – (Veja-se *Catálogo dos manuscritos ultramarinos da Biblioteca Pública Municipal do Porto*, pp. 212 e ss., Lisboa, 1938.) Não é impossível que tenha sido composto antes mesmo de publicar-se a *Memória sobre o preço do açúcar*, pois nas fls. 5 e v do citado manuscrito, esta obra é referida com título diverso do que finalmente receberia. Talvez a leitura de Adam Smith tivesse movido o autor a refundir o escrito sobre as minas, acrescentando-lhe, além disso, as duas partes que não figuram no códice do Porto e que correspondem às segunda e à terceira parte do volume publicado em 1804. Outro exemplar existe na Biblioteca Nacional do Rio de Janeiro, este assinado de uma curiosa *Nota sobre a divisão de limites entre Portugal e Castela na América* onde se sugere uma demarcação pela qual o Brasil ficasse com todo o território ao norte do Prata e a leste do rio Paraguai, renunciando em favor dos castelhanos a parte do atual estado de Mato Grosso e todas as áreas ao norte do rio Amazonas. Desprezaria as minas pelo comércio, com o que, diz passariam os portugueses a ser os verdadeiros senhores do ouro de Mato Grosso, "se he q' ali ha algum" e da prata do Potosí, pois "he huma verdade demonstrada e feita palpavel pela experiência, q' a Nação que comerceia imediatamente com a Nação mineira do ouro, ou da prata he sempre a mais rica relativamente".

46. *Über Brasilien und Portugals Handel mit seinen Kolonien*, von J. J. da Cunha de Azeredo Coutinho, Bischof von Fernambuk. Aus Portugiesischen übersetzt von D. Karl Murhard, Hamburgo, 1808. A Rubens Borba de Moraes devo o conhecimento dessa tradução.

47. *Über Brasilien* [...] p. IV (prefácio da tradução).

48. Idem pp. 22 e 23, nota. Cf. *Ensaio* [...] p. 27 [83].

49. *Über Brasilien* [...], pp. 24 e ss., nota.

50. *Über Brasilien* [...], p. 29, nota. O argumento em favor do Ato de Navegação, considerado medida principalmente política, já que não teria beneficiado o comércio externo e nem estimulado a riqueza que deste poderia resultar, mas cooperado para a defesa nacional, vem diretamente de Adam Smith, que só por tal aspecto chega a considerá-lo "mais sábio de todos os regulamentos comerciais da Inglaterra". Pois a defesa, diz, vale muito mais do que riqueza. Modernos historiadores estão longe de partilhar, contudo, dessa crença de que a lei de 1660 teria dado às ilhas britânicas uma segurança maior do que a de que antes dispunham. Cf. a propósito E. Lipson, *The economic history of England*, vol. III. *The age of mercantilism*, Londres, 1948, pp. 136 e ss. Quanto às vantagens retiradas pela Grã-Bretanha do Act of Navigation, em contraste com a tese de Smith, cf. T. S. Asthon, *An economic history of England. The 18th century*. Londres, 1955, p. 147.

51. *Ensaio econômico* [...] pp. 149 ss. [154 e ss.].

52. *Über Brasilien* [...], pp. 29 e 30, nota.

53. Intitula-se "Epítome das vantagens que Portugal pode tirar de suas colonias do Brasil pela liberdade do comercio do sal n'aquelle continente" e publicou-se, segundo cópia achada no arquivo do Instituto Histórico e Geográfico Brasileiro pela sra. Myriam Ellis, em apenso ao trabalho da mesma historiadora, "Um documento anônimo dos fins do século XVIII sobre as relações comerciais entre o Brasil e Portugal", *Revista de História*, nº 38, São Paulo, 1959, pp. 383 a 418, onde se defende decisivamente tal atribuição.

54. *Discurso* [...], p. 6 [191].

55. Op. cit., p. 38 [210].

56. Op. cit., p. 39 [211].

57. Op. cit., p. 41 [212].

58. *Ensaio econômico* [...], p. 28 [84].

59. *Discurso* [...], pp. 13 e ss. [194 e ss.].

60. *Discurso* [...], pp. 14 e 15 [195].

61. *De l'esprit des lois*, liv. XXI, cap. 22.

62. *Memória* [...], pp. 195 e 196 [182].

63. Antônio Pires da Silva Pontes, "Memória sobre a utilidade pública em se extrair ouro das minas e os motivos do pouco interesse que fazem os particulares, que minerão egualmente no Brazil", *Revista do Archivo Publico Mineiro*, Ano I, fasc. 3, p. 418, Ouro Preto, 1895.

64. Ver a respeito *História geral de civilização brasileira*, sob a direção de Sérgio Buarque de Holanda, Tomo I. *A época colonial*, 2º volume. *Administração, economia, sociedade*, p. 308, São Paulo, 1960.

65. Ainda a Rubens Borba de Moraes devo o conhecimento de obra impressa no ano 2º da Independência, sem nome de autor, com o título: *Resumo das instituições políticas do barão de Bielfeld, parafraseadas e accommodadas à formação actual do governo do Império do Brasil*. Offerecido á mocidade brasileira por hum seu compatriota pernambucano, Rio de Janeiro, 1823. Aliás, esse "profeta menor" também chegara a de ter largo público no Velho Mundo. Dele se ocupou em 1927 Friedrich Meinecke em artigo que acrescenta à edição posterior de seu livro hoje clássico sobre a ideia da razão de Estado. Não se realizaria, porém, semelhante projeto. Cf. Friedrich Meinecke, *Werke*, Bd. I. *Die Idee der Staatsräson in der neueren Geschichte*, p. XXIX, nota. Munique, 1957.

66. Ver *Institutions politiques*, par monsieur le baron de Bielfeld. Tome premier. A La Haye, chez Pierre Gosse Junior. Libraire de S. A. R. Monseigneur Le Prince Stadhouder, M. DCC. LX., pp. 309 e 310; 317 a 319. Compare-se *Ensaio econômico*, edição citada, pp. 23-4, 36-7 e 38-40.

67. *Analyse sur la justice du commerce de rachat des esclaves de la côte d'Afrique* par Joseph-Joaquim da Cunha de Azeredo Coutinho, Portugais. À Londres. De l'Imprimerie de Baylis, 1798.

68. *Analyse sur la justice* [...], pp. XI e ss.

69. *Analyse sobre a justiça do commercio de resgate de escravos da costa d'Africa*, Lisboa, Anno 1808.

70. Eric Williams, *Capitalism and slavery*, Chapel Hill, 1944.

71. *Análise sobre a justiça* [...], p. 5 [240].

72. Op. cit., p. 10 [243].

73. Op. cit., p. 6. [241].

74. Op. cit., p. 103 [297].

75. Op. cit., p. XII [236].

76. Op. cit., p. XII [236].

77. Op. cit., p. IV [231].

78. Op. cit., p. 109 [301/302].

79. Op. cit., p. 110 [302].

80. Op. cit., p. III [303].

81. Op. cit., p. 26 [252].

82. *Concordancia das leis de Portugal, e das bullas pontificias, das quaes humas permittem a escravidão dos pretos d'África, e outras prohibem a escravidão dos indios do Brazil*, por d. José Joaquim da Cunha de Azeredo Coutinho. Lisboa, M. DCCC. VIII.

83. Op. cit., p. 7.

84. Op. cit., p. 16.

## A contribuição teuta à formação da nação brasileira [pp. 105-10]

1. Este problema é, sobretudo em relação a esta nova edição, de natureza teórica, visto que praticamente só encontramos cinco genuínos flamengos de alguma projeção na histórica brasileira: os Arsing ou Arzão, os Van den Berg ou Campos, os Tack ou Taques, os Betinck ou Betim e Ludovico Wolf. Apesar de continuarmos a manter o ponto de vista corroborado pelo eminente historiador, ex-catedrático da Universidade de São Paulo, resolvemos, para evitar discussões inúteis, mencionar estes flamengos somente à margem. Todos os outros flamengos ou neerlandeses da época colonial são descendentes, ou melhor, filhos de imigrantes alemães que consideramos da mesma maneira neste trabalho como os próprios teutos nascidos no Brasil. Frisamos mais uma vez que nosso trabalho é uma pesquisa que se baseia exclusivamente no conceito étnico-cultural e linguístico e que da mesma maneira como, por exemplo na literatura alemã etc., sempre foram incluídos os austríacos, alemães sudetos, alsacianos, suíços de língua alemã etc., não hesitamos incluí-los neste nosso trabalho apolítico, e que é, precisamente por este motivo, que damos preferência ao conceito teuto ou germânico em vez de alemão, que poderia ser malevolamente confundido com a palavra *reichsdeutsch*, *bundesdeutsch* etc., sempre com algum sabor político.

## História de Nicolau I: rei do Paraguai e imperador dos mamelucos [pp. 118-25]

1. Rubens Borba de Moraes, *Bibliografia brasiliana*. A bibliographical essay on rare books about Brazil published from 1504 to 1900, and books of Brazilian authors published abroad before the Independence of Brazil in 1822. 2 vols. Amsterdã-Rio de Janeiro, 1953.

2. Pablo Pastells, S. J., *Historia de la Compañia de Jesús en la Provincia del Paraguay, según los documentos originales del Archivo General de Indias*, extraído por R. [...], em seguida por F. Mateos, S. J., v. VIII, Madri, 1949, p. XVIII.

3. "Relación verídica de las Misiones de la Compañia de Jesús en la provincia que fue del Paraguay y solución de algunas dudas sobre las mysmas." Faensa, 1772. Biblioteca Nacional do Rio de Janeiro. Coleção Benedito Ottone I-V, I, 52.

# A Amazônia para os negros americanos [pp. 129-37]

1. David M. Potter, *People of plenty. Economic abundance and the American character*, Chicago, The University of Chicago Press, 1954, p. 127.
2. Dr. A. C. Tavares Bastos, *Cartas do solitário*, 2ª edição, Rio de Janeiro, Typ. da Actualidades, 1863, pp. 273 e ss.

# O atual e o inatual na obra de Leopold von Ranke [pp. 169-227]

1. As formas "historismo" e "historicismo" foram por longo tempo intercambiáveis, ao menos fora dos países de língua alemã. Nestes a primeira prevaleceu. Ultimamente, porém, apoderou-se da segunda o filósofo Karl Popper, e o racionalismo crítico anglo-americano, para aplicá-lo às várias teorias que propõem previsões históricas e que as julgam indispensáveis em qualquer orientação científica da vida política, o que tem dado lugar a não poucas confusões. Entre esses "historicistas", que Popper e Hayek descreveram e combateram, estão, ao lado de Hegel e Marx, também Augusto Comte e Stuart Mill, para só falar nesses. No intuito de evitar a confusão, adota-se aqui a forma "historismo", diverso e, em alguns pontos, contrário ao "historicismo" de que falou Popper.
2. Cf. C. E. N. Joad, *A critique of logical positivism*, Chicago, The University of Chicago Press, 1950, pp. 140 e ss.
3. Peter Geyl, *Debates with historians*, Cleveland-Nova York, 1964, pp. 26 e 28.
4. Friedrich Meinecke, *Aphorismen und Skizzen zur Geschichte*, Stuttgart, K. F. Koehler Verlag, 2ª ed., pp. 61 e ss.
5. Ignaz von Döllinger, *Briefwechsel mit lord Acton*, Munique, C. H. Beck'sche Verlagbuchhandlung, vol. 1º, 1963, p. 78.
6. Friedrich Meinecke, *Ausgewälter Briefwechsel*, Stuttgart, K. F. Koehler Verlag, 1962, p. 545.
7. Jacob Burckhardt, *Briefe*, vol. 2º, Basileia, Benno Schwabe & Co., Verlag, 1952, pp. 20 e 25.
8. Veit Valentin, *Geschichte der Deutschen Revolution von 1848-1949*, 1º vol., Berlim, Verlag Kiepenheuer & Witsch, 1970, p. 65.
9. Theodor Schieder, "Die Darstellungsform der Geschichtswischaft", *Geschichte als Wissenschfat*, Munique-Viena, R. Oldenbourg, 1968, pp. 115 e ss.
10. Wilhelm Dilthey, "Erinnerung an Deutsche Geschichtsschreiber", *Gesammelte Schriften*, vol. XI, Stuttgart, B. G. Teubner Verlagsgesellschaft, 1965, p. 217.
11. Cf. Lucien Febvre, "Examen de conscience d'une histoire et d'un historien", *Combats pour l'histoire*, Paris, Librairie Armand Colin, 1953, p. 4, e "Vers une autre histoire", *ibid.*, p. 433.
12. Georg G. Iggers, "The image of Ranke in American and German historical thought", *History and theory*, vol. II, nº 1, Haia, Mouton & Co., 1962, p. 18.
13. Lord Acton, "Letter to the contributors to the Cambridge Modern History", *Essays in the liberal interpretation of history*, Chicago-Londres, The University of Chicago Press, 1967, pp. 397 e 399.
14. J. E. E. D. Acton, "Acton-Creighton correspondence", *Essays on freedom and power*, Nova York, A Meridian Book, 1955, p. 339.

15. Friedrich Meinecke, "Ranke", *Die Idee der Staatsräson in der neueren Geschichte*, Munique, R. Oldenbourg Verlag, 1957, pp. 445 e ss.

16. Marc Bloch, *Apologie pour l'histoire, ou métier d'historien*, Paris, Librairie Armand Colin, 1949, p. 124.

17. Louis Gottschalk, "Categories of historiographical generalization", *Generalization in the writing of history*. Chicago-Toronto, The University of Chicago Press, 1963, pp. 112 e ss. A publicação dessa obra coletiva resulta de iniciativa do Committee of the Social Sciences, que incumbiu o professor Gottschalk, autor da citada comunicação, da organização de um simpósio sobre o tema. Do mesmo ano e quase com o mesmo título é outro volume – *Generalizations in historical sciences*, Filadélfia, University of Pennsylvania Press, 1963 – cujos organizadores, Alexander V. Riasonovski e Barnes Riznik, partindo do raciocínio de que é inevitável o uso de generalizações em toda obra histórica realmente livre e criadora, argumentam (p. 12) dizendo que é de toda conveniência o exame do procedimento intelectual de generalizar, porque um ato consciente e refletido lhes parece melhor do que um ato irrefletido.

18. Theodor Schieder, *Begegnungen mit der Geschichte*, Göttingen, Vandenhoeck & Ruprecht, 1962, p. 124.

19. *Apud* Siegried A. Kaehler, *Wilhelm von Humboldt*, Göttingen, Vandenhoeck & Ruprecht, 1963, p. 161.

20. Da história dos povos latinos e germânicos escreve, por exemplo, Henri-Irenée Marrou, em "Comment comprendre le métier d'historien", *L'histoire et ses methodes*, Paris, Gallimard (Encyclopédie de la Pleiade), 1961, p. 1506: "*un grand livre, considéré a juste titre comme le premier chef d'oeuvre de notre litterature, de notre science historique moderne*".

21. *Apud* Theodor Schieder, *Begegnungen mit der Geschichte*, Göttingen, Vandenhoeck & Ruprecht, 1962, p. 115, nº 115.

22. Hans Freyer, *Weltgeschichte Europas*, 2 vols., Wiesbaden, Dieterich'sche Verlagbuchhandlung, 1948.

23. Hans Freyer, *op. cit.*, vol. Iº, p. 92.

24. Theodor Schieder, *Begegnungen*, *cit.*, p. 287, nº 92.

25. Fritz Wagner, *Der Historiker und die Weltgeschichte*, Friburgo-Munique, Verlag Karl Alber, 1965, p. 92.

26. Georg von Below, *Die deutsche Geschichtschreibung von den Befreiungskriegen bis zu unsern Tagen.* Leipzig. Verlag-Quelle E. Meyer, 1916, pp. 31 e ss.

27. Ernst Robert Curtius, *Büchertagebuch*, Berna e Munique, Francke Verlag, 1960, pp. 31 e 99.

28. Klaus Dockhorn, *Der Deutsche Historismus in England*, Göttingen, Vandenhoeck & Ruprecht, 1950, pp. 133 e ss.

29. Erich Rothaker, *Geschichtphilosophie*, Hamburgo, Hanseatische, Verlagsanstalt, 1936, p. 134, e *Logik und Systematik der Geisteswissenschaften*, Bonn. H. Bouvier u. Co. Verlag, 1948, pp. 168 e ss.

30. *Apud* Theodor Litt, *Wege und Irrwege Geschichtlichen Denken*, Munique, R. Piper & Co. Verlag, 1948, p. 91.

31. Alfred von Martin, *Der heroische Nihilismus und seine Überwindung*, Krefeld, Scherbe Verlag, 1948.

32. George G. Iggers, "The dissolution of German historism", Richard Herr e Harold T. Parker (eds.), *Ideas in history: essays presented to Louis Gottschalk*, Durham, Duke University Press, 1965, p. 108.

33. Alfred von Martin, *op. cit.*, p. 82.

34. Benedetto Croce, *Punti di orientamento della filosofia moderna – antistoricismo*, Bari, Laterza & Figli, 1931, p. 33.

35. Friedrich Meinecke, *Erlebtes: 1862-1919*, Stuttgart, K. F. Koehler Verlag, 1964, pp. 331-2 e 341-2.

36. Friedrich Meinecke, *Zur Theorie und Philosophie der Geschichte*, Stuttgart, K. F. Koehler Verlag, 1959, pp. 196-211.

37. Friedrich Meinecke, *Ausgewählter Briefwechsel*, Stuttgart, F. K. Koehler Verlag, 1962, pp. 277, 279, 421, 468, 259.

38. Friedrich Meinecke, *Zur Geschichte der Gechichtsschreibung*, Munique, R. Oldenbourg Verlag, 1968, pp. 93 a 121.

39. Ver sobre as relações entre Nietzsche e Burckhardt, Alfred v. Martin, *Nietzsche und Burckhardt*, Basileia, Ernst Reinhardt Verlag ag, 1945.

40. Friedrich Meinecke, *Ausgewälter Briefwechsel*, *cit.*, pp. 259, 596, 593.

41. Walther Hofer, *Geschichtschreibung und Weltanschauung: Betrachtungen zum Werk Friedrich Meinecke*, Munique, Verlag von R. Oldenbourg, 1950, pp. 287 e ss.

42. Friedrich Meinecke, *Ausgewählte Briefwechsel*, *cit.*, p. 256.

43. Carlo Antoni, *Dello storicismo alla sociologia*, Florença, G. C. Sansoni, 1951, p. 120 e passim.

44. Hans Meyerhoff, *The philosophy of history in our times*, Nova York, Doubleday Anchor Books, 1959, pp. 29, 159 e 298.

45. Karl Löwith, *Weltgeschichte und Heilgeschichte*, Zurique-Viena, Europa Verlag, 1954. O mesmo tema é tratado resumidamente por Löwith em *Anteile: Martin Heidegger zum 60 Geburtstag*, Frankfurt, Vittorio Klostermann, 1950, pp. 106-53, e em Leonhard Reinisch (dir.), *Der Sinn der Geschichte*, Munique, Verlag C. H. Beck, 1961, pp. 31 a 49.

46. Jürgen Habermas, *Philosophisch-politische Profile*, Frankfurt, Suhrkamp Verlag, 1971, p. 116.

47. Leonhard Reinisch (dir.), *Der Sinn der Geschichte*, Munique, Verlag C. H. Beck, 1961.

48. *Idem*, pp. 118-9.

49. *Can we know the pattern of the past? – Discussion between Peter Geyl, professor in the University of Utrecht, and Arnold J. Toynbee, professor in the University of London concerning Toynbee's book* A Study of History, Bussum, Holanda, Uitgeverij F. G. Kroonder, 1948, p. 30.

50. Friedrich Meinecke, *Zur Theorie und Philosophie der Geschichte*, *cit.*, pp. 130 e ss.

51. Usou-se aqui o texto da recente edição crítica das Épocas, organizada por Theodor Schieder e Helmut Berding (Leopold von Ranke, *Über die Epochen der Neueren Geschichte*, Munique-Viena, R. Oldenbourg Verlag, 1971, pp. 54 e 71), baseada sobretudo no manuscrito que pertenceu ao rei Maximiliano II da Baviera, e que melhora o da edição de Alfred Dove, impressa após a morte de Ranke, em 1888, anexa aos fragmentos da *História mundial*.

52. Hermann Heimpel, *Der Mensch in seiner Gegenwart*, 2ª ed., Göttingen, Vandenhoeck & Ruprecht, 1957, pp. 200 e ss.

53. Max Horkheimer e Theodor W. Adorno, *Dialektik der Aufklärung*. Frankfurt-sobre-o-Meno, S. Fischer Verlag, 1969, pp. 225 e ss.; Th. W. Adorno, *Eingriffe*, Frankfurt-sobre-o-Meno, Suhrkamp Verlag, 1966, p. 128.

54. Theodor Schieder, "Grundfragen der neuen deutsche Geschichte", *Historische Zeitschrift*, nº 192, pp. 1 a 16.

55. Theodor Schieder, *Geschichte als Wissenschaft,* Munique-Viena, R. Oldenbourg, 1968, pp. 11 e passim.

56. Fritz Wagner, *Der Historiker und die Weltgeschichte*, Friburgo-Munique, Verlag Karfl Alber, 1965, pp. 101 a 104.

57. Fernand Braudel, *Écrits sur l'histoire*, Paris, Flammarion, 1969, pp. 30 e ss.

58. John Herman Randall Jr., *Nature and historical experience*, Nova York, Columbia University Press, 1958, p. 326.

59. Sir Herbert Butterfield, *The discontinuities between the historical generations*, Cambridge, At the University Press, 1972, p. 7.

60. Walter Hofer, *Geschichtschreibung und Weltanschauung, cit.*, p. 515.

61. Alexander Gerschenkron, "On the concept of continuity in history", *Continuity in history and other essays*, Cambridge, Mass., The Belknap Press of Harvard University Press, 1968, pp. 11 a 39.

62. Alexander Gerschenkron, *Continuity in history..., cit.*, p. 126.

63. Ottor Brunner, "Das Problem einer Europäische Sozialgeschichte", *Neue Wege der Sozialgeschichte*, Göttingen, Vandenhoeck & Ruprecht, 1956, p. 9.

64. Theodor Schieder, *Geschichte als Wissenschaft*, Munique-Viena, R. Oldenbourg, 1968, p. 162.

65. Fernand Braudel, *La Méditerranée et le monde méditerranéen à l'*époque *de Phillippe II*, Paris, Librairie Armand Colin, 1949, pp. XIII e ss.

66. Theodor Schieder, *Geschichte als Wissenschaft, cit.*, p. 152.

67. Otto Hintze, *Soziologie und Geschichte*, Göttingen, Vandenoeck & Ruprecht, 1964, p. 348. Em artigo de 1959 reconhece aliás o próprio Braudel a importância da obra de Hintze, quando diz: "Otto Hintze, a quem se teria dado entre nós o alto lugar que ele merece, se as suas obras completas não tivessem saído em tão má hora: 1941 e 1942". Fernand Braudel, *Écrits sur l'histoire, cit.*, p. 176. Deixou de existir já este último obstáculo à difusão maior dos trabalhos de Hintze, desde que, em 1962, começou a ser reeditada sua obra.

68. Otto Brunner, Werner Conze, Reinhart Koselleck (direção), *Geschichtliche Grundbegriffe*, vol. 1 e (A – D), Stuttgart, Ernst Klett Verlag, 1972.


## Suspiros poéticos e saudade [pp. 375-94]

1. Ernesto da Cunha de Araújo Vianna, "Das artes plásticas no Brasil em geral e na cidade do Rio de Janeiro em particular", *Revista do Instituto Histórico e Geográfico Brasileiro*, tomo LXXVIII, p. 559.

2. Domingos José Gonçalves de Magalhães, *Poesias avulsas*, Rio de Janeiro, 1864, pp. 340 e 341.

3. Alcântara Machado, *Gonçalves de Magalhães*, São Paulo, 1936, p. 40.

4. Guilhermo Diaz-Plaja, *Introdución al estudio del romantismo español*, Madri, 1936, p. 75.

5. Padre Antônio Vieira, *Sermões*, Porto, 1907, volume I, p. 16.

2ª edição [2017]

ESTA OBRA FOI COMPOSTA EM BODONI PELA PÁGINA VIVA E IMPRESSA
EM OFSETE PELA RR DONNELLEY SOBRE PAPEL PÓLEN SOFT DA SUZANO PAPEL
E CELULOSE PARA A EDITORA SCHWARCZ EM DEZEMBRO DE 2017

A marca FSC é a garantia de que a madeira utilizada na fabricação do papel deste livro provém de florestas de origem controlada e que foram gerenciadas de maneira ambientalmente correta, socialmente justa e economicamente viável.